구약에서 듣는 하나님의 말씀 3

민수기·신명기

박창환

2008

비블리카 아카데미아

머리말

우리 개신교도들은 구약성경과 신약성경을 정경(正經)으로 가지고 있으며, 그것들을 유일한 권위로 삼고 신앙생활을 한다. 우리가 성경을 하나님의 말씀으로 알고 귀하게 여기면서도, 많은 경우 그 성경을 개인이나 가정이 한 개 이상 가지고 있을 뿐, 거기서 들려오는 하나님의 음성을 듣지 못하고 있다. 그 이유는 여러 가지일 것이다. 우선은 성경이 오랜 옛날에, 그리고 문화가 전혀 다른 곳에서 기록된 것이기 때문에 이해하기 어려운 점이 많다. 어떤 경우에는 우리가 읽는 성경 번역이 어려운 문구나 지난 시대의 언어로 되어 있기 때문에 이해하기 어렵다. 또는 우리가 성경을 열심을 가지고 공부하지 않기 때문에 이해되지 않는 경우도 있을 것이다. 그리고 성경을 알고 싶어도 참고서나 길잡이가 없어서, 마음은 있어도, 그리고 열심히 공부를 해도 이해하기 어려운 경우가 있을 것이다.

하나님은 인간에게 꼭 필요한 말씀을 하셨고, 그것을 성경에 수록하셨는데, 우리가 성경을 가지고만 있던가, 읽어도 이해할 수 없다면 매우 슬픈 일이 아닐 수 없다. 1980년대 초에 대한예수교장로회 총회교육부가 그때까지 적당한 성경교재를 가지고 있지 않았기 때문에, 그것을 만들기로 작정하고 필자에게 그 작업을 위촉한 일이 있다. 여러 가지 사유로 그 일이 지연되어 오다가 1990년에 "신약성경해설"이라는 이름으로 신약성경 교재가 먼저 출판되었다. 그러나 그 후에 계속 바쁜 스케줄 때문에 구약성경 교재 만들기를 연기해 오다가, 이제야 비로소 그 작업에 착수한 것이다.

이 교재를 펴내면서 몇 가지 독자들에게 일러둘 것이 있다. 우리는 사물을 판단하고 이해할 때, 직관을 가지고 또는 표면만을 보고 판단하기 쉽다. 그러나 사실을 검토하고 살펴보면 매우 깊고 복잡하고 신비스러운 것이 숨어 있는 것을 알게 된다. 우리가 성경을 이해하는 데 있어서도, 직관적으로 그리고 표면만 보고 판단하는 경우가 많다. 과거에 어떤 사람들이 직관적으로 성경에 대해서 말한 것이 하나의 전통이 되어 대대로 내려오면서, 그것이 절대적 진리인 양 취급되었다. 이러한 전통적 견해를 절대화하고, 그것과 다른 말을 하는 사람들을 단죄하는 예들이 비일비재했다. 다시 말해서 성경에 대한 학문적인 연구를 무시 내지는 적대시해 온 경향이 있다. 소위 고등비평이라는 역사적 연구를 배척하고, 과거의 전통적 견해를 고집하면서, 성경의 겉만을 핥고 있었다는 말이다. 그래서 필자는 성경학자들의 말을 전통적 견해보다 앞에 두려는 방침을 가지고 이 교재를 썼다. 다시 말해서 역사비평적인 연구의 결과를 토대로 하였으며, 그것을 바탕으로 하고, 겸손히 하나님의 음성을 듣는, 그러한 방법을 택했다.

그리고 이것은 필자가 앞에서 말한 역사비평의 결과를 전제로 하고, 기도하면서 주관적으로 듣는 하나님의 말씀을 정리한 것뿐이고, 많은 사람들이 듣고 적은 글과 나란히 또 하나의 책에 지나지 않는다는 것을 밝힌다. 그러므로 독자들은 이 책을 또 하나의 참고 자료로 삼고, 각각 자기 나름으로 하나님의 음성을 듣는 노력을 해야 할 것이다.

2008년 1월

지은이 박창환

선생님의 구약해설서를 펴내면서

이 책은 한평생 성서번역자로, 또 신약학교수로 성경을 읽으신 박창환 선생님이 구약성경을 공부하고 싶어 하는 사람들을 위해 팔순의 연세도 아랑곳하지 않고 집필하고 계시는 구약성경해설의 셋째 권입니다. 첫째 권 창세기는 지난 5월말에 나왔고, 둘째 권 출애굽기·레위기도 곧 나옵니다.

2007년 5월에 『신약성경』(서울: 도서출판 코리아엠마오) 사역을 내신 선생님은 그전부터 계획하신 대로 히브리어 성경의 순서를 따라 창세기에서 시작하여 지금 이사야에 이르기까지 구약해설서를 집필하고 계십니다. 이 소식을 지난 해 12월초에 잠시 집안 일로 국내에 다니러 오신 선생님으로부터 듣고, 우선 써 놓으신 원고부터 출판하면 좋겠다는 생각이 들었습니다. 그리하여 창세기, 출애굽기·레위기에 이어 셋째 권으로 민수기와 신명기를 한 권으로 묶기로 했습니다.

반세기가 넘는 오랜 동안 선생님께 헬라어와 신약학을 배운 숱한 사람들 가운데 지극히 작은 자인 저로서는 무엇보다도 신약학자이신 선생님이 구약성경을 어떻게 읽고 이해하시는지 궁금했습니다. 선생님은 1950년대에 미국에서 공부하실 때부터 신약학자로서는 보기 드물게 구약성경에 깊은 관심을 두시고 신약학과 아울러 기회 있는 대로 구약학도 공부하며 가르쳐 오신 것으로 알고 있습니다. 이리하여 선생님의 구약해설서는 우리 한국교회의 성서해석사의 한 부분을 차지합니다. 이 해설서를 통해서 후학들은 지난 120년 동안 한국교회에서 구약성경을 어떻게 읽고 이해하며 가르쳐 왔는지를 돌이켜볼 뿐만 아니라 앞으로는 구약성경을 어떤 식으로 읽어나가야 할지 그 길을 함께 찾는데 도움 받을 수 있으리라 생각합니다.

이 책은 무엇보다도 선생님의 초고를 최대로 존중하여 만든 책입니다. 그리하여 초고는 한글 맞춤법의 문제가 있는 경우를 비롯하여 다음 경우에만 다듬었습니다.

1. 선생님은 성경 본문을 히브리어 성경을 사역하여 인용하십니다. 선생님의 사역이 우리나라의 일반 그리스도인들에게 익숙한 개역성경과 많이 다를 경우에는, 읽는 이들을 위해서 엮은이가 각주에서 이 부분이 개역성경의 어느 부분에 상응한다는 점을 밝혀 놓았습니다. 그런 각주에 나오는 '개역성경'은 개역한글판과 개역개정판을 한데 묶어 부르는 이름입니다.

2. 또 선생님은 히브리어 성경의 고유명사 표기도 될 수 있으면 원음에 가깝게 하려고 애쓰셨습니다. 따라서 선생님의 고유명사 표기가 개역성경과 다를 경우에는 그 고유명사 뒤에 *를 붙이고, 그에 상응하는 개역성경의 표기는 목차 뒤의 '고유명사 표기 대조표'에서 찾아보게 했습니다.

3. 히브리어나 헬라어나 다른 외국어의 한글 음역은 〈 〉 안에 적어 넣었습니다. 선생님이 손수 적어두신 음역은 될 수 있는 대로 그대로 두었습니다. 그렇지만 선생님이 히브리어만 적어두신 경우에는 이 책을 읽으시는 분들의 편의를 생각하여 졸고, "개역한글판의 히브리어 고유명사 한글 음역 방식과 히브리어 한글 음역 시안," 「성경원문연구」 8 (2001.2) 106-157쪽에서 제안한 방식을 따라 음역했습니다.

하나 더 말해둘 것은, 각 단락을 두 부분으로 나누어 그 앞부분과 뒷부분에 각각 '해설'과 '교훈' 이라는 소제목을 붙여놓았다는 점입니다.

이는 선생님이 구약해설서 첫째 권 창세기 서론의 마지막 부분(31-32쪽)에서 밝혀놓으셨고 지금은 이 책 8쪽에도 옮겨 적어둔 '일러두는 말'의 (2)와 (3)을 따른 것입니다.

선생님의 구약해설서 첫 권인 창세기가 나온 뒤에 선생님이 제게 거듭 강조하여 부탁하신 일이 하나 있습니다. 다름 아니라 이 해설서가 "교역자들을 위한 책이라기보다는 평신도 성경공부에서 쓸 교재"라는 점을 널리 알려 달라는 것입니다. 그런 만큼 이 해설서를 읽으시는 분들도 이 점을 늘 염두에 두시면 좋겠습니다.

마지막으로 여러모로 어려운 가운데서도 이 책의 출판을 기꺼이 맡아주신 「비블리카 아카데미아」 원장 이영근 목사님과 초고를 읽고 한글 맞춤법을 다듬어주신 오주영 전도사님에게 깊이 감사드립니다. 이 구약해설서를 통해서 우리나라의 그리스도인들이 구약성경을 통해 말씀하시는 하나님의 목소리를 이전보다 더 잘 들을 수 있기를 간절히 바랍니다.

2008년 9월
장로회신학대학교 구약학 교수
박동현 삼가 아룀

일러두는 말

필자는 이 교재를 사용하시는 분들에게 사용법을 일러두려고 한다. 소그룹이 모여서 성경공부를 하는 것을 전제로 한다.

매 책을 문단으로 나누어서 공부하려는 것이기 때문에,

(1) 개인이든지 그룹이든지 우선은 해당 성경 단원을 먼저 한두 번 읽어야 한다.

(2) 다음은 필자가 매 단원에 대하여 붙인 해설을 같이 읽기 바란다.

(3) 그리고 다음으로 필자가 그 단원에서 얻은 교훈, 혹은 거기서 들려오는 말씀을 몇 가지 정리해 놓았기 때문에, 그것을 음미하며 토론하기를 바란다.

(4) 끝으로 필자가 밝히지 않은 혹은 못한 교훈을 회원들이 각각 찾아보고 보충하기 바란다.

- 『구약에서 듣는 하나님의 말씀 첫째 권 창세기』, 31-32쪽에서 -

목 차

3 머리말 / 지은이 박창환
5 선생님의 구약해설서를 펴내면서 / 엮은이 박동현
8 일러두는 말 / 지은이 박창환
9 목차

16 고유명사 표기 대조표

23 민수기(民數記)

25 이스라엘의 첫 번째 인구조사(민 1:1-54)
28 이스라엘 포진(布陣)과 행진의 순서(민 2:1-34)
31 아론의 아들들(민 3:1-4)
32 레위 지파의 임무(민 3:5-13)
34 레위 지파의 인구조사(민 3:14-39)
36 맏아들과 짐승의 속상(贖償)(민 3:40-51)
38 크핫* 가문의 임무(민 4:1-20)
41 게르숀*과 므라리 가문의 임무(민 4:21-33)
43 레위 가문의 인구조사(민 4:34-49)
44 부정(不淨)한 사람(민 5:1-4)
45 자백과 보상(민 5:5-10)
46 부정(不貞)한 아내에 관한 법(민 5:11-31)
49 나실인(聖別한 자)(민 6:1-21)

52 제사장의 축도(민 6:22-27)
54 지도자들의 헌납(민 7:1-89)
58 일곱 등(燈)(민 8:1-4)
59 레위인들의 성별(聖別)과 그들의 사역(민 8:5-26)
62 첫 번째 유월절(민 9:1-14)
64 성막을 덮은 구름과 불(민 9:15-23)
66 은 나팔(민 10:1-10)
68 시내산을 떠나다(민 10:11-36)
72 광야에서 불평을 터뜨리다(민 11:1-15)
75 일흔 명의 장로(민 11:16-30)
77 메추라기(민 11:31-35)
79 아론과 미리암이 모세를 시기(猜忌)함(민 12:1-16)
82 가나안으로 정탐꾼을 보내다(민 13:1-24)
85 정탐꾼들의 보고(민 13:25-33)
87 백성의 반역(민 14:1-12)
90 백성을 위한 모세의 중재(민 14:13-25)
92 실패로 끝난 습격사건(민 14:26-45)
94 여러 가지 제사(민 15:1-31)
97 안식일을 범한 자에 대한 벌(민 15:32-36)
99 옷단과 청색 줄(민 15:37-41)
100 고라, 다단, 아비람, 온의 반역(민 16:1-50)
106 싹 돋은 아론의 지팡이(민 17:1-13)
108 제사장과 레위인의 책임(민 18:1-7)
110 제사장들의 몫(민 18:8-32)
114 붉은 어린 암소를 태운 잿물(민 19:1-22)
116 므리바의 물(민 20:1-13)

119 에돔 지방 통과를 거절당함(민 20:14-21)
121 아론의 죽음(민 20:22-29)
122 구리 뱀(민 21:1-9)
125 모압으로의 여행(민 21:10-20)
127 아모리 왕 시혼을 물리치다(민 21: 21-32)
129 이스라엘이 바산 왕 옥을 이기다(민 21:33-35)
130 발락이 빌암*을 불러 이스라엘을 저주하게 함(민 22:1-21)
133 빌암*, 나귀, 천사(민 22:22-40)
136 빌암*의 첫 번째 신탁(민 22:41-23:12)
139 빌암*의 두 번째 신탁(민 23:13-30)
141 빌암*의 세 번째 신탁(민 24:1-14)
144 빌암*의 네 번째 신탁(민 24:15-25)
146 바알프올*의 예배(민 25:1-18)
149 새 세대의 인구조사(민 26:1-65)
152 츨로프하드*의 딸들(민 27:1-11)
154 여호수아가 모세의 후계자로 임명됨(민 27:12-23)
156 날마다 드릴 예물(민 28:1-8)
158 안식일에 드릴 제사(민 28:9-10)
158 달마다 드리는 제사(민 28:11-15)
159 유월절 제사(민 28:16-25)
161 오순절 제사(민 28:26-31)
162 나팔절 제사(민 29:1-6)
163 속죄일에 드리는 제사(민 29:7-11)
164 초막절 제사(민 29:12-40)
166 여인의 맹세(민 30:1-16)
168 미디안과의 전쟁(민 31:1-12)

170 이스라엘 군의 개선(민 31:13-24)
172 포로와 노획물 처분(민 31:25-54)
174 요단강 동쪽 지대를 점령하고 분배함(민 32:1-42)
177 출애굽 여정의 여러 단계(민 33:1-49)
180 가나안 정복에 관한 지시(민 33:50-56)
182 이스라엘 백성이 차지할 땅의 경계(민 34:1-15)
183 토지 분배 책임자들(민 34:16-29)
184 레위인들을 위한 도성들(민 35:1-8)
186 도피성(민 35:9-15)
187 살인과 복수(민 35:16-34)
189 여성 상속자의 결혼 문제(민 36:1-13)

191 신명기(申命記)

197 신명기 소개(신 1:1-5)
198 호렙에서 주신 하나님의 진군 명령(신 1:6-8)
200 이스라엘 공동체의 기본적 체제와 정신(신 1:9-18)
201 가나안에 들어가기를 거절한 이스라엘(민 1:19-33)
203 이스라엘의 거역에 대한 벌(신 1:34-45)
205 광야에서의 유랑 생활(신 1:46-2:25)
208 시혼 왕을 물리치다(신 2:26-37)
210 바산 왕 옥을 물리치다(신 3:1-22)
212 피스가* 산상에서 가나안을 바라보는 모세(신 3:23-29)
214 모세가 복종을 명령함(신 4:41-43)
216 요단 동쪽에 도피성을 세우다(신 4:41-43)

217 모세의 두 번째 설교에 대한 소개(신 4:44-49)
219 십계명(신 5:1-21)
222 하나님의 뜻을 중재하는 모세(신 5:22-33)
224 큰 계명(신 6:1-9)
227 불복종을 경계(警戒)함(신 6:10-25)
229 선택된 백성(신 7:1-11)
232 복종하는 자가 받을 축복(신 7:12-26)
235 율법을 지키면서 가져야 할 마음가짐(신 8:1-20)
237 하나님께 반역한 이스라엘의 과거(신 9:1-29)
241 두 번째 돌판(신 10:1-11)
242 율법의 진수(眞髓)(신 10:12-22)
244 순종에 대한 상급(신 11:1-32)
248 이방 신당들을 부수어라(신 12:1-12)
250 예배와 육식(肉食)의 문제(신 12:13-28)
253 우상숭배에 대한 경고(신 12:29-13:18)
255 이방 풍속을 따르지 말라(신 14:1-2)
256 정결한 음식, 부정한 음식(신 14:3-21)
258 십일조에 관한 규정(신 14:22-29)
260 안식년에 관한 법(신 15:1-18)
263 우양(牛羊)의 맏배(신 15:19-23)
265 유월절에 대한 새로운 지시(신 16:1-8)
267 칠칠절에 대한 새로운 지시(신 16:9-12)
269 초막절 준수에 대한 새로운 지시(신 16:13-17)
271 재판관과 관리 임명(신 16:18-20)
272 금지된 예배 형식(신 16:21-17:7)
273 제사장들과 판관들에 의한 합법적 판결(신 17:8-13)

275 왕의 권위의 제한성(신 17:14-20)
276 제사장과 레위인의 특전(신 18:1-8)
278 이교적 종교 행위를 금함(신 18:9-14)
280 모세와 같은 새로운 예언자(신 18:15-22)
283 도피성에 관한 법(신 19:1-13)
284 경계표를 옮기지 말 것(신 19:14)
285 증인에 관한 법(신 19:15-21)
287 전쟁에 관한 법(신 20:1-20)
290 범인 불명의 살인 사건(신 21:1-9)
292 여성 포로(捕虜)(신 21:10-14)
294 장자의 권리(신 21:15-17)
295 거역하는 자녀(신 21:18-21)
296 여러 가지 법(신 21:22-22:12)
304 성 관계에 관한 법(신 22:13-30)
307 이스라엘 회중에 들 자격이 없는 사람들(신 23:1-8)
309 위생적, 인도적 규례(신 23:9-25)
313 결혼과 이혼의 법(신 24:1-4)
314 여러 가지 법(신 24:5-25:4)
323 죽은 형제의 대를 잇는 의무(신 25:5-10)
324 그밖의 여러 법(신 25:11-19)
327 첫 열매와 십일조(신 26:1-15)
330 결론적 권면(신 26:16-19)
331 에발 산에 세울 비석과 제단(신 27:1-10)
333 열두 가지 저주(신 27:11-26)
341 복종에 대한 축복(신 28:1-14)
343 불복종에 대한 저주(신 28:15-46)

346 야훼 하나님께 불복한 결과(신 28:47-68)
348 모압에서 언약을 갱신하다(신 29:1-29)
351 마음의 할례를 받고 돌아온다면 살리라(신 30:1-10)
352 생명을 택하라는 권면(신 30:11-20)
355 여호수아가 모세의 후계자가 되다(신 31:1-8)
357 칠 년마다 초막절에 율법을 복습할 것(신 31:9-13)
358 모세와 여호수아에게 주신 하나님의 지령(신 31:14-29)
361 모세의 노래(신 31:30-32:47)
365 모세의 죽음을 예고하다(신 32:48-52)
367 모세의 마지막 축원(신 33:1-29)
371 모세의 죽음과 매장(신 34:1-12)

고유명사 표기 대조표

박창환	개역	히브리어
가자	가사	עַזָּה
갇	갓	גָּד
갇디	갓디	גַּדִּי
갇디엘	갓디엘	גַּדִּיאֵל
갓	깟	גַּד
게르숀	게르손	גֵּרְשׁוֹן
길가스 (족속)	기르가스 (족속)	גִּרְגָּשִׁי
길앗	길앗*	גִּלְעָד
나숀	나손	נַחְשׁוֹן
납탈리	납탈리	נַפְתָּלִי
네필림	네피림	נְפִלִים
느단엘	느다넬	נְתַנְאֵל
님라	니므라	נִמְרָה
도프카	돕가	דָּפְקָה
디본가드	디본갓	דִּיבֹן גָּד
라모트	라못	רָאמֹת
라므세스	라암셋	רַעְמְסֵס
라푸	라부	רָפוּא
르피딤	르비딤	רְפִידִים
림몬페레츠	림몬베레스	רִמֹּן פֶּרֶץ
리브나	립나	לִבְנָה

릿트마	릿마	לִתְמָה
마키	마기	מָכִי
마키르	마길	מָכִיר
마흘라	말라	מַחְלָה
마흘리	말리	מַחְלִי
막헤롯	막헬롯	מַקְהֵלֹת
말키엘	말기엘	מַלְכִּיאֵל
맛타나	맛다나	מַתָּנָה
미트카	밋가	מִתְקָה
밀카	밀가	מִלְכָּה
바모트	바못	בָּמוֹת
바빌론	바벨론	בָּבֶל
바알프올	바알브올	בַּעַל פְּעוֹר
베첼	베셀	בֶּצֶר
베케르	베겔	בֶּכֶר
베트여쉬못	벧여시못	בֵּית הַיְשִׁימוֹת
베트프올	벳브올	בֵּית פְּעוֹר
벤야민	베냐민	בִּנְיָמִן
봅시	웝시	וָפְסִי
북키	북기	בֻּקִּי
브네야아칸	브네야아간	בְּנֵי יַעֲקָן
브엘오트 브네야아칸	브에롯 브네야아간	בְּאֵרֹת בְּנֵי־יַעֲקָן
빌암	발람	בִּלְעָם
샤울	사울	שָׁאוּל
샤팟	사밧	שָׁפָט
샴무아	삼무아	שַׁמּוּעַ

세레드	세렛	סֶרֶד
셰데울	스데울	שְׁדֵיאוּר
셰미다	스미다	שְׁמִידָע
셰샤이	세새	שֵׁשַׁי
셰켐	세겜	שֶׁכֶם
셰팜	스밤	שְׁפָם
셰페르	세벨	שֶׁפֶר
셸라	셀라	שֵׁלָה
수콧	숙곳	סֻכּוֹת
쉴렘	실렘	שִׁלֵּם
쉼론	시므론	שִׁמְרוֹן
쉿팀	싯딤	שִׁטִּים
슈니	수니	שׁוּנִי
슈텔라흐	수델라	שׁוּתֶלָח
슈함	수함	שׁוּחָם
스푸팜	스부밤	שְׁפוּפָם
아로드	아롯	אָרוֹד
아르드	아릇	אַרְדְּ
아르엘리	아렐리	אַרְאֵלִי
아벨쉿팀	아벨싯딤	אָבֵל הַשִּׁטִּים
아셸	아셀	אָשֵׁר
아쉬벨	아스벨	אַשְׁבֵּל
아츠몬	아스몬	עַצְמוֹן
아크라빔	아그랍빔	עַקְרַבִּים
아타롯	아다롯	עֲטָרוֹת
아타림	아다림	אֲתָרִים

아히에젤	아히에셀	אֲחִיעֶזֶר
알루쉬	알루스	אָלוּשׁ
알몬디블라타임	알몬디블라다임	עַלְמֹן דִּבְלָתָיְמָה
암미샤다이	암미삿대	עַמִּישַׁדָּי
압로나	아브로나	עַבְרֹנָה
앗시리아	앗수르	אַשּׁוּר
야슙	야숩	יָשׁוּב
야젤	야셀	יַעְזֵר
야킨	야긴	יָכִין
야흐츠엘	야셀	יַחְצְאֵל
야흘르엘	얄르엘	יַחְלְאֵל
에츠욘게벨	에시온게벨	עֶצְיוֹן גֶּבֶר
에탐	에담	אֵתָם
엘알레	엘르알레	אֶלְעָלֵה
엘리샤마	엘리사마	אֱלִישָׁמָע
엘리출	엘리술	אֱלִיצוּר
엘리차판	엘리사반	אֱלִיצָפָן
엘아잘	엘르아살	אֶלְעָזָר
예첼	예셀	יֵצֶר
오보트	오봇	אֹבֹת
오즈니	오스니	אָזְנִי
오크란	오그란	עָכְרָן
욧바타	욧바다	יָטְבָתָה
우지엘	웃시엘	עֻזִּיאֵל
이에젤	이에셀	אִיעֶזֶר
이츠할	이스할	יִצְהָר

자쿨	삭굴	זַכּוּר
잠줌밈	삼숨밈	זַמְזֻמִּים
제라흐	세라	זֶרַח
제렛	세렛	זֶרֶד
즈불룬	즈불룬	זְבוּלוּן
지프론	시브론	זִפְרֹן
짐리	시므리	זִמְרִי
찰모나	살모나	צַלְמֹנָה
체닷	스닷	צְדָד
초핌	소빔	צֹפִים
추리샷다이	수리삿대	צוּרִישַׁדָּי
추리엘	수리엘	צוּרִיאֵל
추알	수알	צוּעָר
츠폰	스본	צְפוֹן
츨로프하드	슬로브핫	צְלָפְחָד
친	신	צִן
칩포라	십보라	צִפֹּרָה
칩포르	십볼	צִפּוֹר
카데쉬	카데쉬	קָדֵשׁ
카데쉬바네아	카데쉬바네아	קָדֵשׁ בַּרְנֵעַ
카르미	갈미	כַּרְמִי
카프톨	갑돌	כַּפְתּוֹר
켄(족)	겐(족)	קֵינִי
코즈비	고스비	כָּזְבִּי
큐빗	규빗	אַמָּה
크무엘	그므엘	קְמוּאֵל

크핫	고핫	קְהָת
크헬라타	그헬라다	קְהֵלָתָה
키르얏후초트	기랏후솟	קִרְיַת חֻצוֹת
키브롯핫타아바	기브롯 핫다아와	קִבְרוֹת הַתַּאֲוָה
킷팀	깃딤	כִּתִּים
타브에라	다베라	תַּבְעֵרָה
타하트	다핫	תַּחַת
타한	다한	תַּחַן
탈마이	달매	תַּלְמַי
테라흐	데라	תֶּרַח
톨라	돌라	תּוֹלָע
티르차	디르사	תִּרְצָה
파기엘	바기엘	פַּגְעִיאֵל
팔티*	발디	פַּלְטִי
팔루	발루	פָּלוּא
팔티엘	발디엘	פַּלְטִיאֵל
페레츠	베레스	פֶּרֶץ
페르시아	바사	פָּרַס
푸논	부논	פּוּנֹן
푸와	부와	פֻּוָּה
프다출	브다술	פְּדָה־צוּר
프다흐엘	브다헬	פְּדַהְאֵל
프올	브올	פְּעוֹר
프톨	브돌	פְּתוֹר
피느하스	비느하스	פִּינְחָס
피스가	비스가	פִּסְגָּה

피하히롯	비하히롯	פִּי הַחִירֹת
하쉬모나	하스모나	הַשְׁמֹנָה
하찰에난	하살에난	חֲצַר עֵינָן
하체롯	하세롯	חֲצֵרוֹת
하찰앗다르	하살아달	חֲצַר אַדָּר
헤베르	헤벨	חֶבֶר
헤츠론	헤스론	חֶצְרוֹן
헤페르	헤벨	חֵפֶר
호르하깃간	홀하깃갓	חֹר הַגִּדְגָּד
후팜	후밤	חוּפָם

민수기(民數記)

구약성경 율법서의 넷째 책을 민수기라고 하는데, 그것은 칠십인역 그리스어 성경(Septuagint=LXX)이 그 책에 붙인 이름 〈아리트모이〉(’Αριθμοί)에서 유래한 것으로, 라틴어로는 Numeri, 영어로 말하면 Numbers가 되고, 그것을 중국인들이 약간 풀어서 ‘백성을 계수한 역사’라는 뜻으로 민수기라고 한 것이다. 히브리어 마소라 원전(Masoretic Text)은 그것을 그 책의 첫 문장에 나오는 단어 בְּמִדְבַּר(‘광야에서’)를 따가지고 〈브미드바르〉라고 불렀다. 즉 광야에서 일어난 사건들을 말하는 책이라는 뜻일 것이다. 민수기에는 1장과 26장에 각각 이스라엘 백성 열두 지파 장정(壯丁)의 수를 센 사건이 있기 때문에, 칠십인역 번역자들이 그 사건들을 중요시하여 그 책을 “수(數)”의 책이라고 부른 것이다.

민수기에는 여러 가지 잡다한 사건들이 수록되었지만, 전반부(1-25장)에서는 더는 시내산 밑에서 지체하지 말고 가나안 복지를 향하여 진군하기 위해서 우선 인구조사를 하고 대오를 정비하여 출발했다는 것, 그렇지만 출애굽한 제1세대가 하나님을 반역하고 지도자들을 순종하지 않아 여호수아와 갈렙을 뺀 모두가 광야에서 몰살한 사실을 말한다. 그러나 후반부인 26-36장에서는 제2세대를 계수하여 다시 대오를 새롭게 정비하고 모압 평원까지 전진하여 약속의 땅을 눈앞에 둔 단계까지를 묘사한다. 낡은 세대가 모두 하나님께 불복했으므로 약속의 땅을 코앞에 두고도 40년 동안 광야에서 유랑하다가 마침내는 거기서 죽어 해골이 되어 버렸다는 사실을 전반부가 말했다면, 후반부에서는 광야 시대에 출생한 제2세대로 하여금 가나안을 정복하게 하여 하나님이 그들의 조상들과 맺으신 언약을 이루실 것이라는 희망을 주고 있다.

광야 시대의 많은 사건들이 우선은 오랫동안 구전으로 전해 내려오다가 율법서(5경)로 성문화 하는 복잡하고도 긴 과정을 거쳐서 오늘의 오경이 이루어졌으리라 짐작할 수 있다. 이스라엘 통일왕국 시대와 남북으로 갈라졌던 시대를 거쳐서 바빌론*으로 포로가 되어 가서 다시 그 암담한 광야시대를 경험하다가(598-539년) 마침내 페르시아 왕 고레스를 통하여 해방의 희망을 품게 되었고, 비록 일부분이기는 하지만 약속의 땅을 다시 밟게 되었다. 이런 역사적 틀과 윤곽을 머리에 둔 예언자적인 저자들이 광야 시대에 있었던 사건들을 정리하여 그 틀 속에 두어, 미래의 하나님의 백성으로 하여금 과거의 반역적인 조상들의 전철을 밟지 않고 하나님께 복종하는 민족, 복 받는 민족, 희망이 있는 민족이 되게 하려는 의도로 역사를 편찬했다고 본다.

민수기에는 특기할 만한 많은 사건이 기록되어 있다. 제사장의 축복(6:22-27), 하늘에서 만나가 내려온 사건(11장), 미리암이 나병에 걸린 사건(12장), 반석에서 물을 낸 사건(20장), 구리 뱀을 보는 자가 병이 나은 사건(21장), 빌암*의 나귀가 말을 한 사건(22장), 출로프하드*의 용감한 딸들 이야기(27장) 등등이 있다. 그러나 13-14장에 나오는 정탐꾼 이야기는 민수기의 중심이 되는 결정적인 이야기로서 믿음이 없고 불순종하는 낡은 세대는 심판을 받고 죽어 버렸지만 젊은 세대가 나타나 민족의 희망이 되었음을 말해주고 있다. 민수기에 나오는 두 번의 인구조사 사건은 그런 의미에서 매우 대조적이고, 우리에게 많은 교훈을 주는 사건들이다.

1. 하나님은 이스라엘을 남달리 당신의 선민으로 삼아 430년이라는 긴 노예 생활에서 해방시켜 광야로 끌어내어 하나의 나라를 이루게 하고 법과 예배의식을 주는 등 최고로 대우해 주셨건만, 이스라엘 백성은 그토록 큰 은혜를 입고 하나님의 놀라운 능력을 목격하고도 하나님을

배반하고 결국은 가나안 복지를 밟아보지도 못하고 광야에서 몰살하였다. 여기서 인간의(이스라엘의) 어리석음을 알 수 있다. 하나님은 우리를 구원하기 위해서 백방으로 노력하고 계시지만, 그것을 받아들이지 않고 자멸한다면 그 책임은 인간 자신에게 있다.

2. 하나님은 그래도 남은 백성을 남겨두어 그들을 구원해 당신의 뜻을 이루신다. 출애굽한 이스라엘 백성의 제2세대라고 해서 완전한 자들일 수 없었을 터인데, 그들에게 은총을 내려 그들에게 희망을 주고 가나안에 들어갈 길을 보여주셨다. 하나님은 성실하여 언약을 어기시지 않는다. 이스라엘의 조상들과 세우신 언약을 결코 저버리지 않고 이루시는 분이시다.

3. 우리는 민수기에서 이스라엘 백성의 완고함과 어리석음을 발견하고 우리는 그 전철을 밟지 않아야 하겠다는 교훈을 받아야 할 것이다. 동시에 하나님의 공의와 능력과 사랑과 은총과 성실하심 등 그의 참 모습을 볼 수 있어야 할 것이다. 민수기는 인간의 모습을 축약한 감을 주는 책으로서 우리 자신을 거기서 발견하게 된다. 그리고 하나님 안에서만 희망이 있다는 것을 깨달아야 할 것이다.

이스라엘의 첫 번째 인구조사(민 **1:1-54**)

해설

야훼 하나님께서 이스라엘 백성을 애굽에서 구출하여 시내 광야로 끌어내신 지 14개월이 되는 달 초하룻날에 회막에서 모세에게 명령을 내리셨다. 가나안을 점령하려면 전쟁을 해야 하므로 전투요원으로서

20세 이상의 남자들을 지파별로 등록시키라는 것이었다. 각 지파의 대표를 세워서 그들이 등록 업무를 관장하게 하셨다. 거기서 레위 지파는 제외하게 하셨다. 레위 지파 사람들에게는 성막을 다루는 일 전체를 맡기기로 하고, 전쟁의 임무를 면하게 했다. 야곱의 아들들을 대개 출생 순서대로 나열하면서 각 지파 대표들을 발표했는데, 요셉을 대표하는 에브라임 지파와 므낫세 지파가 각각 여섯째와 일곱째 자리를 차지하고 벤야민* 지파가 그 뒤를 이은 것으로 다른 점이 특이하다. 인구조사 결과 발표에서는 또 순서가 바뀌었다. 갇* 지파가 셋째 자리로 올라갔다. 그러나 그것은 이스라엘 백성이 성막을 중심하고 막을 치는 순서를 감안한 것이다. 각 지파의 대표 이름과 인구조사 결과를 나열하면 아래와 같다.

르우벤	- 엘리출*	- 46,500
시므온	- 슬루미엘	- 59,300
갇*	- 엘리아삽	- 45,650
유다	- 나숀*	- 74,600
잇사갈	- 느단엘*	- 54,400
즈불룬*	- 엘리압	- 57,400
에브라임	- 엘리샤마*	- 40,500
므낫세	- 가말리엘	- 32,200
벤야민*	- 아비단	- 35,400
단	- 아히에셀	- 62,700
아셀*	- 파기엘*	- 41,500
납탈리*	- 아히라	- 53,400
		총 603,550

전투할 수 있는 남자 장정만의 수가 그렇게 많았다면, 여자와 노약자와 레위 지파 사람들을 합산하면 전체 인구가 약 200만 명이었을 것이다. 그 많은 수의 사람이 시내산 아래 아무것도 없는 불모지 광야에서 살 수 있었을까? 본문에 나오는 그 엄청난 숫자는 어쨌든 하나님이 베푸신 엄청난 복을 말하는 것이며, 이스라엘 조상들에게 무수한 자손을 주시겠다던 약속(창 15:5; 17:4-8; 22:17)을 하나님이 부분적으로 이루셨음을 보여준다. 그리고 가나안을 정복해야 하는 중차대하고도 무시무시한 일을 앞둔 백성에게 확신을 주는 숫자이기도 하다. 하나님이 주신 군대는 가나안을 정복하고도 남는다는 확신을 주는 것이다.

그런데 야훼 하나님은 모세더러 레위 지파는 계수하지 말라고 하셨다. 그들에게는 언약의 장막과 거기에 부속하는 모든 물건을 관리하고 운반하는 책임을 맡기게 하셨다. 그리고 그들은 성막 둘레에 장막을 치고 살며 성막을 파수하는 책임을 지게 하셨다. 곧 다른 사람들이 성막에 접근하는 것을 막도록 했다. 다른 지파 사람들은 레위 사람들이 성막 둘레에 친 천막들 바깥에다 천막을 치도록 했다. 이렇게 야훼가 모세를 통하여 주신 명령대로 이스라엘 백성은 실행했다.

교훈

1. 하나님은 당신이 세우신 계획을 이루시기 위해서 이스라엘 백성을 진두지휘하셨다. 애굽에서 구출된 이스라엘 백성은 무엇을 어떻게 해야 할지 알지 못하는 사람들이었다. 그래서 하나님은 모세를 통하여 당신의 다음 단계의 일을 지시하셨다. 시내산 밑에서 율법을 주고 성막을 만들게 하고는 지체하지 말고 전진하라고 지시하신 것이다. 하나님은 이스라엘 백성이 현실에 만족하고 있기를 원한 것이 아니라 당신이 세우신 이상과 목적을 향해 전진하는 것을 원하신다.

2. 이스라엘이 약속의 땅 가나안을 점령하기 위해서는 처절한 전투가 필요하다. 전투요원들을 총동원하고 모두가 합력해야 한다. 수수방관하거나 놀고먹는 자가 있어서는 안 된다. 열두 지파의 사람, 20세 이상 장정 전부가 가담해야 한다. 레위인은 그들 나름의 책임을 수행해야 한다. 이렇게 하나님의 목적 달성을 위하여 전원을 동원하고, 각자가 책임을 분담하는 것이 필요하다. 큰일을 위하여 대오를 정비하는 것이 필요하며, 책임을 분담하는 것이 요구된다.

3. 야훼 하나님을 모시는 백성으로서 그를 예배하고 섬기는 일 곧 종교 업무를 결코 과소평가하거나 무시할 수 없었다. 가시적인 것에 치중하기 쉬운 인간들이 많은 경우 하나님의 일 곧 영성을 잃기 쉽다. 그러나 하나님은 모세를 통하여 그 영성의 중대성을 강조하셨다. 아니 오히려 영성을 우선적인 것으로 여기게 하셨다. 성막을 가운데 두고, 예배를 관장하는 자들이 성막을 옹위하고, 그 둘레에 백성이 진을 치고 사는 삶은 이상적이라고 할 수 있다.

이스라엘 포진(布陣)과 행진의 순서(민 **2:1-34**)

해설

하나님은 이스라엘 백성 열두 지파가 성막을 중심하고 포진을 하는 순서와 행진하는 순서를 정해주셨다. 성막을 중심하고, 성막의 입구인 동쪽에 유다 지파와 잇사갈 지파와 즈불룬* 지파가 진을 치고, 진군할 때는 그 세 지파가 제1진 곧 선봉이 되며, 유다가 통솔한다. 성막 남쪽에는 르우벤 지파와 시므온 지파, 갇* 지파가 진을 치고, 진군할 때는 그 세 지파가 르우벤의 통솔 하에 제2진으로 따른다. 그 다음에 레위 지파가 성막과 그 부속물들을 들고 뒤따른다. 성막 서쪽 곧 성막 뒤쪽에는 에브라임 지파와 므낫세 지파와 벤야민* 지파가 포진하고, 진군할 때는 제3진으로 에브라임 통솔 하에 레위 지파의 뒤를 따른다. 성막 북쪽에는 단 지파와 아셀* 지파와 납탈리* 지파가 포진하고, 진군할 때는 단의 통솔 하에 제4진으로 뒤따른다. 그것을 아래와 같이 정리해 볼 수 있다.

이스라엘의 포진

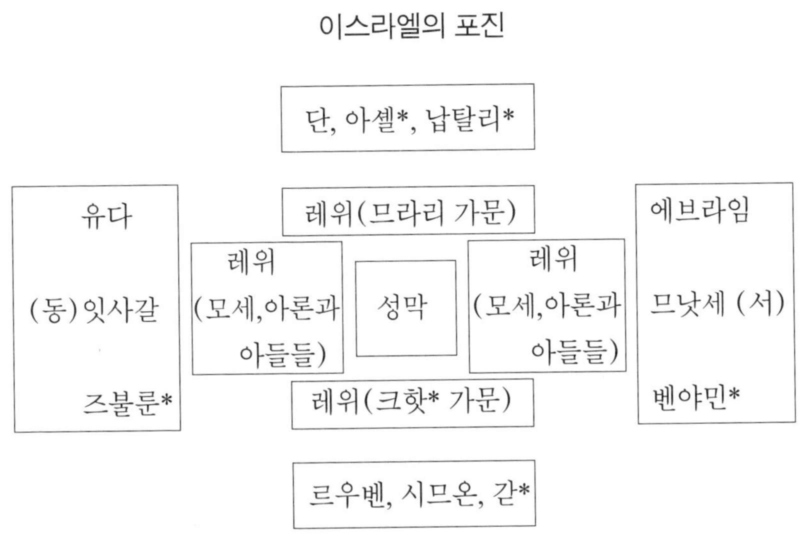

이스라엘의 행진

← 제1진	← 제2진	← 성막	← 제3진	← 제4진
유다	르우벤	(레위)	에브라임	단
잇사갈	시므온		므낫세	아셀*
즈불룬*	갇*		벤야민*	납탈리*

교훈

1. 선민의 이상적 삶의 구도(構圖)는 야훼 하나님을 중앙에 모시고 있는 것이다. 그러므로 인간의 이상이 바로 그런 것이어야 한다. 그리고 열두 지파가 빠짐없이 하나의 공동체를 이루고 단결하여 하나님을 섬기며 하나님의 영광과 그의 혜택을 더불어 누리며 행복한 삶을 살도록 계획되었다. 그것이 하나님의 이상이다.

2. 하나님은 지극히 거룩한 분이시기에 더러운 자연인들이 직접 그 분께 접근할 수가 없다. 그래서 먼저 거룩함을 받은 제사장들의 중재가 필요하다. 그리고 레위인들의 전문적인 봉사가 필요했다.

우리는 하나님의 임재를 상징하는 성소와 성막을 마음에 그리며, 개인과 우리 교회 공동체 속에 하나님을 거룩하게 모시고 섬기면서 살기를 힘써야 할 것이다.

3. 사람은 움직이고 행동하는 존재이기에 우리는 한 곳에만 머물 수가 없다. 언제나 더 좋은 곳과 상태를 향하여 곧 약속의 땅, 가나안 복지를 향하여 계속 전진해야 한다. 그 모든 과정에서 우리는 하나님을 우리 행동과 행군의 중앙에 모셔야 한다. 그것이 가장 안전하고, 하나님이 바라시는 양상이다. 어떤 경우에도 성막을 빼앗겨서는 안 된다. 곧 하나님을 빼앗기는 일이 없어야 한다. 모든 힘을 다하여 하나님을 우리 삶 한복판에 모시고 살자.

아론의 아들들(민 3:1-4)

해설

야훼 종교에서 제사장의 역할은 필요불가결의 것이었고, 하나님이 정해주신 장치였다. 레위 지파가 다른 지파보다 낫거나 더 거룩해서 하나님이 그들을 제사장 지파로 삼으신 것은 아니다. 야훼 종교에 제사장 제도가 필요하고 어떤 한 지파에게 그 임무를 맡겨야 했기에 레위 지파를 택하셨을 뿐이다. 어쨌든 하나님의 선택에 의하여 레위 지파가 제사의 업무를 받았으므로, 그들은 기능상 독특한 존재들이며, 따라서 여타의 지파들은 그들의 권위와 직책을 인정하고 순응해야 했고, 그것이 하나님의 뜻이었다.

그래서 우선 레위 지파 특히 모세와 아론의 계보를 여기에 다시 부각시킨다. 아론의 네 아들인 나답과 아비후와 엘아잘*과 이다말을 소개하였다. 그러나 제사장도 범죄하면, 가차 없이 징계를 받은 것을 밝혔다. 즉 나답과 아비후가 거룩하지 않은 불을 가지고 하나님께 제사드리는 잘못을 저질렀으므로 그들이 죽었고 자손을 남기지 못했다는 사실을 들추어냈다(레 10:1-7). 그러나 아론의 남은 아들들 엘아잘*과 이다말은 평생 제사장직을 수행했다는 사실을 지적했다.

교훈

하나님은 당신을 섬기는 백성을 만들고 그들이 정상적인 종교 생활을 하게 하려고 제사장 제도를 만드셨다. 제사장 제도는 사람이 만든 제도가 아니라 야훼께서 세우신 제도다. 하나님은 사람 가운데서 제사장을 고르실 수밖에 없었고, 당신이 정하신 법에 따라서 그들은 임무를 수행해야 하는 것이었다. 그런데 그들이 비록 특수하고도 거룩한 임무를 받았을지라도 하나님의 법을 어기고 거룩함의 법을 어기어 거룩함을 깨뜨렸을 때, 제사장들이지만 그들 역시 죽을 뿐 아니라 자손을 남기지 못하는 엄벌을 받았다. 오히려 그들이 제사장들이었기 때문에 더 중벌을 받았을 수도 있다.

하나님이 주신 직책을 바로 수행하는 것이 하나님을 기쁘게 하고 하나님의 뜻을 이루는 일인 동시에, 중책을 진 자의 책임이 남들보다 더 크다는 사실을 기억해야 할 것이다. 우리 그리스도인들은 다 제사장들이므로 하나님과 세상 앞에서 우리의 임무에 충실해야 하고, 그렇지 못할 때는 큰 벌을 받을 각오도 해야 할 것이다.

레위 지파의 임무(민 **3:5-13**)

해설

야훼께서 이제 구체적으로 모세를 통하여 레위 지파에게 임무를 부과하신다. 레위 지파 사람들을 제사장 아론 앞에 가까이 두어 아론을 돕게 하라고 명령하셨다. 그들이 할 일은 제사장 아론과 이스라엘 온 백성을 위하여 회막 앞에서 그 성막 업무를 수행하는 것이다. 제사장을 도와 회막의 모든 일을 거들어야 하고, 다른 한편으로는 이스라엘 백성이 성막에서 예배할 때 그들을 위하여 필요한 일을 거들어야 하는 것이다.

레위 지파는 이스라엘 백성 중에서 불러내어 전적으로 아론과 그 후예 곧 제사장들에게 부속시킨 사람들이다. 아론과 그의 후손은 제사장 업무를 수행할 사람들이어서 따로 등록하게 하고, 아론의 후손 아닌 사람이 그 임무를 맡지 못한다. 제사장은 일반 레위 사람이나 다른 지파 사람 누구나가 되는 것이 아니라, 아론의 후손만이 제사장이 될 자격이 있다는 것이다.

야훼께서 레위 지파에 관하여 모세에게 또 한 가지 자격을 지적해 주셨다. 출애굽 사건 때 야훼께서 애굽 사람들의 맏배 자식과 가축을 다 죽이면서도 이스라엘 사람들의 맏배 자식이나 가축은 죽이시지 않았기 때문에, 이스라엘 사람들의 맏배 자식은 다 하나님의 것이다. 그러니까 이스라엘 백성의 맏아들은 하나님께 바쳐야 하고, 하나님을 섬기는 일에 종사해야 한다(출 13:2; 22:29-30; 34:19-20). 그러나 그 맏아들 대신에 어떤 예물을 드림으로써 그 아들을 빼낼 수 있다. 이제 하나님은 레위 사람을 이스라엘 백성의 맏배 자식에 해당하는 사람으로 취급하신다는 것이다. 따라서 그들은 하나님의 것이다.

교훈

1. 하나님을 예배하고 그를 섬기는 일은 인간에게 필수적이고 본연적인 임무이므로 하나님은 그 일을 위해 제사장 제도를 두시는 동시에, 이스라엘 열두 지파 중의 하나인 레위 지파를 몽땅 떼어 그 일을 거들게 하셨다. 그만큼 하나님의 백성에게 있어서 종교생활이 중요하다는 것을 말하고 있다.

2. 레위 사람들은 제사장을 돕는 것뿐 아니라 예배하러 나온 백성도 도와야 했다. 성직을 맡은 사람들은 하나님을 위하여 임무를 수행하는 동시에 예배자를 도와서 참된 예배가 될 수 있도록 봉사하는 일 또한 중요함을 깨달아야 한다. 회중의 종이 되는 것이 필요하다는 말이다. 성직자들이 일방적으로 하나님만 섬기면 된다고 생각한다면, 이는 잘못이다. 하나님의 양을 잘 돌보고 섬기는 자세를 가져야 할 것이다.

3. 제사장 직은 귀한 것이고 거룩한 것이기에 아무나 그 일을 맡으려고 해서는 안 된다. 제사장 자격이 있는 사람, 전통적인 자격을 갖춘 사람을 골라서 임명해야 할 것이다. 오늘의 성직자들이 과연 그 정통성을 가지고 있는지 의심스러운 경우가 많다.

4. 레위 사람들은 이스라엘 사람들의 맏아들 격인 사람들이었다. 즉 레위 지파는 이스라엘 백성 전체를 대신하는 사람들이어서, 그들의 일거수일투족이 바로 백성 전체의 행동으로 여겨질 수 있다. 교회의 일, 종교의 일을 맡아 보는 사람들, 특히 성직자들은 많은 신자와 교인을 대표하는 사람이라는 자각을 가지고 신중히 행동해야 할 것이다.

레위 지파의 인구조사(민 3:14-39)

해설

이스라엘 백성이 시내 광야에서 출발하기 전에, 야훼께서 모세에게 명하여 레위 지파의 인구를 조사하게 하셨다. 모세는 야훼의 명을 받들어 레위 지파 사람들의 수를 가문별로 등록하게 했다. 레위의 아들은 게르숀*과 크핫*과 므라리이고, 게르숀*의 아들은 립니와 시므이고, 크핫*의 아들은 아므람과 이츠할*과 헤브론과 우지엘*이고, 므라리의 아들은 마흘리*와 무시였다.

레위의 맏아들 게르숀*의 세 아들 가문에 속한 사람 중에 한 달 이상된 남자로 등록한 수는 7,500이었다. 게르숀* 가문은 성막 서쪽 곧 성막 뒤편에 진을 치게 되어 있고, 그 우두머리는 라엘의 아들 엘리아삽이다. 그 임무는 성막, 성막을 덮는 천막, 성소의 휘장들, 성막으로 들어가는 입구의 휘장, 제단, 밧줄들 일체를 돌보는 것이다.

레위의 둘째 아들 크핫* 가문에 속하는 네 분파 사람 중에 한 달 이상된 남자로 등록한 수는 8,600이었다. 크핫* 가문의 우두머리는 우지엘*의 아들 엘리차반*이다. 크핫* 가문은 성막 남쪽에 진을 치게 되어 있고, 그 임무는 법궤, 빵을 놓는 식탁, 등잔대, 제단들, 성소 안에서 제사장들이 사용하는 그릇들, 휘장을 책임지고 돌보고 건사하는 것이다.

레위의 셋째 아들 므라리 가문에 속하는 사람 중에 한 달 이상된 남자로 등록한 수는 6,200이었다. 그들의 우두머리는 아비하일의 아들 추리엘*이다. 므라리 가문은 성막 북쪽에 진을 치게 되어 있고, 그 임무는 성막의 골조(패널), 빗장, 기둥, 기둥 받침, 모든 부속물, 성막 둘레를 막은 막의 기둥들과 받침과 말뚝과 밧줄을 건사하고 돌보는 것이다.

위 세 가문의 우두머리를 지휘하는 사람은 아론의 아들 엘리에셀이고, 그가 성소의 일을 맡은 모든 사람들을 감독하기로 되어 있다.

성막의 동쪽 곧 성막 전면에 진을 칠 사람은 모세와 아론과 그의 아들들이다. 그들이 성소 안에서 이스라엘 백성을 위하여 예배를 집례하기로 되어 있다. 제사장 아닌 다른 사람이 성소에 접근하는 것은 절대로 용납할 수 없다. 그런 사람은 사형에 해당한다.

이렇게 해서 레위 지파에 속한 사람 중에 한 달 이상된 남자로 등록한 수는 22,000이었다.

교훈

아론과 그의 아들들 곧 아주 제한된 인원의 제사장들이 예배를 집전하게 되어 있었다. 레위 사람들의 도움이 없이는 이스라엘의 그 많은 사람의 예배를 순조롭게 진행할 수가 없었을 것이다. 여기서 제사장들의 희소가치를 알 수 있고, 레위 지파 사람들의 존재 가치를 짐작할 수 있다. 아론의 집안을 제외한 다른 레위인들은 제사장이 될 수 없지만, 그들의 입장에서 제사장들에게 올바로 협조함으로써 예배가 제대로 이루어질 수 있는 것이었다. 성막을 보존하고 운반하고 수리하고, 성막에 찾아오는 많은 백성의 요망 사항을 받아 제사장과 연결시키는 등, 레위인들의 수고가 이만저만이 아니었을 것이다. 그리고 그들을 관리하는 엘리에셀의 일 또한 쉬운 일이 아니었을 것이다. 그러나 하나님은 모세를 통하여 일사불란하게 예배할 수 있게 제도를 만들게 하시고, 그들의 임무와 부서와 위치를 짜임새 있게 조직해 놓으셨다. 일을 효과적이고도 능률적으로 수행하기 위한 조직을 만든다는 것이 중요하고, 그런 지혜가 필요하다. 어떤 일이든 무턱대고 한다고 되는 것이 아니라, 효율적으로 해내야 하는 것이다. 우리도 그런 지혜가 필요하다. 그리고 직책의 고하나 종류를 따지지 말고 맡은 일에 충성해야 할 것이다. 레위 지파 사람들이 정해진 장소에서 정해진 임무를 수행하는 한 이스라엘의 예배는 차질 없이 진행되었을 것이다.

맏아들과 짐승의 속상(贖償)(민 **3:40-51**)

해설

야훼께서 모세에게 명하여 레위 지파 외의 이스라엘 사람 중에 한 달 이상된 모든 맏배 남자를 등록하게 하셨다. 그 수가 22,273이었다. 39절에 의하면 한 달 이상의 레위 남자의 수는 22,000이었다. 이스라엘의 맏아들은 다 하나님의 것이고, 하나님께 바치도록 되어 있는데, 그들 대신에 레위 남자를 받으시기로 하셨다. 그러므로 레위 남자들은 하나님의 것이라는 말이다. 그리고 레위 지파의 맏배 짐승이 여타 이스라엘 사람의 맏배 짐승을 대치할 수 있게 하셨다.

그러나 이스라엘의 맏아들의 수가 레위 남자의 수보다 273이 더 많은 것이 문제였다. 그 273명은 돈으로 환산하여 하나님께 바쳐야 했다. 한 사람에 다섯 세겔씩을 아론과 그의 아들들에게 바쳐서 속상을 해야 한다. 그 돈을 다 모으니 1,365세겔이었다. 모세는 야훼의 명령대로 그 돈을 아론과 그의 아들들에게 주었다. 성전에서 사용하는 저울이 표준이었고, 20게라가 한 세겔이었다.

교훈

1. 레위 지파의 남자들이 여타의 이스라엘 사람들의 맏아들을 대신하여 하나님께 헌신한다는 제도는 이스라엘 백성이 언제나 야훼 하나님의 사랑과 은혜를 기억하고 살 수 있는 방법으로 주신 귀한 것이다. 이스라엘 사람들은 레위 사람을 볼 때마다 저 사람은 내 맏아들을 대신하는 사람이라는 생각을 하게 될 것이고, 소급하여 출애굽 사건을 상기하며, 하나님의 은혜를 되새길 수 있을 것이기 때문이다. 하나님은 이스라엘 백성이 야훼이신 당신을 언제나 기억하고 섬기기를 바라신다.

2. 남은 273명에 대해서도 돈으로 환산하여 속상을 하도록 한 것은 이스라엘의 장자 어느 누구도, 나아가서는 이스라엘 사람 어느 한 사람도 하나님의 자비와 사랑의 대상이 아닐 수 없음을 알려주는 것이다. 남의 덕택에 덩달아 구원을 얻는 법은 없다. 하나님의 사랑의 대상에서 제외된 인간은 없는 법이다. 사람은 각각 가치가 있고, 하나님은 우리 하나 하나를 구원과 은총의 대상으로 삼고 있다는 사실을 암시해 준다.

3. 이스라엘 백성의 맏배 짐승을 레위 지파의 맏배 짐승이 속상한다면, 이스라엘 백성의 맏배 가축은 그 수가 훨씬 더 많을 것이고, 따라서

속상되지 못하는 것들이 상당히 많을 것이다. 그렇다면 그 남은 것들을 돈이나 다른 것으로 대치하여 속상해야 할 것이고, 그 액수가 상당히 클 것이다. 따라서 레위 지파의 생활과 아울러 이스라엘 전체의 종교 생활은 풍성하고 넘쳐흐를 것이다. 하나님이 계획하신 야훼 종교에는 모자람이란 없는 것이다. 그러나 그 법을 이스라엘이 얼마나 지켰는가가 문제이다.

크핫* 가문의 임무(민 **4:1-20**)

해설

3장 14-39절에서 이미 레위 지파의 인구조사를 다루었고, 레위의 세 아들 게르숀*과 크핫*과 므라리 가문의 임무와 포진 위치가 정해졌다. 그러나 거기에는 난지 한 달 이상된 모든 남자를 계수하였다.

그런데 이제 4장에 다시 레위 지파의 인구조사가 언급된다. 여기에는 30세 이상 50세까지의 장정을 따로 계수하라는 것이다. 일을 효과적으로 해내는 데는 일꾼이 너무 많아도 안 되므로 가장 정력이 왕성하고 사려가 깊은 사람들 층을 고른 것이라고 볼 수 있다. 여기서는 성막이 다른 곳으로 이전되는 경우에 레위 지파 각 가문이 해야 할 일을 제시하는 것이다. 게르숀*이 맏아들이지만 크핫* 가문의 임무를 먼저 언급한 것은 가장 거룩한 물건들을 다루는 책임을 그들이 맡았기 때문이었을 것이다.

이스라엘 백성이 거처를 옮길 때, 아론과 그의 아들들이 성막에 들어가 성소와 지성소를 가르는 휘장을 걷어서 그것으로 언약궤를 덮는다. 그리고 그 위에 돏은 가죽 보자기를 씌우고 그것을 청색 천으로 덮은 다음, 그것을 운반하기 위하여 채를 끼운다.

하나님 어전에 빵을 놓는 상은 청색 천으로 덮고 그 위에 소반들과 향을 담는 접시들과 대접들과, 주제(酒祭)를 위한 병들을 놓고, 규칙적으로 드리는 빵도 놓는다. 그리고는 주홍색 천으로 그것들을 덮고 그 위에 얇은 가죽 보자기를 씌운다. 그리고는 운반할 수 있도록 채를 끼운다.

등잔대와 그 위에 놓는 등잔들과 심지 다듬는 도구들과 쟁반과 기름 단지들은 청색 천으로 덮고 얇은 가죽으로 싸고, 그것을 운반할 때 쓰는 들것 위에 놓는다. 금으로 된 향단은 청색 보자기로 덮고 그 위에 얇은 가죽을 씌우고 운반을 위하여 채를 끼워놓는다. 기타 성막에서 사용되는 모든 도구들은 청색 보자기로 싸고 그것을 얇은 가죽으로 덮어 운반할 때 쓰는 들것에 놓는다.

제단에서 재를 제거하여 자색 보자기로 제단을 덮고 그 위에 제단 도구 일체 곧 부삽, 갈고리, 삽, 대야 등을 놓은 다음에 얇은 가죽으로 덮는다. 그리고 운반할 수 있도록 채를 끼운다.

회막은 지극히 거룩한 것이기에 아론과 그의 아들들만이 만질 수 있다. 회막의 자리를 옮기기 위해서 우선 아론과 그의 아들들이 장막과 그 부속물들을 덮으면, 다음에 크핫* 가문의 사람들이 그것들을 운반하는 책임을 진다. 그러나 그들은 그 성물을 결코 만져서는 안 된다. 그것을 만지는 날에는 죽음을 면치 못한다.

아론의 아들 엘아잘*은 등유와 향료와 일상 곡물 제사와 임직식에 사용하는 기름을 관장(管掌)하고 성막 전체와 그 부속물 전체를 감독해야 한다.

크핫* 가문 사람들이 성물을 잘못 다루다가 죽임을 당하는 일이 없게 하려고, 야훼는 모세와 아론을 시켜서 그들에게 세심한 주의를 주셨다. 성물을 구경하려고 성소에 들어가지 말고, 제사장들이 성물을 보자기로 덮어 싼 후에, 각각 맡은 것을 운반하면 되는 것이었다.

교훈

1. 야훼 하나님은 한 곳에 매여 계실 분이 아니다. 만유의 주이신 하나님은 당신이 원하시는 곳이면 어디에나 머무시는 분이시다. 따라서 이스라엘의 성막은 기동성이 있고, 하나님이 명하시면 그 자리를 옮겨야 하는 것이었다. 우리가 야훼 하나님을 나 자신의 골방이나 인간의 손으로 아름답게 만든 성전에 가두어 두려고 해서는 안 된다.

2. 성소에 드나들고 성소의 기물을 다룰 수 있는 사람은 아론과 그의 아들들(제사장들)뿐이었다. 크핫* 가문은 성물을 운반하는 책임과 영광을 가지고 있을 뿐이지 결코 성물을 직접 보거나 만지거나 할 수 없다. 그 법을 어기는 날에는 죽는다. 이 제도는 결국 하나님의 무한하고도 절대적인 거룩하심과 존엄하심을 상징하는 것으로서, 거룩하지 않은 자가 거룩하신 분에게 접근할 수 없다는 진리를 말해 준다. 하나님과 인간 사이의 무한한 간격을 다리 놓는 일은 인간의 몫이 아니다. 오직 하나님의 은총과 자비와 긍휼만이 그 간격을 메울 수 있다.

3. 거룩한 물건을 운반하는 직분을 30-50세의 장정에게 맡기셨다는 것은, 성숙한 인간에게 그 중대사를 의탁하셨다는 말이 된다. 적재적소라는 말처럼 하나님은 완전과 높은 효율을 위하여 적절한 일꾼들을 불러 쓰신다는 것을 알 수 있다.

4. 아론의 잔존한 셋째 아들 엘아잘*이 등유와 향료와 곡물제사와 임직식용 기름을 관장하고 성막 이전의 총책이 되었다는 것은, 역시 위계질서를 바르게 가지게 하시려는 현명한 처사였다. 성막을 옮기는 유동적인 상황에서 하나님의 임재를 상징하는 불은 언제나 붙어 있어야 하고, 하나님을 향한 향(香)은 계속 피어올라야 하고, 동물을 죽여서

바치는 제사는 이루어지지 않더라도 곡물제사는 계속 진행되어야 최소한의 생활이 유지될 것이고, 사람의 생명이 언제 끊어질지 모르는 시대에 제사장을 취임시키는 일만은 언제나 가능해야 하기에, 임직식을 위한 기름은 늘 준비되어 있어야 하는 것이었다. 그리고 성막을 옮기는 전 과정을 총감독하는 일은 필수적이었다. 이렇게 모든 일을 질서 있게 실용적으로 이루는 것이 하나님의 뜻이며 아름다운 일이다.

5. 거룩한 일을 하는 가운데 범법을 함으로써 목숨을 잃는다면, 그것을 하나의 모순이며 하나님이 원하시는 바도 아니다. 그래서 하나님은 성막 운반 실무자들인 크핫* 가문의 사람들이 사무집행 중에 죽는 일이 없도록 각별한 주의를 주셨다. 인간은 연약하고 호기심이 많은지라 유혹을 받아 거룩함을 깨뜨릴 염려가 있다. 그러나 그 일로 말미암아 목숨을 잃는 일이 없어야 한다. 크핫* 가문의 사람들이 거룩한 일을 집행하다가 신성모독적인 행동을 함으로 죽는 일이 없도록 당부하신 하나님의 배려를 생각하며, 우리 역시 신성을 모독하는 우를 범하지 말아야 할 것이다.

게르숀*과 므라리 가문의 임무(민 4:21-33)

해설

이제는 레위의 맏아들 게르숀*의 가문이 성막을 옮기는 일에서 맡아야 할 일을 규정한다. 둘째 아들 크핫* 가문이 회막 안에 있는 기물들을 운반하는 책임을 맡았던 것과는 달리, 게르숀*의 가문은 그 기물들을 안치하는 회막 자체를 다루는 일과 그것을 분해하여 옮기는 책임을 맡는다. 우선 30-50세의 장정들을 골라서 등록하게 하고 그들에게 그 일을 맡기셨다. 그들은 성소와 지성소를 가로막는 휘장, 회막과 그것을 덮는 막, 그 위를 덮는 가죽 막, 회막 입구를 막는 휘장, 회막 둘레에 치는 성막, 그 외곽 막의 입구를 막는 휘장, 제단, 막을 매다는 줄과 기타 부속물들을 책임진다. 이런 일은 아론과 그의 아들들의 지휘 아래 한다. 특히 아론의 막내아들 이다말의 감독을 받아야 한다.

다음으로 므라리 가문의 책임을 알려주셨다. 30-50세의 사람으로 회막 일에 적임자들을 등록시켜서 책임을 맡기신다. 그들은 그 장막의 골조(판자), 빗장, 기둥, 기둥받침, 말뚝, 밧줄, 기타 모든 부속물을 운반하는 책임이 있다. 각자가 할 일을 일일이 책임지게 한 것이다. 므라리 가문 역시 아론의 아들 이다말 제사장의 감독을 받아야 한다.

교훈

1. 레위의 세 아들 게르숀*과 크핫*과 므라리의 가문에서 30-50세 된 장정들이 선발되어, 각각 하나님의 성막 안에 있는 기물과, 성막 자체와 그 부속물, 그것의 울타리가 되던 장막을 건사하고 옮기는 중책을 맡았다. 누군가가 그 일을 맡아보아야 하는 것이었고, 그들이 그 임무를 부여받았던 것이다. 그 임무를 그들이 자진해서 맡은 것이 아니고, 야훼 하나님의 명령에 따라서 모세와 아론을 통하여 정해진 것이다. 그들의 출생의 순서대로 그 일들을 맡기지 않고 둘째인 크핫*에게 가장 거룩한 성물을 책임지게 하신 데는 하나님만 아시는 어떤 이유가 있는 것이다. 그 거룩한 일을 누구나 하는 일이 아니라 하나님이 맡겨주심으로써 한다는 선택의 원리가 거기에 있다고 보아야 할 것이다.

2. 그 성직은 사람이 마음대로 바꾸어가며 하는 것이 아니라 하나님이 정하신 가문이 하게 되어 있다. 구약 시대에는 이렇게 하나님께서

모든 것을 정해 주셨다. 신약 시대에는 우리가 자의에 의하여 성직을 택하는 것으로 되어 있지만, 신령한 의미에서 볼 때 그 배후에 하나님의 선택 작업과 섭리가 있는 것이며, 결국은 하나님의 선택의 원리가 작용하는 것으로 보아야 할 것이다. 따라서 오늘의 성직자들 역시 과거의 레위인들처럼 하나님을 두려워하는 마음을 가지고 그 직책 수행에 임해야 할 것이다.

레위 가문의 인구조사(민 **4:34-49**)

해설

모세와 아론은 하나님의 명령을 받들고(4:1, 17, 21) 이스라엘 회중의 지도자들과 협의하여 먼저 크핫* 가문에서 30-50세의 장정 중 회막과 관련된 임무를 수행하기에 적합한 사람들을 등록시켰다. 그 수가 2,750이었다. 게르숀* 가문과 므라리 가문의 사람들 중에서 등록된 사람은 각각 2,630명과 3,200명이었다. 그러니까 그 세 가문에서 등록된 사람의 총수는 8,580이었다. 그들은 야훼께서 모세를 통하여 명령하신 대로 회막에서 봉사하고 그것을 운반하는 책임을 맡은 사람들이다.

교훈

야훼 하나님은 당신을 섬기는 이스라엘의 (종교)생활이 가장 합리적이고 능률적이기 위해서 모세에게 세밀한 명령을 내리셨다. 모세는 그 명령을 받들어 그의 형 아론과 또 다른 지도자들과 협의하여 적임자들을 뽑아 등록시켰다. 그 거룩한 일을 아무에게나 맡기지 않고 뽑힌 사람들만이 할 수 있게 하신 것이다. 즉 거룩한 일을 거룩한 자들이 하게 하신 것이다. 모세는 하나님의 명령에 복종하였고, 아론과 지도자들은 협조했다. 하나님은 가장 이상적인 제도를 주셨으므로, 그것을 제대로 실시만 하면 하나님의 뜻이 이루어질 것이다. 여기서 중요한 것은 야훼의 명령을 모세가 실행했다는 점이다.

부정(不淨)한 사람(민 5:1-4)

해설

야훼께서는 이스라엘 백성이 거룩하기를 원하셨고, 거룩하라고 누차 명령하셨다. 여기서 다시 모세를 통하여 명령을 내리셨다. 이스라엘 사람들의 진영(陣營)이 거룩하기 위해서 거룩하지 않은 것, 즉 부정한 것은 진영 밖으로 내쫓으라는 것이었다.

여기서는 부정한 것을 세 가지로 분류했다. (나병 같은) 악성 피부병 환자(레 13장), 남성의 정액이 묻은 사람(레 15장), 시체를 접촉한 남자와 여자들이다(레 21:1-12; 민 19:11-13). 부정한 자가 진영에 남아 있으면 그 진영 전체가 부정을 탄다는 것이다. 이스라엘 백성은 이 명령대로 부정한 사람들을 진영 밖으로 내보냈다.

교훈

1. 하나님은 자신이 거룩하시고 완전히 정결하신 분이시기에 당신의 백성 이스라엘도 거룩하고 정결하기를 바라신다. 진영 바깥으로 쫓겨나 있는 사람도 거룩과 정결을 되찾아 진영 안으로 들어올 수 있어야

한다. 하나님은 그들을 버리지 않고 분리시킴으로써 진영 안에 있는 사람의 거룩함을 유지하는 동시에 쫓겨나 있는 사람들도 원상회복되기 원하신다. 그들을 멸절시키라고 하지 않고 남겨두게 하고 계속 이스라엘 백성으로 인정하신 데서 하나님의 의중을 짐작할 수 있다. 그리고 아무리 불편하더라도 진영 바깥으로 나가 부정한 상태를 벗어날 때까지 기다리고 목욕하는 등으로 정결을 되찾아 원상으로 돌아오는 노력을 함으로써 전체의 거룩함을 유지하려고 함은 타당한 일이었다.

2. 이스라엘 백성은 야훼의 말씀을 복종하고, 부정한 자들을 진영 바깥으로 분리시켰다는 것이다. 인정상 어려운 일이지만 대(大)를 위하여 소(小)를 희생시키는 마음, 하나님의 명령에 순종하는 마음은 갸륵한 것이다.

자백과 보상(민 **5:5-10**)

해설

이웃에게 잘못을 저질렀을 때 그것을 보상하는 법이 출애굽기 22장 7-15절과 레위기 6장 1-7절에 이미 나왔는데, 여기에 그것을 보충하는 법이 첨가된 것이다. 남자건 여자건 다른 사람에게 잘못을 저지른 것은 결국 야훼께 대한 성실성을 잃은 것이어서, 죄가 성립된다. 따라서 그 죄를 자백하고 잘못한 것을 전부 보상하는 동시에 거기에 5분의 1을 더해 상대에게 갚아야 한다. 그러나 손해 입은 사람이 없어지고 그 보상을 받을 근친도 없는 경우에는, 야훼께 그것을 바쳐야 한다. 그것은 결국 제사장의 몫이 된다는 말이다. 돈으로 보상하는 것만 아니라, 그 잘못에 대한 속죄 제물로 양을 함께 바쳐야 한다.

교훈

1. 이웃에게 범한 잘못을 죄로 깨달아 자백한다는 것은 매우 아름다운 행동이다. 그리고 이웃에게 끼친 손해를 적절하게 보상한다는 것은 역시 정의 사회를 이루는 데 필수적이다. 게다가 5분의 1을 더하여 갚는다는 것은 마땅한 벌칙이 아닐 수 없다. 하나님의 백성은 마땅히 이렇게 결백한 마음과 행동을 가져야 할 것이다. 이렇게 해서 정의 사회를 구현하는 것이 하나님의 기뻐하시는 바이다.

2. 보상을 받을 사람이 죽었다든가 사라졌다고 해서 범행자가 아무런 보상을 하지 않는다면, 그것은 공의롭지 못한 것이다. 그래서 그런 경우에는 하나님께 보상을 하라는 것이다. 그리하여 범법자가 어디까지나 그의 죄과를 깨닫고 책임질 줄 알아야 마땅하다. 하나님 대신에 제사장들이 그 보상물과 속죄양을 차지한다는 것은 하나님께서 제사장들에게 주신 특권이라고 보아야 할 것이다.

3. 인간의 죄문제를 하나님은 그 죄값으로 양을 대신 받으시는 일을 통해 해결하신다. 즉 하나님의 자비와 은총이 인간의 죄를 용서하심으로써만 그 문제가 해결된다.

부정(不貞)한 아내에 관한 법(민 **5:11-31**)

해설

확실한 증거가 있는 간음에 대한 벌칙은 레위기 20장 10절에 이미 나왔다. 이번에는 증인 없는 간음 사건에 대한 법을 주신다.

유부녀가 바람이 나서 자기 남편에게 정절을 지키지 못하고 남편 몰래 다른 남자와 간통을 했다는 혐의가 있고 현장을 목격한 사람이 없어서 증인을 세울 수 없는 경우에 그녀의 남편은 사실로 부정을 저지른 아내에 대하여 질투하는 마음이 생길 수 있고, 또는 그것이 사실이 아니고 헛소문이라 하더라도 그 일로 인해서 질투하는 마음이 생길 수 있다. 이럴 때 그 남편이 취할 수 있는 법 절차를 여기에 제시한 것이다.

우선 남편이 그의 아내를 제사장에게 데리고 간다. 그런 여자의 경우에 보리 가루 10분의 1에바를 가지고 가야 한다. 그 가루에 기름을 붓지 말고 향료도 넣지 말아야 한다. 그것이 보통 곡물 제사와 다른 것은 질투 때문에 또는 악행에 대한 회상(回想, remembrance)을 위한 제물이기 때문이다.

제사장은 이 사건을 다루기 위해서 그녀를 데리고 성막으로 들어가 야훼 앞에 같이 선다. 제사장이 옹기그릇에다 거룩한 물을 담고 성막 바닥에서 흙을 집어 그 물에 탄다. 야훼 앞에 그 여자를 세운 다음에 그녀의 머리카락을 풀어헤친다. 그리고 그녀의 손에다 그 회상의 곡물제물을 올려놓는다. 제사장은 저주를 내리게 하는 그 쓴 물을 자기 손에 들고, 그녀더러 맹세를 하라고 하면서 다음과 같이 말한다. "아무 남자도 당신과 동침한 일이 없다면, 또 당신이 이 남편의 아내로 있는 동안에 외도하여 부정을 저지른 일이 없었다면, 저주를 내리는 이 쓴 물이 당신을 해하지 못할지니라. 그러나 당신이 이 남편의 아내이면서 정로를 벗어나 자신을 더럽히고 남편 외의 다른 남자와 동침했다면, 야훼께서 당신으로 하여금 당신의 백성 가운데서 저주거리가 되게 하실 것이고, 당신의 성기가 마르고 당신의 자궁이 피를 쏟게 하실 것이다. 자, 이제 이 저주의 물이 당신 배로 들어가 당신 자궁으로 피를 흘리게 할 것이며 성기를 마르게 할 것이니라." 제사장이 이런 말을 할 때 여자는 "아멘! 아멘!"이라고 말해야 한다.

그리고는 제사장이 이 저주의 말을 글로 적은 후에 그 글이 적힌 물건을 그 쓴 물에 담가 씻어낸다. 그리고 그 물을 그녀더러 마시게 한다. 그러면 저주를 가져오는 그 물이 그녀에게 고통을 일으킨다. 그리고는 제사장이 그녀의 손에 있는 질투의 곡물제물을 야훼 앞에 들어올리고, 제단으로 가져간다. 그 가루 중에서 한 줌을 제단에서 태우고 난 뒤에 그녀로 하여금 그 물을 마시게 한다. 제사장이 그녀에게 그 물을 마시게 했는데, 만일 그녀가 사실 몸을 더럽혔고 자기 남편에게 부정(不貞)을 저지른 것이 사실이라면, 그 저주의 물이 그녀 속에 들어가 고통을 일으키며 자궁이 피를 쏟고 성기가 마르고 마침내 그녀의 백성 가운데서 저주거리가 될 것이다. 그러나 만일 그녀가 결백하다면, 그녀에게 해가 없을 것이며 임신도 가능할 것이다.

이 법은 여자에게만 해당되고 남자에게는 해당되지 않는다.

교훈

1. 이 법은 남존여비(男尊女卑)를 원칙으로 하던 시대의 것이다. 그러나 하나님의 원래의 창조 질서는 이렇게 한쪽에 치우친 것이 아니었다. 남자도 여자도 꼭 같이 아담이고 동등한 권리와 의무를 가지고 있다. 여기서는 여자의 정절만을 요구했지만, 하나님의 원래의 뜻은 아내와 남편이 다같이 정절을 지키는 깨끗한 가정을 가지라는 것이다. 아내에 대한 이 엄한 벌을 보면서 남편 된 자들도 꼭 같은 죄책감을 가지며, 꼭 같은 처벌을 받는 것이 마땅하다고 느껴야 할 것이다. 우리 모두에게 주는 법으로 알고 가정의 순결을 도모해야 할 것이다.

2. 가정을 파괴하는 부정(不貞) 사건들은 응당의 벌을 받아야 한다. 그리고 엄벌을 통하여 그런 범행이 우리 사회에서 멀어지도록 해야 할

것이다. 순결한 가정, 이것이 야훼 하나님의 뜻이며 인간 사회와 가정 제도를 내신 하나님이 바라시는 바다. 성결한 가정에서 성결한 인간들이 태어날 수 있기 때문이다.

3. 타락한 인간들에게, 아직 계발되지 않은 인간들에게 하나님이 자신을 계시하고 당신의 뜻을 보여주실 때, 자연히 점진적인 과정을 통해서 그리하셨다. 그러므로 우리는 구약의 계시를 전부라고 보거나 완전하다고 단언해서는 안 된다. 상황에 따라서 그 시대에 맞는 계시를 하신 것이기에 우리는 그 상황을 감안하고 하나님의 계시의 방법을 생각하면서 정당한 판단을 해야 한다. 신약 시대에 걸맞는 판단, 하나님이 주신 과학의 시대에 적합한 판단을 해야 한다.

나실인(聖別한 자)(민 **6:1-21**)

해설

이스라엘 백성 중에서 남녀를 막론하고 누구든지 (어떤 목적을 이루기 위해서) 야훼 앞에 남달리 구별된 자가 되기로 특별한 맹세를 할 때, 다음과 같이 해야 할 일들이 있다(삿 13:2-14; 삼상 1:11).

⑴ 포도주나 독주, 포도주로 만든 식초나 다른 식초도 마시지 말 것. 포도즙은 어떤 것도 마시지 말고, 포도는 생것이든 말린 것이든 아예 먹지 말아야 한다. 즉 나실인으로 지내는 동안(맹세 기간)에는 포도로 만든 어떤 식물도, 포도 씨와 껍질까지도 입에 대지 않아야 한다.

⑵ 그 맹세 기간이 다 지나기까지는 머리에 삭도를 대지 말아야 한다. 나실인으로 있는 동안에는 거룩한 자이므로 머리털을 자르지 말고 자라도록 내버려두어야 한다.

(3) 야훼께 자신을 성별한 그 기간에는 주검에 접근해서는 안 된다. 부모나 형제자매가 죽었을지라도 그 주검에 가까이 감으로써 자신을 부정(不淨)하게 해서는 안 된다. 하나님께 자신을 바치는 그 성별은 그 머리의 모양을 보아 알게 되는데, 나실인이 그 긴 머리카락을 가지고 장례식에 나타나면, 그 성별은 무효가 될 것 아닌가.

그러나 나실인이 있는 자리 가까이에서 어떤 사람이 갑자기 죽었을 경우에 어쩔 수 없이 나실인이 그 주검을 볼 수밖에 없었다면 어찌할 것인가? 결국 그 성별된 머리, 곧 머리를 기르고 있는 나실인이 그 주검을 봄으로써 부정을 타게 되었다. 그 부정을 씻기 위해서 제7일에 머리를 밀어야 한다. 제8일에 산비둘기 두 마리나 어린 집비둘기 두 마리를 회막 입구로 가지고 나와 제사장에게 전해야 한다. 그러면 제사장은 그중 한 마리는 속죄 제물로, 다른 하나를 번제물로 바쳐서 주검을 가까이 한 죄를 속해야 한다. 그날로써 그 머리를 거룩하게 하고 과거의 날들은 무효로 하며 맹세한 날 동안 나실인으로서의 자신을 야훼께 성별해야 한다. 여기서 그 사람은 한 살짜리 숫양 한 마리를 속건제물(〈아샴〉, אָשָׁם)로 바쳐야 한다.

나실인이 맹세한 날이 다 찼을 때, 그들은 회막 입구에 나타나야 하고, 야훼께 예물을 바쳐야 한다. 흠 없는 한 살짜리 숫양 한 마리를 번제물(〈올라〉, עֹלָה)로, 흠 없는 한 살짜리 암양 한 마리를 속죄제물(〈핫타앗〉, חַטָּאת)로, 흠 없는 염소 한 마리를 화목제물(〈쉘라밈〉, שְׁלָמִים)로 드리고, 누룩 없는 빵과 기름 섞은 상품 밀가루 케이크와 누룩 없는 웨이퍼에 기름 바른 것과 곡물 제물과 포도주를 곁들여 바쳐야 한다. 제사장을 통하여 그 예물을 야훼 앞에 바친다. 그러고 난 다음에 회막 입구에서 머리를 밀고 그 머리카락을 화목제물 밑에 놓고 태운다. 제사장은 그 염소를 삶을 때 그 염소의 앞다리를 떼고, 광주리에서 누룩 없는 빵 한 덩이와 누룩 없는 웨이퍼 한 개를 집어, 머리를 깎은 그 나실인의 손바닥에 놓는다. 그리고는 제사장이 그 손들을 야훼 앞에 들어 올려서 흔들어 드리는 제사를 드린다. 그 예물은 제사장이 차지할 거룩한 몫이다. 그리고 하나님께 들어올린 가슴(갈비)과 뒷다리도 함께 제사장의 몫이다. 이런 의식을 치른 후에는 나실인이 포도주를 마실 수 있다.

교훈

1. 사람은 하나님 앞에서 살면서 어떤 때 중대한 일을 계획하고, 그것을 수행하기 위해서 결단을 하며, 하나님께 맹세를 한다. 결국 하나님과 사람의 일치를 도모하고 그의 힘을 빌려는 것이다. 그러기 위해서는 결사적으로 거룩해져야 하고, 완전히 자신을 하나님께 봉헌해야 한다. 거기서 오는 초월적인 힘을 바라는 마음이 있기 때문이다. 하나님의 마음에 드는 자가 되어야 하나님의 힘을 빌 수 있을 것이 아닌가?

포도주나 독주를 마시지 않고 똑똑한 정신으로 하나님과 순수한 교제를 가지는 가운데서 하나님의 능력을 얻어야 한다. 그는 머리를 깎지 않음으로써 인간의 순수성을 유지해야 한다. 외견상으로도 남과 다름을 나타냄으로써 자제하며 거룩함을 지켜야 한다. 주검은 더러운 것의 상징이기에 주검을 멀리함으로써 거룩함을 철저히 지켜야 한다. 거기서 하나님의 힘을 자기에게로 끌어들일 수 있다.

우리가 특별한 기회에 특별한 힘이 필요할 때, 맹세하고 자신을 하나님께 완전히 맡기고, 그 거룩한 결단을 완수할 수 있도록 하나님의 힘을 비는 것은 바람직한 일이다. 보통 사람이나 보통의 상황에서는 이룰 수 없는 일들이 많이 있기에, 이런 특수한 방법을 통해서 하나님의 뜻을 이루시려는 것이다.

2. 나실인이 되어 특수한 과업을 완수했을 때, 그것은 사람의 힘으로 된 것이 아니고, 하나님의 힘이 작용한 것이기에, 하나님께 감사해야 하는 것이 당연하다. 자기가 잘나서나 또는 자기의 힘으로 어떤 일을 해냈다는 교만은 금물이다. 나실인이 그의 맹세를 이루고 난 다음에 그에 해당하는 예물을 바쳐야 했던 것처럼, 우리는 기도하는 가운데 이룬 모든 것에 대해서 하나님께 마땅히 감사해야 한다.

3. 우리가 옛날의 나실인과 같은 외형적인 모습이나 금욕적인 행동을 가지지 않더라도, 언제나 그들의 정신을 가지고 거룩한 삶을 산다면 하나님의 뜻을 더욱더 잘 이룰 수 있을 것이다. 하나님의 뜻을 이루기 위해서 우리는 언제나 나실인처럼 철저히 거룩한 삶을 살려고 애써야 한다.

제사장의 축도(민 6:22-27)

해설

야훼께서 모세에게 명하여 아론과 그의 아들들로 하여금 아래와 같은 말로 이스라엘을 축복하도록 하셨다.

> "야훼께서 너희를 축복하시고
> 지키실지어다.
> 야훼께서 그의 얼굴을 너희에게 향하시어 빛을 비추시고,
> 너희에게 은총을 베푸실지어다.
> 야훼께서 그의 얼굴을 너희에게 돌리시고,
> 너희에게 평화를 주실지어다."

이렇게 제사장들이 야훼의 이름을 이스라엘 백성에게 주입시키고 가르쳐야 할 것이며, 야훼께서는 이스라엘 백성에게 복을 내리시겠다는 것이다.

교훈

1. 그리스도인과 유대인들이 이 기도를 예배에서 축도로 사용하고 있다. 그리스도인들은 고린도후서 13장 13절을 주로 축도로 사용하며 동시에 이 제사장의 축도를 겸하여 사용한다. 기독교의 삼위일체 신 곧 성자와 성부와 성령이 들어 있는 신약의 축도와는 달리, 이 제사장 축도의 특색은 야훼 하나님을 부각시키는 점에 있다. 모든 복이 야훼에게서 발원한다는 사실을 강조하고 있다. 복의 근원이 오직 하나님이라는 신앙은 매우 중요하다.

2. 야훼가 복을 내리셔야 그것이 참 복이고, 야훼가 지키셔야만 그것이 참된 안전이다. 야훼의 얼굴빛을 통해서만 진정한 광명을 얻을 수 있고, 광명천지를 살 수 있다. (하나님께서 빛을 창조하셨기 때문에 우리가 빛을 볼 수 있다. 빛이신 그리스도를 주셨기 때문에 우리가 암흑과 죽음을 벗어나 광명 천지에서 살 수 있다.) 하나님의 자비와 은총이 없이는 인간이 존속할 수 없으며, 하나님 앞에 설 수가 없다.

하나님께서 외면하신다면 우리에게는 희망이 없다. 그가 우리에게 관심을 가지고 얼굴을 우리에게 돌리실 때 비로소 우리는 희망이 있다. 하나님이 주시는 평안이 참 평안이고, 그가 평안을 주셔야만 거기에 참 평안과 행복이 있다.

3. 제사장과 지도자들은 백성에게 복의 근원이신 참 하나님 야훼를 가르치고 그만을 섬기도록 가르치고 인도해야 한다. 그렇게만 하면 그들에게 복을 주시겠다는 것이 하나님의 약속이다.

지도자들의 헌납(민 **7:1-89**)

해설

이스라엘 백성은 출애굽한 날을 그들의 원년(元年) 초하루로 잡고 있다. 출애굽기 40장 17절에 의하면 출애굽한 다음해 정월 초하루에 성막을 세웠다고 기록되어 있다. 그러니 그것은 출애굽한 지 만 일 년 만에 이루어낸 쾌거였다.

민수기는 출애굽한 다음해 둘째 달 초하루에 회막에서 야훼가 모세에게 말씀하신 내용을 가지고 시작한다. 7장 1절에서 말하는 것은, 성막 건립을 완성하고 아론과 그의 아들을 제사장으로 기름 부어 취임시키고 제단과 부속물들을 성별하는 식을 거행한 후에, 또 7장 11절에서 말하는 대로, 시내산 밑을 떠나기 전 한 달 동안에, 야훼 예배가 실제로 가동하기 위해서 이스라엘 백성의 지도자들이 부족 별로 필요한 것들을 헌납하는 사건이 있었다는 것이다.

지도자들이 자진해서 예물을 야훼께 가져다 놓았다. 포장 달구지 하나에 두 지파의 예물을 같이 실었으니, 결국 여섯 달구지가 나타났고, 지파마다 황소를 한 마리씩 바쳤다. 야훼께서 모세에게 명령하셨다. 그 예물을 받아서 회막 예배를 위하여 쓰라는 것이었다. 그리고 그것들을 레위인들에게 맡겨 적소에 쓰도록 하셨다. 두 달구지 분의 예물과 황소 네 마리는 게르숀* 가문에게, 남은 네 달구지 분의 예물과 황소 여덟 마리는 므라리 가문에게 주어서 적소에 쓰게 하셨다. 그렇지만 제사장이다말의 지휘를 받게 했다. 그러나 크핫* 가문에게는 아무것도 주지 않았다. 그 까닭은 그들이 성물들을 메어 나르는 책임을 가지고 있기 때문이었다. 아마도 그들은 제사장들이 얻는 몫을 같이 나누어 가지는 특권이 있었을 것이다.

성막을 세우고 제단을 만들어 놓았으니, 이제는 실제로 예배가 시작되어야 했다. 제단을 봉헌하는 예식을 십이 일 간 가지기로 하고, 각 지파의 지도자들이 그들의 지파를 대표하여 예물을 헌납했다.

첫날에 유다 지파의 지도자 곧 아미나답의 아들 나숀*이 예물을 바쳤다. 130세겔 무게의 은쟁반 하나, 70세겔 무게의 은대야 하나, 그 두 그릇에 가득 담긴 곡물 제물, 곧 기름 섞은 고운 밀가루, 10세겔 무게의 금접시 한 개, 거기에 가득 담은 향료, 번제를 위하여 어린 황소 한 마리, 염소 한 마리, 한 살짜리 숫양 한 마리, 속죄 제물로 숫염소 한 마리, 화목 제물로 황소 두 마리, 숫양 다섯 마리, 숫염소 다섯 마리, 한 살짜리 어린 숫양 다섯 마리를 바쳤다.

둘째 날에는 잇사갈 지파의 지도자인 추알*의 아들 느단엘*이 꼭 같은 예물을 바쳤다. 셋째 날에는 즈불룬* 지파의 지도자인 헬론의 아들 엘리압이, 넷째 날에는 르우벤 지파의 지도자인 셰데울*의 아들 엘리출*이, 다섯째 날에는 시므온 지파의 지도자인 추리샷다이*의 아들 슬루미엘이, 여섯째 날에는 갇* 지파의 지도자인 드우엘의 아들 엘리아삽이, 일곱째 날에는 에브라임 지파의 지도자인 암미훗의 아들 엘리샤마*가, 여덟째 날에는 므낫세 지파의 지도자인 프다출*의 아들 가말리엘이, 아홉째 날에는 벤야민* 지파의 지도자인 기드오니의 아들 아비단이, 열째 날에는 단 지파의 지도자인 암미샷다이*의 아들 아히에젤*이, 열한째 날에는 아셀* 지파의 지도자인 오크란*의 아들 파기엘*이, 열두째 날에는 납탈리* 지파의 지도자인 에난의 아들 아히라가 각각 같은 예물을 드렸다. 이는 지파별로 진군하는 차례이기도 하다.

이렇게 해서 예배가 정상적으로 발동하였고, 모세는 회막에 들어가 지성소에서 말씀하시는 하나님의 음성을 들었다. 야훼께 드리는 예배가 실제로 가동되었고, 하나님은 성소에 임재하셔서 모세를 통하여 이스라엘과 교통하셨다.

교훈

1. 야훼 종교의 설계자가 하나님 자신이시다. 모세를 통하여 성막과 기타 필요한 모든 것의 설계도를 주셨고, 모세는 하나님의 뜻을 받들어 충직하게 그 설계대로 성막과 그 부속물들을 만들어 낙성을 보았다. 이제는 그 종교가 이론에서 실천으로 옮겨야 할 단계에 이르렀다. 이스라엘의 지도자들은 현명했다. 그 종교가 가동되기 위해서 필요한 것들을 알아차리고 자진해서, 그리고 솔선해서 거기에 기본적으로 필요한 것들을 헌납했다. 은쟁반, 은대야, 금접시 등등 성소와 제단에 필요한 것을 누군가가 바쳐야만 예배가 시작될 것 아닌가 말이다. 이스라엘 지도자들의 모범적인 이 헌납은 이스라엘 백성에게 좋은 모본이 되었을 것이고, 그들의 희생적 헌납으로 인해서 그 종교는 굴러가기 시작한 셈이다. 훌륭한 지도자, 희생적인 지도자들이 필요하다.

2. 광야 생활 가운데서도 그처럼 훌륭하고도 값진 예물을 바칠 수 있었던 것은 이스라엘 지도자들의 올바른 가치 판단에서 온 것이었다고 본다. 그들에게도 은과 금과 우양이 귀하기는 마찬가지였을 것이지만, 야훼 하나님을 위하여 그 귀한 것을 헌납하는 것이 그 무엇보다도 가치 있는 것이라고 보았기 때문이었을 것이다. 그것이 그 지도자 개인의 것만은 아니었을 것이다. 지도자라고 해서 반드시 부자였다는 것은 아니었을 것이다. 그 지도자 배후에는 현명한 부족민이 있었을 것이고,

그들이 그 지도자를 격려하고 물심양면으로, 그리고 부족의 명예를 걸고 협조했을 것이다. 그런 단결심이 그러한 아름다운 일을 해 냈을 것이다.

3. 이스라엘의 지도자들이 제단 봉헌을 위한 예물로 많은 물건을 바쳤다는 것이다. 결국 제단에서 백성이 하나님과 교통하고 사죄와 감사와 찬미를 주고받는 것이므로 예배자들에게는 제단이 가장 가시적이고 손 가까운 접촉점이다. 다시 말해서 하나님 예배 전체를 제단이란 말로 표현할 수 있을 것이다.

제단에 바친다는 것은 결국 하나님께 바친다는 말이 될 것이다. 이렇게 이스라엘의 지도자들이 솔선하여 예물을 바침으로써 이스라엘의 종교가 정상적으로 가동되기 시작했다는 것이니, 우리의 종교가 바르게 이루어지기 위해서 우리들이 해야 할 일이 무엇일까? 오늘의 종교 지도자들이 취할 태도는 어떤 것이어야 하겠는가?

4. 남보다 먼저 한다는 것은 의미가 크다. 유다 지파의 지도자가 앞장을 섰고, 다른 지파 지도자들이 차례대로 그 뒤를 따랐다. 용기 있는 유다 지파 사람이 시작하자 다른 지파가 그 뒤를 줄줄이 따른 것이다. 선구자는 고달프고 어렵지만, 그의 결단과 용기 있는 행동은 전체에게 큰 공이 있는 것이다. 그 반대로 악의 모범이 되어 많은 사람을 악의 길로 인도하는 일이 있어서는 안 될 것이다.

일곱 등(燈)(민 8:1-4)

해설

하나님은 모세에게 등잔대의 청사진을 주셨고(출 25:31-40), 그것을 실제로 만들게 하셨다(출 37:17-24). 이렇게 해서 등잔대가 만들어졌기 때문에, 이제는 일곱 개의 등잔에 불을 켜서 그것들을 그 일곱 가지로 된 대 위에 하나씩 올려놓아서 빛을 발하게 해야 한다. 8장 1-4절은 그 마지막 작업을 모세를 통하여 아론에게 명령하신 내용이다. 등잔대가 있고 등이 있더라도 불을 밝히지 않는다면 의미가 없다.

교훈

1. 빛이신 하나님의 임재를 상징하는 등불이 성소 안에 켜져 있어야 한다. 어둠을 몰아내고 인간에게 광명을 주시는 하나님이 임재하셔야만 거기에 희망이 있고, 따라서 그에 대한 믿음이 있고, 그와의 교통이 이루어질 것이다. 그러나 이스라엘의 역사에 있어서 성소 안에 등불이 꺼지고 암흑의 시대가 되었던 일이 여러 번 있었다. 유대인들은 12월 초에서 중순에 등을 밝히는 명절인 〈하누카〉(חֲנֻכָּה, Hanukkah)를 지킨다. 꺼졌던 등을 다시 밝혀야 한다. 개인과 인간 사회에 하나님의 광명이 언제나 있게 해야 한다. 하나님은 언제나 빛이시다. 그 빛을 가리는 것은 인간 자신들이다. 우리의 마음을 열고, 혹은 어두운 구름을 제치고 그 광명을 받아들여서, 그 광명이 개인과 사회 속에 환히 비치도록 해야 한다. 빛 속에 있어야 넘어지지 않는다. 하나님의 광명 속에 생명이 있다.

2. 세상에는 사이비(似而非) 빛들이 있다. 사람들이 자칭 빛이라고 하며 자기를 믿고 따르라고 하는 경우들이 있다. 하나님께서 모세를 통하여 만든 순금 등잔대에, 아론을 통하여 켜놓은 빛이 참 빛이다. 야훼 하나님만이 참 빛이기에, 사이비 빛을 가려내고 배격해야 한다. 일곱 등으로 상징한 완전한 진짜 빛은 바로 야훼 하나님이시다. 그 빛이 꺼지거나 떠나가면 안 된다.

레위인들의 성별(聖別)과 그들의 사역(민 **8:5-26**)

해설

야훼께서 모세에게 이스라엘 백성 중에서 레위인들을 구별하여 그들을 깨끗하게 하라고 명령하셨다.

그리고 그 절차를 다음과 같이 지시하셨다. (1) 그들에게 성수를 뿌리고, (2) 전신의 털을 면도로 밀고, (3) 그들의 옷을 빨라는 것이다. 그들로 하여금 어린 황소 한 마리와 상품 밀가루에 기름을 섞은 곡물 제물과, 속죄제를 위한 또 한 마리의 어린 황소를 가져오게 한 다음, 그들을 야훼 앞에 세우고, 이스라엘 온 백성을 소집한다. 이스라엘 온 회중으로 하여금 그들의 손을 레위인들에게 얹게 한다. 아론은 레위인들을 야훼께 들어 바치는 제물로 바치고, 야훼를 섬기는 자들이 되게 한다. 레위인들로 하여금 황소들 머리에 손을 얹게 한 다음, 황소 한 마리는 속죄 제물로 드리고, 다른 한 마리는 야훼께 번제물로 드려서, 레위인들을 속상(贖償)한다. 이렇게 레위인들을 아론과 그의 아들들 앞에 세우고, 그들을 야훼 앞에 들어올리는 예물로 바쳐야 한다.

이렇게 해서 레위인들은 하나님의 것이 되고, 회막에서 사역하는 자들이 되었다.

레위인들의 둘째 용도가 있다. 그들은 이스라엘 백성 중에서 뽑아 전적으로 야훼의 것으로 삼으셨기 때문에, 모든 이스라엘 백성의 맏배 자식들을 대신하는 자들이 된다는 것이다. 사람이나 짐승이나 할 것 없이 이스라엘 백성 중에 맏배 자식은 다 하나님의 것이다. 애굽 땅에서 모든 맏배 자식들을 죽이는 날, 야훼께서 이스라엘 백성의 맏배 자식들을 성별하셔서 자신의 것을 삼으신 것이다.

그런데 야훼는 레위인들로 하여금 이스라엘의 모든 맏자식을 대신하게 하셨다. 그뿐만 아니라 야훼는 레위인들을 아론과 그의 아들들에게 선물로 주어, 회막에서 이스라엘을 위하여 사역하게 하셨고, 이스라엘을 위하여 속상하게 하셨다. 이것은 이스라엘 백성이 성막에 너무 가까이 나옴으로써 받는 재앙을 받지 않게 하려는 것이다.

모세와 아론과 이스라엘 회중 전체가 야훼의 지시대로 레위인들을 성별하였다. 곧 레위인들은 죄를 깨끗이 씻어내고, 옷을 빨았으며, 아론은 그들을 야훼 앞에 들어올리는 예물로 바쳤고, 그들을 깨끗케 하려고 그들을 위해 속상하였다. 그러고 난 후에 레위인들이 회막에서 아론과 그의 아들들에게 시중들며 봉사에 임하게 했다.

거기에는 연령의 제한이 있었다. 즉 레위인들이 25세로부터 50세까지만 회막 안에서 봉사하도록 하셨다. 그들은 회막에서 그들의 형제들(제사장들)이 복무할 때, 그들을 보조하는 역할을 하는 것이었다. 그러나 그들이 직접 예배를 집전하는 일은 할 수 없었다.

교훈

1. 하나님이 인간을 창조하신 것은 에덴 낙원에서 인간과 더불어 행복한 삶을 살기 위한 것이었다. 뒤집어 말하면, 인간이 하나님을 주님으로 모시고 예배하는 관계 속에 있게 하신 것이다. 그렇지만 인간이

타락한 후에는 이스라엘 백성을 택하여 다시 그 이상을 이루기로 계획하고 그들을 애굽에서 구출하셨다. 그리하여 이스라엘 백성 전체를 제사장적 백성으로 삼으셨다. 그것은 결국 이스라엘 백성의 삶 전체가 야훼 하나님을 예배하는 삶이 되어야 한다는 것을 의미한다.

그러나 연약하고 어리석은 인간은 가시적이고 반복적인 의식을 행함으로써만 그 정신을 유지할 수 있기 때문에, 현명하신 하나님은 이스라엘 백성에게 종교 제도와 의식을 주신 것이다. 하나님께 대한 이 예배가 지속되고 제대로 이루어지기 위해서 하나님은 레위 지파 전체를 구별하고, 그중에서도 아론의 가문을 제사장 가문으로 삼고, 남은 레위인들을 성별하여 그들을 보조하는 사람들이 되게 하셨다. 이것은 어디까지나 하나님 예배를 정상적으로 유지하기 위한 거대한 계획이며 조치다. 하나님이 바라시는 것은 인간이 하나님을 제대로 예배하는 자들이 되게 하고, 아울러 그들에게 복을 주시기 위한 것이다.

2. 거룩하신 하나님을 섬기는 제사장 나라인 이스라엘 백성 전체가 거룩하라는 것이 하나님의 명령이시다. 그러니 대제사장과 제사장이 거룩해야 하는 것은 물론이고, 그들을 보조하는 레위인들도 거룩해야 하는 것 역시 마땅한 일이다. 죄를 회개하고, 몸의 털을 면도로 밀고, 옷을 빠는 등의 외형적 의식을 통해서 뿐 아니라, 피 흘리는 제사를 통하여 하나님께로부터 사죄의 은총을 입음으로써 질적으로 거룩해야 하는 것이다.

제사장과 레위인들이 거룩해야 한다는 것은 바로 이스라엘 전체가 거룩해야 한다는 것을 의미하는 것이기에, 우리 모두의 거룩을 원하시는 하나님의 뜻을 깨달아야 할 것이고, 어디까지나 거룩한 심신을 가지고 하나님을 예배하는 사람들이 되려고 노력해야 할 것이다.

3. 레위인들이 이스라엘 백성의 맏배 자식들을 대신하는 역할을 했는데, 그것은 결국 이스라엘 백성이 레위인들 속에서 자신을 발견하고, 그들이 자기들을 대신하고 있다는 의식을 언제나 가짐으로써, 그들을 존경할 뿐 아니라, 감사한 마음을 가지고 그들을 돕고 응원하는 태도를 가져야 한다는 것을 의미할 것이다. 따라서 레위인은 이스라엘 맏자식들을 대신하는 사람들이라는 책임감을 가져야 하고, 이스라엘 백성은 자기들을 대신하는 레위인들을 존경하며 고마워하는 마음을 가져야 할 것이다. 오늘날 교회의 성직을 맡은 자들과 교인의 관계도 그러해야 하지 않을까?

4. 레위인 남자 25세 이상 50세까지만 성직을 수행하고 그 이후에는 은퇴하도록 되어 있다. 하나님을 섬기는 일에 발랄한 정신과 힘을 가지고 해야 한다는 말이 아닐까. 희미한 정신과 연약한 육체를 가지고 하나님을 섬길 때, 완전을 기할 수가 없을 것이다. 우리가 하나님을 최선으로 섬겨야 한다는 말이다.

첫 번째 유월절(민 **9:1-14**)

해설

죽음의 사자가 문설주에 양의 피가 발린 집 곧 이스라엘 백승의 집들을 건너뛰면서, 애굽인들의 장자들을 죽였다. 그 사건으로 이스라엘이 해방이 되어 애굽 나라에서의 긴 종살이에서 구출되었다. 그렇게 해서 구출되어 시내산 밑에까지 나온 이스라엘 백성이 이제 만 일 년이 되었을 때 곧 제2년 정월에 야훼는 모세에게, 유월절 명절을 정한 시간에 지키라고 명령하셨다. 즉 정한진 규례를 따라 정월(닛산월) 14일

새벽에 유월절을 지키라는 것이었다(출 12:1-28). 그래서 모세는 야훼의 명령대로, 정한 날 정한 시각에 정해진 규례를 좇아서 그 명절을 지켰다. 그것이 바로 해방 후 첫 유월절이었다.

그런데 이스라엘 백성 중에는 그 명절을 같이 지키지 못한 사람들이 있었다. 시체를 만져서 부정을 탄 사람들이다(레 21:1-12). 그들이 모세에게 와서 애원하는 것이었다. 자기들도 정한 때에 야훼께 유월절 예물을 드리고 싶다는 것이었다. 모세는 그런 특례에 대해서 야훼의 의견을 알아본 후에 대답하겠다고 하면서 그들을 기다리게 했다. 야훼는 모세에게 이르셨다. 주검을 만지거나, 여행 중에 있어서 유월절 행사에 참여하지 못한 사람들도 유월절을 지키도록 하라는 것이었다. 한 달 후 곧 제2월 14일 새벽에, 규례대로 그 명절을 지키면 된다는 것이었다. 이스라엘 백성과 같이 살고 있는 외국인도 유월절을 지키기를 원하는 사람은 꼭 같은 규례를 따라 지키도록 허락했다(출 12:43-49). 부정을 탄 일도 없고 여행도 하지 않으면서 유월절 행사에 동참하지 않고, 정한 시간에 야훼께 예물을 바치지 않은 사람은 국적에서 제명하라는 것이었다.

교훈

1. 야훼 하나님의 능력과 은총에 의해서 구출된 백성이 그 사실을 언제나 기억하고 감격 속에서 하나님께 감사하면서 살아야 하는 것이 당연하다. 그러나 일 년에 한 번 전 국민이 거국적으로 그 명절을 지키는 것은 매우 효과적이고 큰 의미가 있는 일이다. 우리 그리스도인들이 해마다 크리스마스와 부활절을 지키는 것, 나아가서 주마다에 주의 날을 지키는 것은 매우 적절한 처사이다. 그것은 결국 하나님의 은혜를 기억하고 부단히 그에게 감사하며 사는 것이 필요하다는 말이다.

2. 유월절은 어떤 사람에게만 해당되는 명절이 아니다. 하나님의 능력과 은총을 입지 않은 사람이 없는 이상, 누구는 감사하고 누구는 감사하지 않아도 될 수는 없다. 깊이 생각해 보면 야훼 하나님이 아니고서는 어느 누구도 존재하거나 생존할 수가 없다. 날마다 그 하나님의 능력과 보호와 은총 속에서 생존하는 이상, 모두가 그 하나님께 유월절다운 감사를 하면서 사는 것이 당연하다.

3. 사정이 있어서 그 명절을 같이 지키지 못했다고 해서 그들에게서 그 특권을 빼앗아서는 안 된다. 그들 역시 하나님의 은총을 입은 자들이기에, 차후에라도 그 특전을 가지도록 해야 한다. 그리고 그것을 의무로 알고 하나님께 예물을 바치며 감사해야 할 것이다.

4. 유월절의 은총을 입은 사람이 유월절을 일부러 지키지 않는 것은 하나님을 배반하고 그의 은혜를 몰라주는 행동이므로, 그런 사람은 이스라엘 백성이 속할 자격이 없는 자다.

성막을 덮은 구름과 불(민 **9:15-23**)

해설

하나님이 지시하신 청사진대로 성막이 완성되고 건립되었는데, 그것은 사람의 손으로 세상 물질 재료들을 가지고 만든 것이었다. 그러나 성막 건립이 완성되자 그 성막 곧 언약의 막 위를 낮에는 구름이 덮고, 밤에는 불 모양이 덮고 있었다. 이스라엘 백성이 애굽에서 탈출할 때 낮에는 구름 기둥으로 밤에는 불기둥으로 나타나 그들을 인도하신 하나님이 이제는 성막 위에 오셔서 당신의 임재를 나타냄으로써 당신의 참 모습을 드러내지 않으면서도 당신의 실재를 알려주신 것이다.

이제 그 구름이 성막에서 걷히고 사라지면 이스라엘은 그곳을 떠나야 했다. 구름이 걷힌다는 것은 바로 하나님이 이스라엘더러 그곳을 떠나라고 하시는 신호였다. 그 구름이 어떤 곳에서 머물면 거기에 성막을 치고 구름이 얼마를 머물든지 거기에 그 시간만큼 성막을 치고 있어야 했다. 성막이 움직일 때 이스라엘 백성도 같이 이동해야 했다.

교훈

1. 야훼 하나님은 당신이 택하시고 구원하신 백성 가운데 계시기를 원하시며, 그들의 안내자가 되시며 보호자가 되시기를 원하신다. 하나님의 참 얼굴을 가시적으로 보여주시지 않지만, 낮에는 구름으로 밤에는 불로써 당신의 임재를 명백하게 보여주시며, 의심할 여지가 없게 하셨다. 애굽 광야에서 나타났던 구름 기둥과 불기둥이 이제는 성막에 언제나 임하여 있었으니, 그 하나님이 바로 그 하나님인 것을 알 수 있었을 것이다. 그렇게 명백한 가시적 계시를 따라서 살기만 하면 되는 그 시대의 이스라엘 백성은 참으로 행복했다고 보아야 할 것이다. 어쨌든 우리는 이 역사 속에서 하나님의 애틋한 사랑을 알 수 있다. 택한 백성을 사랑하셔서, 일일이 지시하시고 인도하시는 하나님을 우리는 여기서 볼 수 있다.

2. 하나님께서 가라고 하실 때 가고, 멎으라고 하실 때 멎으면 된다. 오늘 우리에게는 하나님께서 (성경)말씀으로 와 계신다. 우리는 말씀이 하라는 대로 하고, 말씀이 금하는 일을 하지 않으면 된다. 하나님이 성령을 우리에게 주셨으므로, 우리는 그의 인도를 따르면 된다. 우리 마음대로 하지 말고, 성 삼위 하나님이 명령하시는 대로 걸으면 된다.

이스라엘 백성이 모세를 통하여 야훼가 명령하신 것을 잘 지키는 동안은 행복했다. 아담과 하와가 야훼의 명령을 지키는 동안 에덴에서 살 수 있었던 것처럼 말이다.

은 나팔(민 10:1-10)

해설

이스라엘 백성이 시내산 밑을 떠나 전진해야 할 시점에 이르렀을 때, 야훼께서 모세더러 은 나팔 두 개를 만들라고 지시하셨다. 은을 망치로 두들겨 펴서 만들라는 것이었다.

우선 그 나팔의 용도는 백성을 소집하는 신호와 진영을 해체하는 신호를 주기 위한 것이었다. 아론의 아들들 곧 제사장들이 나팔을 불게 되어 있었다(대하 5:12 참조). 나팔 둘을 동시에 불면 이스라엘 온 회중이 회막 앞에 모여야 하는 것이었다. 은 나팔 하나만 불면, 이스라엘의 지도자들 곧 그들의 두목들이 모이라는 것이었다.

나팔 하나를 길게 불면 성막 동쪽에 진을 쳤던 유다 지파와 잇사갈 지파와 즈불룬* 지파가 천막을 걷어가지고 떠나야 한다. 두 번째 또 길게 나팔을 불면 성막 남쪽에 있던 르우벤 지파와 시므온 지파와 갇* 지파가 떠나야 한다. (아마도 성막 서쪽에 있는 에브라임 지파와 므낫세 지파와 벤야민* 지파가 떠나기 위해서는 긴 소리를 세 번 내야 하고, 성막 북쪽에 진을 쳤던 단 지파와 아셸* 지파와 납탈리* 지파가 떠나기 위해서는 긴 소리를 네 번 내야 했을 것이다.) 이제 이스라엘 백성이 가나안에 들어가서 대적들과의 싸움이 벌어졌을 때, 나팔들을 길게 불면, 야훼 하나님께서 이스라엘을 기억하시고 그들을 구원하실 것이라는 표로 삼으라는 것이다. 결국 그 나팔 소리는 전투하는 사람들과 백성들을 고무하는 역할을 하게 된다는 말일 것이다. 그리고 백성이 같이 기뻐할 날들과 지정된 축제일들과 새달 초하루에 번제물과 화목제물을 바치면서 나팔을 불라는 것이다. 그리하여 야훼 하나님이 이스라엘의 하나님이심을 기억하게 하라는 것이다. 이렇게 해서 시내산 밑의 생활을 청산하고 목적지를 향하여 출발할 준비를 마친 것이다.

교훈

1. 많은 사람들이 동시에 움직이기 위해서는 효과적인 신호를 사용해야 한다. 나팔 소리는 그런 역할을 하기에 안성맞춤이다. 백성 전체를 하나님 앞에 모이게 하기 위해서 쌍 나팔을, 지도자들만을 모으기 위해서 나팔 하나를 불게 하고, 기타의 여러 다른 경우를 위해서 다른 양태의 소리를 내게 하였다. 서로 구별된 소리를 통해서 이스라엘 백성의 행동을 편리하게 조정한 것은 매우 현명한 일이었다. 만사를 능률적으로 하고 최선의 효과를 거두는 슬기를 가져야 한다. 여기서 우리는 확실히 구별될 수 있는 신호를 내어서, 혼동을 가져오지 않도록 주의해야 한다. 신호가 잘못되어 엉뚱한 결과를 가져오지 않도록 말이다. 우리가 복음을 전할 때도 효과적인 방법과 명확한 표현을 통해서 좋은 결과를 가져오도록 노력해야 할 것이다.

2. 나팔을 아무나 불지 않고 제사장에게 국한시킨 것도 의미 있는 일이다. 잘못된 소리를 내거나 전통적인 것이 아닌 이상한 소리를 내어 사람들을 오도하거나, 혼란에 빠지게 해서는 안 될 것이다. 복음의 통일성과 정통성이 필요한 이유가 여기에 있다. 복음을 제대로 알고 제대로 전하는 것이 필요하다는 말이다.

3. 나팔을 불어서 사람들을 독려하고 모든 행사에 참여하게 하도록 하는 것이 중요한데, 그 모든 모임의 공통적 목적은 야훼 하나님을 기억하고 그를 바로 섬기게 하는 것이어야 한다. 하나님과 하나님 백성의 관계를 바로잡고 하나님 백성이 제자리에 있게 것이어야 한다. 그것이 하나님이 원하시는 바이고 거기에 참된 축복이 있기 때문이다.

시내산을 떠나다(민 **10:11-36**)

해설

이스라엘 백성이 출애굽한 후 일 년이 지나고, 제2년 둘째 달 20일에, 언약궤를 모신 성막 위에 있던 구름이 걷혔다. 그것은 1장 1절에서 명한 인구조사가 있은 지 19일이 지난 때였고, 그들이 시내산 밑에 도달한 지(출 19:1) 열한 달이 지난 때였다. 구름이 걷혔다는 것은 이스라엘이 그곳을 떠나야 한다는 신호였기 때문에 지시된 순서를 따라서 진군을 시작했다. 하나님의 구름이 마침내 바란 광야에서 멈추었기 때문에 거기에 진을 쳐야만 했다. 그곳은 가나안 땅 접경지대였고, 그리로 정탐꾼을 내보낼 수 있는 곳이었을 것이다. 모세를 통하여 야훼께서 지시하신 행군 순서는 다음과 같았다. 유다 지파가 깃발을 앞세우고, 암미나답의 아들 나숀*의 지휘 하에 대오(隊伍)를 이루어 진군하였다. 그 뒤를 이어 잇사갈 지파가 추알*의 아들 느단엘*의 지휘 하에 행진했고, 다음은 즈불룬* 지파가 헬론의 아들 엘리압의 지휘 아래서 따랐다. 그 뒤에는 레위인들 가운에 게르숀*과 므라리 가문이 성막을 분해하여 꾸린 짐을 싣고 뒤따랐다. 목적지에 도착하면 크핫* 가문이 운반하고 있는 성물을 모시기 위해서 먼저 장막을 쳐야 하기 때문이었다. 이것은 2-3장에 나타난 지시를 약간 수정한 것으로 보인다.

다음은 르우벤 지파가 깃발을 앞세우고, 세데울*의 아들 엘리출*의 지휘 아래 진군하고, 다음으로 시므온 지파가 추리샷다이*의 아들 슬루미엘의 지휘 하에, 그 두로 갇* 지파가 드우엘의 아들 엘리아삽의 지휘 하에 행진한다. 다음은 성물을 운반하는 크핫* 가문의 대오가 뒤따른다. 그들보다 앞서간 게르숀*과 므라리 가문이 성막을 먼저 치면 거기에 그 성물을 안치하도록 되어 있다.

다음은 에브라임 지파가 깃발을 앞세우고 암미훗의 아들 엘리샤마*의 지휘 하에 진행한다. 그 뒤에는 므낫세 지파가 프다출*의 아들 가말리엘의 지휘 아래 행진하고, 다음은 벤야민* 지파가 기드오니의 아들 아비단의 지휘 하에서 행진한다.

마지막으로 이스라엘 모든 군대의 후위(後衛)로서 단 지파가 깃발을 앞세우고 암미샷다이*의 아들 아히에젤*의 지휘하에 진군하고, 아셸* 지파는 오크란*의 아들 파기엘*의 지휘 하에서, 그리고 납탈리* 지파는 에난의 아들 아히라의 지휘 하에 뒤따랐다.

이스라엘이 시내산 밑의 진지를 떠나 약속의 땅을 향하여 진군을 시작할 때 모세는 그의 장인 미디안 사람(켄* 족=삿 1:16) 호밥(출 2:18에는 르우엘, 출 3:1에는 이드로라는 이름으로 나타난 사람이다)더러 동행하자고 권했다. 그러나 호밥은 사양하며 자기 집으로 그리고 자기의 동족에게 돌아가겠다고 했다. 모세는 장인 호밥에게 애원하며, 그 지대의 지리와 문물을 잘 알기 때문에, 자기의 눈의 역할을 해 줄 수 있지 않느냐고 했으며, 야훼가 이스라엘에게 베푸시는 축복을 같이 누리게 해 드리겠다고 약속했다. 그러나 호밥은 그 청을 거절한 것 같다.

이렇게 이스라엘 백성은 그동안 야훼께서 모세와 대화하시던 명산(名山) 시내산을 떠나 법궤를 모시고 사흘 길을 걸으며 머물 곳을 찾고 있었다. 그들이 시내산 밑을 떠날 때부터 야훼의 구름이 하루 종일 그들을 덮고 동행했다.

이스라엘 백성이 한 진지에서 다른 진지로 옮아갈 때마다 법궤를 대동하였으며, 그때마다 모세가 "오 야훼여, 일어나소서. 당신의 원수들을 흩으시고, 당신의 대적들을 패주하게 하소서!"라고 말했다. 가는 곳마다 원수들이 길을 막고 해코지하기 때문에 이런 기원이 나왔을 것이다. 그리고 안정 상태가 되었을 때도 모세는 "오 야훼여, 이스라엘 만만(萬萬)의 주여, 돌아오소서!"라고 말했다.

교훈

1. 출애굽한 지 일 년 만에 성물들과 성소와 성막을 만들어 세웠다는 것은 참으로 놀라운 일이다. 그리고 지체하지 않고 인구조사를 쉽게 끝내고 진군을 시작했다는 것은, 모세의 지도력이 출중했다는 것과 백성의 순종과 가나안 땅을 사모하는 열의가 얼마나 높았던가를 말해 준다. 물론 그 배후에는 야훼 하나님의 보호와 감동이 있었을 것이다. 하나님이 세우신 목적을 달성하기 위해서 모두가 협력하고 게으르지 않고 각각 자기들의 책임을 수행한 덕택일 것이다.

우리도 하나님의 뜻을 이루기 위해서 이렇게 협력하고 복종하며 열심을 다해 사명을 수행해야 할 것이다.

2. 이스라엘 백성의 수가 엄청났지만, 일사불란하게 명확한 지휘 체계에 맞추어 진군했기 때문에 사흘 만에 바란 광야까지 진군할 수 있었다. 하나님의 일을 할 때 우리는 철저하고도 합리적인 체계와 조직을 갖춤으로써 보다 나은 효과를 거두도록 해야 한다. 오합지졸들이 계획도 조직도 없이 일을 함으로 시간과 돈을 낭비하는 일이 비일비재하다.

3. 모세가 그의 장인을 안내자로 또는 자문객으로 모시려고 한 일은 현명한 일이었다. 마음이 동할 수 있는 좋은 조건을 내걸고 청을 드렸지만, 호밥이 그 제안을 거절하고 고향으로 돌아간 일도 잘한 일이다. 하나님이 모세와 동행하시는데 큰 문제는 없을 것이다. 호밥은 켄* 족속이며 미디안 사람이어서, 야훼 종교와 100% 일치하는 생각을 품지는 못했을 것이다. 순수한 야훼 종교를 이루는 데 있어서, 이교적인 요소가 숨어들 염려도 없지 않았다고 본다. 그리고 모세가 인간을 의뢰하는 마음을 과하게 가져서는 안 될 것이므로 호밥이 모세의 청을 거절한 것은 현명하고 다행한 일이었다고 본다.

4. 이스라엘이 진군하는 데 있어서 가장 중요한 것은 법궤를 모시고 행동했다는 점이었다. 즉 야훼 하나님을 언제나 모시고 진행했다는 말이다. 하나님은 구름으로 나타나셔서 그들이 가는 곳마다 인도하셨고, 이스라엘 백성은 그 임재를 가시적으로 보면서 안심하며 용기를 얻었던 것이다. 모세는 백성이 법궤를 앞세우고 진군을 시작할 때마다, 그의 굳은 신념과 소원을 백성들에게 들려주었다. 그것이 그들에게 용기와 희망을 주었을 것이다. "오 야훼여, 일어나 당신의 원수들을 흩으시고, 당신의 원수들을 당신 앞에서 달아나게 하소서." 이스라엘의 원수가 바로 하나님 자신의 원수라는 것이다. 이스라엘 백성과 법궤가 정지하는 때 그 어디서든지 모세는 또 말했다. "당신은 이스라엘 만만의 주님이십니다. (멀리가지 마시고) 돌아오소서!" 하며 하나님의 임재를 요청했던 것이다. 지도자의 이런 야훼 신앙이 이스라엘 백성에게 안도감과 용기를 주었을 것이다. 이스라엘이 승리한 원인이 거기에 있었을 것이다.

광야에서 불평을 터뜨리다(민 11:1-15)

해설

이스라엘 백성이 갑자기 자기들의 처지를 불행한 것으로 여기며 불평을 하기 시작했고, 야훼 하나님은 그 불평 소리를 듣고 화를 내셨다. 그리고는 불을 내려 이스라엘 진영의 변두리 부분들을 태우셨다. 우선 진노의 맛을 보이신 셈이다. 그러자 백성은 모세를 향하여 울부짖었다. 그래서 모세는 야훼께 기도하였고, 야훼는 그의 기도를 들으셨고, 그 징벌의 불은 꺼졌다. 그래서 그곳을 타브에라*("〔야훼의 불이〕 타올랐다.")라고 불렀다.

그런데 이스라엘 백성 중에 섞여 있는 비(非)이스라엘 계 어중이떠중이들의 강한 요청이 있었고, 이스라엘 백성 역시 울부짖는 것이었다. 고기가 먹고 싶다는 것이었다. 애굽에 있을 때는 공짜로 생선을 먹었고, 오이와 멜론과 부추와 파와 마늘을 먹을 수 있었는데, 지금은 그런 것을 먹지 못하고 만나밖에 없으니, 이제는 힘이 빠져버렸다는 것이다.

만나는 그 겉모습이 갓*씨와 같고 그 색깔은 브돌라(〈브돌라흐〉, בְּדֹלַח)[1]와 같았다. 그것을 걷어다가 맷으로 갈거나 절구로 빻아 가지고, 냄비에 끓여서 케이크를 만든다. 그 맛은 기름 섞인 구운 케이크와 같다. 이스라엘 진지에 야간에 이슬이 내릴 때, 만나가 이슬과 함께 내리는 것이었다.

이스라엘 백성이 집집마다 그들의 천막 입구에서 울고 있는 것을 모세가 들었다. 불평과 불만이 온 백성에게 번진 상황이었다. 야훼는 이 사태에 대해서 심히 노하셨고, 모세는 마음이 상했다. 여기서 모세는 야훼께 넋두리를 하는 것이었다. 그 메마른 땅에서 고기를 달라고 아우성치며 불평을 터뜨리는 백성을 이끌고 약속의 땅까지 가라고 하시니,

1) 개역성경에서는 '진주'로 옮겼다.

그 짐이 너무도 무겁다는 것이었다. 자기가 임신하여 낳은 자식도 아닌데, 그 젖먹이들을 품에 안고 조상들에게 약속한 땅에까지 가라고 하시니, 너무하지 않느냐 하는 것이다. 그 짐이 너무도 무거워서 도저히 감당할 수 없다는 것이었다. 자기를 그렇게 대우하실 거라면 차라리 당장에 죽여 달라고 하였다. 자기의 운명이 너무도 비참하여 더 이상 견딜 수가 없다는 것이었다.

교훈

1. 이스라엘 백성이 대오를 정리하고 시내산 밑을 떠날 때는 의기충천하고 희망과 기쁨이 넘쳐흘렀을 것이나 메마른 광야 길을 많은 짐을 짊어지고 여러 날을 갈 때 자연히 고달픔과 피곤을 느껴 신세타령을 하면서 불평을 터뜨리기 시작했다. 그러나 지난날의 긴 노예 생활의 아픔에 견주어보면 그 고통은 아무것도 아닐 터인데 과거를 잊고, 특히 하나님의 놀라운 구원의 사역을 잊은 채 불평했다는 것은, 하나님 보시기에 너무도 화가 날 수밖에 없는 짓거리였다. 그들의 불평이 백성 전체로 번지면 안 될 것이기에, 하나님은 우선 그들의 진지 주변의 몇 곳을 택하여 거기에 불을 내려서 태움으로써 경고탄을 날리셨다. 하나님은 인간이 죄를 범할 때 우선 경고하신다. 반성할 기회를 주신다. 여기서 우리는 사랑의 매를 주시는 하나님을 볼 수 있다.

2. 일부 백성들의 불평 때문에 나타난 하나님의 진노의 불을 본 백성은 모세에게 달려와 그런 화를 입지 않게 해 달라고 간청한 모양이다. 모세는 하나님께 간구하여 더는 불이 떨어지지 않게 했다. 모세의 중보기도를 하나님은 들어 주셨다. 하나님은 우리의 중보기도도 들어 주신다.

3. 별 교양이 없는 이스라엘 백성, 또는 여러 민족이 뒤섞여 있는 상태의 군중이, 깊은 생각도 하지 않고 당장에 닥치고 있는 불편과, 전보다 못한 생활 조건 때문에 불평을 늘어놓았다. 지금은 하나님이 내리시는 만나 한 가지를 먹고 살아야 하기 때문에 단조로웠던 것이다. 갖은 양념에 가지가지로 맛있게 요리하여 먹던 옛 생활이 그리웠던 것이다. 사람은 빵으로만 사는 것이 아닌데, 그리고 역경을 이겨내며 희망 중에 앞에 올 행복을 위하여 인내하며 살 줄을 알아야 하는데, 이스라엘의 어중이떠중이들이 그들을 구원하신 하나님과 갖은 고통을 감수하면서 인도하는 영도자 모세 앞에서 불평을 하였으니, 한심한 일이다. 그 모습이 바로 우리들의 모습이 아닐까?

4. 그 어리석은 민중을 이끌고 인도하는 모세가 받는 스트레스가 얼마나 컸으면 자기를 죽여 달라고까지 하나님께 투정을 했을까! 지도자가 책임 의식을 가지고 임무를 수행할 때 그런 큰 고통을 느끼는 법이다. 하나님께서 맡기신 그 큰 임무는 도저히 자기로서는 수행할 수 없다고 느껴지는 막다른 골목에 모세가 이른 것이다. 생명은 하나님께로부터 오는 것임을 아는 모세이기에, 더 이상 자기의 힘으로는 그 임무를 수행할 수 없으니, 목숨을 거두어가시라고 호소한 것이다. 그것은 결국 전보다 더 큰 하나님의 힘이 요구된다는 탄원일 수도 있다.

사람의 힘으로 해 낼 수 있는 일이 별로 없다. 결국 전능자 하나님의 힘이 우리와 같이 할 때 비로소 불가능이 가능으로 변할 수 있다는 말이다.

일흔 명의 장로(민 **11:16-30**)

해설

죽고 싶을 정도로 스트레스를 받는 지도자 모세의 탄원을 들으신 하나님은, 곧 그 해결책을 제시하셨다. 백성을 통솔할 만한 자격이 있다고 생각되는 일흔 명의 장로를 불러 회막 앞에 모으라고 모세에게 명령하셨다. 그리하면 하나님께서 오셔서, 모세에게 내리셨던 영을 그들에게도 주어, 백성을 통솔하는 책임을 나누어지게 하시겠다는 것이다.

고기 달라고 조르는 백성들에게도 해결책을 주셨다. 고기를 하루나 이틀만 먹을 것이 아니라 코에서 냄새가 나고 싫증이 날 정도로 한 달 동안 매일 먹게 하겠다고 하신 것이다. "어째서 우리를 애굽에서 데려내오셨습니까?" 하면서 야훼께 대드는 백성에게, 어디 한 번 실컷 먹어보라는 식으로 고기를 주시겠다고 약속하셨다. 그러나 모세는 회의를 품었다. 60만 명이나 되는 백성에게 그렇게 고기를 먹이자면 많은 소와 양이 있어야 하는데, 그리고 바다가 있어서 물고기를 잡아야 하는데, 그 메마른 광야에서 어떻게 그 많은 고기를 얻을 수 있는가 하고 하나님께 의심하는 말을 했다. 그러나 하나님은 "나 야훼의 힘에 제한이 있다는 말이냐?"고 핀잔주며 당신의 말 대로 되나 안 되나 한 번 두고 보라고 하셨다.

모세는 곧 나가서 백성들에게 야훼의 말씀을 전했고, 일흔 명의 지도자들을 불러서 회막 둘레에 세웠다. 야훼께서 구름을 쓰고 내려오셔서 말씀을 하시며, 모세에게 주신 것과 같은 영을 그 일흔 명에게도 내리셨다. 그러자 그들이 예언을 하였다. 그 후에는 예언하지 않았다.

지명된 일흔 명 가운데 두 사람, 엘닷과 메닷은 회막 둘레에 나타나지 않고, 자기 진에 남아 있었다. 하나님의 영이 그들에게도 임하여, 그들의 진지 안에서 예언을 하는 것이었다. 어떤 젊은이가 모세에게 와서 그 사실을 일렀다. 모세의 시종 여호수아는 그 말을 듣자, 그들이 예언하는 것을 못하게 하라고 모세에게 간청했다. 그러나 모세의 생각은 달랐다. 그들이 예언하는 것을 질투하지 말고, 야훼의 백성이 다 예언을 할 수 있었으면, 야훼께서 그의 영을 이스라엘 백성 모두에게 주셨으면 좋겠다고 말했다.

교훈

1. 혼자서는 감당하기 어려운 짐을 지고 허덕이는 모세를 위하여 70인의 동료를 붙여주셔서 협력하도록 하신 것은 참으로 통쾌한 일이다. 그때 모세는 얼마나 마음이 풀리고 가벼움을 느꼈을까! 모세에게 주신 영을 그들에게도 주셔서 같은 정신으로 통일된 지도력을 발휘할 수 있게 하신 것이 더욱 잘된 일이었다. 하나님의 영이 그들을 같이 통솔하는 것이 필요하다. 그래야 마찰이나 분열이 없이 통일된 지도를 할 수 있을 것이다. 하나님의 한 영을 같이 받는 것이 필요하다.

2. 하나님께는 불가능이 없다. 하나님의 능력에 어떤 제한이 없다. 하나님께는 연목구어(緣木求魚)도 가능하다. 무에서도 유를 내신다. 그 광야에서도 그 많은 백성에게 싫증이 날 정도로 고기를 먹이실 수 있는 하나님이시다. 하나님은 말씀만 하시고 만 것이 아니고 실제로 고기를 먹이셨다. 우리는 전능자 하나님을 믿는 신앙을 또 다시 새롭게 가지도록 힘써야 할 것이다.

3. 일흔 사람의 지도자들에게 하나님이 영을 부어주시자, 그들이 당장에 예언하는 능력을 가지게 됐다. 이는 그들이 하나님의 영을 받았다는 증거를 나타내시기 위해 하나님이 취하신 조치였던 것으로 보인다.

그들의 본직이 예언하는 일이 아니고 지도자로서 모세를 보필하는 일이기에, 그 일을 잘 해내면 되는 것이다.

오순절에 예루살렘 마가의 다락방에 모였던 사람들이 다 예언의 능력을 받아 거리에서 방언을 하는 놀라운 이적을 나타냈지만 그 사건 이후에 꼭 같은 사건이 다시 나타나지 않았던 것처럼, 이 경우에도 그들의 예언 활동은 임시적이었다. 중요한 것은 하나님의 영을 받아서 자기의 재능과 직임을 성공적으로 수행할 수 있어야 한다는 점이다.

4. 인간이 모두 하나님의 영을 받아 그 영의 지도 아래 하나님의 뜻을 이루고, 그 영의 지도로 진리의 생활을 하는 것이 주 하나님이 바라시는 바이다. 영의 활동을 막으면 안 된다. 각각 그 양상이 다를 수 있다. 그 장소와 환경이 다 다를 수 있다. 일률적으로 한 가지 양식의 성령 활동만을 고집하거나 제한하는 것은 옳지 않은 일이다.

메추라기(민 **11:31-35**)

해설

출애굽기 16장 13절에도 이와 비슷한 사건이 나온다. 즉 하나님께서 이스라엘에게 메추라기를 먹이시는 은혜를 베푸셨다. 그러나 이번 것은 하나님의 심판의 사건이다.

야훼께서는 바람이 당신에게서 나와 바다에서 메추라기를 몰아 이스라엘 진지 온 주변에 떨어지게 하셨다. 그리하여 그들의 진지 사방에서 하루 길을 갈 정도의 땅에, 두 큐빗* 두께로 메추라기가 쌓였다. 그러자 백성들은 하루 낮과 밤 종일, 다음날까지 메추라기를 거두어들였다. 한 사람이 적어도 열 호멜 씩 거두어다가 진지 주변에 펴 놓았다.

그리고 그 고기를 마음껏 먹었을 것이다. 그러나 아직 그 고기가 소화되기도 전에, 야훼는 노를 발하여, 큰 재앙을 내려 그 백성을 징계하셨다. 이렇게 야훼께 투덜댄 백성들이 죽었고 거기에 매장되었다. 그래서 그 고장 이름을 키브롯핫타아바*라고 했다. 이스라엘은 거기를 떠나 하체롯*으로 옮아갔다.

교훈

1. 고기가 먹고 싶어서 순수한 마음으로 청하는 요구를 하나님은 들어주셨다. 그런 경험이 있기에 이스라엘이 같은 믿음을 가지고 야훼께 간구하면 또 주실 것이 아닌가? 그런데 그들이 이번에는 그 하나님의 은혜를 잊어버리고 세속적인 태도를 가지고 하나님께 불평을 터뜨린 것이다.

그래서 이번에 하나님은 당신의 능력을 보여주시는 동시에, 반역하는 백성에게 심판의 채찍을 내리신 것이다. 하나님의 은혜를 몰라주는 것, 하나님을 반역하는 일이 얼마나 무서운 일인가를 보여주셨다.

2. 반역하고 은혜를 깨닫지 못하는 이스라엘을 재앙으로 징계하시는 하나님은 그들의 한 부분만 징계하시고 그 사건을 통하여 경고를 주셨을 뿐이다. 즉 하나님의 목적은 이스라엘을 전멸시키는 것이 아니라 일벌백계로 이스라엘을 경고하고 가르쳐, 이전보다 더 나은 백성을 만드시는 것이었다. 이스라엘의 충성을 기다리며 용서하고 참아주시는 하나님을 여기서 볼 수 있다.

아론과 미리암이 모세를 시기(猜忌)함(민 12:1-16)

해설

이스라엘 백성이 하체롯*에 이르렀을 때였다. 모세의 누님 미리암과 형 아론이 모세에게 대들었다. 우선 그들이 앞세운 트집은 어째서 모세가 동족 여자를 아내로 삼지 않고 구스 여자와 결혼했느냐 하는 것이었다. 구스는 원래 에디오피아(누비아)를 가리키지만, 때로는 미디안의 아랍 지역을 말하기도 한다. 모세의 아내 칩포라*는 미디안 여자다(출 2:15-21).

그러한 가정적 문제를 가지고 트집을 잡기 시작한 그들의 시기(猜忌)는 마침내 모세의 주도권에 대한 불평으로 확대되었다. "야훼께서 모세를 통해서만 말씀하셨는가? 우리를 통해서도 말씀하지 않았는가?" 하면서 모세의 주도권에 도전한 것이다. 이런저런 불평이 이스라엘의 일부 사람들과 하찮은 사람들 사이에서 시작되더니만 이제는 그것이 점점 퍼져서 그 백성의 중심인물들 사이에서도 폭발했다.

이런 불평 소리를 야훼께서 어찌 듣지 못하셨겠는가? 모세는 지구 위의 어느 누구보다도 겸손한 사람(〈아나우〉, עָנָו)이었는데 말이다. 야훼는 모세와 아론과 미리암을 회막으로 불러내셨다. 구름 기둥의 모양으로 그들 앞에 내려오신 야훼께서 회막 입구에 서셔서 아론과 미리암에게 앞에 나서라고 한 뒤에 말씀하셨다. "내 말을 들어라. 너희 가운데 예언자들이 있었고, 나 야훼는 환상 가운데 그들에게 나를 알리고, 꿈으로 그들에게 말을 했지만, 모세에게는 그렇게 하지 않았다. 그에게 나의 집 전체를 맡겼고, 그하고는 내가 얼굴을 맞대고 말을 한다. 수수께끼처럼 말하는 것이 아니라 똑똑하게 말을 한다. 그리고 모세는 야훼의 형상을 본다. 그러한 나의 종 모세에게 대들다니, 무섭지도 않느냐?" 그러시면서 야훼는 그들에게 화를 내셨다. 그리고서 떠나가셨다.

구름으로 나타나셨던 야훼께서 회막 위에서 사라지자, 미리암은 문둥병에 걸려 온 몸이 눈같이 희어졌다. 아론이 미리암을 보니 그녀가 문둥병자가 되어 있었다. 아론은 모세에게 애걸했다. "오 나의 주여(동생을 '주'라고 부른 것이다)! 우리가 아우를 시기하는 죄를 범하는 어리석은 행동을 했지만, 그 죄 때문에 우리를 멸망시키지는 말아다오. 어머니 자궁에서 죽어서 나오는 아이의 살이 절반쯤 타버린 것처럼 미리암이 그 모양이니, 제발 그런 꼴을 면하게 해다오."

모세는 형의 호소를 무시하지 않고 야훼께 애걸했다. "오 하나님, 제발 미리암을 고쳐주십시오" 하고.

모세의 애원에 대한 야훼의 대답은 이러했다. "만일 그녀의 아비가 그녀 얼굴에 침을 뱉었다고 하자. 겨우 침을 뱉은 것뿐이지만, 그녀에게는 그것이 부끄러운 일이다. 그런 경우에 그녀는 부끄러움을 이레 동안은 감내해야 하지 않겠느냐?" 그러면서 그녀를 이레 동안 진 바깥에 가두어 두었다가 그 후에 풀어주라고 명령하셨다.

그래서 미리암은 이레 동안 갇혀 있었고, 이레가 지나서야 풀렸다. 그 뒤에, 이스라엘이 하체롯*을 떠났고, 드디어 바란 광야에 진을 쳤다.

교훈

1. 아담의 죄는 그가 하나님처럼 되고자 하는 엉뚱한 생각에서 비롯되었다. 아론과 미리암이 모세의 주도권을 탐하고 질투한 것 역시 인간의 고통적인 죄의 노출이었다고 볼 수 있다. 하나님은 적재적소에 일꾼을 불러 쓰시는데, 하나님의 종 모세를 질투하고 그에게 도전했다는 것은 하나님께 도전한 죄가 아닐 수 없다. 지도자를 진심으로 순종하고 협조하는 것이 하나님의 뜻을 이루는 일이 아니겠는가?

2. 하나님은 당신의 사람 모세를 시기하고 반역한 죄를 엄하게 다스리셨다. 미리암에게 문둥병을 앓게 하는 엄벌을 내리신 것이다. 아론이 그 반역에 동조했지만 미리암이 그 원흉이었던 것으로 보인다. 하나님은 아론에게는 벌을 내리시지 않고, 그 악행을 꾀한 원흉인 미리암만을 벌하셨다. 아마도 아론이 잠시나마 벌을 받는다면, 하나님을 섬기는 이스라엘 종교의 맥이 잠시나마 끊어질 것이 아닌가?

3. 하나님은 모세의 탄원을 들으시고 미리암에게 내리셨던 벌을 최소한으로 줄여주셨다. 이레 동안의 격리와 감금으로 그녀의 죄를 다스리셨다. 아버지가 자기 딸에게 침을 뱉은 비유를 가지고 그녀의 죄와 징계를 설명하셨다. 아버지가 타기할 수밖에 없는 죄를 미리암이 저질렀다. 침 뱉음을 당한 딸이 부끄러움을 느끼고 숨어있어야 하듯이 미리암이 이레 동안 감금되어 있었다는 것이다. 지극히 적은 벌을 내리심으로써, 그러나 문둥병이 걸리는 무섭고 따끔한 벌을 내림으로써, 하나님의 공의와 사랑을 나타내셨다.

4. 결국 하나님께서 세우신 지도자를 순종해야 한다는 교훈을 주신 것이다. 그리고 이스라엘 백성의 어리석음과 부족함을 타이르고 고쳐주시면서, 목적지를 향하여 일보 이보 전진하게 하시는 하나님의 인내와 섭리를 여기서 보여주신다. 결국 이스라엘이 하체롯*에서 바란 광야로 진출한 것이 아닌가? 사람들은 반역하여도 하나님은 하실 일을 하신다.

5. 지도자의 정체를 바로 아는 것이 중요하다. 외형상으로는 평범한 예언자 정도로 보일지 몰라도, 모세가 그 이상의 존재였던 것을 알지 못했기 때문에 반역이 일어날 수 있었다. 이미 70인이 예언하는 일을

경험했으므로(11:25) 모세도 그런 정도의 사람으로 알고 있었을지 모른다.

에덴에서 아담과 하와가 하나님과 대화를 하면서 살 때, 하나님의 정체를 바로 알지 못했고, 예수가 지상에 계실 때 그의 제자들마저 그의 정체를 바로 알지 못했고 예언자 중의 하나 정도로 생각했다(막 8:28).

모세는 하나님께서 특별하게 택하여 영도자로 삼고 특권을 주셨던 자이기 때문에, 그 권위를 어느 누구와도 견주거나 넘보아서는 안 되는 것이었다. 우리는 모든 존재를 바로 인식하고, 인정하는 자들이 되어서 실수하지 말아야 할 것이다.

가나안으로 정탐꾼을 보내다(민 **13:1-24**)

해설

이스라엘 백성이 바란 광야에 이르러 진을 쳤을 때, 야훼께서 모세에게 명을 내리셨다. 이스라엘 백성에게 가나안 땅을 주려고 하니, 우선 그 땅을 탐지하기 위해서 사람들을 보내라는 것이었다. 각 지파에서 지도층에 있는 사람 하나씩을 골라서 보내라는 것이었다. 각 지파의 지도층에 속한 사람이라면 백성이 그들의 말을 신용할 것 아닌가? 야훼의 명령대로 모세는 정탐꾼을 선발하여 보냈다. 그 명단은 다음과 같다.

르우벤 지파에서 자쿨*의 아들 샤무아*
시므온 지파에서 호리의 아들 샤팟*
유다 지파에서 여분네의 아들 갈렙

잇사갈 지파에서 요셉의 아들 이갈
에브라임 지파에서 눈의 아들 호세아
(모세가 그 이름을 여호수아로 개칭함)
벤야민* 지파에서 라푸*의 아들 팔티*
즈불룬* 지파에서 소디의 아들 갇디엘*
요셉(므낫세) 지파에서 수시의 아들 갇디*
단 지파에서 그말리의 아들 암미엘
아셀* 지파에서 미가엘의 아들 스둘
납탈리* 지파에서 봅시*의 아들 나비
갇* 지파에서 마키*의 아들 그우엘

모세가 그들에게 맡긴 임무는 다음과 같다. (1) 네겝과 산지로 올라가서 (2) 그 땅의 형세를 살피고 (3) 그곳 주민이 강한지 약한지 (4) 그 수가 적은지 많은지 (5) 그들이 사는 땅이 좋은지 나쁜지 (6) 그들이 사는 곳이 성을 쌓고 요새가 되어 있는지 그렇지 않은지 (7) 그 땅이 비옥한지 아닌지 (8) 거기에 나무들이 있는지 없는지 알아오라는 것이었다. (9) 담대한 마음을 가지라는 것이었다. (10) 그 땅의 소산물을 가지고 오라는 것이었다. (그때가 바로 7-8월이어서 첫물 과일을 먹을 수 있는 때였다.)

모세의 명령을 받은 그 정탐꾼들이 출발하여 친* 광야로부터 르보하맛[2] 근처 르홉까지 정탐했다. 네겝 지대를 지나 고도(古都) 헤브론에 이르자, 거기에 아히만과 셰샤이*와 탈마이* 라는 아낙 사람들이 살고 있었다. 그리고 에스골 계곡(건천〔乾川〕)에서 포도가 더덕더덕 달린 가지 하나를 잘라서 두 사람이 막대기에 달아 메고 돌아왔다. 동시에 소담스러운 석류와 무화과 열매도 가지고 왔다. 에스골은 (포도)

2) 개역성경에서는 '하맛 어귀'로 옮겼다.

송이 혹은 그런 것들의 뭉치(cluster)를 의미하는 것이어서, 그렇게 포도가 소담하게 달리는 골짜기라는 뜻에서 에스골 계곡(건천)이라는 이름을 생겼다는 것이다.

가나안을 젖과 꿀이 흐르는 땅이라고 했지만, 사실 그곳이 언제나 그리고 어디나 젖과 꿀이 흐르는 땅이라는 말은 아니다. 시내 반도에는 물이 없고 메말라서 풀이 돋지 못하니까 우양이 풀을 뜯지 못하고, 따라서 젖을 낼 수 없다. 풀이 없으니까 꽃이 없고, 따라서 벌이 꿀을 만들지 못한다. 그러나 가나안 땅은 헤브론에서부터 그 위로, 비록 산이 많은 곳이지만, 우기(雨期)에는 풀이 돋고 꽃이 피기 때문에 소나 양이 젖을 낼 수 있고, 벌이 꿀을 만들 수 있기 때문에 하는 말이다. 즉 광야와 비교해서 말하는 상대적인 표현이다.

교훈

1. 젖과 꿀이 흐르는 복된 땅을 목전에 두었지만, 정작 그것을 이스라엘 백성이 차지하고 누리는 데 있어서는 아직 긴 과정이 필요했다. 그것을 차지할 만한 준비가 있어야 하고, 그것을 맡아서 복지로 가꾸고 꾸밀 수 있는 자격을 갖추어야 한다. 그곳이 복지가 될 수 있는 충분한 가능성과 자질을 가지고 있는 곳임을 보여주는 가견적인 증거물들이 있다. 그래도 이스라엘이 그곳을 차지하고 누리기 위해서는 그곳을 바로 알아야 하고 확실한 심념과 준비가 필요하였다. 하나님은 그들을 그냥 그곳으로 들여보내지 않고 모세를 통하여 사전에 상당한 준비를 하게 하셨다. 유비무환이라고나 할까, 하나님은 매사를 튼튼하게 하신다. "가나안 땅이 눈앞에 있으니, 너희 마음대로 가서 차지하라!"고 하셨더라면, 그들의 꿈은 완전히 깨지고 말았을 것이다.

2. 믿을 만한 지도자 격의 사람들을 선발하여 보낸 일, 그리고 그들이 정탐해야 할 세목을 일일이 지목해 주신 일, 그리고 그 고장의 산물을 들고 오도록 한 일 등은 매우 적절한 조치였다. 하나님께서 모세를 통하여 지시하신 모든 것은 슬기롭고 타당한 것들이었다. 매사를 슬기롭게 하기를 원하시며 명령하시는 하나님이시다.

정탐꾼들의 보고(민 **13:25-33**)

해설

이스라엘의 정탐꾼 열두 사람은 40일 간에 걸쳐 그들의 소임을 완수하고 돌아왔다. 바란 광야 카데쉬바네아*에 진을 치고 기다리고 있는 모세와 아론과 모든 국민에게로 그들이 돌아와 그 땅의 소산물을 내보이며 다음과 같이 보고했다. "여러분이 우리를 그 땅으로 보냈는데, 정말 그 땅은 젖과 꿀이 흐르는 것이었습니다. 이 열매를 보십시오. 그러나 그 땅에 사는 사람들은 강했습니다. 그들의 마을들은 크기도 하고, 성을 둘러 쌓아 요새를 이루었습니다. 그뿐 아니라, 우리는 거기서 아낙의 후손들을 보았습니다. 네겝에는 아말렉 사람들이, 산지에는 헷족속과 여부스 사람들과 아모리 사람들이 살고 있었습니다. 서해 바닷가와 요단 계곡에는 가나안 사람들이 살고 있었습니다." 이렇게 무시무시한 말을 늘어놓자 청중은 간담이 서늘해 졌을 것이다.

그 때 갈렙이 나섰다. 웅성대는 청중더러 조용히 하라고 이른 후에 말했다. "우리는 그곳을 정복할 수 있습니다. 당장에 올라가서 그곳을 점령합시다." 그러나 같이 갔던 다른 사람들이 입을 열었다. "그 고장 사람들은 우리보다 힘이 강합니다. 그 사람들에게 대항하며 올라가는 것은 불가능합니다. 우리가 통과하며 정탐한 땅은 그 주민들을 꼼짝도 못하게 억압하고 있었고, 거기서 우리가 본 사람은 모두 덩치가 우리보다 컸습니다. 거기서 우리는 네필림*(아낙 자손의 조상=하늘에서 내려온 천사들과 사람의 딸들 사이에서 태어났다고 하는 존재,창 6:1-4)을 보았습니다. 그들에 비하면 우리는 메뚜기에 불과합니다. 우리는 그들의 눈에 메뚜기처럼 보였을 것입니다."

교훈

1. 열두 정탐꾼이 꼭 같이 40일이라는 정한 시간에 같은 지역을 다니면서 같은 눈으로 같은 것을 보고 같은 시간에 돌아왔지만 그곳에 대한 견해는 두 가지로 나타났다. 가나안 땅이 젖과 꿀이 흐르는 살기 좋은 복된 땅이라는 것을 목격했고, 그 증거물까지 가지고 왔건만, 그곳으로 진격하여 그곳을 점령할 수 있느냐에 대해서는 상반되는 두 견해로 대립되었다.

열 명이라는 절대 다수는 그곳 사람들의 장대함과 요새화한 도시들과 그들이 가진 무기와 높은 정착 문화와 그 지방의 통치 방법과 제도를 보고, 자기들의 것과 비교한 결과, 도저히 그들을 당해 낼 수 없다는 판단을 내린 것이다. 너무도 당연한 생각이고 합리적인 판단이었다.

그런데 갈렙만은 "당장에 올라가서 그곳을 점령합시다. 우리가 넉넉히 정복할 수 있습니다."라고 했다. 갈렙이 그런 말을 할 수 있었던 것은 그가 전능자 야훼의 후원을 마음속으로 굳게 믿고 있었기 때문이다. 다른 사람들의 귀에는 갈렙의 말이 달걀로 바위를 깨려는 격의 말로 들렸다. 애굽의 바로 앞에 나선 모세가 이스라엘을 해방시키라고 일갈(一喝)할 때, 그것이 가능하다고 생각한 사람이 모세와 아론 말고 또 누가 있었던가? 가나안을 이스라엘 백성이 정복한다는 것은 야훼만이 하실 수 있는 일이었고, 갈렙에게는 야훼를 믿는 믿음이 있었으므로 감히 절대 다수의 의견과는 정반대의 의견을 말 할 수 있었던 것이다. 믿음이 있으면 큰일을 해낼 수 있다.

2. 사람들은 합리적으로 생각하고 강한 사람이 약한 사람을 이기고, 높은 것이 낮은 것을 이길 수 있다고 생각한다. 아낙 자손과 같은 장사들이 많이 있고, 고도의 문화와 군비로 난공불락의 요새를 이루어 있으니, 인간적으로 볼 때 이스라엘의 오합지졸들이 어떻게 그 땅을 정복할 수 있는가 말이다. 그런데 갈렙은 보이지 않지만 존재하시고, 지금까지 자기들을 그 놀라운 능력으로 인도해 내신 야훼를 의심하지 않았기 때문에, 그 야훼만 모시고 간다면 문제가 없다는 생각에서 긍정적인 주장을 한 것이다. 인간의 합리적인 것이 반드시 이기는 것은 아니다. 다윗이 거인 골리앗을 이길 수 있었던 것은 다윗의 물리적 힘 때문이 아니었다. 야훼의 힘이 다윗을 승리하게 한 것이다.

백성의 반역(민 **14:1-12**)

해설

믿음이 없는 이스라엘 대중은 코웃음치면서 갈렙의 말이 당치도 않다고 아우성치며 이제는 끝장이라고 생각하여 밤새도록 울고 있었다. 그리고는 모세와 아론에게로 화살을 돌렸다. "우리가 애굽에서 죽었더라면 좋았을 것을! 광야에서 죽었더라면 좋았을 것을! 여기서 칼에 맞아 죽게 되다니. 우리 아내와 어린 것들이 그들의 노획물이 되어야 하다니. 이러자고 야훼가 우리를 이리로 데려왔는가? 이제라도 애굽으로 돌아가는 것이 더 낫지 않겠나." 그러면서 그들은 서로 "자, 대장(隊長)

을 하나 뽑자. 그리고 애굽으로 돌아가자!"고 하는 것이었다.

이런 상황을 만난 모세와 아론은 이스라엘의 모든 군중 앞에서 얼굴을 땅에 대고 엎드렸다. 당장에라도 하나님의 심판이 그 반역하는 백성에게 내릴 것만 같아서, 하나님 앞에서 떨며 백성 대신 용서를 비는 겸비한 마음의 발로였을 것이다.

그러자 여호수아와 갈렙은 그들의 옷을 찢으며, 백성의 태도에 격분하며 말했다. "우리가 정탐하고 돌아온 그 땅은 아주 좋은 곳입니다. 야훼께서 우리를 좋게 여기시기만 한다면, 그 젖과 꿀이 흐르는 땅으로 우리를 데리고 들어가실 것이고, 우리에게 주실 것입니다. 야훼에게 반역만 하지 마십시오. 그 땅 주민들을 무섭게 생각하지 마십시오. 그들은 우리의 밥에 불과합니다. 그들이 설치한 방어벽은 몽땅 제거될 것입니다. 야훼가 우리와 같이 계시지 않습니까? 그들을 두려워하지 마십시오." 이런 말을 듣고도 군중은 오히려 그 두 사람을 돌로 쳐죽이겠다고 협박했다.

그런 찰나에 야훼의 영광이 회막에 나타나고, 이스라엘 전원의 눈에 보였다. 그렇지 않았더라면 아마도 그 군중은 여호수아와 갈렙에게 돌세례를 안겼을 것이다. 야훼가 모세에게 당신의 상한 심기(心氣)를 말씀하셨다. "이 백성이 얼마나 오래 나를 멸시하려는가? 내가 그들에게 그렇게도 많은 표징을 보여주었건만, 그들은 지금까지도 나를 믿으려 하지 않고 있지 않는가. 나는 그들을 흑사병으로 칠 것이고 의절(義絕)을 하고 말 것이다. 그들보다 더 위대하고 더 강한 나라를 너에게서 이루겠다." 결국 출애굽한 제1세대를 광야에서 다 멸망시키고(여호수아와 갈렙을 제외하고), 제2세대로 하여금 가나안을 정복하게 하시겠다는 계획을 말씀하신 것이다.

교훈

1. 야훼 신앙을 가지지 못한 자들, 고차원의 세계를 보지 못하는 자들은, 현실의 암울함을 보면서 실망하고, 머뭇거리고, 절망에 빠지고, 때로는 후퇴하고, 자멸의 길을 택하기 쉽다. 자기들끼리 지도자를 세우고, 옛날로 되돌아가자는 생각도 한다. 그것이 믿음 없는 자들의 작태이다. 야훼가 지금까지 해 주신 모든 것을 무효로 해버리는 한심한 자들이다. 믿음의 눈이 없으니 하나님도 그의 놀라운 표징들도 보이지 않는 것이다.

2. 그러나 믿음의 사람 여호수아와 갈렙의 판단은 180도 달랐다. 젖과 꿀이 흐르는 가나안 땅은 조상들에게 이미 약속된 땅이요, 직접 눈으로 보고 증거물까지 가지고 왔는데, 요는 이스라엘이 야훼 마음에 드는 자로 남아 있어야 하는 것이다. 야훼에게 반역하지 않고, 그의 약속을 믿고 있으면, 야훼가 이스라엘의 편이 되어주실 것이고, 그러면 가나안 사람들이 아무리 장대하고, 군비가 아무리 철통같더라도 문제가 되지 않는다는 것이다. 믿음의 눈을 가진 자들에게는 야훼와 그의 능력이 보인다. 그리고 승리의 확신을 가질 수 있는 것이다.

3. 그러나 어리석고 믿음이 없는 이스라엘 군중은 믿음의 사람들을 돌로 치려고 했다. 그러나 적시에 야훼의 영광이 나타나 그들의 횡포를 막으셨다. 결국 야훼는 희망이 없는, 그리고 장애물에 지나지 않는 자들을 제거하시고, 새 사람들을 통해서 새 이스라엘을 만드시려고 계획하셨다. 하나님은 사랑이시지만 동시에 공의의 하나님이시기 때문에 불의를 응징하실 수밖에 없다. 우리가 하나님의 계획을 가로 막는 불의한 자들의 계열이 되어서는 안 될 것이고, 믿음을 가지고 하나님 편에, 곧 정의의 편에 설 수 있어야 할 것이다.

백성을 위한 모세의 중재(민 **14:13-25**)

해설

이스라엘을 엄벌하시겠다는 야훼의 말씀을 들은 모세는 야훼께 하소연을 하는 것이었다. 즉 야훼가 이스라엘을 당장에 다 죽이신다면, 애굽 사람들이 그 소문을 들을 것이고, 야훼는 이스라엘을 약속의 땅으로 데려가지 못하고 광야에서 다 죽이고 만 무능한 신이라고 떠들어댈 것이 아니냐고 하면서, 제발 야훼의 능력을 크게 발휘하셔서, 지금까지 여러 번 이스라엘을 용서해 주신 것처럼, 꾸준한 사랑(〈헤셋〉, חֶסֶד)을 크게 베푸셔서 용서해 달라고 애원하였다. 그러면서 야훼에 대한 모세의 신념을 고백했다. 이것은 이미 출애굽기에도 나온 말씀이다.

> "야훼는 노하기를 더디 하시며,
> 꾸준한 사랑(〈헤셋〉, חֶסֶד)이 넘치시며,
> 악(〈아온〉, עָוֹן)과 허물(〈페샤으〉, פֶּשַׁע)을 용서하신다.
> 그러나 결코 악을 지워버리시지 않고
> 조상의 죄를 자손 삼사대까지
> 추궁하신다."(출 34:1-9)

이 탄원을 들으신 야훼는 긍정적인 응답을 주셨다. 일단 모세의 탄원대로 용서해 주시겠다는 것이었다. 그러나 살아계시고 온 땅에 영광을 가득히 나타내신 야훼와 그의 많은 표징들을 계속 보아온 출애굽 제1세대 사람들이 이렇게 여러 번(열 번) 그를 시험했고 그의 말씀에 불복했고 그를 멸시했기 때문에, 당장에 다 죽지는 않을지라도 약속의 땅을 보지는 못할 것이라 예고하셨다. 그러나 갈렙은 다른 사람들과는 다른 정신을 가졌고, 전심으로 야훼를 따랐기 때문에, 야훼께서 그만은 그 약속에 땅으로 들어가게 하실 것이고, 그의 자손들이 그 땅을 차지하게 될 것이라고 예고하셨다. 또 지금 아말렉 사람들과 가나안 족속들이 그 땅의 골짜기마다 차지하고 거기 살고 있으니, 그리로 전진하지 말고 내일 당장 그곳을 떠나 홍해로 가는 광야로 방향을 돌리라고 지시하셨다.

교훈

1. 백성을 자기 목숨처럼 사랑하는 영도자 모세는, 야훼 하나님의 진노가 당연한 것이라는 것을 알면서도 야훼의 꾸준한 사랑(〈헤셋〉, חֶסֶד)이라는 또 하나의 특이한 면모를 알고 있기에, 탄원했다. 하나님은 의의 하나님이시지만, 그는 꾸준한 사랑을 가지신 분이셔서, 가능한 한 인간의 죄를 용서하시려고 하신다는 것을 모세는 알고 있었다.

이렇게 하나님은 사람을 사랑하시지만 악 자체를 묵과하시는 분은 아니시다. 이스라엘 백성 제1세대도 광야 40년 동안 계속 회개하고 하나님께 복종했더라면, 가나안에 들어갈 수 있었을 것이다. 그런데 그들이 계속 반역하였기 때문에 그들의 죄과로 광야에서 해골이 되고 만 것이다. 우리는 하나님의 그 자비로 인해서 구원을 얻은 것이다. 그러나 하나님을 계속 배반한다면 그 자비에서 끊어질 수도 있을 것이다.

2. 갈렙과 같이 "다른 영"을 가지고 전심으로 하나님을 따르는 것이 중요하다. 세상 대세를 따르는 정신이 아니라(롬 12:2a), 진리의 영을 따르는 용기와 결단이 필요하다. 그리고 무조건 하나님의 말씀에 복종하는 것이 가장 중요하다. 그런 사람이 약속의 땅을 차지하게 된다.

3. 이스라엘이 비록 반역하는 백성이었지만, 야훼는 그들이 전멸할 위기를 모면할 수 있도록 그들의 행로를 지시하셨다. 앞을 향하여 전진하면 아말렉과 가나안 군인들에게 습격을 당하고 몰살당할 위험이 있기 때문에, 비록 우회하는 길이지만 후퇴하여 다시 홍해로 가는 광야길로 가라고 지시하셨다. 여기에도 하나님의 사랑이 엿보인다.

실패로 끝난 습격사건(민 **14:26-45**)

해설

야훼 하나님께 대한 이스라엘 군중의 계속적인 불평은 마침내 야훼의 분노를 자아냈다. 야훼께서 모세와 아론에게 말씀하셨다. 야훼는 자기에게 대한 이스라엘의 반복되는 불평을 들으셨다는 것이고, 더는 참을 수 없어 결연히 그들을 벌하시려고 하니, 그 결심을 백성에게 알리라는 것이었다. 하나님께 불평한 사람들은 이 광야에서 다 쓰러져 죽을 것이고, 인구조사에 포함됐던 20세 이상의 모든 사람을 포함한 모든 국민, 곧 야훼께 불평을 품은 사람은 남김없이 그 약속의 땅에 들어가지 못할 것이다. 갈렙과 여호수아만이 예외라는 것이다. 그들은 자기들의 어린것들이 원주민들에게 포로가 될 것이라고 말했지만, 야훼는 그들을 그 땅으로 데리고 들어갈 것이다. 그러나 불평을 가지고 있는 어른들은 광야에서 해골이 되고 말 것이다. 그들의 자녀들이 40년 동안 광야에서 유랑 생활을 하게 될 것이며, 어른들은 남김없이 광야에서 죽어 해골이 될 것이고, 그 어른들의 불신앙때문에 자녀들이 고통당할 것이다. 40일 간 정탐을 한 것처럼 40년 동안 어른들의 잘못의 대가를 자손들이 받아야 하며 그것이 하나님의 진노에서 유래한 것을 알게 될 것이다. 야훼는 자기에게 대항하며 모인 그 악한 군중을 완전히 멸망시켜

빠짐없이 다 죽게 하실 것이다. 그리하여 하나님이 그들 때문에 분노하셨음을 백성이 알게 될 것이다. (특히 정탐을 나갔다가 돌아와서 좋지 않은 보고를 하여, 백성들로 하여금 하나님께 불평을 품게 한 사람들은, 갈렙과 여호수아를 제외하고 모두가 야훼 앞에서 재난을 당하여 죽었다.)

모세가 야훼의 이런 계획을 이스라엘 백성에게 털어놓자, 그들은 크게 통곡을 했다. 뒤늦게 자기들의 잘못을 깨달은 그 백성은 아침 일찍 일어나서 산악 지대 고지를 향하여 진군을 하며 "우리가 죄를 지었다. 자, 야훼께서 약속하신 땅으로 올라가리라."고 하였다. 그러나 이미 때는 늦었다. 하나님은 그들에게 홍해를 향하여 뒷걸음을 치라고 명령을 내린 후였으므로 그들의 행동은 하나님의 명령을 거역하는 것이었다.

그래서 모세는 그들은 성공할 수 없다고 잘라 말했다. 야훼가 그들과 같이 가시지 않을 것이고, 결국 원수에게 파멸을 당할 것이니 올라가지 말라는 것이었다. 아말렉과 가나안 사람들이 이스라엘 사람들에 맞설 것이고, 이스라엘 사람들은 그들의 칼에 궤멸되고 말 것이다. 그들이 야훼의 말씀을 따르지 않아 야훼가 동행하시지 않을 것이기 때문이라는 것이다.

모세의 이 충고를 무시하고, 결국 법궤와 모세를 남겨둔 채 자기들끼리 산지를 향하여 진군했다. 그 산지에 살고 있던 아말렉과 가나안 사람들이 내려와 그들을 궤멸하며 호르마(브엘세바 동남쪽)까지 추격해 내려왔다.

교훈

1. 하나님의 백성이 하나님께 불만을 품고 반역하는 일이 얼마나 큰 죄인지를 우리는 똑똑히 알아야 한다. 하나님이 이스라엘을 선택하여

그들을 당신의 큰 능력과 사랑으로 애굽에서 구출하셨지만, 이들이 불만을 품고 반역하자, 그들에게 화를 내시고, 그 모두를 광야에서 쓸어져 죽게 하겠다는 결정을 내리고, 그 결정을 이행하셨다. 선민에게 그리하셨다면, 불평하는 이방인들에게는 얼마나 더 큰 벌을 내리실 것인가!

2. 원님 행차가 지나간 뒤에 나팔을 분다고 하는 것처럼, 하나님이 이미 결정을 내리셨는데, 뒤늦게 잘못을 느낀다고 해도 일은 해결되지 않는다. 하나님이 정하신 때가 있고, 그때를 놓치면 제아무리 발버둥을 쳐도 소용이 없다. 하나님이 동행하셔야만 성공할 수 있기 때문이다. 하나님의 사람 모세가 동행하는 것도 중요하다. 인간이 자기들끼리 회개하고, 자기들의 모략을 가지고, 어떤 일을 성취하려고 하지만, 하나님이 동의하시지 않는 일은 그 어느 것도 성공할 수 없다. 결국 자멸을 가져올 뿐이다.

3. 이스라엘의 정탐꾼들처럼 대표적인 인물들의 죄는 더욱 무겁고, 하나님의 진노를 받아 마땅하다. 남을 실족케 하는 죄는 그만큼 더 큰 벌을 받아야 하는 법이다(막 9:42; 마 18:6; 눅 17:2).

여러 가지 제사(민 **15:1-31**)

해설

14장에서는 반역한 이스라엘이 무거운 벌을 받아, 가나안을 정복한다는 것은 희망이 없어 보였는데, 15장 1-31절에서는 야훼가 그들에게 그 땅을 주시겠다고 하시며, 그 땅에 정착하게 될 때 지켜야 할 법들을 첨가해 주셨다. 그만큼 그들에게 희망을 주시는 동시에, 그때는 삶의 양상이 달라지고 그에 맞추어 그들이 지켜야 할 예배 규정도 다소 달라져야 하므로 그때도 엄격히 법대로 살아야 함을 미리 분명히 하려고 재(再)정비된 법을 주신 것이다.

가나안 땅에 정착하게 되면 우양을 기르는 동시에 땅의 소산이 있을 것이기 때문에 동물을 잡아서 향기로운 번제를 하나님께 드려야 하는데, 반드시 곡물 제물도 곁들여야 한다고 지시하신 것이다. 서원제와 자원제와 화목제와 각 명절에 드리는 제사 등의 여러 경우에 번제를 드리게 되는데, 어린 양이나 염소나 소를 번제로 바칠 때, 그 한 마리 한 마리에 곡물 제물을 같이 바쳐야 한다는 것이다.

동물	곡물 (기름)	부어서 드리는 제물(포도주)
어린양	1/10에바 +(1/4힌)	1/4힌
숫양	2/10에바 +(1/3힌)	1/3힌
황소	3/10에바 +(1/2힌)	1/2힌

(1힌은 약 3.6리터; 1바는 약 22리터)

이것은 레위기 1-3장에 나타난 법을 보충한 것이다. 이렇게 함으로써 하나님께서 흠향하시는 제사가 되게 해야 한다는 것이다. 여기서 강조하는 것은 하나님이 흠향하시는 제사를 드려야 한다는 것이다.

이 법은 이스라엘 사람에게만 해당하는 것이 아니라, 같이 사는 외국인에게도 해당한다. 같은 땅에서 같이 사는 외국인들도 똑같은 법과 규례를 따라 제사를 드리라는 것이다.

17-21절에는 앞으로 가나안에 들어가서 살 때, 즉 그 땅의 소산으로 만든 빵(19절)을 먹으며 살 때, 타작된 날곡식을 바치는 것처럼, 첫 번 구워 낸 빵을 야훼께 바쳐야 한다는 것이다.

이런 법을 주셨는데 혹시나 부지중에 즉 고의성이 없이 이스라엘 회중이 집단적으로 그 법을 어기는 경우가 생겼을 때, 그 집단은 소를 잡아 번제로 드리고, 거기에 따르는 곡물 제사와 포도주를 드려야 하고, 동시에 숫양을 속죄 제물로 바쳐야 한다. 이렇게 제사장이 속죄의 제사를 드려서, 그들이 부지중에 범한 죄를 용서받도록 해야 한다. 그들과 같이 사는 외국인도 그 법에 준해야 한다. 이스라엘 사람 개인이 어쩌다가 부지중에 이 법을 어겼을 때는 한 살짜리 암염소를 속죄 제물로 드려야 한다. 제사장이 그 사람을 위하여 속죄 제사를 드려서 죄 사함을 받게 해야 한다. 같이 사는 외국인의 경우에도 여기에 준한다.

그러나 이스라엘 사람이건 같이 사는 외국인이건 고의적으로 이 법을 어긴다면, 그것은 야훼의 말씀을 업신여긴 것이고 그의 계명을 깨뜨린 것이어서, 이스라엘 국적에서 제명하거나 사형에 처해야 한다.

교훈

1. 하나님은 인간을 창조하시고 그들을 기르시고 먹여 살리신다. 인간은 그 하나님을 예배하며 정상적인 관계를 가짐으로써 행복을 누릴 수 있으며, 그것을 하나님은 원하신다. 즉 인간은 하나님께 참되게 예배하는 관계를 유지해야 한다. 한마디로 말해서 인간은 하나님이 흠향하시는 예배를 드려야 하고, 하나님은 그런 제사(예배)를 받으시기를 원하신다. 소나 양이나 염소를 태워서 좋은 냄새를 하나님께 바치는 예식은 곧 하나님을 기쁘시게 하는 예배를 상징하는 것이다.

그 형식과 양은 형편에 따라서 달라질 수 있지만 공통된 것은 그 예배가 하나님을 기쁘시게 하는 것, 정성을 다한 것이 되어야 한다는 점이다. 가장 좋은 것, 가장 아끼는 것을 먼저 하나님께 드리고자 하는 마음을 하나님은 원하신다.

2. 시간과 장소에 따라서 예배의 형식이 달라질 수 있다. 농경 시대에 하나님이 이스라엘 각 지파에게 평등하게 땅을 나누어 준 상태에서는 땅의 소산을 하나님께 예물로 드릴 수밖에 없었다. 그리고 모두가 10분의 1을 바치면, 땅을 분배받지 못한 레위인도 살 수 있고, 야훼를 섬기는 종교 행위도 원활하게 영위될 수 있었다.

그러나 시대가 바뀌어 기계 공업 시대가 되면서, 사람의 손이 닿지 않아도 기계가 엄청난 산물을 만들어 내는 시대에는 10분의 1을 바치라는 법은 해당될 수 없다. 이스라엘이 광야 생활에서 가나안 정착 생활을 할 때 이미 법이 수정되었다면, 오늘은 얼마나 더 많은 수정이 필요하겠는가 말이다.

옛것에 문자적으로, 맹목적으로 매달려 있는 것은 하나님의 뜻이 아니다. 어디까지나 하나님이 기뻐하실 수 있는 타당한 법을 가지고, 예배하고, 올바른 관계를 유지하려고 노력해야 할 것이다.

3. 부지중에 짓는 죄도 죄이기 때문에 속해야 한다. 하물며 고의적인 범죄는 그 죄가 얼마나 무겁겠는가. 본문에서는 국적을 빼앗는다든가 혹은 사형에 해당하는 엄벌을 주어야 한다는 것이다. 그만큼 하나님의 법을 무겁게 여기라는 말이다.

안식일을 범한 자에 대한 벌(민 **15:32-36**)

해설

1-31절에서는 앞을 바라보면서 가나안에 들어가서 해야 할 일을 미리 말했지만, 여기서는 다시 광야 생활에서 일어난 사건 하나를 소개하고 있다.

출애굽기 35장 2-3절에 의하면 안식일에는 어떤 일도 해서는 안 되고 불을 지피는 일도 해서는 안 된다고 했다. 음식을 해 먹으려고 불을 피우는 일을 하지 말라는 것이다.

그런데 광야 생활 중에 이스라엘 사람 하나가 그 법을 무시하고 불을 지피려고 땔감을 줍고 있었던 것이다. 이스라엘 사람들이 그 사람을 발견하고는 그를 붙들어 가시고 모세와 아론과 이스라엘 모든 회중 앞으로 데려갔다. 그것은 처음 있는 사건인지라, 어쩔 줄을 몰라 우선 그를 감금해 두고, 야훼의 지시를 기다렸다. 모세가 야훼께 나아가 "어떻게 해야 하겠습니까?" 하고 물었을 것이다.

야훼의 응답은 단호하셨다. 진영 바깥으로 데리고 나가 백성들로 하여금 그 사람을 돌로 쳐서 죽이도록 하라는 것이었다. 그래서 회중이 야훼께서 모세에게 지시하신 대로 실행했다.

교훈

야훼께서 잔인한 행동을 허락하신 것으로 보이지만, 일벌백계의 결과를 노리는 어쩔 수 없는 처사였다. 안식(샬롬)은 하나님의 이상이며, 인간에게도 안식과 평안을 주시려는 것이 하나님의 뜻이다. 안식일은 사람의 권익을 위하여 주신 법이다. 우리의 평안을 위하여 제정해 주신 법을 우리 자신이 범한다면 결국 자멸의 길을 택하는 것이다. 이레 동안 열심히 일을 해도 먹고 살기가 어려운 처지에 하루를 쉰다는 것은 매우 어렵고 불합리해 보이지만, 하나님을 믿고 안식할 때, 하나님께서 책임지고 예상 밖으로 더 큰 복을 받게 해 주시는 것이다. 안식일을 지킨다는 것은 결국 하나님께 대한 믿음을 기르는 일이며, 하나님께 대한 복종을 의미하기도 한다.

현대는 공업 시대, 기계 산업 시대여서 안식일에 모든 것을 정지시키고 완전히 손을 놓으면, 사회는 아수라장이 되고 엉망이 된다. 이렇게 시대가 바뀌었기 때문에 우리의 안식일관도 수정될 수밖에 없다. 안식일을 주신 하나님의 정신과 목적을 고려해야 한다.

하나님은 당신의 안식에 인간을 초대하시며 더불어 평안하기를 바라신다. 하나님께 정당한 예배를 드리며 그의 평강을 같이 누리는 날이 되어야 한다. 특히 그리스도의 수난을 거쳐 그의 부활을 통하여 구원을 누리는 그리스도인들이 주님의 날에 같이 모여 예배하며, 하나님 안에서 성도의 교제를 가져야 할 것이다. 무엇을 하지 말라는 부정적인 면보다는 적극적으로 성도들이 그리스도 안에서 올바른 예배와 감사를 드리고 기쁨과 평안을 누리며 재창조(recreate)를 경험하며, 사회를 위하여, 하나님의 나라를 위하여 힘찬 사명 의식을 새롭게 하여 다음 날을 힘차게 맞을 준비를 해야 할 것이다.

옷단과 청색 줄(민 15:37-41)

해설

야훼 하나님은 모세에게 또 한 가지 지시를 내리셨다. 이스라엘 사람들은 누구를 막론하고 또 대대손손 모든 옷 모퉁이에 단을 붙이고, 거기에 청색 줄을 붙이도록 하라는 것이다. 그것은 이스라엘 사람들이 그 단을 볼 때마다 야훼의 모든 계명을 기억하고 행하게 하려는 것이며, 자기들의 마음이나 눈의 욕심대로 하지 않도록 하려는 것이다. 그리하여 야훼 앞에 거룩한 자들이 되도록 하려는 것이다. 결국 야훼가 이스라엘의 하나님이고 그들을 애굽에서 구출하신 분이심을 언제나 기억하고 살게 하려는 것이다.

교훈

이스라엘이 하나님의 선민으로서 다른 사람들과는 구별된 자, 곧 거룩한 자들이 되기를 하나님은 원하시는데, 그렇게 되기 위해서는 할례를 받는다든가 안식일을 지킨다든가 유월절 등 명절을 지키는 등, 가시적이고 육감적인 표징들을 가지는 것이 필요하였다. 할례는 남자들에게만 해당하고, 그 표는 옷으로 가려져 있기 때문에 언제나 볼 수는 없는 것이다. 그러나 이제 날마다 입고 사는 옷에다 단을 만들고, 눈에 띄는 색깔의 줄을 거기에 달게 함으로써, 언제나 하나님과 그의 계명을 상기하도록 한다는 것은 참으로 훌륭한 착상이 아닐 수 없다. 어떤 목적을 달성하기 위해서 최선의 방법을 쓴다는 것은 중요한 일이다. 하나님을 기억하고 그의 계명을 언제나 잊지 말고 행해야 한다는 그 중요한 목적을 달성하기 위해서 그보다 더 좋은 방법이 있으면 그 방법을 써야 할 것이다. 어떤 방법으로든지 야훼가 참 하나님이시라는 것, 그가 곧 우리를 구원하시는 분이라는 것, 그의 계명을 지키는 것이 우리의 도리라는 것을 언제나 잊지 않도록 하는 방법이 있다면 그 방법을 사용해야 할 것이다. 우리는 어떤 방법으로 하나님과 그의 계명을 기억하고, 그 계명들을 행하려고 노력하고 있는가?

고라, 다단, 아비람, 온의 반역(민 16:1-50)

해설

이스라엘의 반역은 우선 변두리의 적은 무리에서 시작하였다(11:1). 그것이 점점 번져서 모든 백성의 마음을 흔들었다. 이제는 그 반역 운동이 레위 가문에까지 퍼져서 고라와 다단과 아비람과 온에게 미치고 레위 족이 아닌 다른 저명한 지도자 250명도 움직였다.

그들이 작당하여 모세와 아론에게 몰려와서 항의를 하는 것이었다. 이스라엘 사람은 누구나 다 거룩하고, 야훼가 그들 가운데 계시는데, 어째서 모세와 아론이 스스로 자신들을 높여서 야훼의 회중을 좌지우지하느냐 하는 것이었다. 그것은 너무하는 짓이 아니냐는 것이었다.

모세는 그 말을 듣자 얼굴을 땅에 대고 엎드렸다. 그 어처구니없는 말에 앞이 캄캄했을 것이다. 그리고 기가 막혀서 당장에 무슨 말을 할지 알 수 없고 어리둥절했을 것이다. 모세는 머리를 땅에 대고 잠시 생각하는 가운데 정신을 가다듬고, 하나님의 음성을 들었을 것이다.

그리고 고라와 그 일행에게 말을 했다. 내일 아침에 야훼께서 누가 그의 사람이며, 누가 거룩하며, 야훼께서 당신에게 나오도록 허락하시는 사람이 누구인지 알려주실 것이라고. 그리고는 고라와 그 일행더러, 내일 아침에 각각 향로(香爐)에 불을 담고 그 위에 향을 얹어 가지고 야훼 앞에 나오라고 했다. 거기서 야훼가 선택할 것이니, 그렇게 선택되는 자가 거룩하다고 했다. 그러면서 고라 등 그 반역한 레위인들에게는 "당신들이 하는 짓이 너무하지 않느냐?"고 핀잔을 주었다.

이어서 고라와 또 그와 동조한 레위인들에게 일침을 가했다. 즉 야훼께서 남달리 레위인들을 택하여 그의 장막에서 이스라엘 회중을 대신하여 거룩한 일을 하게 하셨는데, 이제 제사장의 자리까지 탐내고 있으니, 결국 야훼의 뜻을 거스르는 것이고, 아론을 대항하는 것이 아니냐고 말한 것이다.

모세는 매우 화가 나서 야훼께 아뢰었다. 자기는 고라의 무리에게서 나귀 한 마리 받은 적이 없고, 그들 중 어느 누구에게도 손해 끼친 일이 없다고 하면서, 그들이 바치는 예물은 본 척도 하시지 말라고 말씀드렸다. 그리고는 고라더러 내일 그 자신과 그의 도당이 아론과 함께, 각자 향로에 향을 담아가지고 야훼 앞에 나오라고 했다. 고라와 그 250명과 아론이 저마다 향로를 하나씩 들고 회막 입구에 나타나라고 한 것이다.

그래서 다음날 아침에 모세의 지시대로 각각 향로에 불을 담고, 향을 그 위에 얹어 가지고 회막 입구에 나왔고, 모세와 아론도 거기에 나타났다. 그때 고라가 이스라엘 온 군중을 회막 입구에 소집하였고, 야훼의 영광이 온 회중에게 나타났다. 그때까지 고라는 당당했다. 자기가 옳다고 생각했을 터이니까.

그러나 야훼의 판단은 달랐다. 야훼께서 모세와 아론에게 지시하셨다. 그가 순식간에 이 회중을 불사르려고 하니, 모세와 아론은 그들에게서 비껴나라는 것이었다. 그러자 모세와 아론은 땅에 엎드려 야훼께 애걸했다. "오 하나님, 모든 육체의 영혼들의 하나님! 한 사람이 죄를 짓는다고 해서, 회중 전체에게 화를 내시겠습니까?"

야훼는 모세의 탄원을 들으시고 계획을 바꾸셨다. 모세더러 회중으로 하여금 고라와 다단과 아비람의 거처에서 멀리 떠나게 하라고 지시하셨다.

그래서 모세는 일어나 다단과 아비람에게로 갔고, 장로들도 따라갔다. 그리고 회중더러, 그 악한 사람들의 죄 때문에 몰살하게 될 터이니, 그들의 거처에서 멀리 떠나고, 그들의 물건을 아무것도 만지지 말하고 지시했다. 그래서 그들은 고라와 다단과 아비람의 거처에서 멀리 비껴났다.

그러자 다단과 아비람이 그들의 아내와 자식들과 함께 그들의 천막 입구에 나와 섰다. 그때 모세가 다음과 같이 말했다. "이 모든 일을 하라고 보내신 이는 야훼 하나님이다. 내 자의로 온 것이 아니다. 만일 이 사람들(반역한 무리)이 자연사를 하거나 자연적인 운명으로 죽는다면, 야훼가 나를 보내신 것이 아니다. 그러나 야훼께서 무언가 새 일을 꾸미셔서, 이를테면 땅이 입을 열어 그들과 그들의 소유를 몽땅 삼켜버리고, 그들이 산 채로 스올에 매장된다면, 그들이 야훼를 멸시했다는 사실을 너희가 알아야 할 것이다."

이 말이 떨어지자마자, 그들의 발밑의 땅이 갈라지고, 그들과 그들의 가족과 재물을 몽땅 삼켜버렸다. 고라와 그에게 소속된 사람과 물건도 다 생매장됐다. 만인이 보는 앞에서 그들이 멸망한 것이다. 그것을 목격한 이스라엘 회중은 "땅이 우리도 삼킬는지 모른다."고 하며 질겁하고 달아났다. 야훼께로부터 불이 나와서, 향로를 가지고 섰던 그 250명의 반역적 지도자들도 불살라 버렸다.

야훼께서 모세에게 지시를 내리셨다. 제사장 엘아잘*에게 명하여, 화염 속에 있는 향로들을 집어내고, 불을 흩어 끄도록 하라는 것이었다. 그리고 그 반역자들이 가졌던 향로들은 그 사람들의 죽음을 통하여 거룩한 것이 되었으니, 그것을 망치로 두드려서, 제단을 덮는 판자들을 만들라는 것이었다. 그리하여 이스라엘 백성이 그것들을 볼 때마다 전감(前鑑)을 삼도록 하라는 것이다. 그래서 엘아잘*은 그 구리 향로들을 가져다가 두드려서 제단 덮개를 만들었다. 즉 아론의 자손 아닌 외인은 아무도 야훼 앞에 향을 피우러 접근할 수 없다는 것, 그리고 그 전례를 어긴 고라와 그의 무리처럼 되지 않아야 한다는 것을 상기하게 하였다.

그런데 고라의 무리가 생매장된 사건이 있은 바로 그 다음 날, 이스라엘 온 군중은 오히려 모세와 아론에게 반동하며 "당신들이 야훼의 백성을 죽였소." 하고 대들었다.

그러자 모세와 아론이 회막으로 돌아섰다. 구름이 회막을 덮었고, 야훼의 영광이 나타났다. 그래서 그들이 회막 앞으로 돌아왔고, 야훼께서 모세에게 말씀하셨다. "어서 이 회중에게서 물러서거라. 순식간에 내가 이 회중을 불사르겠다."

야훼가 이스라엘 회중을 치는 재앙은 이미 그들 가운데 번지기 시작했다. 모세와 아론은 땅에 엎드렸다. 그리고 모세가 아론에게 일렀다.

"형님의 향로에다 제단에서 불을 얻어 담고, 향을 그 위에 얹은 다음, 빨리 회중에게로 가지고 가서, 그들을 위하여 속죄의 향을 올리십시오." 그래서 아론이 모세의 지시대로 하여 회중 한가운데로 달려 들어갔다. 이미 온역이 백성 가운데 퍼져서 사람들이 죽어가는 것이었다. 아론이 하나님께 속죄의 향을 피워 올렸다. 죽은 사람들과 산 사람들 사이에 아론이 서 있었다. 그러자 온역이 더 이상 번지지 않고 멈추었다. 이 재난에 죽은 사람이 14,700명이었다. 그것은 고라와 그의 도당을 제외한 수(數)였다. 온역이 멈추었을 때 아론이 회막 입구에서 기다리고 있는 모세에게로 돌아갔다.

교훈

1. 고라와 다단과 아비람은 레위 가문에 속한 사람들이고 성막에서 거룩한 임무를 맡은 사람들이었는데 그 자리와 직책에 만족하지 못하고 모세와 아론의 자리를 탐냈다. 하나님은 적재적소에 사람을 기용하시는데, 인간은 분에 넘치는 욕심을 부린다. 땅보다 두터운 인간의 욕심, 아담의 본성의 발로이다. 이것을 보면서 우리는 과연 어떤 상태에 있는가를 살펴야 할 것이다. 하나님이 주신 재능과 위치를 존중하고 거기에 충성하는 자가 행복한 자이고, 하나님이 축복하실 자들이 아니겠는가?

2. 고라의 꼬임에 넘어가 반역에 대열에 가담한 250명의 지도자들처럼, 자기들이 맡은 지도자의 책임을 완수하려는 생각보다, 더 높은 지위와 권한을 탐하여, 부화뇌동하는 사람들이 많이 있다. 결국 그들의 말로는 멸망이었다. 반역과 욕심의 죄가 얼마나 크다는 것을 빨리 알아차리고 회개하는 것만이 그들이 구원받을 길이다.

3. 하나님은 어쩔 수 없이 심판을 내리신다. 전염병과 같은 인간의 욕심은 삽시간에 온 반죽을 썩힌다. 그래서 어쩔 수 없이 심판을 내리시는 하나님이시다. 하나님의 말씀을 진정으로 순종하는 몇 사람만을 남기고 다 멸망시키기를 원하실 정도로 격분하신 하나님은 모세의 탄원을 듣고, 그 범위를 좁혀 고라와 그의 도당만을 멸절시키는 벌을 내리셨다. 거기에 하나님의 자비와 공의가 동시에 나타났다. 여기서 우리는 자비와 공의의 하나님을 볼 수 있다.

4. 이런 무서운 하나님의 심판을 목격하고도 어리석은 군중은 회개는커녕 모세와 아론에게 화살을 돌렸다. 인간의 완고함과 어리석음을 단적으로 보여주는 장면이다. 모세의 탄원에 못 이겨 그들을 살려두었는데, 이제 그들의 뿌리 깊은 악을 보시고, 모세와 아론을 제외한 모든 사람을 멸망시키려는 계획을 세워 역병(疫病)으로 그들을 치기 시작하셨다. 하나님의 심판의 방도는 여러 가지이다. 지독한 역병으로 이스라엘 백성이 모조리 죽어가는 형편이 됐다. 그러나 모세와 아론은 단념하지 않고 하나님께 호소했다. 하나님께 속죄의 향을 피워올림으로써, 즉 하나님의 용서를 간절히 비는 행동을 통해서 하나님의 사죄를 요구하는 길밖에 없었다. 하나님은 다시 사랑을 베푸셔서 14,700명 선에서 그 심판을 접으셨다. 진실한 기도와 간구는 하나님의 마음을 움직이게 하는 힘이 있음을 보여준다. 우리는 여기서 인간의 어리석음과 모세의 민족애와 하나님의 자비를 발견한다.

5. 이와 같이 매우 다급한 상황에서는 공식 절차를 밟아 하나님께 제사를 드리고 정식으로 사죄를 비는 행동을 할 수가 없었다. 아론이 향을 피운다는 약식 절차를 취했지만, 그 행동 속에는 간절함과 순수함이 배어 있었을 것이다. 하나님은 그 거추장스러운 예식이 아니더라도

기도자의 간절함을 보시고 그 기도를 응답하여 주셨다. 간절함과 순수함이 있는 기도를 들으시는 하나님이시다.

6. 반역 그 자체가 악하지 그 반역자들의 향로가 악할 리는 없다. 그 구리 향로들을 걷어다가 망치로 두드려서 판자를 만들어 제단 뚜껑을 만들어, 후손들에게 기념품을 삼은 것은 매우 의미 있는 일이다. 그것을 볼 때마다 조상들의 악을 상기하고 그 전철을 밟지 않도록 하는 일은 매우 현명한 일이다. 훌륭한 것을 기념하는 기념비도 필요하지만, 악한 일을 경계(警戒)하기 위하여 악한 행동의 유물을 기념물로 삼는 것 역시 지혜로운 일이다. 요는 악을 되풀이하지 말아야 하는 것이며, 악을 미연에 방지하는 것이 현명한 일이다. 대대로 후손을 선도하기 위해서 노력하는 일이 반드시 있어야 할 것이다.

싹 돋은 아론의 지팡이(민 **17:1-13**)

해설

이스라엘 백성이 하나님과 영도자 모세와 아론에게 반역하고 주도권을 탐낸 일로 인해서 하나님의 무서운 심판을 받았고, 따라서 그들의 상심이 컸고, 민심은 어수선했을 것이다. 그래서 야훼 하나님은 더 이상 주도권 문제를 가지고 동요가 없도록 하시려고, 기발한 사건을 일으키셨다.

야훼께서 모세에게 이르셨다. 이스라엘 열두 지파의 대표들로 하여금 각각 자기의 지팡이에 자기 이름을 써가지고 언약의 천막 곧 회막 안에 있는 언약궤 앞에 놓도록 하라는 것이다. 레위 지파의 대표를 아론으로 삼고 아론의 지팡이에다 아론의 이름을 쓰게 했다. 그렇게 하면 야훼가 택한 지팡이에서는 싹이 돋게 하실 것이고, 그렇게 함으로써, 이스라엘 사람들이 계속해서 모세에게 불평하는 일을 멈추게 하시겠다는 것이었다. 모세가 이 지시를 각 지파 대표들에게 전하였고, 그들이 가져온 지팡이들을 회막 안에 곧 야훼 앞에 놓았다.

다음날 모세가 회막에 들어갔더니 레위 지파를 대표하는 아론 지팡이에 싹이 나 움이 트고 꽃이 피고, 익은 편도(扁桃) 열매들이 달렸다. 모세는 그 열두 지팡이를 모든 이스라엘 사람들 앞에 가져다 놓았고, 그들이 그것들을 보았고, 각 대표가 자기의 지팡이를 들었다. 그러고는 야훼께서 모세에게 이르셨다. "아론의 지팡이를 도로 언약궤 앞에 놓고 간직하여 반역자들에 대한 경고로 삼거라. 그리하여 더 이상 나에 대한 불평이 없도록 하여라. 다시 불평하는 날에는 그들이 죽을 것이다." 모세는 야훼의 지시대로 했다.

이런 사건이 있은 후에 이스라엘 백성이 모세에게 말했다. "우리는 망하게 됐습니다. 우리는 이제 끝장입니다. 우리는 몽땅 죽게 됐습니다. 야훼의 장막에 접근하는 자는 누구나 죽을 것입니다. 우리가 다 망해야 합니까?" 백성들의 이 말은 결국 그들의 마음에는 아직 불평이 가시지 않았고, 불평하지 않을 자신이 없다는 말로 들린다.

교훈

1. 마른 막대기에서 몇 시간만에 움이 돋고 꽃이 피고 열매가 맺는 것은 하나님이 전능하심을 보여주는 사건이다. 무에서 유를 내시는 능력자의 소치이다. 아론의 지팡이에서만 그런 기적이 일어난 것을 본 이스라엘 백성은 입이 백 개가 있어도 군소리를 할 수 없는 결정타를 맞은 셈이다. 하나님이 하시는 일은 절묘하고 기발하고 엄청나서 억만인의 반대나 항변이 소용없다.

2. 하나님은 아무도 부정할 수 없는 증거물을 놓아둠으로써 이스라엘 백성의 입을 봉하셨다. 이스라엘로 하여금 더 이상 불평하거나 반대할 수 없도록 증거물을 지성소 안에 보관해 두신 것은 하나님의 지혜로우신 조치이며, 선민으로 하여금 범죄를 덜 하게 하시려는 은혜로우신 처사이다. 우리는 그런 은혜의 조치를 생각하면서 하나님께 감사하며, 하나님과 그의 사자들을 반역하거나 불순종하는 죄를 삼가야 할 것이다.

3. 이스라엘 백성은 완고하고 목이 곧은 백성으로서 하나님의 조치에 100% 승복하려고 하지 않았던 것 같다. 하나님께 완전히 굴복하고 복종하려는 마음을 가진다는 것이 그처럼 어렵다는 것을 보여주는 사건이다. 우리 속에 있는 죄의 근성을 완전히 뿌리 뽑는다는 것은 어려운 일이다. 우리는 성령의 능력을 통해서만 중생의 체험을 할 수 있다.

제사장과 레위인의 책임(민 **18:1-7**)

해설

16장의 고라 반역 사건으로 인해서 위계질서가 혼미해졌기 때문에, 그 사건이 마무리된 시점에 야훼께서 아론과 레위인의 관계를 재확인해 주셨다. 야훼께서 직접 아론에게 그 관계를 천명(闡明)해 주셨다. 즉 아론과 그의 아들들과 레위 지파는 다같이 성막과 관계된 반칙들에 대한 책임을 져야 하고, 제사장직에 관계된 반칙에 대해서는 아론과 그의 아들들만이 책임을 져야 한다는 것이다.

아론과 그의 아들들 곧 제사장들이 같이 언약의 막인 성막에서 집전할 때, 다른 레위 가문의 사람들을 불러서 제사장들을 섬기게 하라는 것이다. 그들의 임무는 아론과 성막 전체를 위하여 섬기는 일이다. 그러나 그들은 성소의 기물이나 제단 자체에는 결코 접근하지 말아야 한다. 그 법을 어기는 날에는 그들과 아론이 둘 다 죽게 된다는 것이다. 그들은 제사장들이 회막 안에서의 맡은 일을 할 때, 그들을 섬기라고 붙여 준 사람들이고, 성막에서의 모든 봉사를 책임진 사람들이다.

그들 외에 다른 사람들은 제사장을 섬길 수 없다. 아론과 그의 아들들 곧 제사장들이 친히 성막과 제단에 관한 임무를 수행하고, 다른 사람들 곧 레위인 외의 사람들은 범접을 하지 못하게 하여, 다시는 이스라엘 사람들에게 하나님의 진노가 나타나지 않도록 하라는 것이다.

이스라엘 백성 중에서 레위 가문을 택한 것은 하나님 자신이고, 이제 그들은 제사장들에게 주신 선물이며, 회막에서 봉사하도록 야훼께 봉헌된 사람들이다. 그러나 아론과 그의 아들들 곧 제사장들은 제단과 지성소에 관한 모든 임무를 열심히 수행해야 한다고 당부하셨다. 제사장직은 아론의 가문에게 선물로 준 것이고, 다른 사람들이 그것을 넘보다가는 죽임을 당하리라는 것이다.

교훈

1. 인간은 어리석어서 거듭 범죄하고 실수를 반복한다. 하나님은 그래도 포기하시거나 단념하시지 않고 그들을 타이르시고 다시 격려하고 각성의 기회를 주시는 아버지시다. 고라의 반역으로 혼미해진 제사장직 질서를 다시 정리해 주시는 하나님의 처사에서 우리는 하나님의 사랑과 그의 지혜를 발견한다.

2. 제사장은 제사장으로서 자부심과 책임을 느끼어 충성하고, 협조자로 뽑힌 레위인들은 그 자리에서 자기들의 소임에 충성해야 한다.

하나님께서 정해 주신 한계를 넘어서는 것은 하나님의 뜻을 어기는 일이어서, 벌을 받아 마땅하다. 하나님은 질서와 법의 하나님으로서, 그의 나라의 아름다움은 그의 뜻이 이루어지고, 그의 법이 지켜지는 데 있는 것이다. “당신의 뜻이 이루어지이다!”라고 기도하라고 가르치신 예수님의 의도를 우리는 다시 마음에 새겨야 할 것이다.

3. 특히 하나님을 예배하는 질서와 법, 즉 제사제도에 질서가 바르게 유지되어야 한다. 다시 말해서 거룩함의 정신이 살아 있어야 한다. 아무렇게나, 무분별하게, 질서 없이 하나님을 대하거나 섬기는 것은 금물이다. 총회, 노회, 당회 등 교회의 질서가 바로 서고, 바른 질서 속에서 하나님을 섬기고 예배하는 생활을 하는 것이 온당한 일이고 하나님이 바라시는 일일 것이다.

제사장들의 몫(민 **18:8-32**)

해설

앞서 18장 1-7절에서 야훼께서는 제사장들과 레위인들의 임무와 책임을 두고 말씀하셨고, 이제는 그들이 받을 보상 또는 권리를 말씀해 주신다.

야훼께서 직접 아론에게 말씀하셨다. 이스라엘 사람들이 야훼께 드리는 모든 제물, 곧 거룩한 선물들을 아론에게 맡긴다는 것이다. 그 예물은 영구히 아론과 그의 아들들 곧 제사장들의 몫으로 주신다는 것이다. 곡물제물, 속죄제물, 속건제물 등 모든 제물 중 불사르지 않고 남긴 부분은 다 아론과 그의 아들들의 몫이다. 그것들은 하나님이 잡수셔야 할 가장 거룩한 것이어서, 거룩한 제사장들(남자들)이 먹을 수 있는 것이다. 동시에 이스라엘 사람들이 하나님께 들어서 바치는 선물들, 곧 상품(上品) 기름, 상품 포도주와 곡식 중에서 따로 떼어놓은 것이 있는데 그것은 다 제사장 집안의 자녀들이 먹을 수 있는 것이다. (그러나 그들이 부정한 상태에서는 먹지 못한다.)

이스라엘 사람들이 자신들의 땅의 맏배 소산을 야훼께 드려야 하고, 그것들은 다 제사장들의 몫이고, 그들의 가족 중 정결한 사람들이 누구나 먹을 수 있다. 곡물뿐 아니라 사람이나 가축의 맏배 자식들은 다 야훼의 것으로서, 그 모두가 제사장들의 것이다. 그러나 사람의 맏배 자식과 더러운 짐승의 맏배는 돈으로 바꾸어서 바쳐야 한다. 한 달 된 것의 속전(贖錢)으로 은(銀) 다섯 세겔을 제사장에게 바쳐야 한다. 그러나 암소, 양, 염소의 맏배는 거룩한 것이어서, 그것들의 피를 제단에 뿌리고, 그것들의 기름을 불살라 아름다운 냄새를 야훼께 드려야 한다. 그리고 그것들의 고기는 제사장들의 것이 된다. 하나님께 들어올린 그것들의 가슴과 오른쪽 다리도 제사장들의 몫이다.

이렇게 이스라엘이 야훼께 바치는 거룩한 예물들은 다 제사장과 그의 자녀에게 주신 것으로서, 소금을 쳐서 썩지 않게 하듯이, 야훼 앞에서 맺은 불변하는 언약이다. 소위 "소금 언약"이다. 그 대신 아론은 땅을 할당받지 못한다는 것이며, 대신 야훼 자신이 아론의 몫이며 소유가 된다는 것이다.

그러면 레위인들의 몫은 무엇인가? 그들이 회막에서 봉사하는 대가로 하나님께서 이스라엘의 십일조를 그들에게 주시겠다는 것이다. 이제부터는 이스라엘 사람이 아무나 회막에 접근해서는 안 되고, 그 법을 어기는 날에는 벌을 받아 죽어야 한다. 그 대신 레위인들이 회막에서 봉사하게 되며, 그 안에서의 모든 잘못을 그들이 책임져야 한다. 그들에게는 그 봉사의 값으로 야훼가 이스라엘의 십일조를 주시기로 했기 때문에, 토지 할당은 받지 못한다. 이스라엘이 야훼께 바치는 십일조를 레위인들이 차지하기 때문에, 그들이 그 밖에 또 땅을 차지할 수는 없다는 말이다.

그러면 이스라엘 백성에게서 십일조를 받는 레위인들은 어떻게 할 것인가가 문제이다. 야훼는 모세를 통하여 레위인들에게 지시를 내리셨다. 이스라엘에게서 십일조를 받은 레위인들은 그 십일조의 십일조를 야훼께 바쳐야 한다는 것이다. 즉 제사장들에게 바쳐야 한다. 최상품을 바쳐야 한다.

농부가 타작마당에서 맨 처음 것을 하나님께 바치듯이, 그리고 포도주 틀에서 맏물을 하나님께 드리듯이, 레위인이 이스라엘 백성에게서 받은 십일조에서 처음 것 중에서도 좋은 것을 하나님께 바쳐야 한다. 아무것이나 마구 드림으로써 법을 어기는 일이 없어야 한다. 이스라엘 백성이 바친 거룩한 선물을 모독하면 극형을 받을 것이다.

교훈

1. 의무에는 거기에 해당하는 권리가 따르게 마련이다. 야훼와 이스라엘 백성 사이의 교량 역할을 하는 아론과 그의 아들들 곧 제사장들의 임무는 거룩하고 중하다. 죄로 말미암아 하나님과의 관계가 끊어진 상태에 있는 이스라엘 백성(인간 전체)의 근본적인 문제를 맡아보는 그들의 책임이 얼마나 귀하고 중하냐 말이다! 그들은 여타의 이스라엘 사람들처럼 땅을 배당받지도 못한다. 야훼 자신이 그들의 몫이며 소유이다. 따라서 백성이 하나님께 드리는 예물 중에서 한 몫을 받을 권리가 있다. 하나님께서 그들의 삶을 책임지신다. 하나님을 섬기는 자들은 그 책임이 중하고 거룩하다. 따라서 하나님이 책임져 주신다. 제사장들 개인만 아니라 그들의 가족의 생활도 책임져 주신다.

신약 시대에는 예수의 속죄로 말미암아 별도로 제사장이 필요하지 않다. 그리스도인 모두가 제사장들이며, 모두가 하나님과 세상 사이에서 하나님을 섬겨야 한다. 하나님은 제사장의 임무를 감당하는 우리 모두의 생활을 책임져 주신다.

2. 제사장을 보좌하는 레위인들은 그들 나름의 보상을 받았다. 인간 사회에는 제도가 있고, 어쩔 수 없이 상사가 있고 부하가 있게 마련이다. 상사는 상사 나름으로, 부하는 부하 나름의 일이 있다. 레위인은 제사장들의 보좌의 역할을 할 뿐이었지만 그들 나름의 보상을 받았던 것처럼, 모든 계급과 위치의 사람들이 적절한 보상을 받아야 한다. 레위인들은 이스라엘 백성의 십일조를 받아서 살도록 마련해 주셨다. 그리고 그들이 받은 십일조를 하나님께(제사장들에게) 바침으로써 이스라엘 백성의 생활 전체의 공평과 균등을 유지하도록 하셨다. 하나님의 이상은, 특정 계급이나 부류의 사람 곧 특권층만이 잘사는 것이 아니라, 모두가 다같이 제 몫을 하고 몫을 받고 평화롭게 사는 것이다.

3. 사람은 누구나 욕심이 있어서 남의 것까지 탐낸다. 마땅히 바쳐야 할 것을 바치지 않을 뿐 아니라, 좋은 것은 자기의 것으로 삼고 하등품을 하나님께 또는 제사장에게 바치는 경향이 있다. 백성이 다같이 잘살기 위해서 마땅히 바칠 것을 바치고 좋은 것을 골라서 바치는 미덕을 가져야 한다. 공산주의 이론이 성공하지 못한 이유 중 하나는 인간은 다 욕심이 있는 존재라는 사실을 계산에 넣지 않은 것이다. 사람은 다 자기가 더 많이 가지고, 남을 속여 가면서까지 자기를 위하는 근성이 있다. 그런 죄를 극형으로 다스리라는 것이 하나님의 명령인데(18:32), 그 법이 실행되지 않는 것이 선민 이스라엘의 삶이었고, 인간이 만든 이상주의의 현상이다. 성령의 감동으로 사람이 중생하기 전에는 그 이상이 이루어지지 않을 것이다.

붉은 어린 암소를 태운 잿물(민 19:1-22)

해설

이스라엘 사람들은, 또 그들과 동거하는 이방인들도 사람의 시체를 만지면 이레 동안 부정(不淨)한 사람으로 여겨진다. 그 사람은 제3일과 제7일에 붉은 어린 암소를 태운 재를 탄 물을 몸에 뿌림으로써 정결해져야 한다.

이렇게 해서 정결해지지 않은 사람은 야훼의 장막을 더럽히게 된다. 따라서 그런 사람은 이스라엘 백성 자격을 박탈당해야 한다. 이스라엘 사람이 자기의 장막에서 죽었을 때, 그 장막에 들어온 사람이나 그 장막 안에 있던 사람은 누구나 이레 동안 부정을 타게 된다. 그리고 그 장막 안에 있는 뚜껑이 달려있지 않은 그릇들도 부정하다. 집 밖에서도 칼에 맞아 죽은 사람이나 자연사한 사람이나 사람의 뼈나 무덤을 만진 사람은 부정을 탄다. 이런 부정을 떨쳐내기 위한 조치가 필요하다. 야훼께서 거기에 관한 법을 주신 것이다.

우선 흠이 없고 멍에를 메어보지 않은 붉고 어린 암소 한 마리를 모세에게 가져오게 한다. 모세는 그 소를 제사장 엘아잘*에게 내어준다. 그러면 엘아잘*은 진영 바깥으로 끌고 나가, 그 앞에서 그 소를 잡게 한다. 엘아잘*은 손가락으로 그 소의 피를 찍어서 회막 정면을 향하여 일곱 번 뿌린다. 그러고 나서 그 소를 몽땅 그의 눈앞에서 태운다. 동시에 백향목과 히솝[3] 풀과 자색 물질을 그 불에 던져 넣어, 같이 태운다.

그러고 나서 제사장은 옷을 빨고 몸을 씻은 후에 진영으로 들어온다. 그러나 저녁 때까지 그 제사장은 부정하다. 그 암소를 태운 사람도 옷을 빨고 목욕을 해야 한다. 그래도 저녁까지는 부정하다.

소가 완전히 타고 나면, 정결한 자가 그 소의 재를 모아가지고, 진영

3) 개역성경에서는 '우슬초'로 옮겼다.

밖에 정결한 곳에 보관한다. 그것을 물에 타서 부정한 자들을 씻는데 사용하는 것이다. 그 암소의 재를 모아서 보관하는 사람도 옷을 빨고 목욕을 해야 한다. 그러나 저녁 때까지는 부정하다.

정결한 자가 부정한 자에게 제3일과 제7일에 그 잿물을 뿌린다. 그리하면 제7일에 그 부정한 자가 정결하게 된다. 부정을 벗은 자들은 그들의 옷을 빨고 목욕을 해야 하고, 저녁에야 완전히 정결을 얻는다. 그 성수를 뿌리는 사람도 옷을 빨아야 하고, 저녁까지는 부정하다.

부정한 사람이 만지는 물건은 부정하고, 그 물건을 만지는 사람도 저녁 때까지 부정하다.

교훈

1. 이스라엘 사람들은 사람의 시체를 만지는 것을 죄를 짓는 것과 맞먹는 더러운 것으로 여겼다. 죄의 값은 사망이기에, 죄를 미워하는 마음과 죽음을 미워하는 마음이 하나일지 모른다. 즉 주검을 죄의 상징으로 보는 것 같다. 주검을 미워하고 싫어하듯이 죄를 그렇게 미워하는 것은 잘하는 일일 것이다.

2. 붉은 어린 암소를 태울 때 백향목(향나무 살은 불그레하다)과 히솝 풀에다가 주홍색 물질을 같이 태운다는 것은, 전체적으로 붉은 색깔을 가리키는 것으로서, 짐승을 죽이고 그 붉은 피를 흘림으로써 대속의 효과를 내는 것과 유사한 의미를 가진 것이다. 피 흘림을 통하여 죄를 용서받는 것과 마찬가지로, 붉은 색의 암소의 재를 물에 타서 뿌림으로 부정을 씻는 것은 일맥상통하는 행동이다. 요는 부정을 지니고 살아서는 안 된다는 것이다. 더 나아가 죄를 씻어버린 삶을 살아야 한다는 것을 말하고 있다.

3. 정결한 자만이 이스라엘 진영에서 함께 살 수 있다. 부정한 자는 하나님의 장막을 더럽히는 자로서, 그 회중에서 단절되어야 한다. 그리스도의 피로 죄 사함을 받고, 물과 성령으로 새로 나는 사람만이 구원을 받는 도리를 예고하고 암시하는 것이다. 하나님의 나라는 거룩한 자들만이 차지할 수 있는 곳이니까 말이다.

므리바의 물(민 20:1-13)

해설

이스라엘 백성이 시내산 밑을 떠나 서서히 북상하여 다음해 정월에 친* 광야에 이르렀다. 그리고 카데쉬*라는 곳에 머물고 있었다. 그때 모세의 누나인 미리암이 죽고 거기에 매장되었다.

그런데 거기는 물이 없어서 그 많은 사람들이 살 도리가 없었다. 그래서 그들은 모세와 아론에게 달려들어 항의를 하며 싸움을 걸어왔다. "여기는 곡식도 없고 무화과도 포도도 석류도 없고 게다가 마실 물도 없어서 비참한 곳인데, 어쩌자고 우리들 야훼의 백성과 가축을 애굽에서 끌어내어 여기서 죽게 하는가?" 모세와 아론은 과거에도 이미 그런 불평을 여러 번 들었었지만, 해결책은 하나님께 있는 것이기에, 회중을 떠나 회막 입구로 가서, 땅에 이마를 대고 엎드렸다.

그러자 야훼의 영광이 그들에게 나타났고 응답하셨다. 그리고 모세에게 지시하셨다. "그(홍해를 가르던) 지팡이를 들어라. 네 백성을 너와 아론 앞에 불러 모아라. 그리고 그들이 보는 앞에서 바위를 명하여 물을 내도록 해라. 그렇게 해서 회중과 가축에게 물을 제공하여라."

모세는 야훼 앞에 간직해 두었던 지팡이를 들었다. 그리고 모세와 아론은 반석 앞으로 백성을 불러 모았다. 모인 백성은 영문을 몰랐을 것이다. 그 때 모세가 말했다. "너희 반역자들아! 들어라. 우리가 너희를 위하여 이 반석에서 물을 내겠다." 그리고는 모세가 그의 손을 들어 그 지팡이로 반석을 두 번 내리쳤다. 그러자 반석에서 물이 콸콸 솟아 나왔다. 그리고 백성과 가축이 그 물을 마셨다.

그러나 야훼가 모세와 아론에게 말씀하셨다. "너희가 나의 거룩함을 나타내어 백성으로 하여금 보게 했어야 하는데, 너희가 나를 믿지 않았다. 그러므로 너희는 이 백성을 내가 준 땅으로 데려가지 못할 것이다." 그곳을 므리바라고 하는데, 그것은 이스라엘 백성이 하나님과 다투었기(〈립〉, רִיב) 때문이다. 즉 거기는 하나님께서 당신의 거룩하심을 나타내신 곳인데, 백성은 하나님의 처사를 기다리지 않고 대항하며 싸움을 걸어왔던 것이다.

교훈

1. 이스라엘은 하나님을 반역하는 백성이었다. 애굽에서 구출된 사건이나 그 후에 광야에서 살아남은 것은 전능하신 야훼 하나님의 놀라운 능력과 사랑의 소치였건만 카데쉬*에서 물이 없다고 불평하며 하나님의 종들에게 대들었으니, 그 얼마나 어리석고 건망증이 심한 백성인가 말이다. 우리는 어떤 사람들인가? 우리가 그들보다 나은 것이 있는가? 큰 은총을 입기는 마찬가지인 우리도 꼭 같이 하나님께 대들며 다투는 자들이 아니냐 말이다. 과거의 일을 되돌아보며, 하나님의 존재와 그의 능력과 사랑을 회상하면서 그의 선처를 믿고 기다리며 소원을 아뢰어야 할 것이다.

2. 하나님은 반석에서도 물을 내실 수 있는 분이시다. 수맥이 있는 곳에서 우물을 파서 물을 내는 것이 상식이다. 하늘에서 비를 내려서

물을 주시는 것이 상식이다. 그런데 이 사건에서는 연목구어(緣木求魚) 식으로 도저히 상상도 할 수 없는 상황에서 물을 내신 것이다. 무에서 유를 내시는 창조적 사건을 일으키신 것이다. 창조주만이 하실 수 있는 일이다. 바위에서 어떻게 물이 쏟아져 나올 수 있다는 말인가? 이것은 야훼 하나님이 과연 창조자라는 것을 보여주는 사건이다.

3. 모세와 아론은 이 사건에서 하나님의 마음을 언짢게 하였다. 하나님께서 백성의 요구를 들어주기는 하셨지만, 모세와 아론의 비행을 방치하실 수는 없었다. 원칙적으로 그릇된 일이기에 그것을 묵과하실 수 없었다. 즉 모세와 아론은 반석에서 물을 내라는 야훼의 명령을 들었을 때, "야훼가 이 지팡이로 이 바위를 치라고 명령하셨다. 야훼의 그 거룩한 능력이 바위로 하여금 물을 내게 할 것이니, 보아라!" 하면서 지팡이로 한 번만 바위를 치면 될 것이었다. 아니면 그냥 바위를 향해 지팡이를 대기만 해도 될 일이었다. 그런데 모세는 "우리가 하나님이 아닌데 어떻게 반석에서 물을 낸단 말이냐?" 아니면 "우리가 정말 이 바위에서 물을 낼 수 있다고 생각하느냐?" 아니면 "자, 보아라! 우리가 물을 내어 주겠다."라는 식으로 지팡이를 두 번이나 내리쳤다. 그 행동은 하나님의 절대성, 즉 그의 거룩하심을 무시하는 행동이었다.

이런 모세의 행동을 보았을 때, 이스라엘 백성은 모세 자신의 위력이 물을 낸 것이라는 인상을 받았을 수 있다. 결국 모세는 하나님의 영광을 횡령한 자가 된 셈이다. 모세는 하나님을 신뢰하지 않은 죄를 범한 것이다.

지도자의 불신행위는 하나님의 엄벌을 받는 결과를 가져왔다. 오매불망(寤寐不忘) 고대하던 가나안 땅을 밟아보지도 못하고 죽어야 하는 벌을 받아야만 했다. 미리암은 이미 죽었고(20:10) 아론의 죽음은 20장 22-29절에 나타났고, 모세의 죽음은 신 34장 1-8절에서 다룬다.

하나님의 예언대로 지도자들도 벌을 받아, 약속의 땅을 구경하지 못하고 죽어야 했다. 결국 모세와 아론도 하나님과 다투는(〈립〉, רִיב) 자가 되었고, 그 벌을 받은 것이다.

에돔 지방 통과를 거절당함(민 **20:14-21**)

해설

이스라엘 백성은 목적지 가나안 땅을 지척(咫尺)에 두고도 직접 들어가지 못하고 오랫동안 방황하며 먼 길을 돌아가야만 했다. 우선 카데쉬*를 떠나면서 에돔 지방을 통과하기를 바랐다. 그곳만 통과하면 가나안 땅에 곧 들어갈 수 있었다. 모세가 에돔 왕에게 사신들을 보내 그 땅을 통과할 수 있게 해 달라고 청원한 것이다.

에돔 나라는 에서의 후손의 나라이고, 에서는 야곱(이스라엘)의 쌍둥이 형이 아닌가. 얼마나 가까운 친척인가 말이다! 에돔 왕에게 보낸 편지의 내용에 의하면, 우선 동정을 구하는 것이었다. 형제의 나라 이스라엘 백성이 애굽에 가서 압박과 고통을 당했다는 것이다. 그러나 야훼께 부르짖었더니 천사를 보내어 그들을 구출하셨다는 것이고 이제 에돔 접경에 도달했으니 그 땅을 통과시켜 달라는 것이었다. 물론 많은 사람이 그 땅을 통과해야 하니까 민폐가 있을 염려가 어찌 없겠는가. 그러나 맹세코 그런 일이 없을 것이고, "왕의 대로(大路)"라는 공로(公路)를 따라 지나가면서, 그 영토를 다 지나갈 때까지 좌우를 범하는 일이 결코 없을 것을 맹세했다.

그러나 에돔 왕은 모세에게 거절의 뜻을 전했다. 만일 그의 거절 의사를 무시하고 억지로 통과를 감행한다면, 검을 들고 맞서 싸우겠다는 단호한 태도를 보였다.

이 답변을 들은 모세는 재차 교섭을 했다. 자기들은 공로(公路)만 따라서 걸어갈 것이고, 사람이나 가축들이 길을 가면서 물을 마시게 된다면, 물 값을 내겠다는 것이었다. 별일이 아니니까 통과를 허락해 달라고 간청했다. 그러나 에돔 왕은 그 두 번째 청원도 거절하였을 뿐 아니라, 큰 무리가 중무장을 하고 싸움을 걸어오는 것이었다. 이스라엘은 하는 수 없이 에돔 땅을 비껴서 나갈 수밖에 없었다.

교훈

1. 모세와 이스라엘 백성이 에돔 땅을 통과하겠다는 생각은 인간적인 계산에서 나온 것이다. 에돔 땅만 지나면 곧 가나안 땅에 들어갈 수 있으니 누군들 그런 계산을 하지 않겠는가? 그러나 하나님은 이미 목이 곧은 이스라엘 백성을 징계하고 단련시키기로 작정하셨고 먼 길을 돌아서 가게 하시려는 뜻을 가지셨기 때문에 에돔의 거절은 하나님의 뜻이기도 했다. 사람의 계략으로 하나님의 뜻을 무너뜨릴 수는 없다.

2. 뿌린 대로 거두는 법이다. 야곱이 에서를 속인 까닭에 그 후손에 이르러서도 그 두 문중은 서로 원수가 되어 있는 것이었다. 형제가 우애하고 협력하여 평안을 도모해야 하는 것이 하나님의 뜻이건만, 그 법을 어긴 인간은 결국 스스로 자기 무덤을 파고 있는 어리석은 존재다.

3. 과거 원한 관계를 무시하거나 잊어버리고, 형제 관계를 회복하여, 상대를 우대할 수 있었으면 얼마나 좋았을까! 에돔은 "이에는 이로, 눈에는 눈으로" 갚으려고 했다. 남의 유익을 위해서 편리를 보아주는 미덕이 매우 아쉽다. 남이 고통 겪는 것을 보면서 박수치는 것, 원수 갚는 것을 통쾌하게 생각하는 것은 그리스도인들에게 어울리지 않는다.

아론의 죽음(민 20:22-29)

해설

이스라엘 백성이 카데쉬*를 떠나서 호르산 밑에 이르렀다. 에돔 사람들이 살기등등하여 이스라엘 백성의 침범을 막고 있기 때문에, 별수 없이 에돔 왕국 경계선을 끼고 전진하였던 것이다. 호르산은 에돔 땅 바로 바깥에 있는 산이었다. 야훼께서 모세와 아론에게 "아론은 여기서 죽어야 한다. 그는 이스라엘에게 주기로 되어 있는 그 땅에 들어가지 못한다. 너희 둘이 므리바에서 나의 명령을 어겼기 때문이다. 아론과 그의 아들 엘아잘*을 데리고 호르산에 올라가, 아론의 예복을 벗겨 엘아잘*에게 입혀라. 그리고 아론은 거기서 죽으리라."고 하셨다.

모세는 온 백성이 보는 가운데 야훼의 명령대로 하였다. 아론을 호르산에 안장하고 모세와 엘아잘*이 산에서 내려왔다. 아론이 죽는 것을 본 이스라엘 온 백성은 30일 간 그를 애도하였다.

교훈

1. 야훼 하나님은 엄격하고 약속을 지키시는 분이시다. 목이 곧은 범죄한 백성을 가나안에 들여보내지 않겠다고 하신 그 약속을 지키시는데, 그들의 지도자 중 하나인 아론조차 예외가 아니었다. 아무리 지위가 높아도, 아무리 지도자였다고 하여도, 하나님의 명을 어긴 자는 망한다는 사실을 알게 하시려고, 이미 미리암을 죽게 하셨고, 다음으로 아론도 죽게 하신 것이다. 백성이 그것을 보고 배우라는 것이다. 아론이 목적지에 이르 못해 아쉽지만, 그의 죽음은 많은 백성에게 경각심을 주었다. 광야 생활의 초창기에 아론이 죽었다는 것은 의미가 있다.

그런가 하면 모세는 그 기간 맨 마지막에 죽게 된다. 그것 역시 큰 뜻이 있는 것이다. (거기에 대해서는 신명기 끝 부분에서 다루게 될 것이다.) 이스라엘 백성을 사랑하시기 때문에 취하신 하나님의 현명한 처사들이었다.

2. 아론이 죽음으로써 이스라엘과 야훼 하나님의 관계가 흔들리는 것은 아니었다. 엘아잘*이 그의 아버지 아론의 대제사장 직을 인계받음으로써 하나님과 이스라엘의 관계는 변함없이 이어졌다. 사람은 때가 되면 죽지만, 하나님은 영원히 또 면면(綿綿)이, 맺으신 관계를 유지하며 뜻을 이루시고 계신다.

구리 뱀(민 **21:1-9**)

해설

네겝 지방에 있는 도시 왕국 아랏의 왕은 가나안 사람으로 이스라엘 백성의 동태를 주시하고 있다가 그들이 아타림* 통로를 지나간다는 말을 듣고는 습격하여 이스라엘 사람 몇을 사로잡았다.

그러자 이스라엘 사람들은 야훼께 서약을 하면서 "야훼께서 이 백성을 우리들의 손에 붙여주시기만 한다면, 이 도시를 완전히 파괴해 버리겠습니다."하고 호소했다.

야훼께서 그들의 청원을 들으시고, 그 가나안 사람들을 이스라엘 백성의 손에 넣어주셨다. 그래서 이스라엘 백성은 그 원수들과 그들의 마을들을 완전히 부수어버렸다.

그래서 그곳을 호르마라고 불렀다. 즉 "완전 파멸", "저주 받은 곳(〈아나테마〉, ἀνάθεμα)"라는 뜻이다. 전번에는 이스라엘 사람들이 하나님의 만류를 뿌리치고 산지로 진격해 올라가다가, 아말렉과 가나안 사람들의 공격을 받고 호르마까지 패주한 일이 있었는데(14:39-45), 그 사건과는 정 반대의 사건이 일어난 셈이다.

이스라엘 백성은 호르산을 출발했는데, 에돔 사람들이 자기네 땅 통과를 허락지 않으므로, 에돔 땅 외곽을 돌아서 가기 위해서 홍해로 가는 남향 길로 들어섰다. 전에 왔던 길을 다시 가야 하고, 길이 더 멀기 때문에, 백성은 답답한 마음이 생겼다. 그래서 야훼와 모세를 향하여 불평을 터뜨렸다. "어쩌자고 우리를 애굽에서 끌어내어 이 광야에서 죽게 합니까? 여기는 먹을 것도 물도 없고, 이 끔찍한 음식 곧 만나는 진저리가 납니다." 그러자 야훼는 독사들을 그들에게 보내어 물게 하셨다. 그래서 많은 사람이 죽었다. 그러자 백성은 놀라서 모세에게 모여와 호소했다. 야훼와 모세의 말을 거역하는 죄를 지었으니, 제발 야훼께 기도하여 뱀을 물리쳐 달라는 것이었다.

그래서 모세는 백성을 위하여 야훼께 기도하였고, 야훼는 그의 기도를 들으시고, 지시를 내리셨다. 놋쇠로 뱀을 만들어 장대에 매달아 놓고, 누구든지 뱀에 물린 사람은 그것을 쳐다만 보면 산다고 하라는 것이다.

그래서 야훼의 지시대로 청동으로 뱀을 만들어 장대에 매달았다. 그래서 누구를 막론하고 뱀에 물렸을 때는 그 놋뱀을 쳐다봄으로 살아났다. 히스기야 왕 때까지 예루살렘 성전에 놋뱀 상(像)이 서 있었다. 그것이 우상시되었기 때문에 히스기야는 그것을 없앴다(왕하 18:4).

교훈

1. 야훼의 명령을 어긴 이스라엘 백성은 결국 지척에 둔 가나안 복지로 곧바로 가지 못하고, 멀고 험난한 우회로를 갈 수밖에 없었다. 하

나님의 명령을 거역하는 자들이 당해야 하는 당연한 업보였다. 그들의 첫 난관은 그들의 행로에 산재한 무법자들이었다. 하나님을 떠난 세상은 무법천지이다. "내 것은 내 것, 네 것도 내 것"이라고 생각하고, 남의 것을 약탈하는 세상이다. 이스라엘은 그런 광야 길을 걷기 시작했고, 우선 아랏 왕의 공격을 받아야만 했다. 그때 이스라엘 백성이 약간 정신을 차리고 야훼를 의지하고, 적군과 싸우겠다는 용기를 냈다. 하나님은 그들에게 기회를 주셨다. 그리고 그들을 위해 싸워주심으로, 이스라엘이 승리를 거두었다.

하나님께 돌아와 그를 의지하기만 하면, 하나님의 힘으로 승리할 수 있다는 좋은 실례를 여기서 볼 수 있다. 과거의 잘못을 뉘우치고 야훼께 나와서 그의 힘을 빌면, 야훼의 힘으로 승리할 수 있는 것이다.

2. 그러나 이스라엘 백성의 마음은 조변석개(朝變夕改) 식으로 자꾸만 변했다. 혈족인 에돔이 샘을 내어 자기들의 땅을 통과하지 못하게 하므로, 별 수 없이 멀고도 험한 우회로를 가야만 했다. 그늘도 없고, 물도 없는 무연한 광야 길을 가다보니, 어찌 짜증이 나지 않았겠는가. 그러나 그 역경은 자기들 스스로가 만든 업보이니, 참아야 하고, 묵종해야 하고, 하나님의 처사를 기다려야 하는 것이 아니었을까? 그런데 이스라엘 백성은 조급하게 야훼와 모세에게 볼멘소리를 하며 투정을 하였다. 그것이 우리들의 모습이 아닌가? 우리가 다 그 이스라엘 사람들을 닮은 사람들이 아닌가?

3. 그런 사람들에게 깨달음을 주시는 하나님의 방법이 있었다. 독사를 풀어서 그들을 물게 하는 방법이었다. 독사에게 물린 자는 결국 그 뱀의 독으로 인해서 조만간 죽게 마련이다. 많은 사람이 독사에 물려 죽어가는 것을 본 이스라엘 백성은, 다시 자기들의 잘못을 깨닫게 되었

다. 매를 맞고야 겨우 깨닫는 것이 우리들 연약한 인간의 모습이다. 자기들로서는 해결할 길이 없었다. 생각만 해도 끔찍하고 무서운 광경이다. 독사들이 삶의 주변에 득실거리는 상태!

어쩔 수 없이 다시 모세에게 모여와서, 야훼의 능력으로 그 뱀을 제거해 달라고 간청하였다. 막다른 골목에 이르러서야 겨우 하나님을 찾는 인생이다. 그런대로 구원의 길이 야훼에게 있다는 것을 알고, 모세를 찾아온 것만 해도 다행이 아닐 수 없다.

4. 하나님은 이스라엘 백성의 간청을 들어주셨다. 그들을 미워하시는 하나님이 아니시다. 그들의 죄를 미워하신 것이다. 믿음을 가지고 순종하는 자들을 살려 주시기로 작정하시고, 그 놋뱀을 만들어 쳐다보는 사람은 죽음을 면하도록 하셨다. 얼마나 고마운 일인가! 하나님을 배반한 죄로 마땅히 죽어야 하는 사람들이지만, 하나님의 말씀을 믿고 복종하는 사람은 살 수 있게 되었으니 말이다.

요한복음 3장 14-15절에는 이 사건을 인용하여 그리스도 사건과 견주었다. 그 시대만 아니라 오늘의 시대에도 하나님의 말씀(〈로고스〉, λόγος) 곧 나무에 달리신 예수를 믿고 순종할 때 죽음을 면하고 살 길이 있다는 것이 만고의 진리이다

모압으로의 여행(민 **21:10-20**)

해설

우여곡절을 겪으면서 이스라엘은 서서히 모압을 향하여 북쪽으로 올라갔다. 오보트*, 이예아바림, 제렛* 시내, 아모리 족과 모압 족의 경계를 이룬 아르논, 브엘 오아시스, 맛타나*, 나할리엘, 바모트*를 거쳐

광야를 내려다볼 수 있는 피스가* 산의 밑, 곧 모압 지방에 있는 계곡까지 이르렀다. 도중에 브엘이라는 오아시스를 만나 해갈하는 기쁨도 있었고, 마침내 목적지 가나안 땅에 아주 가까운 모압 땅에까지 도달하게 된 것이다. 간단히 몇 개의 지명만을 열거했지만, 시간적으로는 수십 년이 걸린 긴 여정이었다.

교훈

1. 이스라엘 백성은 시내 반도에서 어느 한 곳에 정착하지 못하고 전전하며 유랑 생활을 수 십 년 계속했다. 그러나 하나님은 그들을 서서히 인도하여 가나안 접경까지 이르게 하셨다. 실패한 것처럼 보이지만 결국은 성공하시는 하나님이시다. 이스라엘을 단련하시는 기회로 삼으시고, 죄 있는 자들은 낙원을 얻지 못한다는 진리를 가르치는 사례를 삼으시기도 하셨고, 하나님의 심판이 얼마나 준엄한지를 깨닫게 하시기도 하셨다. 그 긴 여행은 무의미한 것이 아니었다. 출애굽 제 1세대가 여호수아와 갈렙 외에는 다 죽는 냉혹한 심판이 이루어진 여행이었지만, 하나님의 뜻이 그대로 이루어진 여행이었다.

2. 길고 험한 여행이었지만 하나님은 이스라엘 백성의 삶을 방치하시지 않고, 때로는 오아시스를 주시며 기쁨도 함께 주셨다. 우리 인생길이 아무리 어렵고 험해도, 하나님 안에서는 도처에 오아시스를 발견할 수 있다. 하나님은 우리를 죽게 내버려 두시는 분이 아니시다. 우리의 삶의 주변에는 우리를 위해 마련하신 오아시스가 있고, 마침내는 목적지로 이끌려가는 것이 인생길이다.

아모리 왕 시혼을 물리치다(민 21: 21-32)

해설

원래 모압 사람들이 사해 동쪽 얍복 강 계곡 이남 지대를 점령하고 있었는데, 아모리 족의 임금 시혼이 모압 왕과 싸워서 이긴 후에 얍복 강 이남에서 아르논 계곡까지의 내륙 지대 곧 사해 연안이 아닌 내륙의 고원지대를 점령하고 있었던 것이다. 이스라엘 백성은 그 땅을 통과하여야 하기 때문에 신사적으로 통과를 요청하였던 것이다. 즉 그 당시의 국제도로인 "왕의 대로"를 따라 가며, 그 지방의 곡식밭이나 포도밭에 얼씬도 하지 않고 어떤 샘물에도 손대지 않아 전혀 민폐를 끼치지 않고 통과하겠다고 제안했다.

그러나 아모리 왕 시혼은 그러한 제안을 거절하고 오히려 싸움을 걸어왔다. 사람을 믿지 못하는 그들은 이스라엘의 제안도 믿지 못했으므로, 무력으로 제압하기로 결정한 것이다. 이스라엘에 대한 자자한 소문도 들었을 터이고 그들을 그냥 내버려두면 자기들의 생존에 위협이 될 것을 예상하면서 이참에 이스라엘을 아예 쓸어버릴 생각을 했던 모양이다.

헤스본을 거점으로 한 시혼 왕의 군대와 전쟁을 치른 이스라엘은 그들을 물리치고, 모든 도시와 마을들을 점령하고 그것에 정착할 수 있게 되었다. 이렇게 해서 이스라엘 백성이 원주민 아모리 족의 땅에 정착할 수 있게 되었다. 그리고 모세는 정탐꾼들을 야젤*로 보내어 정탐하였고, 그들은 그곳 마을들을 점령하고 거기에 있는 아모리인들을 쫓아내었다. 이렇게 이스라엘은 모압 땅을 확보한 셈이다.

교훈

1. 가나안 지방은 대부분 원래 아모리인들의 영토였다. 그러나 모압인들이 한때 사해 동쪽 얍복 강 이하의 땅을 지배하고 있었는데, 모압의 고원 내륙 지방에서 그들을 몰아내고, 다시 그곳을 지배한 것도 아모리인들이었다. 이스라엘 백성이 그 땅을 통과하려고 할 때 거절한 몰인정한 아모리인들은 과객을 동정하기는커녕 그들을 약탈하고 소멸시키려는 심산으로 전쟁을 걸어온 것이다. 인간적인 도리로 보아서도 있을 수 없는 일이 아닌가? 하나님은 이스라엘에게 힘을 주어 시혼 왕을 무찌르게 했고, 그들의 땅에 정착할 수 있는 은혜를 베푸셨다. 이렇다 할 무기를 가지지 않은 이스라엘 백성은 오합지졸에 불과해, 무장한 아모리인들을 대항하여 싸울 수 있는 힘이 그들에게는 전혀 없었다. 그런데 그들이 시혼 왕과 그의 군대를 이기고 그 땅을 차지해 살 수 있게 된 것은 오로지 야훼 하나님의 도우심과 은총 덕분이었다.

2. 모압 땅을 강점하고 모압인들을 몰아냈던 헤스본의 시혼 왕은 자기 땅을 이스라엘 사람들에게 점령당하고, 몰려나고 패주하였으니, 자기가 뿌린 씨를 자기가 거둔 셈이다. 역사의 원칙대로 된 것이다. 남을 괴롭게 한 자가 그 괴로움을 돌려받는 것은 공정한 일이라고 본다. 역사의 주인이신 하나님은 공평하게 심판하신다.

3. 하나님의 선민 이스라엘은 모압 땅과 그 인근 땅까지 차지하고 우선 안정을 얻을 수 있었으니 다행한 일이었다. 이스라엘이 무슨 공로가 있어서 그런 결과를 가져온 것인가? 다만 하나님께 무상(無償)의 혜택을 입은 것에 지나지 않는다. 이스라엘은 어디까지나 하나님의 은혜에 감사해야 할 것 뿐이었다. 목동의 지팡이 밖에 손에 든 것이 없는 사람들이, 무기를 든 훈련된 군인들을 이겨낼 수 있었다는 것은 기적이

아닐 수 없다. 하나님의 기적적인 능력을 통해서만 그런 일이 있을 수 있었을 거라는 말이다. 하나님은 기적을 통해서, 즉 초월적인 능력을 통해서 선민을 구원하시며 승리하게 하실 수 있는 분이시다.

4. 그 당시 가나안 지방에 유행하던 민요에 의하면, 헤스본 사람들 즉 시혼 왕이 모압 사람들을 물리친 것을 칭송하고 있는데, 그것은 모압이 그모스라는 신을 섬기는 못된 사람들이었다는 것이다. 우상을 섬기는 부도덕한 나라였다는 것이다. 그래서 결국 시혼 왕에게 패배를 당했다는 것이다. 그들의 패배의 원인은 자기들 자신에게 있었다는 말이다. 우상을 섬기는 나라가 하나님의 채찍을 맞는 것이 당연한 일이 아니겠는가.

이스라엘이 바산 왕 옥을 이기다(민 **21:33-35**)

해설

시혼 왕을 무찌르고 그 영토를 점령한 이스라엘 백성은 여세를 몰아 북쪽으로, 곧 바산 지방으로 몰고 올라갔다. 바산 왕 옥은 이스라엘을 맞아 에드레이에서 전투를 벌였다. 물론 막강한 세력이었기에 이스라엘 백성에게는 공포의 대상일 수밖에 없었다.

그러나 야훼는 모세에게 약속하셨다. 그들을 두려워하지 말라는 것이다. 옥과 그의 백성과 그들의 땅을 모세의 손에 붙일 터이니, 두려워하지 말고, 헤스본 왕 시혼에게 하듯이 하라는 것이었다.

그래서 이스라엘 백성은 옥과 그의 아들들과 백성을 하나도 남기지 않고 다 죽이고 그 땅을 점령했다.

교훈

1. 이스라엘 백성은 사해와 요단강변에서 내륙에 있는 땅들을 점령하고, 북상하여 바산 땅까지 점령할 수 있었다. 그것은 야훼의 말씀을 믿고 순종하여 용기를 냈기 때문에 이루어진 쾌거였다. 유랑민 이스라엘이 막강한 정착민과 왕국들을 쳐부수고 영토를 가지기 시작한 것이다. 상상도 할 수 없는 일들이 벌어진 것이다. 실제로 싸워서 승리하면서 하나님의 위력을 더욱더 깨닫기 시작했을 것이다.

하나님은 아브라함과 이삭과 야곱에게 약속하신 언약을 이루기 시작하신 것이다. 땅을 주시겠다는 약속이 이루어지기 시작한 것이다. 하나님은 언약을 지키시는 성실하신 분이시다.

2. 이스라엘 백성은 이런 경험들을 통해서 앞날의 희망을 가졌을 것이다. 언약이 이루어지기 시작한 것을 실감하면서, 미래에 대한 확신과 선민의 긍지를 가지기 시작했을 것이다. 아니 가져야만 하는 것이었다. 그런데 그 마음이 오래 가지 못하는 것이 문제이다.

발락이 빌암*을 불러 이스라엘을 저주하게 함(민 22:1-21)

해설

모압 땅 내륙 부분 곧 시혼 왕이 점령했던 부분을 점령한 이스라엘은 자연히 요단강 가까운 곳, 곧 가나안 땅 가까운 곳, 여리고 성이 바라보이는 지점으로 먹어들어 왔다. 요단강변의 모압 땅을 지배하는 자는 칩포르*의 아들 발락이었는데, 이스라엘 백성이 아모리 사람들에게 한 일, 즉 시혼 왕을 쳐부순 일을 보고는, 자기 코앞에 진을 치고 있는 이스라엘 대군이 무섭기 짝이 없었다.

공포에 사로잡힌 모압 조야는 그들의 남쪽 이웃인 미디안 족의 원로들에게 "저 이스라엘 떼거리가 마치 황소가 뜰에서 풀을 말끔히 먹어버리듯이 우리 주변에 있는 것을 남김없이 먹어버리게 됐소." 하고 하소연하며 대책을 의논하였다. 궁리한 끝에 유브라데 강 유역 프톨*에 사는 브올의 아들 빌암*에게 사신들을 보내어 그를 불러오기로 했다.

모압 원로들과 미디안 원로들이 사신으로 뽑혔다. 그들은 빌암*을 점쟁이로 알고, 점괘에 대한 복채를 잔뜩 가지고 갔다. 그들은 빌암*에게 발락의 청원을 전했다. 그 내용은 다음과 같았다. "한 백성이 애굽에서 나와 온 지면에 퍼졌고 드디어 나의 코밑에까지 와서 정착했습니다. 그들은 나보다 강하니, 어서 와서 나를 위하여 이 백성을 저주해 주십시오. 그러면 아마도 내가 그들을 이기고, 이 땅에서 몰아낼 수 있을 것입니다. 당신이 그 누구든지 축복하시면 그가 복을 받고, 저주하면 저주를 받는다고 나는 알고 있기에 하는 말입니다."

이 청원을 들은 빌암은* 그 사신들더러, 야훼가 자기에게 주시는 말씀을 받아서 그것을 알려줄 터이니 하룻밤을 자기 집에서 머물라고 일렀다.

하나님이 빌암*에게 나타나셔서, 그들이 누구냐고 물으셨다. 빌암*은 사실 대로 아뢰고 그들이 가지고 온 청원을 보고해드렸다. 그러자 하나님은 빌암*더러 "그들과 같이 가지 말라! 이스라엘은 복받은 백성이니, 너는 그들을 저주하지 말라!"고 말씀하셨다. 그래서 아침에 일어나 발락의 사신들에게, "야훼께서 내가 당신들과 같이 가는 것을 허락지 않으시니, 당신들은 고장으로 돌아가시오!" 하고 일렀다.

그래서 그들은 발락에게 돌아가, 빌암*은 같이 오기를 거절했다고 보고했다. 그러나 발락은 더 많은, 더 훌륭한 사신들을 골라서 다시 빌암*에게 보냈다. 그리고 발락의 말을 전했다. "칩포르*의 아들 발락이 말씀하십니다. '만사제지하고 오십시오. 내가 기필코 당신을 극상으로 대접하겠고, 당신이 하라는 대로 내가 다 할 터이니, 오셔서 나를 위하여 저 백성을 저주만 해 주십시오.'" 그러나 빌암*은 발락의 사신들에게 이렇게 대답했다. "발락이 그의 집에 가득한 은과 금을 나에게 준다고 해도, 나는 내 하나님 야훼가 명령하신 것을 넘을 수 없습니다. 더도 덜도 할 수 없습니다. 전번 사람들처럼, 당신들도 여기에 머무십시오. 야훼가 그 이상 더 하실 말씀이 있는지 알아보겠습니다."

그날 밤에 하나님이 빌암*에게 나타나셔서 말씀하셨다. "저 사람들이 너를 부르러 왔으니, 일어나 그들과 같이 가거라. 그러나 내가 하라고 하는 것만 하여라." 그래서 빌암*은 아침에 일어나 그들과 함께 그의 나귀를 타고 발락에게로 향했다.

교훈

1. 아브라함을 불러내신 하나님 곧 야훼를 믿은 신앙은 유브라데 강 유역에 산재하였던 모양이다. 그 지방에 사는 빌암*이 광장한 능력을 가지고 있어서, 중동 지방 전역에 소문이 나 있었고, 발락이 그의 신통력의 도움을 얻을 생각을 하고 사신들을 보낼 정도였으니, 야훼의 역사는 광범위한 것이었음을 알 수 있다. 즉 하나님의 역사가 가나안 땅에 국한된 것이 아니라, 이방 땅에서도 나타났으니, 하나님의 보편성을 알 수 있다. 즉 그는 만민의 주요, 만물의 주로서 무소부재의 존재임을 알 수 있다는 말이다.

2. 빌암*이 주류 이스라엘 백성 한가운데서 활동한 것이 아니지만, 야훼 하나님을 절대적으로 의지하고, 그의 명령을 철저히 좇는 충성된 예언자였던 것을 알 수 있다. 하나님이 있으라고 하시면 있고, 가라면 가고 하라는 것만 하는 순종의 사람이었다. 그것이 참된 예언자의 모습이다.

3. 발락은 야훼 하나님을 바로 알지 못하기 때문에, 그의 예언자 빌암*도 제대로 이해하지 못했다. 즉 재물에 눈이 어두워 마구 저주하는 사람으로 오인한 것이다. 돈과 물질로 만사를 해결하려는 것이 세상 사람들의 사고요 생활방식이다. 하나님을 인간의 마음대로 주무르고 자기에게 유리하게 부릴 수 있다고 생각하는 것이 어리석은 인간들의 생각이고, 그것은 그들의 착각이요 오해에 불과하다. 사람은 하나님의 지배를 받고, 그의 명령을 따라야 하는 존재이지, 하나님을 자기 뜻대로 지배할 수 있는 존재가 아니라는 말이다. 하나님의 뜻을 묻고, 그 뜻을 따르고 순종하려는 마음가짐이 필요하다.

4. 이스라엘 군이 승승장구 주변 강국 왕들을 무찌르고 점점 가까이 오는 것을 목도하는 바락은 이스라엘 군에게서 어떤 신비를 느낀 것이다. 그럴 수가 없다는 것이다. 어떻게 그 오합지졸이 시혼 왕과 옥 왕을 이길 수 있는가 말이다. 발락은 그들을 이길 수 있는 길이 어떤 신비한 힘에 있다고 생각했다. 즉 이상한 신을 믿고 능력을 행사하는 빌암*을 통하여 그 신비한 능력을 끌어오려는 것이었다.

발락이 하나님을 바로 알고, 그의 정체를 바로 알았더라면, 하나님께 직접 호소했을 수 있는 것이 아닌가? 눈이 어두워서 하나님을 깨달을 수 없기 때문에 공연한 수고를 하는 것이 인간들이다.

빌암*, 나귀, 천사(민 **22:22-40**)

해설

빌암*은 야훼의 허락을 받고 발락의 사신들을 따라 모압을 향하여 길을 떠났다. 자기의 나귀를 타고, 하인도 두 사람을 거느리고 떠났다.

그런데 도중에 갑자기 하나님의 천사가 빌암*의 대적으로 나타나 길을 막아서는 것이었다. 빌암*의 눈에는 그 천사가 보이지 않았고, 나귀의 눈에만 검을 들고 길을 막아선 야훼의 천사가 보인 것이다. 그래서 나귀가 길에서 벗어나 길가의 밭으로 들어섰다. 그러자 빌암*은 길에서 벗어난 나귀를 때리며 길로 다시 들어서게 하려고 했다.

길로 들어섰지만 이제는 길 양쪽에 포도밭이 있고, 다음은 좁은 협곡이어서 양가는 절벽으로 되어 있었다. 그 협곡에서 나귀가 길을 막아선 야훼의 천사를 보고는 천사를 비껴서 가려고 절벽으로 다가가는 바람에, 나귀 자신과 빌암*의 다리가 절벽에 긁혔다. 그래서 빌암*은 다시 나귀를 때렸다.

좀 더 나가서, 좌우로 비껴 나갈 수도 없는 아주 좁은 골목길에서 야훼의 천사가 길을 막아섰다. 나귀는 그 천사를 보고는 더 나갈 수가 없어서 그 자리에 주저앉아 버렸다. 빌암*은 화가 나서 그의 지팡이로 나귀를 후려쳤다. 야훼가 나귀의 입을 열어, 빌암*에게 말을 하게 하셨다. "내가 주인께 어떤 짓을 했다고, 이렇게 세 번이나 나를 때리십니까?" 빌암*은 짐승이 말하는 것을 이상히 여기지도 않고, 그것과 대화를 하는 것이었다. "네가 나를 놀려대지 않았느냐! 내게 검이 있었더라면, 당장에 너를 죽였을 것이다." 그만큼 화가 났다는 말이었다. 그러나 나귀는 정중히 대답했다. "나는 오늘까지 평생 주인님을 태우고 다닌 당신의 나귀가 아닙니까? 내가 전에 언제 당신을 이렇게 대한 적이 있습니까?" "그래, 없었다."고 빌암*은 대답했다.

그러고 난 후에 야훼께서 빌암*의 눈을 열어주셨다. 그제서야 빌암*은 야훼의 천사가 검을 들고 길을 막아 서 있는 것을 보게 되었다. 그래서 빌암*은 땅에 얼굴을 대고 부복했다. 야훼의 천사가 말했다. "너는 어째서 네 나귀를 이렇게 세 번이나 때렸느냐? 실은 네가 가는 길이 내 앞에서 그릇된 것이기에, 내가 하나의 대적으로 나선 것이다. 나귀는 나를 보았고 이렇게 세 번이나 나를 비껴 나갔던 것이다. 그 짐승이 나를 비껴 서지 않았더라면, 내가 너는 죽이고 그놈은 살려두었을 것이다." 빌암이 야훼의 천사에게 말했다. "당신이 길에 서서 나를 막고 있는 것을 알지 못했으니, 제가 잘못했습니다. 그러니 이제라도 제가 당신의 뜻을 거스르는 것이라면, 집으로 돌아가겠습니다." 그러자 천사는 말했다. "저 사람들과 함께 가거라. 그러나 내가 시키는 말만 해라." 그래서 빌암*은 발락의 사신들과 함께 길을 갔다.

발락은 고대하던 빌암*이 온다는 보고를 받자, 북단 국경(國境)에 있는 성읍까지 영접하러 나가 빌암*에게 "내가 전번에도 귀하를 모시려고 사람을 보내지 않았습니까? 그런데 왜 오시지를 않으셨습니까? 내가 귀하를 융숭히 대접할 수 없었겠습니까?"라고 말했다. 빌암*은 발락에게 "이번에는 제가 왔습니다만, 무슨 말이나 다 할 수 있는 능력이 제게 있겠습니까? 하나님이 제 입에 넣어주시는 말만을 저는 해야 합니다."라고 대답했다.

이렇게 인사를 나눈 후에 빌암*은 발락과 함께 행차하여 키르얏후초트*로 왔다. 발락은 소와 양을 잡아 자기의 신에게 제사를 드렸다. 아마도 감사의 축전(祝典)이었을 것이다. 그리고는 그 제사 고기를 빌암*과 또 그에게 갔던 사신들에게 보냈다.

교훈

1. 하나님이 빌암*의 여행을 허락해 놓고는 다시 나타나 그의 길을 막으신 까닭은 무엇인가? 하나님은 그 전에 야곱(창 32:22-23)과 모세(출 4:24-26)와 여호수아(수 5:13-15)에게도 이와 비슷하게 하셨다. 하나님이 부르시고 일을 시키셨지만, 그 일의 중대성을 깨닫게 하시려고, 또는 보충적인 교훈과 훈련을 주시려고, 또는 교정이 필요해

서, 그런 일을 하실 수 있었다고 본다.

나귀는 천사를 보는데, 빌암*은 오랫동안 눈이 어두워 그를 보지 못하지 않았는가? 하나님의 사람의 부족함과 연약함을 깨닫게 하시고, 자신의 죄를 확실히 깨닫도록 기회를 주신 고마운 사건이었다.

2. 빌암*은 이 사건을 통해서 하나님이 계속 자기를 감시하고 가까이 계시다는 사실을 느꼈을 것이다. 따라서 자기가 맡은 사명이 중대하며 자기 마음대로 해서는 안 됨을 절감했을 것이다. 예언자는 어디까지나 하나님이 주시는 말씀을 충실히 전해야 한다는 것, 가감하지 않고 그 말씀만 전해야 함을 재삼 다짐할 수 있는 기회가 되었을 것이다.

3. 하나님은 미물의 짐승을 이용하셔서, 당신의 종을 훈계하셨다. 하나님은 나귀의 눈을 뜨게 하셔서 천사를 보게 하셨고, 그것의 입을 통하여 하나님의 말씀을 대언하는 능도 주셨다. 전능자 하나님은 돌에게도 입을 주어 말을 하게 하실 수 있고, 짐승의 입을 통해서도 말을 하게 하시는 분이시다.

사람이 정신을 차리지 않고 있거나, 세상만 바라보고 살 때, 즉 영성을 잃을 때 짐승보다도 못한 자리로 전락할 수 있는 것이다.

빌암*의 첫 번째 신탁(민 **22:41-23:12**)

해설

빌암*이 도착한 다음날 모압 왕 발락이 그를 데리고 이스라엘 진의 한 부분을 볼 수 있는 고지인 바못바알[4])로 올라갔다. 거기서 빌암*은

4) 개역성경에서는 '바알의 산당'으로 옮겼다.

발락에 요청했다. 거기에 제단 일곱을 쌓고, 자기를 위해서 황소 일곱 마리와 양 일곱 마리를 준비해 달라는 것이었다. 그 요청대로 발락이 준비를 했고, 발락과 빌암*이 함께 각 제단에다 황소 한 마리와 양 한 마리씩을 올려놓고 제물로 태우기 시작했다. 그러고는 빌암*이 발락더러 자기는 조금 떠나 있다가 올 터이니 제물이 타고 있는 제단들 옆에 남아 있으라고 일렀다. 야훼께서 자기를 만나러 오실지 모르니, 야훼께서 자기에게 보여주시는 것이 있으면 무엇이든지 그대로 말해 주겠다고 약속하고, 민둥산 마루로 올라갔다.

거기서 하나님이 빌암*을 만나 주셨고, 빌암*은 하나님께 아뢰었다. "내가 제단 일곱을 쌓았고, 각 제단에다 황소 한 마리와 양 한 마리씩을 바쳤습니다."

야훼께서 빌암*의 입에 말씀을 담아주시며, 발락에게 돌아가서 반드시 해야 할 말이라고 하시며 다음과 같이 그 내용을 일러주셨다. "발락 곧 모압 왕이 나더러 와서 야곱을 저주하고 이스라엘을 부정하라고, 동방 산지로부터 나를 데려왔다. 그러나 하나님이 저주하시지 않는 자를 내가 어찌 저주하며, 야훼가 부정하지 않는 자들을 내가 어찌 부정하랴! 절벽 꼭대기에서, 곧 산에서 내가 바라보니, 만방이 일러주지 않는 한 백성이 여기에 외롭게 살고 있구나. 먼지 같이 많은 야곱, 먼지 구름처럼 많은 이스라엘을 누가 감히 셀 수 있으랴! 나로 하여금 올곧은 자의 죽음을 죽게 해다오. 나의 종말이 그의 종말과 같게 해다오!"

빌암*의 신탁의 말씀을 경청한 발락은 실망했다. "당신이 어떻게 나에게 이럴 수가 있소? 내 원수를 저주해 달라고 당신을 데려왔는데, 그들을 축복한 것밖에 뭐가 있소." 빌암*은 대답했다. "나는 삼가 야훼가 내 입에 담아주시는 것을 말해야만 하지 않겠습니까?"

교훈

1. 한시가 바쁜 발락은 먼 길을 온 빌암*을 다음날 불러서, 산으로 올라가, 이스라엘 진지를 보여주며 그들을 어서 저주해 달라고 졸랐다. 이해할 만한 일이다. 그러나 인간 역사가 사람의 마음대로 움직이는 것이 아니고, 역사의 주인이신 하나님의 손에 달려 있다는 것을 모르는 자의 경거망동이었다. 하나님의 뜻을 물어야 하는 것인데, 고작 사람의 점괘로 해결할 수 있다고 믿은 발락의 어리석음을 나타낸 것이다.

2. 반대로 빌암*은 하나님을 믿는 사람답게 신중하고 침착한 태도로 아무리 바빠도 순서를 밟으려고 애썼다. 무엇보다도 하나님의 뜻을 물으려고 한 것이다. 하나님과 통하기 위해서는 하나님과의 관계를 정상화해야 하는 것이었다. 즉 죄를 가진 상태에서는 그 하나님과 통할 수 없는 것이기에, 하나님께 번제를 드림으로써, 충성과 복종을 다짐하고, 또 어떤 의미에서는 속죄를 받음으로써, 통로를 열어야 하는 것이었다. 제단이 하나도 아니고 7이라는 완전수로 만들어 거기에 제사드림으로써 철저히 대화 통로를 마련하려고 한 것이다.

3. 자기가 할 일을 다 한 다음에 하나님의 음성을 들으려고 한 빌암*의 태도는 옳았다. 사람이 할 일을 다 한 다음에 겸손히 하나님의 음성을 기다리는 것이 옳다. 하나님은 조용한 가운데 기다리는 빌암*에게 나타나셔서, 빌암*이 해야 할 말을 일러주셨다. 참된 예언 활동의 전형적인 모습이다. 빌암*은 자기 입에 담아주신 하나님의 말씀에 충실하였다. 자기는 외국의 최고 권력자 앞에 혼자서 서 있는 상황이다. 그의 목숨은 발락의 말 한마디에 달려있다고 볼 수 있는 상황이었다. 죽을 각오를 가지고 야훼의 신탁의 말씀을 그대로 토로했다. 참 예언자의 모습이다. 죽으면 죽으리라는 각오를 가지고 하나님의 말씀을 직언한 빌암*은 본받을 만하다.

빌암*의 두 번째 신탁(민 23:13-30)

해설

발락은 단념하지 않고 다시 시도했다. 다른 곳으로 빌암*을 초대했다. 여전히 이스라엘 진의 한 부분만 보이는 곳이었다. 거기서 다시 이스라엘을 저주해 달라고 청한 것이다. 빌암*이 이스라엘 진의 장관(壯觀)을 전부 보면 감탄하고 저주가 나오지 않으리라 생각했던 것 같다. 피스가* 산정에 있는 초핌* 풀밭으로 올라간 것이다. 거기서도 제단 일곱을 쌓고 매 제단에다가 황소 한 마리와 양 한 마리를 번제로 드리기 시작했다.

빌암*은 발락더러 번제단 옆에 있으라고 한 후에 자신은 다른 곳으로 야훼를 만나러 갔다. 야훼는 그를 만나 발락에게 할 말을 그의 입에 담아주고 돌려보내셨다.

빌암*이 돌아와 보니 발락은 모압의 고관들과 함께 번제단 옆에 서 있는 것이었다. 아마도 조급한 마음에, 또 고관들의 다급한 상황보고를 받고 불안해서 앉아 있지 못하고 서 있었던 모양이다. 나타난 빌암*에게 발락은 야훼가 뭐라 하시더냐고 다그쳐 물었다.

그래서 빌암*은 곧이곧대로 야훼의 신탁을 털어놓았다. "칩포르*의 아들 발락아, 일어나 내 말을 잘 들어라. 하나님은 사람이 아니어서 거짓말을 하시지 않는다. 인간이 아니어서 마음이 변하시지도 않는다. 그가 약속한 것을 행하시지 않겠느냐? 그가 말한 것을 이루시지 않겠느냐? 나 빌암*은 이스라엘을 축복하라는 명령을 받았다. 하나님이 이스라엘에게 복을 내리셨다. 내가 어찌 그 복을 무를 수 있겠는가? 하나님은 야곱이 당할 불행을 보지 못하셨고, 이스라엘이 당할 어려움을 보지 못하셨다. 그들의 하나님 야훼가 그들과 함께 계시며, 그들 속에서 임금으로 추대되어 있다. 그들을 애굽에서 데려 내오신 하나님은 그들에게 황소 뿔과 같다. 야곱을 해롭게 할 액운이나 저주는 전혀 없다. 야곱 곧 이스라엘을 두고 할 말이 있다면, '야, 하나님께서 하신 일을 보아라!'는 감탄이 있을 뿐이다. 보라, 한 백성이 암사자처럼 일어나고 있다. 사자처럼 몸을 일으키고 있다. 사자가 먹이를 먹어치우기까지는, 먹이의 피를 마시기까지는 눕지 않으리라."

이런 신탁의 말씀을 들은 발락은 빌암*에게 "그들을 전혀 저주하지는 않아도 좋소. 동시에 그들을 전혀 축복도 하지 마시오."라고 말했다. 그러나 빌암*은 발락에게, "야훼가 전하라 말씀하시는 것은 무엇이나 내가 말해야 한다고 말씀드리지 않았습니까?" 하고 반문했다.

발락은 빌암*더러 "자, 그러면 또 다른 곳으로 당신을 모시겠소. 아마도 거기서는 하나님이 기꺼이 당신더러 나를 위해서 이스라엘을 저주하도록 하실 것이오." 하면서 여쉬몬('광야')이 내다보이는 프올* 산정(山頂)으로 올라갔다. 거기서도 빌암*은 발락에게 전과 같이 제단 일곱을 쌓게 하고, 황소 일곱 마리와 양 일곱 마리를 준비시켰다. 발락은 빌암*의 말대로 하여, 일곱 제단에 각각 황소 한 마리와 양 한 마리씩을 번제로 바쳤다.

교훈

1. 하나님의 두 번째 신탁에서 이스라엘에 대한 하나님의 애착이 더 드러났다. 하나님은 이미 이스라엘을 축복하기로 마음먹고, 빌암*에게 그 뜻을 말씀하셨으니, 거짓말 하시지 않는 하나님, 마음을 변할 수 없는 하나님께서 이스라엘에게 복 주신다는 뜻을 버릴 수 없다는 것이다. 당신은 한 번 정한 것은 바꾸시지 않는 성실하신 하나님이심을 하나님 자신이 당신의 신탁을 통해서 언명하신 것이다.

2. 하나님의 두 번째 신탁 말씀을 들은 발락은 일보 양보하여 이스라엘을 저주하지는 않더라도, 축복만은 하지 말아 달라고 간청했다. 그만큼 발락의 마음이 달라진 것이다. 그러나 빌암*은 양보하지 않고 말한다. 야훼께서 하라고 하시는 말은 저주든 축복이든 말할 수밖에 없다는 것이다. 하나님의 충성된 예언자는 그 점에서 양보가 있을 수 없다. 하나님이 입에 담아주시는 말씀이면, 그 무엇이든지 말해야 하는 것이다. 그것이 하나님의 예언자의 사명이다.

3. 발락은 그가 겪고 있는 난국을 타개할 다른 길이 없었다. 그리고 어떻게 해서든지 자기의 수단으로 하나님의 마음을 돌려보려고 했다. 장소를 옮기면 하나님을 기쁘시게 할 수 있으리라고 착각한 것이다. 하나님이 사람의 계략과 어떤 조건에 매수될 분은 아니다. 그런데도 어리석은 인간은 그런 쓸데없는 착각을 하면서 시간과 재물을 낭비한다. 빌암*의 입장에서는 하나님께 진정한 제사를 드림으로 정상적인 관계를 유지하려고 했지만, 발락의 경우에는 그 하나님께 대한 뇌물 격으로 제물을 바쳤을 것이다. 사람의 행위로 의로움을 얻어보자는 생각이었다. 행함으로써는 의롭다 함을 얻지 못하는 법인데 말이다.

빌암*의 세 번째 신탁(민 **24:1-14**)

해설

빌암*은 이미 야훼가 기꺼이 이스라엘을 축복하시려는 생각을 알았으므로 지난 두 번처럼 행여나 어떤 조짐을 얻을 수 있지나 않을까 생각하지 않고 담담한 마음으로 광야 쪽으로 얼굴을 돌렸다. 이스라엘이 지파별로 질서정연 포진한 것이 장관이었다.

그 순간 하나님의 영이 그에게 임하여 신탁의 말씀을 토하기 시작했다. 빌암*은 맑은 눈으로 사실을 보고, 하나님의 말씀을 듣고, 전능자와 환상을 본 자로서, 엎드려, 그리고 눈을 뜨고서 말하는 신탁이라고 밝히며 입을 연다. "그가 보니 야곱(이스라엘) 진영이 친 천막들이 그렇게도 아름다울 수가 없다! 멀리 뻗어있는 종려나무 숲과도 같고, 많은 물가에 있는 동산과도 같다. 그의 물통에서는 물이 흐르고, 그의 종자들은 물기가 넘치리라. 그의 왕은 아각(아말렉 왕)보다 크고 그의 나라는 높이 들리리라. 그를 애굽에서 데려다 내오신 하나님이 그에게 황소 뿔과 같으며, 그는 원수 나라들을 삼키며, 그들의 뼈를 부술 것이며, 그의 화살로써 때릴 것이다. 그가 엎드린 것이 마치 사자가 누운 것 같으며, 암사자와도 같다. 그를 격동할 자가 누구인가? 너를 축복하는 자는 누구나 복이 있고, 너를 저주하는 자는 누구나 저주를 받는다."

이런 말을 들은 발락은 빌암*에게 화가 치밀어, 자기 손바닥을 치면서, 빌암*에게 말했다. "나는 당신이 내 원수들을 저주하라고 불렀소. 그런데 당신은 이렇게 세 번이나 그들을 축복했소. 이제 제발 집으로 돌아가시오. 내가 당신에게 후하게 보답하겠다고 했소만, 야훼는 당신에게 아무것도 주지 못하게 하였소."

빌암*이 발락에게 말했다. "왕께서 나에게 보내신 사신들에게 내가 말하지 않았습니까? 발락이 그 집에 가득한 은과 금을 다 준다고 해도, 야훼가 주신 말씀 이상을 말할 수는 없고, 나 자신의 뜻대로는 좋건 나쁘건 아무것도 할 수 없고 야훼께서 말씀하신 것만을 말하겠다고 말입니다. 그러니 나는 내 백성에게로 가렵니다. 나는 저 백성이 장차 임금님의 백성에게 어떤 일을 하게 될는지를 말씀 드리겠습니다."

교훈

1. 발락은 야훼가 빌암*으로 하여금 이스라엘을 저주하지 못하게

하신 것이 장소 때문인 것으로 생각한 모양이다. 그래서 세 번이나 장소를 옮겼다. 앞의 두 번은 이스라엘 진영의 한 부분만 보이는 지점이었지만, 이번에는 이스라엘 진영 전부가 보이는 곳으로 자리를 옮겼다. 하나님과 하나님의 예언자를 공간의 제약을 받은 자로 오인한 것이다. 하나님을 사람의 마음대로 부릴 수 있다고 생각하는 것이 잘못이다. 시간과 공간을 초월하여 주권을 가지고 행동하시는 하나님이심을 알지 못한 것이다.

2. 빌암*은 역시 사람인지라 처음 두 번은 혹시나 하면서, 이스라엘을 저주해 달라는 발락의 요청에 대하여 하나님의 허락이 있지나 않을까 떠보는 마음도 있었던 것이다. 그러나 야훼의 확고한 말씀을 두 번이나 듣고, 이제 이스라엘 진영의 위풍당당한 모습을 보고는, 하나님의 확실한 의도와 결심을 알아차렸다. 그리고는 야훼의 신탁의 말씀을 더 당당하게 전하였다. 하나님의 사람 빌암*은 장소를 옮기면서 더 확고한 신앙과 인식을 가지게 되었다. 더 밝은 눈을 가지고 더 똑똑한 귀를 가지고, 하나님의 전능성과 위력을 깨달았다. 이를테면 그의 신념에 발전이 있었던 것이다. 퇴보하는 신앙이 아니라, 진일보 더 확고한 신념을 가진 것을 볼 수 있다.

3. 발락은 빌암*에게 이스라엘을 저주하지 못할 터이면 축복하지는 말아 달라고 요청하였건만, 빌암*은 하나님의 신탁을 받은 자로서 하나님이 내리시는 복을 그대로 말하지 않을 수 없었다.

그것이 자기 자신에게 얼마나 손해가 되는 일인지를 밝히 알면서 한 일이다. 발락의 손아귀 속에 들어 있는 상황에서 그의 해코지를 감수하면서, 자기에게 돌아올 보수를 못 받게 될 위험을 알면서도, 야훼의 말씀을 가감하지 않고 전한 빌암*의 용기를 우리는 가상하게 보아야 할 것이다.

예언자는 돈과 명예와 생명 위험에 좌우되지 않고, 순교할 각오를 가지고 하나님의 말씀을 전해야 하는 사람이다. 발락의 노가 극도에 달했을 지경에도 빌암*은 그 앞에서 하나님이 전하라는 말씀을 끝까지 전하였다.

빌암*의 네 번째 신탁(민 24:15-25)

해설

네 번째 신탁은 셋째와 거의 같은 서두를 가지고 있다. 빌암*이 지극히 높으신 분의 지식을 아는 자로 자처하였다. 과거의 세 번의 신탁을 받는 과정에서 하나님의 생각과 계획을 많이 알게 됐다는 말일 것이다. 그는 하나님을 뵈었고, 멀리서나마 그의 모습을 보았다는 것이다. 그것은 누구나 가지는 경험이 아니기에 매우 귀한 체험이었을 것이다.

이제 그는 영안을 가지고 하나님의 계획을 내다보며 그것을 토로한다. 장차 야곱(이스라엘)에게서 한 별이 나타나고 왕권을 쥔 자가 나타날 터인데, 그의 권세의 막대기가 모압의 국경을 부수리라고 한다. 그가 셋의 자손(모압 족)의 영토를 멸하고, 이스라엘은 용맹을 떨칠 것이지만, 에돔(세일)은 원수들의 소유가 되고 말 것이다. 야곱에서 나온 왕이 살아남은 그 성읍 사람들을 마저 멸할 것이다.

이제는 시선을 다른 나라로 옮긴다. 먼저 아말렉에 대한 것이다. 아말렉이 만방 주에 으뜸이었지만, 영영 망할 것이다. 다음은 켄* 족 곧 미디안 족에 관한 것이다. 그들이 산골에서 오래 살겠지만, 결국은 앗시리아*에게 망하고 불타버릴 것이다. 다음은 킷팀* 곧 구브로인데, 그들이 앗시리아*와 에벨(위치가 알려져 있지 않음)을 괴롭히지만 결국은 영영 망할 것이다.

이런 여러 나라의 미래를 예고한 다음, 발락과 빌암*은 작별을 하고 각각 자기 집으로 돌아갔다.

교훈

1. 하나님의 사람 빌암*은 하나님을 계속 만나 뵙고 그와 교제하는 가운데 하나님에 대해 많이 알게 되었다. 하나님의 역사 경륜을 상당히 깊은 데까지 알고 그것을 필요한 만큼 선포한 것이다. 어디까지나 역사의 주인은 하나님이시고, 만국에 대한 하나님의 계획이 있고, 그 계획대로 역사를 움직여 가신다는 사실을 빌암*이 알았고, 우리도 그렇게 알아야 할 것이다.

2. 하나님은 높으신 분이시기 때문에 인간 세상을 그 높은 곳에서 조망(眺望)하실 수 있고, 그는 만군의 야훼이시기 때문에 절대 권력을 가지신 분으로서 능히 만국을 지배할 수 있는 분이시다. 그분이 축복하시려는 나라와 민족이 축복을 받고, 그가 저주하시려는 나라와 민족이 저주를 받을 것이 분명하다.

그 원칙이 무엇일까? 하나님이 좋아하시는 자, 곧 그의 총애를 받는 자와 그렇지 않은 자가 있는 것이다. 하나님의 마음에 드는 자와 들지 않는 자가 있는 것이다. 하나님의 뜻을 따르고 복종하는 자와 그렇지 않은 자로 대별될 것이다. 하나님은 만민을 사랑하시지만, 그의 뜻을 순종하는 것과 거역하는 것은 사람들의 몫이 아니겠는가?

3. 하나님과 하나님의 사람을 자기 욕심을 위하여 이용하려던 발락은 뜻을 이루지 못했다. 하나님은 사람의 노리개가 아니다. 하나님은 사람들에게 농락을 당하시는 분이 아니시다. 발락과 같이 우리도 하나

님을 우리의 편리와 이익을 위해서 이용하려고 하는 경우가 있다. 거기서 성공하리라고 생각하는 것은 어리석은 일이다.

바알프올*의 예배(민 25:1-18)

해설

이스라엘 백성이 모압 평원 싯팀*에 머물고 있는 동안 모압 여자들과 성관계를 가지기 시작했다. 아마도 모압 남자들의 수가 적었던가 아니면 모압 여성들의 성적 문란 때문이었던가, 그 이유 여하를 막론하고, 이스라엘 백성이 이방 여자를 취하면 안 된다는 전통을 깨고, 불법을 행한 셈이다. (모세가 미디안 여자와 결혼했고〔출 2:15-22〕 모압 여자 룻이 이스라엘 남자와 결혼한 일도 있기는 하지만) 이렇게 성적 개방으로 인해서 이스라엘 사람들이 모압 신들을 예배하고, 제사를 드리고, 그 제사 음식을 먹는 등 바알프올* 신의 종이 되어갔다.

야훼 하나님은 진노하여 모세에게 말씀하셨다. 이스라엘 백성의 원로들을 불러다가 백일하에 찔러죽이라는 것이었다. 그래야만 당신의 격노가 풀리겠다는 것이었다. 그래서 모세는 이스라엘의 판관들을 불러서 각자 나가서 바알프올* 신과 짝한 자들을 모두 죽이라고 명령했다.

그때에 또 다른 사건이 터졌다. 이스라엘 사람 하나가 미디안 여자에게 장가를 들어 가정을 이룬 것이 발각되었다. 그 비행 때문에 백성 가운데는 괴질이 생겨 사람들이 자꾸만 죽어가는 것이었다. 그것을 모세가 알고 이스라엘 회중이 다 알게 되어, 사람들이 회막 앞에 모여서 통곡을 하는 것이었다.

제사장 피느하스*가 그 광경을 보자, 그 이유를 묻고는 일어나 창을 들고 그 남자를 따라 그 사람의 천막으로 들어가 그 남자와 여자의 배를 찔렀다. 창이 그들의 등으로 나올 정도였다.

그런 비행으로 인해서 번져가던 괴질이 멈추었다. 그러나 이미 죽은 사람이 24,000명이었다.

그러자 야훼께서 모세에게 말씀하셨다. 피느하스*의 쾌거로 인해서, 하나님의 진노가 멈추고, 이스라엘을 몽땅 죽이려던 계획을 돌리게 되었다고 하시며, 아론의 가문에게 약속하셨던 약속을 재확인하고, 대대로 제사장 가문이 될 것을 다시 다짐하게 하셨다. 그것은 피느하스*가 하나님께 대하여 열정을 가졌고, 그 죄인 두 사람을 죽이는 일로써 이스라엘 전체를 속상(贖償)하는 슬기를 보여 준 데 대한 보상이었다.

14-15절에서는 피느하스*가 죽인 남자와 여자의 이름을 밝혀 두었다. 두고두고 이스라엘 사람들이 경계해야 할 일을 저지른 사람들의 이름을 밝힘으로써 경종을 울리는 것이다. 남자는 시므온 지파 사람으로 짐리*라는 사람이고, 여자는 미디안 사람으로 코즈비*라는 여자이다.

이런 일이 있은 후 야훼는 모세에게 이르셨다. 미디안 사람들이 이렇게 번번이 이스라엘을 유혹하고 속이고 손해를 주고 있으니, 그들을 응징하라는 것이었다.

교훈

1. 이스라엘 백성이 광야 40년의 유랑 생활을 하는 가운데, 제1세대가 다 그들의 불순종과 반역죄 때문에 광야에서 죽어야만 했다. 이 대목에서도 그 제1세대의 남은 부분이 죽는 광경을 보여주었다. 낡은 세대, 죄악의 세대가 말끔히 사라지고 새 세대가 가나안 땅으로 들어가야 하는 것이었다. 음란한 죄, 우상을 섬기는 죄, 훌륭한 종교적 도덕적 전

통을 무시하는 죄를 광야에 묻어 버리고 심기일전 새로운 백성으로 새 땅을 차지해야 할 것이다. 새 술을 새 부대에 넣어야 하는 법이다.

2. 하나님의 사람들은 세속 한가운데서 살아간다. 거기에는 언제나 하나님의 원칙과 법도를 벗어난 사람들의 전통과 풍습과 제도가 있기 마련이다. 그런 가운데서 정체성을 잃지 않고, 하나님의 자녀로서 거룩함을 유지한다는 것이 결코 쉬운 일이 아니다. 그래서 세속에 물들게 마련이다. 그때 지도자들의 각성과 예리한 판단과 선도가 요구되는 것이다. 하나님을 향한 영성의 불을 언제나 밝히고 하나님의 음성을 듣고 그 말씀을 따라 지도하고 경고하고 때로는 징계도 하여 거룩함을 유지하도록 해야 할 것이다.

3. 선민의 가는 길에 걸림돌이 되는 사람을 응징하고 제거하고 조리돌림하고 효수(梟首)하듯이 만민에게 알려서 그 전철을 밟지 않도록 백방으로 노력해야 한다. 그것이 현명한 지도자들의 책임이다.

4. 거룩한 민족인 하나님의 백성에게 해가 되고 계속 방해가 되는 민족, 없었으면 좋을 것 같은 사람들이 있기 마련이다. 하나님은 모세를 통하여 미디안을 응징하라고 명하셨는데, 그런 종류의 사람들이나 단체나 민족이 언제나 있을 수 있다.

그러나 그리스도인들이 그런 사람들을 저주하거나, 무슨 방법으로든지 복수를 하거나, 해를 입혀야 할 것인가? 아마도 그것이 하나님의 뜻은 아닐 것이다. 그들을 용서하고, 위하여 기도하고, 하나님께 맡겨서 그들을 선처하시도록 기다려야 할 것이다.

새 세대의 인구조사(민 26:1-65)

해설

출애굽 제1세대가 하나님께 반역한 탓에 모세와 여호수아와 갈렙을 제외한 모두가 광야에서 죽고 이제 제2세대만 남은 상태가 되었다. 야훼 하나님은 모세와 제사장 엘아잘*에게 명령을 내려, 이스라엘 남정 전투요원, 즉 20세 이상의 남자들을 계수하게 하셨다. 이스라엘은 이제 여리고에서 요단강 건너편 동쪽으로 보이는 모압 평원에 모여 가나안으로 진격해야 하는 단계에 이르렀기 때문에, 대오를 정비해야 하는 것이었다.

카데쉬*에서 떠날 때 인구조사를 하였지만, 그 제1세대는 광야에서 다 죽어버리고, 이제는 새 세대만 남은 것이다. 이것은 인위적인 것이 아니라 야훼가 모세에게 명령하신 조치였다.

야곱의 맏아들 르우벤 지파부터 계수한 결과는 다음과 같다.

르우벤의 후손 - 하녹, 팔루*, 헤츠론*, 카르미* 가문: 43,730명
(르우벤의 자손 가운데는 고라의 반역 사건 때 동참했다가 죽은 사람들이 있다. 다단과 아비람이 그들에 속한다.)
시므온의 후손 - 느무엘, 야민, 야킨*, 제라흐*, 샤울* 가문: 22,200명
갇*의 후손 - 츠폰*, 학기, 슈니*, 오즈니*, 에리, 아로드*, 아르엘리* 가문: 40,500명
유다의 후손 - 셸라*, 페레츠*, 제라흐*, 헤츠론*, 하물 가문: 76,500명
잇사갈의 후손 - 톨라*, 푸와*, 야슙*, 쉼론*의 가문: 64,300명
즈불룬*의 후손 - 세레드*, 엘론, 야흘르엘*의 가문: 60,500명

요셉의 후손 - 마키르*, 길앗*, 이에젤*, 헬렉, 아스리엘, 세켐*, 셰미다*, 헤페르*의 가문: 52,700명

에브라임의 후손 - 슈텔라흐*, 베케르*, 타한*, 에란 가문: 32,500명

벤야민*의 후손 - 벨라, 아쉬벨*, 아히람, 스푸팜*, 후팜*, 아르드*, 나아만 가문: 45,600명

단의 후손 - 슈함* 가문: 64,400명

아셀*의 후손 - 임나, 이스위, 브리아, 헤베르*, 말키엘* 가문: 53,400명

납탈리*의 후손 - 야흐츠엘*, 구니, 예첼*, 쉴렘* 가문: 45,400명

도합: 601,730명

이들이 장차 땅을 분깃으로 분배받을 터인데, 인구 비례로 받게 하라는 것이다. 작은 땅도 있고, 넓은 땅도 있을 것이니, 큰 지파는 큰 것을 작은 지파는 작은 것을 받도록 하고, 비슷한 것은 제비를 뽑아서 정하라는 것이다.

이제 남은 것은 레위 지파의 문제이다. 그들도 가문별로 등록을 했다. 게르숀*과 크핫*과 므라리 세 분파였다. 난 지 한 달 이상의 레위 남자의 총수가 23,000명이었다.

교훈

1. 이스라엘 백성이 시내 광야에서 하나님을 배반하고 전부 광야에서 죽어야 하는 슬픈 역사를 남겼지만, 거기서 끝난 것이 아니었다. 하나님은 제1세대를 대치할 사람으로 다시 채워주시고, 여전히 희망을 가지고 가나안 땅으로 전진할 수 있는 여건을 마련해 주셨다. 구원은

어디까지나 하나님의 은총으로 이루어지는 것을 여기서 알 수 있다. 이스라엘은 죄를 지은 것에 불과한데, 그럼에도 불구하고 하나님은 그들과의 약속을 어기지 않고 약속의 땅으로 향하게 하신 것이다.

2. 이스라엘 열두 지파가 골고루 땅을 차지하고, 평등한 삶을 살게 하시려는 것이 하나님의 계획이다. 어떤 분파가 특권을 자기고 남보다 특별히 잘사는 것이 하나님의 뜻은 아니다. 하나님 안에서 다같이 공평하게 잘사는 것을 바라시는 아버지 하나님의 계획을 우리는 알 수 있다.

3. 제사직이라는 특수 임무를 맡은 레위 족속도 그들 나름의 분깃을 주어 그들 역시 모자람이 없이 살게 될 것이다. 그 대신 요셉 지파가 두 몫을 차지한 것은 이스라엘 백성들의 불평의 소지가 될 수도 있겠지만, 그 가문의 공로를 인정하고, 참회하는 마음으로 승인하고 수락한 것으로 보인다. 하나님도 그것을 용납하셨고, 이스라엘 백성도 포용성을 가지고 불평을 하지 않은 것은 다행이었다. 공로를 정당하게 인정하는 것이 신사적이며, 평화를 이루는 길이기도 하다.

4. 이스라엘 열두 지파가 각각 전투요원을 내고 협동하여 앞을 향하여 전진하려는 모습은 매우 아름답다. 어느 한 지파라도 협동을 거절한다면 성공하지 못할 것이다. 야훼 하나님이 모세를 통해 내리신 명령에 그들이 순종하고 순조롭게 인구조사를 마침으로써 다음 단계로 나아갈 수 있게 되었다. 국민적 단결과 합심이 언제나 필요하다. 인간들의 협동에 하나님의 협력이 가산될 때 큰일을 이룰 수 있다.

츨로프하드*의 딸들(민 27:1-11)

해설

요셉의 아들 므낫세의 가문에 속한 츨로프하드*가 그 가문을 이을 아들이 없었다. 그에게 딸이 다섯이나 있었는데, 그 이름은 마흘라*와 노아와 호글라와 밀카*와 티르차*였다. 그들이 회막 어구에 모여 있는 군중과 거기에 동참한 모세와 제사장 엘아잘*에게 나타나 청원하는 것이었다. 그들의 아버지는 광야에서 개인의 죄로 인해서 죽었고, 고라의 반역 사건에 동참한 사람은 아니었다는 것이다. 그런데 아들이 없다고 해서 그의 이름이 가문에서 사라지고, 아무 분깃도 받지 못한다는 것은 옳지 않으니, 아버지의 형제들이 분깃을 받는 것과 같이 자기들에게도 분깃을 달라는 것이었다.

모세는 야훼 앞에 그 사안을 가지고 나가 문의하였다. 야훼께서 모세에게 답을 주셨다. 츨로프하드*의 딸들의 말이 옳으니, 그들 아비의 형제들과 함께 분깃을 가지게 하고, 그것을 그 딸들이 계승하게 하라는 것이었다. 그리고 이스라엘 백성에게 전할 말씀을 일러주셨다. "만일 사람이 아들을 낳지 못하고 죽은 경우에 유산을 딸에게 물려주어야 한다. 만일 딸도 없으면 유산을 아비의 형제들에게 물려주고, 만일 아비의 형제가 없는 경우에는 아비의 아비 곧 할아버지에게 물려주고, 할아버지마저 없는 경우에는 그 가문 중 가장 가까운 친족에게 물려주라는 것이다. 이것이 바로 야훼가 모세에게 이르신 대로의 법이요 규례다.

교훈

1. 세상의 많은 민족과 사회가 가부장(家父長)제도와 남존여비 사

상을 가지고, 여자의 권익을 무시하고 있는 것이 사실이다. 그러나 창조주 하나님은 남자와 여자를 차별하시지 않았고, 대등한 인간으로 여기셨고, 지금도 그러하신다. 인근의 많은 나라들이 고질적으로 여성을 무시하고 있는 시대에, 이스라엘은 그런대로 하나님의 지시를 따라 여성을 높이 대우하는 제도를 가지고 있었다. 여성도 꼭 같은 하나님의 피조물로서 꼭 같은 권리를 가지고 혜택을 받아야 하는 것이 하나님의 뜻이며, 성경이 밝히는 법이다. 그러나 인간은 많은 경우 하나님의 법을 어기며, 여성을 홀대하고 무시하고 정상적인 대우를 하지 않고 있는 실정이니, 답답한 일이다.

2. 츨로프하드*의 딸들의 용기와 당돌함을 우리는 배워야 할 것이다. 자기 몫을 자기가 지키고 누릴 줄 아는, 제구실을 하는 인간이 되어야 할 것이다. 죄 많은 인간 사회는 무슨 수를 써서든지 자기 권익만 주장하고 남의 권익은 무시하거나 부인하려는 부조리와 불의로 가득하다. 자신의 힘이 모자라서, 혹은 실력 부족으로 자기 권익을 향유하지 못하는 경우가 많기 때문에, 이 구조악과 죄를 대신 물리치는 운동도 필요하다.

예수께서 제자들을 보내시면서 부탁하신 것은 악령을 제어하는 권능을 행사하는 것이었다. 교회는 그리고 그리스도인은 악의 세력과 싸우는 용기를 가져야 하고, 적극적인 행동을 통해서 그 악을 몰아내고 약자의 권익을 옹호하고 회복해 주는 노력을 해야 한다. 물론 우리 자신의 힘만으로는 불가능하기에, “그 악한 자에게서 구하여 주옵소서!” 하고 기도하면서 하나님께 도움 받아야 할 것이다.

여호수아가 모세의 후계자로 임명됨(민 27:12-23)

해설

야훼께서 모세더러 아바림 산줄기로 올라가 당신이 이스라엘에게 주신 땅을 보라고 말씀하셨다. 이스라엘 회중이 친* 광야의 므리바 카데쉬*에서 물 때문에 하나님과 다툴 때 모세가 형제들 앞에서 하나님의 말씀을 어겼고 하나님의 거룩하심을 백성들에게 보여 주지 않았기 때문에 모세는 가나안 땅을 보기만 하고, 그의 형 아론처럼 그 산에서 죽어야 한다는 것이다. 모세는 일언반구 항의하지 않고 야훼를 모든 인간의 영을 주관하시는 하나님으로 받들면서, 자기가 죽은 뒤의 문제를 두고 하나님께 아뢰었다. 즉 자기가 죽은 후에 이스라엘 백성이 목자 없는 양같이 되지 않기 위해서, 회중 가운데서 한 사람을 지명하여 그들을 통솔하게 해 달라는 것이었다.

그래서 야훼는 모세더러, 눈의 아들 여호수아가 영성을 지닌 자이니 그를 데려다가 안수하고 제사장 엘아잘*과 회중 앞에 세운 다음에 그들 앞에서 임명하고 모세가 가졌던 권위를 얼마큼 그에게 주어 모든 회중으로 하여금 그에게 복종하도록 하라고 일렀다. 그러나 중대사를 결정할 때에는 제사장 엘아잘*에게 나아가 야훼 앞에서 우림을 통한 결정을 받아야 한다는 것이었다(출 28:30; 삼상 14:41). 모세는 야훼의 명령대로 하여 여호수아를 후계자로 내세웠다.

교훈

1. 야훼께서 이스라엘 백성을 약속의 땅까지 인도하시는 과정에서 취하신 여러 조치 중에 무시할 수 없는 몇 가지가 이 대목에 나타났다.

우선 모세가 큰 공로자이지만 야훼는 그의 죄를 철저히 추궁하고 그 대가로 오매불망 고대하던 약속의 땅을 바라만 보고 들어가지는 못하고 산에서 죽게 하셨다. 친* 광야에서 물이 없어 난동이 벌어졌을 때, 하나님은 능력으로 반석에서 물을 내어 주심으로 하나님의 거룩하심을 보이려 하셨는데, 모세는 홧김에 막대기로 반석을 두 번이나 내리쳤고, 그 동작에 이어 물이 솟아나온 까닭에 결국 모세의 힘으로 물이 나온 것 같은 인상을 백성들이 받은 것이다. 하나님이 받으셔야 할 영광을 모세가 받은 것이다. 일벌백계로 그런 일을 없이 하시려는 것이다. 크나 작으나 하나님의 영광을 가리는 일은 없어야 한다.

2. 모세는 자신의 잘못을 알기에 과거 자기의 공적이나 수고 따위는 아예 입에 담지 않고 야훼의 말씀에 복종하는 겸손을 보였다. 40년 간 모세가 수고하고 세운 공적이 어찌 적은 것이겠는가? 그러나 모세의 그 마지막 겸손이 그를 더 훌륭한 사람으로 부각시키고 있다. 그 행동으로써 하나님의 위엄과 권위는 더 크게 나타난 것이다.

3. 적임자를 후계자로 세우는 일은 공동체 생활에서 매우 중대한 일이다. 하나님은 사람의 속을 아신다. 여호수아의 마음에는 하나님의 영이 들어 있다는 것을 하나님이 제일 잘 아셨다. 여호수아의 외형적인 실적만 보아도 그의 지도력을 감지할 수 있었겠지만, 하나님은 그것보다도, 그의 마음을 보셨다. 영력을 가지는 것이 필요하다. 한 민족을 거느리고 통솔하는 일은 사람의 지혜나 힘이나 꾀만을 가지고는 감당할 수 없는 큰일이기에 하나님의 영을 소유한 자가 되는 것이 필요하다. 훌륭한 지도자와 또 그 버금가는 후계자를 가지는 이스라엘 백성은 축복받은 백성이었다.

4. 아무리 훌륭한 지도자일지라도 하나님 앞에 나아가 그의 가르침과 지도를 받는 것이 가장 필요하다. 제사장 앞에 나아가 하나님의 올바른 의견을 듣고 사건을 처리한다면, 실수가 없을 것이다. 원칙이 그러하므로 하나님은 모세를 통하여 여호수아에게 그것을 알려주신 것이다. 그 원칙을 따르느냐 않느냐 하는 것은 지도자 된 사람들의 결정 여하에 달린 것이다. 그 원칙을 지키는 자가 승리하고 성공할 것이다.

날마다 드릴 예물(민 **28:1-8**)

해설

시내산에서 하나님이 모세에게 명령하신 제사에 관한 법을, 이스라엘의 제2세대가 대오를 정비하고 새 각오를 가지고 출발하는 시점에 다시 정리해 주신다(레위기 23장 1-44절에 이미 나왔고, 신명기 16장 1-17절에도 반복된다).

맨 먼저 나오는 것이 날마다 성전에서 아침과 저녁에 반복해야 하는 번제, 곧 하나님이 흠향하실 제사의 법이다. 흠 없는 한 살짜리 숫양 한 마리, 곡물제로는 고운 밀가루 10분의 1에바에다 4분의 1힌 올리브 기름을 섞은 것, 음료제로는 포도주 4분의 1힌이다. 그 술은 야훼께 부어 드리는 것이다.

암양이 아니고 숫양을 드리라고 한 것은 이스라엘 백성의 경제생활을 계산하신 조치였다. 암양을 죽이면 번식이 안 되고, 양의 젖을 얻을 수 없으니 여러 모로 경제적인 어려움이 따르는 것이다. 하나님은 그런 것을 다 고려하셔서 법을 주신 것이다. 하나님은 사람의 생명을 대신하는 생명을 요구하시는 것이기에, 암컷 수컷이 문제되는 것은 아니다.

교훈

1. 시내 광야에서 하나님이 모세에게 주셨던 제사법을, 이스라엘은 광야 생활을 하는 가운데 거의 지키지 않았다. 아마도 거의 잊어버린 상태에 있었을 것이다.

이제 그 제1세대가 다 죽고 제2세대가 새로운 각오로 전진하려는 시점에 그 법을 요약하여 상기시키는 일은 일종의 부흥운동이라고도 볼 수 있다. 잊었던 법, 하나님과 이스라엘의 관계를 정상적으로 유지하는 법을 새롭게 인식하고 실시하는 일이 꼭 필요하다.

2. 학계에서는 이하에 나오는 제사법들이 바빌론* 포로 생활을 하던 제사장들에 의한 착색이라고 하는데, 예루살렘 성전을 잃은 제사장들이 할 일이 없기 때문에, 모세의 전통을 회상하면서 이상적인 제사법을 그렸을 것으로 추정할 수 있다. 그리고 앞으로 예루살렘 성전이 회복되는 날에는 그 이상이 실현되기를 기대하면서 썼을 수도 있다.

어쨌든 이 법들은 하나님과 이스라엘의 정상적인 관계가 어떠해야 한다는 것을 말하는 것이고, 우리는 그 의식 속에 담긴 정신을 발견해야 하는 것이다.

3. 날마다 하나님께 헌신을 다짐하고, 그와의 정상적인 관계를 유지하려는 생각과 예의를 지키는 일이 얼마나 중요한 것인가 말이다. 하나님이 양고기나 밀가루 음식이나 포도주를 필요로 하시는 것이 아니라, 인간에게 필수적인 물건을 하나님께 날마다 끊임없이 바침으로써, 하나님께 대한 인간의 성실성과 신뢰심을 표시하는 것이다.

그 간단한 제사 행위 속에 인간의 정성을 담음으로써 하나님과의 정상적인 관계가 유지된다면 얼마나 고마운 일인가? 하나님은 고작 그것을 요구하셨고, 그것도 이스라엘의 안녕을 위해서 요구하신 것이다.

안식일에 드릴 제사(민 **28:9-10**)

해설

안식일에는 평일에 드리는 제사의 배를 드려야 한다고 한다. 오경 중에 안식일에 드릴 제사를 언급한 곳은 여기밖에 없다. 평일에도 번제를 빠짐없이 드려야 한다면, 안식일에는 더더욱 하나님을 기억하며 예배를 드려야 할 것이 아닌가.

교훈

안식일은 모든 일손을 놓고 쉬는 날로 생각하였기 때문에, 그날은 제사 행위도 하지 않아야 하는 것으로 생각하였던 모양이다.

그러나 사람이 숨을 쉬지 않으면 죽는 것처럼, 하나님과의 정상적인 관계를 끊으면 실상 죽음의 상태에 있는 것이기에, 안식일이라고 해서 하나님과의 예배 관계를 끊을 수 없는 것이다. 오히려 그날은 하나님을 배나 더 가까이 하고 그와의 관계를 더 돈독하게 하는 날로 삼아야 할 것이다. 그것을 평일의 갑절이 되는 예배 행위로써 나타내려는 것이다. 역시 외형적인 제도 속에 정신을 담아야 하는 것이다. 안식일에는 배나 되는 신심과 정성으로 하나님께 가까이 가며, 정성을 기울여 예배하는 날로 삼아야 할 것이다.

달마다 드리는 제사(민 **28:11-15**)

해설

달마다 초하루에는 야훼께 번제로 어린 황소 두 마리와 숫양 한 마리와 한 살짜리 흠 없는 숫양 일곱 마리를 드려야 한다. 소 한 마리 당

곡물제물로는 고운 밀가루 10분의 3에바에 올리브 기름을 섞은 것을 드려야 한다. 숫양과 함께 드릴 곡물제물은 고운 밀가루 10분의 2에바에 올리브 기름을 섞은 것이다. 양 하나 하나에 달린 곡물제물로는 고운 밀가루 10분의 1에바와 올리브 기름을 섞어서 바친다. 그것들을 야훼 하나님께서 흠향하시는 번제로 드려야 한다. 음료제로는 황소 하나에 포도주 반 힌, 숫양 하나에 3분의 1힌, 어린 양 하나에 4분의 1힌을 각각 드려야 한다. 이렇게 일 년에 열두 번 즉 매달 번제를 드려야 한다. 그 번제 외에 숫염소 한 마리를 속죄 제물로 야훼께 드려야 한다.

교훈

같은 것을 반복하다 보면 습관이 되고 그 의미를 느끼지 않게 된다. 따라서 매일의 제사만 아니라 안식일과 신월(新月)에 한층 더 강조하여 제사드림으로써 그 뜻을 재확인할 필요가 있다. 하나님께 대한 헌신과 회개와 충성심을 자극하고 되살려야 한다. 인간은 약하여 게을러지고 후퇴하고 잊어먹고, 긴장을 풀게 된다. 즉 하나님을 잊고, 하나님과 사람의 정상적 관계를 파괴하고 살기 쉽다. 우리는 백방으로 그런 타락을 방지하고, 늘 긴장하여 하나님 앞에서 바른 생활을 해야 한다. 그 수단으로서 신월제 등 주기적인 행사를 거행함이 현명하다. 하나님은 인간의 타성(惰性)을 잘 아시기에 이런 법을 주신 것이다.

유월절 제사(민 **28:16-25**)

해설

이스라엘 백성의 월력에서 정월인 닛산 월 14일이 그들의 유월절인데(출 12:1-13:10), 그날마다 야훼께 제사를 드리라는 것이다. 그리고

15일부터 7일 간의 축제가 시작되는데, 그때에는 누룩 없는 빵을 먹어야 한다. 그 첫 과 마지막 날은 성회로 모이는 날로서 일을 하지 않아야 한다. 그 7일 간 야훼께 번제를 드리는데, 신월제에 드리는 제사에 준하여 드리게 되어 있다(28:11-15). 날마다 드리는 정규 제사는 아침과 저녁 두 번 드리는데, 이 특별 제사는 그 7일 간 아침에만 정규 제사에 첨가하여 드려야 하는 것이다.

교훈

1. 일 년에 한 번 돌아오는 춘계 명절 유월절은 이스라엘 백성에게 있어서 결코 잊을 수 없는 명절이다. 심기일전 그 축제를 기하여 일 년을 시작하면서, 온 백성이 성회를 가지고 단결하여 하나님의 은혜를 감사하며, 정상적 관계를 다짐하는 행동은 매우 필요하고 유용한 것이다. 하나님 편에서 이스라엘 백성의 안녕을 위하여 정해 주신 귀한 명절이며 제도이다. 그 법을 바로 지킨다면, 그들의 삶은 윤택하고 평탄할 것이다.

2. 무교병을 씹으며 일곱 번이나 특별 제사를 드리며 백성이 다같이 모여 과거를 회상하며 감사의 축제를 지키라 하신 것은 하나님이 사람의 연약함을 알기 때문에 주신 법이라고 본다. 늘 하나님을 의식하고, 희미해져가는 기억을 되살려 긴장 가운데서 하나님과 사람의 관계를 바르게 유지하는 것은 누구에게나 요구된다. 날마다 달마다 해마다 즉 언제나 야훼 하나님을 기억하고 그만을 섬기고 예배해야 하는 것이 하나님이 우리에게 바라시는 것이고 우리가 행복하게 사는 길이다.

오순절 제사(민 **28:26-31**)

해설

유월절에서 7주간이 지나면 오순절5)이 된다. 밀 수확을 시작하며 그 신곡을 먼저 야훼께 드리며 가지는 축제이다. 온 백성이 일손을 멈추고 성회로 모여서 하나님이 흠향하실 번제를 드려야 한다. 그 역시 신월제에 바치는 제사에 준하는 예물을 바친다(28:11-15; 28:19-22). 날마다 정규적으로 드리는 제사와 함께 여분으로 드리는 제사이다.

교훈

1. 날마다 드리는 제사도 중요하지만, 삶의 주기(週期)에 맞추어 특기할 만한 시점에 하나님의 은혜와 능력을 새삼스럽게 느끼며 감사하며 예배하는 일이 필요하다. 가을에 밭을 갈고 밀 보리를 뿌렸지만, 하나님이 이른 비와 늦은 비를 적당히 내리시지 않았다면, 흙으로 하여금 씨의 보금자리가 되어 그것들을 품게 하시지 않았다면, 그 종자들 속에 생명을 주지 않았다면, 어떻게 수확이 가능했겠는가? 하곡이 생김으로써 그해의 육체적 식생활이 연속될 수 있으니, 이 모두가 다 하나님의 은총이고 하나님이 당신의 능력으로 베푸신 것이니 그저 고마울 뿐이다. 어찌 하곡을 놓고 하나님께 감사하며, 같이 축하하지 않을 수 있겠는가 말이다. 언제나 하나님을 의식하고 감사를 느끼면서 사는 삶이 필요하다.

2. 하나님은 그런 정도의 예물이 이스라엘 농경 생활과 목축 생활에 적합하고, 토지 분배를 받지 못한 레위 족(제사장 족)까지 같이 즐길

---

5) 개역성경에서는 '칠칠절'로 옮겼다.

수 있는 것으로 인정하고, 법으로 주신 것이다. 사람은 역시 함께 먹고 마시며 같이 즐거워해야 하는 것이고, 하나님도 그것을 원하시기에, 때때로 축제를 가지도록 허락하신 것이다. 이것은 하나님 자신을 위한 것이 아니고, 인간에게 안녕과 평안과 기쁨을 주시기 좋아하는 하나님의 너그럽고 자비로운 법이다.

나팔절 제사(민 **29:1-6**)

해설

이스라엘 달력의 제7월 곧 티스리 월은 양력으로 9월과 10월에 걸친 달이고, 민간에서는 그달을 〈로쉬 하샤나〉(רֹאשׁ הַשָּׁנָה) 곧 한 해의 시작이 되는 달로 여기는데 그 달의 첫날을 명절로 지키라는 것이다. 민간에서는 그날을 한 해의 시작이라고 생각하기 때문에 이 날은 특별한 날로 일하지 않고 성회로 모여 신년을 알리는 뿔 나팔을 불면서 제사드려야 한다. 하나님이 흠향하시는 번제를 드려야 하는데, 어린 황소 한 마리에 곡물제물로 고운 밀가루 10분의 3에바에 올리브 기름을 섞은 것을 같이 바치고, 숫양 한 마리에 10분의 2에바 밀가루를, 한 살짜리 무흠한 수양 일곱 마리와 그 각각에 10분의 1에바 밀가루를 같이 바쳐야 한다. 그리고 속죄를 위한 염소 한 마리도 바쳐야 한다. 그날에는 신월제도 드리고, 날마다 드리는 정규 제사도 빼지 않고 같이 드려야 한다.

교훈

이스라엘 백성은 여러 나라를 유랑하면서 살았고 다문화권을 거쳐 왔기 때문에 계절과 달력에 대한 그들의 개념도 유동적이었던 것 같다.

닛산 월을 정월로 생각하는 습관과 닛산 월에서 일곱 번째 달인 티스리 월을 정월로 여기는 풍속도 같이 가지고 있었다. 그달에는 여러 가지 축제가 겹치는 것으로 보아, 그달을 무시할 수 없는 중요한 달로 여긴 것 같다. 여름이 지나고 가을이 시작되는 계절, 감상적인 계절, 옷깃을 여미고 새로운 각오를 가져야 할 순간으로 여기고, 하나님께 제사를 드리면서 하나님과의 밀접한 연관을 가지려고 한 것이다. 순간순간 하나님과 밀접한 관계를 맺으면서 사는 것이 정상적인 삶이다. 그것을 원하시기에 하나님은 그런 법을 주신 것이다.

속죄일에 드리는 제사(민 **29:7-11**)

해설

제7월 곧 티스리 달의 10일은 속죄일로 지켜야 한다. 그날 백성들은 금식하며 일하지 않고 성회로 모여 제사를 드려야 한다. 제사의 내용은 나팔절 제물에 준한다. 날마다 드리는 제사도 드리고, 그 위에 속죄제를 또 드린다. 이것은 백성이 일 년 동안 성전을 밟고 사용하는 가운데 축적된 더러움을 씻는 뜻에서 드리는 것으로, 염소 한 마리를 광야로 내보내는 의식을 행하는 것이다. 신월제, 유월절 제사, 오순절 제사, 나팔절 제사에도 속죄 염소를 광야로 내보내는 예식이 따랐는데, 속죄일에는 이중으로 염소를 내보낸다. 이것은 일 년을 뒤돌아보며, 일 년 동안의 더러움을 한꺼번에 속하는 의미를 가진 것이다.

교훈

1. 레위기 16장 20-22절에서 제시한 것을 여기에 요약했는데, 사람은 털면 다 먼지가 나는 법이다. 부지중에도 우리는 하나님 앞에서 범

법을 하고 있다. 많은 백성이 다 깨끗한 것이 아니다. 민족 전체가 하나님 앞에 드나들면서 어찌 잘못이나 범법한 것이 없겠는가. 하나님은 온전하시고, 그의 백성도 온전하시기를 바라신다. 당신이 거룩하심 같이 이스라엘도 거룩하기를 마라신다. 그러니 식 불식간에 저지른 흠과 허물을 용서 받고 거룩함을 이루어야 하기에, 아사셀 양을 광야로 내보내어 거룩함을 이루어야 한다. 그것을 외형적인 의식일 뿐이고, 하나님이 원하시는 것은 우리의 실질적인 거룩함이다. 부지중에라도, 그리고 의식에 있어서라도 잘못된 것은 무조건 없애어 거룩하게 되어야 하는 것이다. 하나님의 심중을 우리는 알아차려서, 하나님의 진노를 사는 그릇된 행동은 무조건 하지 않으려는 노력을 해야 한다.

2. 연시(年始)에 속죄일 행사를 치른다는 것은 역시 의미가 있다. 일 년을 시작하면서 하나님 앞에서, 그리고 삶의 전역에서, 불의와 부정과 부조리와 냄새나는 일을 다 청산하고 새로운 각오를 가지고 일하겠다는 결단을 가지는 것이기에, 매우 중요한 일이 아닐 수 없다.

초막절 제사(민 **29:12-40**)

해설

제7월 곧 티스리 달 15일은 초막절(〈숙콧〉〔סֻכּוֹת〕이라고도 함)이 시작되는 날이다. 그 첫날에는 백성이 일을 쉬고 성회로 모여, 이레 동안 계속될 추수 감사 축제를 시작해야 한다.

야훼께서 흠향할 번제를 드려야 하는데, 제1일에 드리는 제사 내용은 아래와 같다. 어린 황소 13마리, 숫양 두 마리, 무흠한 한 살짜리 숫양 14마리, 곡물제물로는 13마리의 소 하나에 각각 고운 밀가루 10분의 3에바와 올리브 기름을 섞어서 바치고, 두 마리 숫양에는 각각 10분의 2에바의 밀가루, 14마리 어린양에는 각각 10분의 1에바의 밀가루를 같이 바쳐야 한다.

그리고 속죄를 위하여 숫염소 한 마리를 광야로 내보내야 한다. 이 특별 제사는 날마다 드리는 정규 제사에 첨가하여 드리는 제사이다.

이레 동안 제사를 드리는데, 매일 소만 그 수를 하나씩 줄이고 다른 것은 첫날에 준한다.

그리고 여덟째 날에는 다시 안식하면서 성회로 모여서 번제를 드리는데, 황소 한 마리, 숫양 한 마리, 무흠한 한 살짜리 숫양 일곱 마리를 드린다. 그때 곡물제물과 음료제물도 제정된 대로 같이 드리고, 염소 한 마리를 속죄제물로 바쳐야 한다. 동시에 매일의 정규 제사도 빼면 안 된다.

이렇게 절기마다 야훼께 제사를 드리고, 그 위에 서원제물, 자원(自願)제물, 번제물, 곡물제물, 음료제물, 화목제물도 정상적으로 드려야 한다.

교훈

1. 한 해의 마지막 명절인 초막절 곧 추수 감사절은 더 성대하게 치러지도록 되어 있다. 한 해를 청산하는 명절이고, 다양한 곡식과 과일을 거두어 가지고 드리는 축제이기 때문에, 빈도도 많고 양도 많다. 과거에 광야 시대를 회상하고 오늘의 풍성함과 안정됨을 비교하면서 더 큰 감사를 드려야 하는 것이었다. 백성과 제사장 가문이 다같이 하나님 앞에서 풍성하게 감사와 기쁨을 누리도록 하자는 것이다.

하나님의 목적은 그의 백성이 언제 어디서나 다같이 샬롬을 누리며 사는 것이기 때문에, 그 목적을 이룰 수 있는 제물의 양과 횟수를 명하신 것으로 보인다. 하나님 안에서 더불어 평안을 누리는 삶을 살기 위해서 우리는 하나님께 감사의 예물과 회개의 제물을 바쳐야 한다. 그리고 여기서는 우리도 범사에 감사하며 하나님 앞에 예물을 가지고 나가는 삶을 살아야 함을 암시하고 있다.

2. 모세는 야훼 하나님으로부터 이 세밀한 제사 제도를 듣고 백성에게 충실하게 전했다. 그러나 이스라엘 백성이 과연 그 법을 지켰는가 말이다. 그리고 그 법의 정신을 참으로 알고 제사드렸는가 말이다. 마침내 북쪽 이스라엘도 망하고 남쪽 유다도 망하여 바빌론*으로 포로가 되어갔다. 그래서 그 포로 시대에 다시 이 법을 정리하여 미래의 이스라엘을 위해서 성문화한 것이다. 하나님의 법이 없어서가 아니라, 그 법대로 살지 않는 것이 문제이다.

오늘 그리스도 교회의 문제도 여기에 있다. 그리스도를 통해서 주신 법을 머리 속에 담아두고 실천을 하지 않는 것이 문제이다. 그래서 신도들이 듣고 행할 때까지 하나님의 법을 거듭 말해 들려주어야 한다.

여인의 맹세(민 **30:1-16**)

해설

모세가 야훼의 명령을 따라 이스라엘 여러 족속의 두령들에게 맹세에 관한 법을 주었다. 우선 남자에 대한 법을 주었다. 사람이 야훼께 맹세를 하거나, 무언가를 걸고 서약을 하는 경우, 그 서약한 말을 어기면 안 된다. 그의 입으로 뱉은 것을 그대로 다 행해야 한다.

이제 여자에게 주는 법이 나온다. 여자가 어려서 자기 아버지 집에서 사는 동안 야훼께 맹세를 하거나 무언가를 걸고 서약을 하는 경우에 그녀의 아버지가 그녀가 맹세하는 말을 듣고도 아무 말이 없었다면, 그녀의 맹세나 서약은 성립되는 것이어서, 말한 대로 해야 할 의무가 있다. 그러나 그녀의 아버지가 그녀의 맹세나 서약의 말을 듣고 수긍하지 않았다면, 그녀의 맹세나 서약은 유효하지 않으며, 그녀가 말한 대로 하지 않아도 야훼는 용서하신다. 왜냐하면 그녀의 아버지가 그녀의 말을 수긍하지 않았기 때문이다. 즉 그녀는 아직 자기 아버지의 후견 아래 있는 사람이기 때문이다.

그런데 만일 그녀가 결혼한 사람으로 맹세했거나 생각 없이 입을 놀려 무엇인가를 약속했는데 그녀의 남편이 그 말을 듣고도 그 듣는 순간에 아무 말도 하지 않았을 경우, 즉 그것을 인정할 수 없다고 말을 하지 않은 경우에는 그녀의 맹세나 서약은 성립이 되고 말한 대로 해야 할 의무가 있다. 아내가 한 맹세나, 자기 부정을(금식을 하겠다는 등) 위한 서약은 남편이 허락할 수도 있고, 무효로 만들 수도 있다. 그러나 아내가 말 한 것을 듣고도 여러 날 말하지 않고 있는 경우에는, 결국 남편이 아내의 서약을 유효하게 한 것이 된다.

남편이 아내가 서약하는 말을 듣고, 얼마 후에 그것을 무효하게 하는 경우에는, 남편이 잘못을 책임진다. 그러나 그녀가 말하는 현장에서 그녀의 남편이 듣고 그것을 인정하지 않았을 경우에는 그 남편이 그 맹세나 서약을 무효로 만들 수 있으며, 야훼도 그녀의 불이행을 용서하실 것이다. (그러나 과부나 혹은 이혼녀로서 남편이 없는 경우에는, 그녀가 약속한 것을 이행해야 한다.)

교훈

1. 야훼를 신봉하는 사람들은 남녀를 불문하고 자기 말에 대한 책임을 져야 한다. 특히 맹세한 것, 서약한 것을 반드시 이행해야 한다. 신실하신 하나님을 모시는 사람으로서 그 하나님을 본받아 신실하여야 하는 것은 당연한 일이다.

2. 출가하지 않은 처녀가 아직 부모를 후견인으로 삼고 있는 상태에서 맹세하고 어떤 서약을 했을 경우에 부모가 그것을 묵인하고 승인한다면, 부모가 그 딸의 인격을 인정하는 것이기 때문에, 사람은 하나님 앞에서 자기 말에 책임지는 자가 되어야 한다는 것을 의미할 것이다.

그러나 처녀가 미성년이거나, 아무리 묘령의 성인이 되었다고 해도, 부모의 후견 아래 있는 사람은, 그 당시 사회의 인식으로서는 하나의 완전한 인간으로 보지 않았기 때문에, 미성년자의 행동으로 취급하여 책임을 그 부모에게 돌려야 한다는 것이다. 그것이 경솔하게 발설한 맹세나 서약일 수 있기 때문에, 그것을 이행하지 못해도 하나님은 용서하시겠다는 것이다. 자기 역량 이상의 것을 하겠다고 약속 내지 맹세하고 마음고생을 하게 될 것을 염려하시는 하나님의 너그럽고 자비로운 조치라고 생각된다.

3. 그 옛날의 관습에서는 아내가 남편의 지배 아래 있어서 매사에 있어서 가장인 남편의 재가를 필요로 하였던 것이므로 서약이나 맹세도 그 범주에 속하는 것이었다. 결국 부부가 의론하고 일치된 마음을 가지고 행동해야 할 것을 가르치는 것으로 보아야 할 것이다.

가정에서 부부가 매사에 상의를 하고, 서로의 의견을 존중해 주어야 한다. 경솔한 결정을 하지 말 것이고, 의견이 안 맞더라도 인내로 기다리고, 때를 기다려야 한다. 남편은 가장으로서의 무책임한 일을 피해야 하고, 잘 못에 대한 책임을 질 줄 알아야 한다. 즉 남편의 권리만 주장하지 말고, 신중한 결정을 하고, 책임을 지는 가장이 되어야 한다는 말이다.

미디안과의 전쟁(민 **31:1-12**)

해설

모세는 요단강을 건너지 못하고 죽게 되어 있는데, 야훼는 모세가 죽기 전에 할 일 한 가지를 지시하셨다. 즉 미디안을 쳐서 이스라엘에 대한 그들의 악행을 복수하라는 것이었다. 미디안 사람들이 이스라엘 백성을 유인하여 이방 신을 섬기게 한 죄를 지었기 때문이다(25: 1-18). 그것은 이스라엘에게 지은 죄인 동시에 야훼께 지은 죄였기 때문이다. 모세는 백성들에게 동원령을 내렸다. 즉 각 지파에서 1,000명씩 전투원을 내라는 것이었다. 그것은 거룩한 전쟁이었으므로 제사장의 아들 피느하스*가 경적을 울리는 나팔을 들고, 성전 기물들을 가지고 동행하라고 일렀다.

야훼의 명령대로 미디안 족속을 공격하여 남자를 다 죽이고, 그 지파 영주들 다섯 명도 죽였다. 아마도 미디안 사람들이 그 전쟁 조짐을 알고 멀리서 빌암*을 불러다가 이스라엘을 저주하게 했던 것 같다. 아니면 그 전에 이미 빌암*을 불러다가 그의 조언을 듣는 중, 그가 미디안 여자들을 부추겨 이스라엘 남성들을 유혹하게 했던 것인지도 모른다. 그래서인지 이스라엘 군은 빌암*을 죽였다.

그리고 미디안 여자들과 어린이들은 포로로 생포하고, 그들의 우양과 모든 기물들을 노획했다. 그리고는 그들의 살던 모든 마을과 진지를 불살랐다. 포로들과 노획물은 모세와 제사장 엘아잘*과 이스라엘 회중이 있는 진지로 데려왔다.

교훈

1. 머지않아 약속의 땅으로 진군해야 하는 이스라엘 제2세대는 앞으로 닥칠 일을 두고 염려했을 것이다. 지도자 모세가 없는 상황을 상상하며, 과연 그들의 앞날이 평탄할까 하는 의구심이 있었을 것이다.

하나님은 요단강을 건너기 전에, 모세가 없이도 승리할 수 있다는 것을 실증해 보이려고 미디안 백성 토벌을 명령하셨던 것으로 보인다. 그리고 미디안 족을 빠른 시일 내에 멸망시키는 것이 이스라엘에게 후환이 없을 것이기에, 필요한 전쟁을 일으키신 것이라고도 생각된다.

그 전쟁은 성전(聖戰)이었다. 하나님이 직접 지시하신 전쟁이었고, 야훼를 대표하는 제사장과 성전 기물과 나팔이 참견한 전쟁이었기 때문이다. 승리하게 되어 있는 전쟁이었다. 하나님은 이스라엘의 장래를 위하여 세밀한 간섭과 계획을 가지고 지휘하셨다. 하나님의 백성의 특전이 거기에 있다.

2. 이 전쟁은 하나님의 뜻을 거슬러 하나님의 백성을 까닭 없이 해코지하는 백성을 하나님이 그냥 내버려두시지 않음을 실증하는 사건이었다. 과거에 공이 있었더라도 오늘 하나님을 배반하는 자는 하나님의 원수일 수밖에 없다. 빌암*이 그런 사람이기에 그는 하나님의 군대에 의해서 살해되었다.

3. 정예부대 12,000명에 의하여 미디안의 많은 병력이 쉽게 진멸되고 많은 노획물과 포로를 거느리고 개선하는 광경을 보는 이스라엘 백성은 크게 사기가 올랐을 것이고, 자신감을 가졌을 것이다. 불가능한 일을 해내신 야훼 하나님께 대한 감사도 있었을 것이다.

이스라엘 군의 개선(민 31:13-24)

해설

전쟁에 승리하고 개선하는 군인들을 환영하기 위해서 모세와 제사장 엘아잘*과 백성의 원로들 전원이 진지 바깥까지 영접하러 나갔다. 그러나 모세는 미디안 여자들을 포로로 삼아 데리고 오는 광경을 보고는 천부장들과 백부장들에게 대노하며, 그 여자들을 왜 살려 두었는가 따지며 그들을 책망했다. 미디안 여자들은 빌암*의 사주를 받아 이스라엘 남성들을 꾀어 이방신을 예배하게 했고, 따라서 이스라엘 백성에게 하나님의 재난을 초래했는데, 그런 사람들을 어째서 죽이지 않고 살려 두었느냐는 것이었다. 그러니 이제라도 조치를 취하라는 명령을 내렸다. 그러나 이는 매우 너그러운 명령이었다. 사로잡은 여자를 다 죽이라는 것이 아니라. 이스라엘 군인들과 잠자리를 같이 한, 처녀가 아닌 여자들만 죽이고, 다른 처녀들은 남겨두라는 것이었다. 전쟁에서 사람을 죽이거나 주검에 접촉한 사람은 진지 바깥에 막을 치고, 한 주간 동안 있으면서, 포로된 자들과 함께 제3일과 제7일에 목욕해야 한다. 모든 옷과 가죽으로 된 물건과, 염소 털로 만들 물건과, 나무 제품은 물로 닦아야 한다는 것이었다.

제사장 엘아잘*이 전쟁에 나갔던 군인들에게 여러 가지 지시를 내린다. 우선 야훼께서 모세에게 명령하신 법이라고 하며 금과 은과 청동과 철과 주석과 납 등 불에 타지 않는 물건은 일단 불을 통과하게 하여 소독하고, 다시 물로 씻어 정결케 하라고 명령했다. 그리고 불에 넣을 수 없는 것들은 물로 씻어야 한다고 했다. 또 군인들은 진영 바깥 막사에서 제7일에 옷을 빨아야 하고, 그 연후에야 정결한 자가 되어 본 진영으로 들어올 수 있다고 했다.

교훈

1. 국가를 대표하여 전쟁을 치르고 돌아오는 군인들을 정중히 환영하려고 진영 바깥까지 영접하러 나가는 국가 대표와 요인들의 마음은

참으로 갸륵하다. 상하가 서로 자기 의무를 감당하고, 서로 그 가치를 인정해 주고 치하하는 사회가 바람직한 사회가 아니겠는가?

2. 수고는 수고이고 법은 법이므로, 하나님 앞에서 또 민족의 질서와 흥망에 관계가 있는 범법이나 불미한 행동이 있을 때, 가차 없이 책망하고 시정하는 엄격성은 역시 필요한 조치이다. 수고한 사람이라고 해서 죄와 범법을 묵과해서는 안 될 것이다.

3. 그러나 상황을 참작하여 과다한 처벌을 피하는 묘를 살림으로써 군기를 잡는 동시에 사기를 죽이지 않는 현명한 처사를 한 것은 역시 능숙한 정치가의 모습이라고 할 수 있다.

4. 정결 예식을 행함으로 선민의 성결을 유지하게 한 것 또한 새로운 땅 가나안으로 들어가려는 이스라엘 백성에게 큰 교훈이 되었을 것이다. 새 술을 새 부대에 넣어야 하고, 거룩하신 하나님을 모시는 백성에게 요구되는 거룩함을 유지하게 한 점에서 유효적절한 조치였다고 생각된다.

포로와 노획물 처분(민 **31:25-54**)

해설

야훼께서 모세에게 명하셨다. 모세와 제사장 엘아잘*과 지파 수령들이 협의하여 전리품을 배분하라는 것이었다. 우선 전리품(사람과 우양) 목록을 만들고, 이등분하여 절반은 전쟁에 나갔던 군인들의 몫이고 절반은 전쟁에 나가지 않았던 백성의 몫이 되게 하라는 것이었다.

군인의 몫 중에서도 야훼의 몫을 떼는데, 사람, 소, 양 혹은 염소 500마리 당 하나씩을 엘아잘*에게 주어 야훼께 바치라는 것이다. 그러나 백성의 몫에서는 사람, 소, 양이나 염소, 기타 모든 짐승 50마리 당 하나씩을 떼어 야훼의 장막을 책임지고 있는 레위인들에게 주라는 것이다.

전리품을 계산하니 소가 72,000마리, 양이 675,000마리, 나귀가 61,000마리, 여자(동정녀)가 32,000명이었다.

그중에서 군인들의 몫은 소가 36,000마리, 야훼의 몫이 72마리였다. 양이나 염소의 경우에는 군인들의 몫이 337,500마리, 야훼의 몫이 675마리였다. 나귀의 경우에는 군인들의 몫이 30,500마리, 야훼의 몫이 61마리였다. 여자의 경우에는 군인들의 몫이 16,000명, 야훼께 드릴 사람은 32명이었다. 모세는 야훼께 드리는 헌물을, 야훼의 명령대로 제사장 엘아잘*에게 주었다.

백성들에게 돌아갈 몫 역시 소가 36,000마리, 양이나 염소가 337,500마리, 나귀가 30,500마리, 여자가 16,000명이었다. 그것들 중 50분의 1을 레위인들에게 주었다.

이렇게 전리품이 분배되자 천부장과 백부장들이 모세에게 와서 보고했다. 즉 자기들 휘하에 있는 군인을 정확히 계수했다는 것이며, 노획한 팔찌, 가락지, 귀고리 등등 금 제품을 야훼께 드릴 속죄물로 가져왔다는 것이었다. 그래서 모세와 엘아잘*은 그들에게서 금과 금붙이를 수령하였다. 이렇게 해서 야훼께 드린 금이 16,750세겔이었다. 모세와 엘아잘*은 그 금을 이스라엘을 기념하는 헌물로 회막으로 가져다가 야훼 앞에 바쳤다.

교훈

1. 전쟁은 없을 수 없는 모양이다. 악의 세력이 있는 한, 악은 그 악한 세력으로 이웃을 못살게 굴게 마련이다. 그 악을 방치할 수 없고, 그

들이 습격하면 대항하지 않을 수 없기에, 전쟁은 계속되는 것이다. 이스라엘과 미디안의 전쟁도 있을 수밖에 없는 전쟁이었다. 정의를 표방하는 이스라엘이 야훼를 모르는 이방인, 악을 자행하는 미디안과 싸워, 즉 성전(聖戰)을 치르고 마땅히 승리한 것이다.

2. 물론 하나님의 간섭과 도움 없이는 이스라엘이 승리할 수 없었을 것이다. 이스라엘은 크게 이기고 많은 전리품을 가지고 개선했는데, 그것은 전적으로 하나님 덕택이다. 결국 이 전쟁은 야훼가 하나님이심을 나타낸 전쟁이라고 할 수 있다. 그러니 하나님께 그 전리품이 무슨 상관이 있겠는가? 무엇이 모자라서 전리품을 필요로 하시겠는가? 그래서 하나님은 그것을 그 전쟁에 참여한 모든 사람에게 하사하셨다. 직접 몸을 던져 싸운 군인들에게 우선권을 주고, 다음은 후방에서 응원하고 정신적 지주가 되어준 백성에게 다음 권리를 주고, 영적으로 정신적으로 야훼와 이스라엘의 관계를 유지하며 후원한 제사장과 레위인들에게 적절한 몫을 주신 것이다. 이렇게 전쟁을 통하여, 야훼 하나님의 명성이 높아지고, 그 이름을 받들고 전쟁한 국민이 골고루 혜택을 입음으로, 하나님을 모신 거룩한 공동체가 다같이 기쁨과 평안을 누리게 된 것이다. 그것이 하나님이 이상하시는 바일 것이다.

요단강 동쪽 지대를 점령하고 분배함(민 **32:1-42**)

해설

미디안 전쟁 전리품 분배가 끝난 후에 르우벤 지파와 갇* 지파 사람들은 다른 지파 사람들보다 자기들의 앞날에 대한 생각을 더 빨리 했던 것 같다. 그들이 가진 많은 우양을 보고, 목축에는 안성맞춤으로 보이는 요단강 동쪽 땅, 즉 이미 정복한 야젤*과 길앗*을 보면서 그 땅에서 자기들이 목축을 하면서 살면 좋겠다는 생각을 한 것이다. 그래서 그들이 모세와 엘아잘*과 백성의 원로들에게 가서, 자기들의 소원을 솔직하게 털어 놓았다. 즉 야훼께서 이스라엘을 위하여 정복해 주신 땅 아타롯*, 디본, 야젤*, 님라*, 헤스본, 엘알레*, 스밤, 느보, 브온은 목축에 적합한 땅이고, 자기들이 우양이 많으니, 자기들을 어여삐 보아서, 그 땅을 자기들에게 주고, 요단강을 건너가지 않게 해 달라고 했다.

그 말을 들은 모세는 카데쉬바네아*에서 겪은 이야기를 되풀이하면서 그들을 책망했다. 곧 카데쉬바네아*에서 에스골 계곡과 가나안 땅을 정탐하러 사람들을 보냈을 때, 정탐하고 온 사람들이 백성을 낙망시키는 바람에 야훼께서 크게 노하셔서 여호수아와 갈렙밖에는 아무도 약속의 땅에 들어갈 수 없다고 하셨고, 광야에서 다 죽게 하셨는데, 그 전철을 밟아 야훼의 진노를 더하게 하려는가 하면서, 그들을 죄의 종자들이라고 불러댔다. 그렇게 야훼를 버리고 돌아선다면, 야훼께서 모두를 광야에 버리시고 파멸하실 것이라고 경책했다. 여기서 그 두 지파는 타협안을 제시했다. 즉 자기들의 우양을 위해서 축사를 짓고, 아녀자들을 위하여 마을을 만들어 놓고는 자기들이 이스라엘 군의 선봉이 되어 강을 건너가 같이 싸울 것이고, 다른 지파들이 각각 자기들의 땅을 차지하기까지는 돌아오지 않겠다는 것이었다. 요단강 동쪽에는 원주민들이 남아 있기 때문에 성채를 쌓아 아녀자들을 거기에 안전하게 있게 하고 떠날 것이고, 정복이 끝나도 자기들은 이미 분깃을 가졌기 때문에 요단강 서쪽에서는 분깃을 가지지 않겠다는 것이었다.

모세는 그 타협안에 동의하고, 그 약속을 지키지 않으면 그것은 야훼께 죄를 짓는 일이니 약속을 잘 지키라고 일렀다. 모세의 승낙을 받은 갇* 지파와 르우벤 지파 사람들은 재삼 약속 준행을 다짐하였다. 이것은 모세 개인에게 한 약속이었다.

이제는 그 약속이 공적인 것이 되게 하려고, 제사장 엘아잘*과 여호수아와 이스라엘 각 지파 두령들을 모아놓고 지시를 내렸다. 즉 갇* 지파와 르우벤 지파의 전투요원들이 하나님을 위하여 무장을 하고 요단강을 건너가 앞장서서 같이 가나안 땅을 정복하는 데 동참한다는 조건하에, 그들에게 길앗* 땅을 소유로 준다는 것이었다. 그러나 그들이 무장을 하고 같이 요단강을 건너지 않는 경우에는, 그들의 계획은 무효고, 그들도 다같이 건너가 요단강 서쪽에서 정복할 땅을 같이 나누어 가지게 된다는 것이었다. 그 말을 들은 그 두 지파는, 모세의 말이 바로 야훼의 말씀이니 그 약속을 지키겠다고 다시 다짐하고, 요단 동쪽의 땅은 자기들의 것이 될 거라는 희망을 견지했다.

이 일이 있은 후에 아마도 므낫세의 아들 마키르*와 야일과 노바 자손들도 요단 동쪽의 땅을 요구했던 모양이다. 결국 모세는 갇* 지파와 르우벤 지파와 므낫세 지파 한 부분에게 요단강 동쪽 땅을 나누어 주었다. 그래서 갇* 지파와 르우벤 지파가 자기들의 아녀자를 위하여 각각 무너진 여러 도시에 성을 쌓아 거기에 가족들을 입주시켰다. 므낫세의 자손들도 각각 독자적으로 나가서 땅을 점령하였기 때문에 그 땅들을 그들에게 허락하였다.

교훈

1. 이스라엘 사람들이 요단강 동쪽에서 넓은 땅을 점령하였고, 거기서 많은 우양과 노획물을 얻었기 때문에, 요단을 건너기 전에 그 땅에 대한 조치를 취해야 하는 상황이었다. 약삭빠른 갇* 과 르우벤과 므낫세 사람들이 그 땅을 차지하고 먼저 거기에 안주하고 싶었던 모양이다. 그것이 세상 사람들의 일반 경향이고 상사(常事)이다. 남보다 먼저 잘 살고 좋은 자리를 차지하고 싶은 생각을 하는 것이 인간상사라는 말이

다. 그러나 하나님을 모시고 사는 사람, 하나님의 공동체에 속해 있는 사람들의 사고는 그래서는 안 된다. 다같이 잘사는 방법을 모색하고, 더불어 행복해지는 길을 모색해야 한다.

2. 나만 잘살게 되면 그만이라는 생각은 하나님께 책망 받아 마땅하다. 공동체를 생각하지 않고 이기적인 행동을 하는 사람을 하나님은 벌하셨다. 공동체 생활을 하는 사람은 남을 먼저 생각해야 한다. 남을 위해 희생할 줄을 알아야 한다. 그런 희생이 있어야 전체가 같이 잘살 수 있다. 실은 갇* 지파와 르우벤 지파와 므낫세 지파 일부가 선취득권을 주장하고 요단강 동쪽 넓은 땅을 차지하기는 했지만, 이스라엘의 후기 역사를 보면 그들이 그 땅을 오래 차지하지는 못했다. 결국 욕심으로 시작한 일이 그리 성공을 거두기는 어렵다는 증거가 아닐까?

3. 자기 가족을 떠나서 다른 형제 지파들의 정착을 위하여 오랫동안 선봉이 되어 싸운 갇*과 르우벤과 므낫세 반 지파의 수고를 우리는 묵과할 수 없다. 그들의 희생이 있었기에 이스라엘이 그런대로 가나안 정벌을 해낼 수 있었던 것이다. 희생 없이는 전체나 개인이나 할 것 없이 성공할 수 없는 것이다.

출애굽 여정의 여러 단계(민 **33:1-49**)

해설

이스라엘이 모세와 아론의 지휘 하에 애굽 땅을 떠나 가나안을 향하여 군대 조직을 갖추고 행진했다. 40년이라는 긴 세월이 걸린 여정인데, 모세는 야훼의 명령을 받들어, 매 단계의 출발점을 적어두었던 것이다. 출애굽기와 지금까지의 민수기 기사에는 나오지 않은 새 지명이 여기에 많이 나오는데 그것들의 확실한 위치는 알아내기 힘들다.

이스라엘의 유월절 다음날 곧 정월 15일에 애굽인들이 다 보는 가운데 라므세스*를 용맹스럽게 떠났다. 야훼께서 애굽인들과 그들의 신들에게 심판을 내리고 애굽인들의 장자를 모두 죽이셨으므로 그들은 주검을 매장하느라 정신이 없는 상황이었다. 이 틈을 타 이스라엘 백성은 라므세스*에서 수콧*으로, 수콧*에서 에탐*으로, 에탐*에서 피하히롯*으로, 피하히롯*에서 마라로, 마라에서 엘림으로, 엘림에서 홍해 연안으로, 홍해 연안에서 신 광야로, 신 광야에서 도프카*로, 도프카*에서 알루쉬*로, 알루쉬*에서 르피딤*으로, 르피딤에서 시내 광야로, 시내 광야에서 키브롯핫타아바*로, 거기서 하체롯*으로, 거기서 릿트마*로, 거기서 림몬페레츠*로, 거기서 리브나*로, 거기서 릿사로, 거기서 크헬라타*로, 거기서 셰페르* 산으로, 거기서 하라다로, 거기서 막헤롯*으로, 거기서 타하트*로, 거기서 테라흐*로, 거기서 미트카*로, 거기서 하쉬모나*로, 거기서 모세롯으로, 거기서 브네야아칸*으로, 거기서 호르하깃갇*으로, 거기서 욧바타*로, 거기서 압로나*로, 거기서 에츠욘게벨*로, 거기서 친*(카데쉬*) 광야로, 거기서 호르산으로 옮아갔다. 거기서 찰모나*로, 거기서 푸논*으로, 거기서 오봇으로, 거기서 모압 경내에 있는 이예아바림으로, 거기서 디본가드*로, 거기서 알몬디블라타임*으로, 거기서 느보 산 앞 아바림 산악지대로, 거기서 요단강 동쪽, 여리고가 보이는 평지, 곧 베트여쉬못*에서 아벨쉿팀*까지의 모압 땅 평지로 옮아갔다. 여기에 기록된 대로만 계산해도, 41회를 옮겨 다녔다.

그 긴 과정 중에 특기할 만한 일은 제사장 아론이 이스라엘의 출애굽 후 40년째 되는 해, 5월 초하루에 야훼의 명령대로 호르산에 올라가 죽은 사실이다. 그때 그의 나이가 123세였다. 그리고 가나안 땅 네겝 지방의 아랏 왕은 이스라엘의 동태를 직시하고 있었다는 것이다.

교훈

1. 이스라엘 백성이 애굽에서 빠져나온 뒤부터 모압 평원에 진치고 요단강을 건널 차비를 하기까지 우여곡절을 겪었음은 그 많은 지명과 이주의 빈도에서 알 수 있다. 그러면서도 성공적으로 모압까지 이른 것은 33장 1절에서 말하는 것처럼 군대 조직을 갖추어 행진했고, 2절에서 말하는 것처럼 야훼의 명령에 따라서 한 단계씩 움직였기 때문이다. 즉 이스라엘 민족의 이동은 그것이 그냥 한 민족의 이동이 아니라 야훼 하나님이 주동이 되어 지휘하고 인도하신 성전(聖戰)이었기 때문이다. 그 이동은 하나님이 계획하고 인도하시는 전쟁과 같은 것이었으므로 만군의 야훼를 대장으로 하는 군대 행진이 어찌 실패할 수 있었겠는가?

2. 이스라엘 민족의 둘째가는 지도자 아론이 중도에 죽고, 광야의 본토 세력과 권력이 호시탐탐 이스라엘을 노리고 있었을지라도, 하나님의 계획은 무너지지 않았고, 성공하였다. 모압 땅을 점거하고 요단강가 평원을 자기 집 마당처럼 삼아, 도강을 준비할 수 있었다는 것은 참으로 놀라운 일이 아닌가!

3. 우리를 하나님 나라의 군대로 생각해 보자. 세상에서 악의 세력과 싸워야 하고 악을 몰아내는 역할을 해야 하는 책임을 가졌다면, 군인 정신을 가져야 할 것이다. 사령관이 하나님의 명령을 받들어 떠나라고 하실 때 떠나고, 서라 하실 때 서는 식으로 복종해야 할 것이다. 백 번이고 천 번이고 상관의 명령에 따라야 한다. 우리의 승리의 관건은 하나님의 지휘권을 벗어나지 않고, 그의 명령에 귀를 기울이고 전진하는 일이다.

가나안 정복에 관한 지시(민 33:50-56)

해설

이스라엘 백성이 모압 평원에 진을 치고 있을 때, 즉 요단강을 건너가 그 땅을 정복하는 일을 목전에 놓고 있는 시점에서, 그들이 요단강 건너편에서 할 일을 야훼께서 모세를 통하여 지시하셨다. 가나안 땅에 들어가거든 (1) 본토인들을 쫓아내고, 돌로 만든 우상과 부어서 만든 우상들을 모두 파괴하고 그들의 모든 산당(山堂)들을 부술 것, (2) 그 땅을 차지하고 거기에 정착할 것, (3) 제비를 뽑아 지파와 가문 별로 그 땅을 분배받는데, 큰 지파는 많이, 작은 지파는 적게, 제비 뽑히는 대로 받아 그것을 대대로 유산으로 삼으라고 명령하셨다. 그러면서 경고하셨다. 만일 원주민들을 쫓아내지 않는다면 남은 그 원주민들이 큰 골칫덩어리가 될 것이라고 하셨다. 그들을 말끔히 쫓아내지 않으면 결국 하나님께서 그 원주민들에게 하려고 한 대로 이스라엘에게 하시겠다는 것이었다. 즉 이스라엘에게도 화를 주시겠다는 말씀일 것이다.

교훈

1. 가나안 땅을 아브라함 자손에게 주시겠다는 언약은 야훼 하나님께서 오랜 경륜과 계획 속에서 주신 해묵은 약속이었다. 이것이 사람들이 보기에는 불합리하고, 이스라엘 사람들에게는 도저히 불가능한 일이기도 했을 것이다. 그러나 만군의 야훼를 믿는 신앙을 견지한다면, 가능하고 해야 할 일이기도 하다. 이는 믿음으로만 해낼 수 있는 일이다. 아무리 불합리해 보여도, 하나님의 말씀에 순종하면 하나님의 뜻이 이루어진다. 하나님의 뜻을 이루는 것이 사람의 의무다.

2. 선민의 순수성과 순결을 하나님은 원하신다. 하나님은 선민의 평안과 행복도 원하신다. 원주민들의 신 즉 잡신을 섬기고 악을 악으로 알지 못하는 사람들이 같이 살 때 일어날 모든 혼란과 죄악을 하나님은 훤히 아시므로 그들을 몽땅 몰아내라 하셨다. 그것이 어렵기는 하지만, 하려고만 하면 하나님이 도우실 것이다. 하나님의 뜻을 받들어 행하면 성공과 행복이 있겠건만, 사람들은 믿음이 없어서 하나님의 뜻과 힘을 믿지 못하고 행복을 놓치는 어리석음을 저지른다.

3. 하나님의 백성이 약속의 땅에서 공평하게 땅을 차지하여 다같이 잘살게 하시려는 것이 하나님의 계획이다. 그러나 인간 사회는 부익부 빈익빈이라는 양극화 상황으로 발전하였다. 그것이 하나님의 뜻에 역행하는 일이 아닐까? 농경사회 시대가 지나고 이제는 공업사회요 시장경제 사회가 되었기 때문에 단순하지는 않지만, 그래도 하나님의 사람들이 가급적 공평하게 잘사는 것이 하나님의 뜻일 것이다. 그렇게 될 수 있는 방법이 무엇일까?

예루살렘 원시교회는 유무상통하여 가난한 자가 하나도 없었다고 하는데, 교회는 그 이상을 실현해야 할 의무가 있지 않을까? 남의 것을 빼앗아서 평등해지는 공산주의적 방식이 아니라, 있는 자가 없는 자들에 나누어주는 방식을 통해서, 즉 사랑의 방식으로 그 이상을 이루는 것이 예수님의 뜻이 아닌가?

4. 제일 무서운 것은 그릇된 종교다. 야훼 하나님 외에 다른 신을 섬기는 종교는 결국 인간을 망가뜨린다. 참된 종교가 참된 윤리를 가르치고, 인간의 참된 도리대로 살아야 거기에 행복이 있을 것이 분명하다. 하나님은 순수한 야훼 종교와 그 법도를 가지고 있는 이스라엘 백성이 약속의 땅에서 그 법대로 살아보지도 못하고 원주민들의 유혹과 부도덕 속에서 혼란에 빠져버릴 것을 예상하고, 이를 막기 위해 철저한 숙

청을 명하신 것이다. 가나안의 정착문화와 종교는 매우 매혹적이어서 이스라엘이 유혹을 당하기 쉬울 것이므로 무조건 섬멸하라고 명령하신 것이다. 일이 다 지나면 그때에야 하나님의 뜻을 알 수 있을 것이다. 이스라엘은 결국 하나님의 명령을 순종하지 않았고, 따라서 오늘까지도 화를 입고 있다.

이스라엘 백성이 차지할 땅의 경계(민 34:1-15)

해설

갇* 지파와 르우벤 지파와 므낫세 반 지파는 이미 요단강 동쪽에 있는 땅을 분배 받았기 때문에 낙착된 것이고, 이제 요단강을 건너가서 땅을 차지할 것을 전제하면서, 아홉 지파 반이 차지할 땅 전체의 범위를 알아야 하는 것이었다. 야훼께서 모세를 통하여 이스라엘이 요단강 서쪽에서 차지할 땅이 어디까지인가를 설명하셨다. 우선 남쪽 경계선은 친* 광야의 에돔을 접경으로 하고 서쪽으로 뻗어 아크라빔* 남쪽을 돌아, 친* 광야를 통과하여 카데쉬바네아* 남쪽으로 해서 하찰앗다르*를 거쳐 아츠몬*에 이르고, 거기서 애굽 건천을 지나 지중해에 이른다.

서쪽 경계는 자연히 지중해와 그 해안이 될 것이다.

북쪽 경계는 지중해에서 출발하여 호르산을 거쳐 르보하마트[6] 에 이르고, 체닷*을 거쳐 지프론*으로 해서 하찰에난*에 이른다. 그것이 북쪽 경계선이 된다.

동쪽은 하찰에난*에서 남쪽으로 돌려 세팜*으로, 그리고 아인 동편에 있는 리블라로 해서 갈릴리 호수 동안에 이르고, 계속 요단강을 따라 내려가 사해에 이른다. 이렇게 해서 사방의 경계선을 이룬다.

6) 개역성경에서는 '하맛 어귀'로 옮겼다.

교훈

요단강을 건너기 전에 이미 갇* 지파와 르우벤 지파와 므낫세 반 지파가 땅을 차지했으므로 남은 다른 지파들, 곧 요단강 서쪽에서 땅을 차지할 지파들은 자기들의 땅이 어디까지고 어떤 것일까 궁금해 했을 것이다. 하나님께서 한정 없는 땅을 제시하셨다면 너무도 막연해서 감을 잡을 수도 없고, 낙담할 수도 있었을 것이다. 그러나 그만하면 해 볼 만도 하다고 생각할 수 있는 제한된 것이어서, 확실한 희망과 자신을 가지고 갈 수 있게 하신 것으로 보인다.

하나님께 능치 못할 것이 어디 있으련만, 사람들은 그렇지 않으므로, 제한된 가능해 보이는 것을 제시함으로써 의욕을 돋울 수 있다. 우리에게도 저만한 땅이 생기는구나 하는 희망을 주고, 의욕을 불어넣어 주는 좋은 경우였을 것이다. 하나님은 이스라엘 모든 족속에게 공평하게 행복해지고 싶은 마음과 행복해질 수 있다는 희망을 주셨다.

토지 분배 책임자들(민 **34:16-29**)

해설

땅을 나눌 때 말썽이 생길 수 있었으므로, 야훼는 모세를 통하여 분배 책임자들을 미리 정하고, 제사장 엘아잘*과 행정 책임자인 여호수아와 각 지파 두령에게 그 책임을 맡기라고 하셨다.

유다 지파의 갈렙, 시므온 지파의 스무엘, 벤야민* 지파의 엘리닷, 단 지파의 북키*, 요셉 지파 곧 므낫세 지파의 한니엘, 에브라임 지파의 크무엘*, 즈불룬* 지파의 엘리차판*, 잇사갈 지파의 팔티엘*, 아셀* 지파의 아히훗, 납탈리* 지파의 프다흐엘*이 그 두령들이었다.

교훈

1. 사람에게 자기 땅이 있다는 것, 특히 농경시대에 자기 땅이 있다는 것은 생명과 직결되는 것이었다. 그러기에 땅을 나눌 때, 욕심을 부릴 수 있고, 따라서 분쟁이 생길 소지도 있었다. 야훼는 현명하게도 모세를 통하여 땅 분배 책임자들을 미리 정해주심으로써 후환을 미연에 방지하신 것이다. 하나님이 지시하신 대로 하기만 하면 될 것이기 때문이다.

2. 토지 분배 책임자까지 정해졌으니, 이스라엘 백성이 할 일은 요단강을 건너가 잘 싸워 원주민을 쫓아내는 일만 남았다. 다른 걱정이나 욕심을 품지 않고 할 일만 하면 되도록 하나님은 만반의 준비를 다 해주신 것이다. 철저한 준비를 시켜서 보내신 까닭에 이스라엘 백성이 하나님께 핑계를 댈 수 없을 정도이다. 하나님이 무엇을 못해 주셔서 이렇게 됐다는 식으로 불평을 하거나, 핑계를 댈 수가 없다.

레위인들을 위한 도성들(민 **35:1-8**)

해설

레위인들은 토지 분배를 받지 못하므로 거기에 따르는 조치가 필요했다. 야훼께서 모세를 통하여 이스라엘 백성에게 명령하셨다. 각 지파의 크기에 따라 도성 48개를 정해 거기에 레위인들이 살게 했다. 그 중 6도성은 고의가 아닌 살인자가 정식 재판을 받기까지 임시로 도피할 수 있는 성이다. 또 레위인들의 우양이나 짐승을 먹일 목장도 필요하므로 각 도성 성곽 사방 둘레 2,000큐빗* 바깥까지 땅을 내게 하셨다.

교훈

1. 이스라엘 백성의 제일 큰 특색은 야훼 하나님을 모신 백성이라는 점이다. 야훼 하나님을 그들의 삶의 중심에 모시고, 섬기면서 살아야 하도록 되어 있는 민족이라는 말이다. 물질 세상에 살아야 하기에 그들이 모든 세상사를 행해야 하지만, 야훼 하나님과의 관계를 꾸준하고도 긴밀히 유지하고 살아야 하므로 그 제의적인 일을 도맡아서 할 사람들이 필요하고, 레위인들에게 그 일을 대행하게 한 것이 그 민족의 특색이다.

그런 특이한 책임을 맡은 지파 레위인들은 이스라엘 다른 모든 지파 사람들의 공동 관심사와 책임의 대상일 수밖에 없다. 그래서 레위인들의 생활을 위하여 각 지파가 공평하게 도성들과 그 주위의 목축지들을 내주어야 하는 것이었다. 이렇게 해서 이스라엘 열두 지파가 상부상조하고, 제사와 정치가 일치하는 사회를 이룰 수 있어야만 했다. 매우 이상적인 조직이고 바람직한 제도이다.

2. 이스라엘의 일반 기타 지파들이 레위인을 정당하게 대우하여 생활이 안정되어야 야훼 종교가 순조롭게 이루어질 것이고, 레위인들이 그들의 특유의 임무를 바르게 이행하여 하나님과의 관계를 바르게 세워준다면 더할 나위 없이 평화롭고 아름다운 공동체가 될 것이다. 하나님께서 여기에 이상을 그려 주었으니, 이스라엘 백성이 하나님의 이 이상을 실천하기만 하면 되는 것이었다.

그 후의 이스라엘의 역사가 하나님의 이상을 실현하지 못하였고, 따라서 많은 어려움을 겪은 역사임을 우리가 알고 있다. 이상은 높고 실천은 어렵기 때문인가?

도피성(민 35:9-15)

해설

요단강을 건너가서 가나안 땅을 점령하고 난 뒤에는 도피성을 마련해야 하는데, 레위인들에게 할애하는 48도성 중 6도성을 도피성으로 삼되, 3도성은 요단강 동쪽에, 3도성은 서쪽에 두라는 것이다.

그리하여 이스라엘 사람들의 영토 내에서 살고 있는 이스라엘 사람이나 기류하는 외국인이 고의가 아닌 실수로 사람을 죽였을 때 피해자 측에서 홧김에 앞뒤를 재지 않고 달려들어 복수하려 들 수 있으므로 우선 도피성으로 피하여 시간을 벌고, 정당한 재판을 받을 수 있도록 하라고 하셨다.

교훈

사람의 생명이 지극히 귀한 것이기에, 혹시라도 억울하게 생명을 잃는 일이 있어서는 안 된다는 것이다. 사람은 실수를 하게 마련이고, 어쩌다가 잘못해서 사람을 죽이는 경우가 생길 수 있다.

하나님은 생명을 귀하게 여기실 뿐 아니라 철저히 공정하기를 원하시는 분이시기 때문에, 법에 의한 공정한 재판을 받아서 응분의 처리를 받기를 원하신다. 여기서 우리는 생명의 귀중함을 다시 깨달아야 하겠고, 공정한 사회를 원하시는 하나님의 뜻을 깨달아 오늘의 사법(司法)의 공정성을 높여 가야 할 것이다.

살인과 복수(민 **35:16-34**)

해설

사람이 고의로 쇠붙이를 가지고 다른 사람을 죽이면, 그 살인자는 죽여야 한다. 돌을 들어서 사람을 쳐서 죽이면, 그 또한 살인이고 그 살인자도 죽여야 한다. 나무로 만든 무기를 가지고 사람을 쳐 죽이면 역시 그것은 살인이고, 그 살인자를 죽여야 한다. 어떤 사람이 상대를 미워하는 마음으로, 숨어 있다가 상대를 밀치거나 물건을 던지거나 해서 상대가 죽으면, 살해자는 죽임을 당해야 한다. 재판을 하여 그런 살인자의 고의성이 확정되었을 때, 피살자의 가장 가까운 사람이 사람들이 모인 자리에서 그 살인자를 죽인다.

그러나 부지중에 원한 관계도 아닌 사람을, 즉 숨어 있다가 고의로 한 것이 아닌데 밀거나 돌을 잘못 던지거나 해서 죽음을 가져왔을 경우에는 민중이 그 살인자와 복수자 사이에서 법에 따라 조정을 하여, 가해자가 복수를 당하지 않게 중재해야 한다. 살인자가 살인한 직후에 도피성으로 도피해 있다가 재판받으러 나왔을 터이므로 고의성이 없는 살인자를 도피성으로 다시 들여보내어, 그 당시의 대제사장이 죽기까지 도피성에서 사는 것을 허락하라는 것이다. 대제사장이 죽은 후에는 자기 집으로 돌아갈 수 있다. 그런데 만일 대제사장이 살아 있는 동안, 그 살인자가 도피성 밖으로 나오는 경우에는 복수자에게 살해를 당해도, 복수자는 죄가 없다. 이 법은 이스라엘 사람들이 어디에 있든지 대대로 지켜야 할 법이라는 것이다.

살인 사건이 나서 살인자를 죽이려면 목격자의 확실한 증언이 있어야 한다. 그러나 증인 한 사람의 말만으로는 살인자를 처형할 수 없다. 또 죽여야 할 사람을 보석금을 받고 살려줄 수는 없다. 즉 살인자는 반드시 죽여야 한다. 도피성에 피신해 있는 자 곧 고의성 없는 살인자도,

그 어떤 보석금을 내고서 풀려나 자기 집에서 살도록 해서는 안 된다. 즉 대제사장이 죽기까지는 보석금을 내고 집으로 돌아가는 일은 있을 수 없다. 피는 땅을 더럽힌다는 것이다. 그러니까 살인을 하고 피를 흘리는 일로써 땅을 더럽혀서는 안 된다는 것이다. 거룩하신 하나님이 같이 사시는 그 거룩한 땅에 사는 백성이 피를 흘려 그 땅을 더럽히는 것은 절대로 하나님이 용납하시지 않겠다는 것이다. 그러니까 살인자는 죽어야 한다는 엄한 법을 통해서, 사람의 피를 흘리는 일을 하지 못하게 하라는 것이다.

교훈

1. 천하를 주고도 바꿀 수 없는 사람의 생명을 사람이 끊는 것은 엄청난 큰 죄일 수밖에 없다. 하나님은 이스라엘 백성에게 생명이 귀중함을 가르치셨다. 그 당시에는 살인자는 죽는다는 엄격한 법을 통해서 살인을 막아야만 했을 것이다. 무슨 방법으로든지 귀한 생명을 사랑하고, 생명을 해치는 일을 하지 않도록 노력해야 할 것이다.

2. 억울하게 생명을 잃는 경우도 많다. 부지중에 실수로 사람에 치명상을 줄 수도 있으니 말이다. 생명이 귀하기에, 억울하게 죽는 생명도 없어야 할 것이다. 그러니까 신중에 신중을 다하여, 생명이 하나라도 억울하게 사라지지 않도록 노력해야 할 것이다.

3. 이 땅은 하나님의 것이고, 우리에게 동거권을 주신 것이다. 거룩하신 하나님의 집의 일부분인 이 땅을 사람이 마음대로 더럽혀서는 안 될 것이다. 사람이 이 지구를 오염시켜 죽음으로 몰아가고 있는데, 세상은 물질적으로만이 아니라 정신적으로도 영적으로도 악한 생각과

사상 등으로 극도로 오염되어 있다. 사람을 미워하고 여러 방법으로 사람을 죽음으로 몰고 간다. 이는 그냥 세상을 어지럽게 만드는 것이 아니라, 하나님의 집을 어지럽히는 죄를 짓는 것이다. 어떤 종류의 살인 행위도 우리는 멀리해야 할 것이다. 하나님의 집을 더럽히지 않기 위해서 말이다. 하나님의 진노를 사지 않기 위해서 말이다.

여성 상속자의 결혼 문제(민 **36:1-13**)

해설

27장 1-11절에 딸만 다섯이 있는 츨로프하드*의 이야기가 나왔다. 그에게 아들이 없기 때문에 그 유산을 딸들에게 주기로 한 사건이었다. 그 딸들이 아버지의 유산을 배당받았는데, 이제 그들이 결혼을 하여 다른 집안 식구가 되면, 그 유산이 누구의 것이 되느냐 하는 문제가 제기되었다. 요셉의 후손이자 그의 아들 므낫세의 후손이요 길앗* 후손 집안 어른들이 그들의 집안 식구인 츨로프하드*의 딸들의 사건을 두고 모세와 이스라엘 원로들 앞에 나와서 사정을 아뢰었다. 얼마 전에 야훼가 모세에게 지시한 사건을 회상시켰다. 즉 츨로프하드*의 땅을 그의 딸들에게 유산으로 준 사건을 상기시켰다. 그런데 그 딸들이 이스라엘 다른 지파 집안으로 출가하는 경우, 그 딸들이 받은 분깃을 가지고 시집을 가서 다른 집안에다 그 분깃을 소속시킨다면, 자기 집안 즉 길앗* 집안의 분깃이 다른 집안의 것이 될 것이고, 이스라엘의 희년이 되어도 그 땅은 그대로 다른 집안의 것이 될 것이니, 자기들의 집안 조상 전래의 분깃이 다른 지파에게 빼앗기게 된다는 것이었다.

여기서 모세는 이 문제를 두고 야훼께서 자기에게 하신 말씀을 받아 그대로 지시했다. 야훼께서는 요셉 후손들이 하는 말이 옳다고 하셨다.

그리하여 츨로프하드*의 딸들더러 가장 좋을 대로 결혼을 하는데, 단 그들 아버지 지파에 속하는 가문 사람과 결혼하고, 따라서 그들이 자기들의 몫으로 가지고 간 유산이 결국 자기 지파에 속하고, 다른 지파로 넘어가지만 않게 하면 된다고 하셨다. 이런 지시를 받은 츨로프하드*의 딸들이 야훼의 명대로 자기 아버지 형제들의 집안사람과 결혼을 하여 아버지 집안의 유산이 그대로 그 집안 유산으로 남을 수 있었다.

교훈

1. 하나님께서 주신 유산을 귀하게 간직해야 한다. 우리 모두가 하나님이 귀하게 주신 각자의 유산을 귀중히 여기고, 그것을 지키고 이용하여 하나님께 더 큰 이익을 안겨드리는 것이 하나님의 의도하신 바일 것이다. 하나님이 내게 주신 유산과 재능은 고유한 것으로서, 뜻이 있어서 내게 주신 것이니까 그것을 버리거나 소홀히 하거나, 남에 넘겨주는 것은 직무태만이고 하나님께 대한 배신일 것이다. 그러므로 자기가 받은 것, 즉 하나님이 맡기신 것을 간직한 청지기는 자기 일에 충성을 다해야 하는 것이다.

2. 개인뿐 아니라 가문과 민족에게도 하나님은 특이한 땅과 재질과 민족성과 재능을 주셨기 때문에, 받은 것을 소중히 여기고, 그 특이성을 살려야 할 것이다. 큰 정원에 많은 종류의 꽃나무와 식물이 있음으로 아름답고 조화가 된다면, 인간 사회에서도, 우리 하나하나의 개성과 역량과 재질을 십분 발휘하여 다양성의 아름다움을 나타내어야 할 것이다. 가문의 전통을 살리고 유지하는 것이 결코 무의미한 것이 아니다. 민족 단위에서도 그것이 좋은 일일 것이다. 하나님이 인간을 여러 종류의 민족으로 만드신 이상, 그의 뜻이 거기에 있을 것이다.

신명기(申命記)

“신명기”라는 명칭은 중국말에서 왔고, 영어로는 Deuteronomy라고 하는데, 그것은 그리스어 〈듀테로스〉(δεύτερος, ‘둘째’)와 〈노모스〉(νόμος, ‘율법’)가 합쳐진 말인 〈듀테로노미아〉(δευτερονόμια)를 음역(音譯)한 것이다. 이는 두 번째로 주신 율법, 즉 다시 준 율법을 뜻한다. 그러나 이는 구약성경 70인역(LXX) 번역자들이 신명기 17장 18절에 나오는 〈미쉬네 핫토라〉(מִשְׁנֵה הַתּוֹרָה)를 오역(誤譯)한 데서 기인한 것이다. 그 말은 “율법의 복사본(copy)” 혹은 “율법의 사본”을 뜻하지, 두 번째로 주신, 혹은 다시 주신 율법을 뜻하지는 않기 때문이다. 시내산에서 주신 율법을 “다시 말한다(retelling)”든가 “다시 적용한다(reapplication)”는 뜻이다. 히브리어 성경에서는 그 책의 맨 처음의 두 단어인 〈엘레 핫드바림〉(אֵלֶּה הַדְּבָרִים=“이것들이 그 말씀들이다.”)을 그 이름으로 쓴다.

때는 모세가 시내산에서 하나님이 이스라엘 백성을 위하여 주시는 언약의 말씀과 율법을 받고, 이스라엘 백성이 광야 생활 40년의 우여곡절을 겪고, 이제는 가나안 땅으로 진군해야 할 중대사를 앞에 두고 있는 찰나였다. 모세는 가나안으로 들어갈 수 없다는 것이 하나님의 결정이었지만(신 3:26; 민 20:12-13; 민 27:12-14), 선민 이스라엘을 약속된 땅으로 들여보내야 하는 마당에, 또 출애굽한 제1세대가 다 죽고 젊은이들과 특히 광야에서 태어난 사람들로 구성된 젊은 이스라엘에게, 하나님은 새로운 각오와 각성을 주시기 위해서 모세를 통하여 과거의 말씀을 되풀이하며, 어떤 것은 더 강조하고, 어떤 것은 재해석하면서, 가나안 정복 후의 이스라엘 백성의 삶에 대한 훈계를 주시기로 한 것이다. 자기는 약속의 땅으로 들어가지 못해 아쉬웠지만, 백전노장인 모세, 애족심으로 가득한 그로서, 앞날을 훤히 내다보는 선견자로서 자기 백성이 앞으로 당할 여러 가지 역경과 후속되는 많은 영욕(榮辱)의 사건들을 예감하면서 하나님이 주시는 영감을 통하여 그들에게 가장 적절한 법도와 생활 원칙을 말해주기로 했던 것이다. 백성을 한자리에 모아놓고 그들을 타이르다시피, 또는 설교조(調)로 훈령을 내린 것이다. 감격에 찬 영도자 모세의 충정어린 말은 구구절절 듣는 자들의 심금을 울렸을 것이고, 마음에 아로새겨졌을 것이다.

모세의 그 마지막 훈령은 구전으로, 또는 부분적으로는 성문(成文)으로 백성들 사이에 전승으로 남아 있었을 것이다. 신명기 17장 18절 이하에 의하면, 가나안에 들어간 후에 왕으로 세워진 자가 모세를 통하여 준 그 율법의 복사본을 만들어 제사장에게 맡겨서 늘 읽게 해야 할 것이며, 그 법의 정신대로 살아야 한다고 지시한 바가 있다. 즉 하나님을 두려워하고 하나님의 법대로 살도록 하라는 것이었다.

이스라엘 백성이 여호수아 영도 아래 요단강을 건너, 가나안 7족민을 축출하고, 그 땅을 정복하는 대업을 이루는 역사는 매우 고된 것이었다. 완전히 성공적인 것이 아니었다. 여호수아가 죽은 후 사사 시대에는 더욱 혼란을 거듭하였고, 갈피를 잡을 수가 없는 형편이었다. 사울이 집권하면서(주전 1,020-1,000년) 하나의 군국제도가 생겨났지만, 다윗이 이룬 통일 왕국이 나타나기까지는 계속 혼란에 혼란을 거듭했었다. 이스라엘 백성이 가나안에 들어가서 왕국을 건설하기까지 200여 년의 역사는 한마디로 유동적이었고, 안정을 찾지 못하고 방황하는 시기였다. 그런 시기에 그들이 과연 하나님의 법을 생각할 수 있었겠는가? 야훼 하나님을 얼마나 바로 섬겼겠는가?

이스라엘에 통일 국가가 이루어진 후, 즉 어느 정도 나라가 안정되자 비로소 민족의 정체성을 찾으려고 애쓰기 시작했을 것이고, 그때에 아마도 소위 학자들이 말하는 J문서가 나타났을 것이다. 그러나 과연 그 시대의 임금(다윗과 솔로몬)과 백성이 얼마나 신명기적 정신을 가지고 정치를 하고, 사회생활을 했던가 말이다. 통일왕국이 세워진 지 불과 100여 년 만에 이스라엘 왕국은 남과 북으로 갈라져야만 했다(주전922년).

이스라엘이라는 이름으로 세워진 북왕국도 그 나름의 정체성을 확립하기 위해서 역사를 편찬하는 작업을 했을 것이다. 거기서 나타난 것이 소위 E문서일 것이라고 하지 않는가? 그들은 벧엘과 단에 성소를 지었고, 그 두 곳에 금송아지를 만들어 놓는 특이성을 나타냈다. 거기서부터 이미 북 왕국은 하나님의 법도를 어기기 시작했고, 본토인들의 종교를 용납하여, 야훼 숭배의 순수성을 잃었으며, 동시에 하나님의 법을 벗어난 행동을 자행하는 것이었다. 결국 신명기적인 정신을 완전히 벗어난 상황이 되어버렸다. 건국한 지 불과 200년에 북왕국은 앗시리아* 군대에 의해서 궤멸되고 말았고(주전 721년), 백성은 산지사방 끌려가고, 다른 나라 사람들이 식민되어, 결국 혼혈족이 되고 말았다. 하나님께서 어찌 보고만 계셨겠는가? 아모스와 호세아 같은 훌륭한 예언자를 보내어 가르치고 경고도 하였다. 그러나 그들은 하나님의 음성을 듣지 않았고, 드디어 망하고 말았다. 그것은 한마디로 말해서, 그들이, 모세를 통하여 주신 하나님의 말씀과 법도를 무시하고, 야훼 외에 다른 신을 섬겼고, 하나님의 법을 어기며 살았기 때문이었다.

이스라엘 나라가 패망할 때 북왕국을 탈출한 엘리트들이 남왕국으로 피신하여 와 살면서, 남왕국의 형편을 예의 주시했을 것이다. 히스기야 왕(주전 715-687년)이 어느 정도 선정을 베풀기는 했지만, 그를 뒤이은 임금들과 백성이 북왕국의 전철을 그대로 밟고 있는 안타까운 상황을 보면서, 모세의 신명기적 말씀을 수집하여 문서화하여 남왕국에게 경고하고 북왕국 패망의 전철을 밟지 않게 하려고 애썼던 것으로 추정된다. 즉 신명기의 원형이 주로 구전으로 내려오다가 그때 비로소 북왕국 출신 레위인들에 의하여 문서로 만들어졌으리라 말이다. 그러나 남왕국 유다의 왕들과 백성 역시 어리석게도 그 신명기 책의 정신과 경고를 무시하고, 패망한 북왕국이 가던 길을 그대로 따라가고 있는 것이었다. 하나님은 역시 침묵하시지 않았다. 여러 예언자들을 보내셨고, 특히 예레미야를 보내어 눈물어린 호소를 하게 한 것이다.

그때 요시야 왕(주전 640-609년)이 개혁정신을 가지고 퇴락한 성전을 수축하는 등 일련의 개혁을 단행하던 중에 성전에서 율법책이 발견되었다(왕하 22:8). 왕과 백성이 그 책을 읽으면서 거기에 있는 말씀대로, 야훼 하나님만 섬기고, 높은 곳마다 세웠던 모든 이방 신당과 우상을 부수고, 예루살렘 성전에서만 예배를 드리게 하는 등, 큰 개혁을 단행하였다. 요시야의 종교 혁명이 오늘의 신명기 12-26장의 정신에 준한 것이어서, 학자들은 성전에서 발견된 율법책이 바로 그 신명기서 원형일 것이라고 추정하고 있다. 불행하게도 요시야는 혁명을 다 이루지 못하고 전사(戰死)하였고(주전 609년), 그 뒤에 들어선 임금들은 또 다시 퇴보의 길을 걷다가 마침내 바빌론* 군대의 공격을 받아 완전히 망하고(주전 586년), 예루살렘 성전이 파괴되고, 성곽이 무너지고, 많은 사람 특히 제사장들과 엘리트들이 바빌론*으로 사로잡혀 갔다.

바빌론* 포로 생활을 하는 가운데 할 일을 빼앗긴 제사장들은 과거를 반성하고 회개하면서, 보이는 성전에서 봉사하는 일 대신에 그들이 소홀히 했던 하나님의 말씀이 귀중함을 깨닫고 성경을 편찬하는 작업을 하기에 이르렀다. 그들이 피난하면서 가지고 온 귀한 문서들(J, E, D)을 정리하여, 백성을 가르치는 글(〈토라〉, תּוֹרָה)을 편찬하는 작업을 한 것이다. 창세기와 출애굽기와 레위기와 민수기를 편찬하고, 그것들을 총정리하는 책으로 신명기 원형에다가 우선 모세의 죽음의 역사를 첨가하고, 시내산에서 받은 언약(5-11장)과 기타 한두 가지 내용(서론 1-4장; 저주와 축복 27-28장; 계약 갱신 29-32장)을 첨가하였다. 그러니까 신명기는 이스라엘의 과거를 총정리하는 책이 되는 셈이며, 동시에 미래를 살아갈 이스라엘 백성에게 경고를 주며, 정로를 제시하려는 목적을 가진 것이다. 흥하느냐 망하느냐, 사느냐 죽느냐의 갈림길에서 흥하는 길, 생명의 길을 택하게 하여 하나님의 약속이 이루어지게 하려는 것이었다. 바빌론*에 사는 동안 제사장들은 이스라엘 역사, 특히 그 패망의 역사를 생각하며, 그것을 책으로 엮으려는 계획을 가지고 있었을 것이다.

그 방대한 작업에서 그들이 표준과 시금석으로 삼은 것이 바로 신명기 정신이었기 때문에 사경(四經)과 전예언서(여호수아, 사사기, 사무엘, 열왕기) 중간에 신명기를 둠으로써, 하나의 징검다리 역할을 하게 하려는 것이었다고 본다. 다시 말해서 신명기는 전예언서의 서론 격이라고도 볼 수 있다는 말이다. 신명기 정신을 다시 요약한다면, 오직 야훼 하나님만을 사랑하고 그만을 섬기라는 것과 그의 법도를 따라서 살아야 한다는 것이다. 한 하나님만을 섬기기 위해서는 예루살렘 한곳으로 예배의 장소를 통일하라는 것이고, 모세를 통하여 주신 율법을 가르치고 지키게 해야 한다는 것이다(〈쉐마〉, שְׁמַע, 신 6:4-5).

이스라엘 백성이 바빌론* 멸망(주전 539년)을 계기로 하여 포로 생활을 마치고 고국으로 돌아올 자유가 생겼을 때, 차분한 준비를 하고 돌아온 사람들이 에스라와 느헤미야 등의 지도 아래 국가를 재건하는 운동을 벌였다. 그중 하나가 바빌론*에서 시작한 성경 편찬 작업을 완성하는 것이었다. 오늘 우리가 가진 모습의 성경 특히 오경은 주전 5세기에 비로소 낙착된 것이며, 신명기를 포함한 율법서와 예언서들은 바빌론*에서 돌아온 이스라엘 백성이 앞으로 겪어야 하는 많은 유혹과 시련에 대한 경고와 훈계의 역할을 해야 했다.

포로 이후의 이스라엘 백성이 신명기 책을 가지게 되었지만 그들이 과연 그 정신으로 살았는가 하면 전혀 그렇지 못했고, 그 예언대로 이스라엘은 계속 유랑 생활을 하면서 고통을 당해야만 했다.

신명기에서는 다음 여러 가지 가르침이 나타난다.

1. 신명기는 일종의 설교이다. 하나님은 과거에 한 번 말씀을 주시고 마는 것이 아니라, 필요할 때 다시 설교자들을 통하여 새로운 활력을 가진 말씀으로 청중에게 다가오신다. 설교자는 과거에 주신 성경의 말씀을 설교로 꾸며서 새 시대 새 환경의 사람들에게 교육하고 활력을 주는 의무가 있다. 그 책임을 잘 감당해야 한다. 성도들은 하나님의 말씀 재해석의 의미를 바로 깨달아야 한다. 하나님의 말씀이 화석(化石)화 되어서는 안 된다. 늘 산 말씀으로 우리에게 다가올 수 있어야 한다.

2. 우리는 신명기 정신을 철저히 가져야 한다. 하나님만을 전심전력으로 사랑해야 한다. 하나님을 사랑하는 방법은 그의 말씀대로 사는 것이다. 하나님을 사랑하려면 하나님의 법도의 정신을 철저히 깨닫고, 행하는 사람이 되어야 한다. 우리 자신과 사회를 이 신명기 정신에 입각하여 비판하고, 그 표준을 따라 살아감으로써 하나님이 약속하신 복을 받을 수 있어야 할 것이다.

3. 이스라엘은 신명기 정신을 잃고 번번이 하나님의 징계를 받았다. 이스라엘 백성은 선민이라는 특권을 가지고 있고, 하나님의 사자들과 그들을 통한 교훈과 끈질긴 편달과 인도를 받으면서도, 고집스럽게 자기 길을 가다가 패망한 역사를 거듭했다. 그러한 연약함을 아시기 때문에 신명기를 주셨으니, 우리는 그들의 어리석음을 본받지 말아야 할 것이다. 그리스도인들은 성령의 인도를 받음으로 그 어리석음을 극복해야 한다.

신명기 소개(신 1:1-5)

해설

우선 신명기라는 책의 저자와 독자와 저작 장소와 그 시기를 소개한다. 신명기의 내용은 모세의 말이며, 독자는 이스라엘 백성 전원이며, 말을 한 장소는 요단강 건너편 모압 땅이며, 때는 출애굽한 지 40년 되는 해, 제11월 1일이라는 것이다. 모세가 한 말은 그 자신의 말이 아니라 야훼가 그더러 말하라고 명령하신 말씀이다. 그리고 그 시간의 상황은 헤스본에서 아모리인들을 다스리던 시혼 왕과, 아스다롯과 에드레이에서 다스리던 바산 왕 옥을 쳐서 물리친 후이다. 그리고 모세가 한 말의 성격은 이스라엘에게 하나님이 주신 율법에 대한 해설이었다. 하나님께서 이미 시내산에서 모세에게 언약법을 주셨고, 기타 많은 법을 주셨는데, 제1세대가 다 죽고, 40년 전에 주신 그 법에 대해서 생소한 새 세대가 이제 가나안으로 들어가야 하는 중대한 시점에 이르렀고 모세는 그들과 함께 가나안으로 들어가지 못할 처지였기 때문에, 그 율법들을 해설해 주고 보충하는 일이 필요했던 것이다.

교훈

1. 하나님은 꼭 필요한 시점에 꼭 필요한 일을 하신다. 이스라엘 백성을 애굽에서 구출하시는 것만으로 끝나는 것이 아니라, 그들을 계속 또 끝까지 인도하시려는 사랑의 하나님께서, 모세를 통하여 가장 적절한 시간에 옛 법을 상기시킬 뿐 아니라 거기에 해설을 붙여 설명해 주셨다(〈베에르〉, בֵּאֵר, '밝히다'). 하나님의 법이나 말씀은 누군가가 그것을 바르게 설명하고 해석해서 깨닫게 해 주어야 한다. 그것을 그냥

가지고 있거나 암송하는 것만으로 만족해서는 안 된다. 그것을 이해하고, 그 정신을 깨닫고 실천하게 만들어야 한다. 낯선 땅으로 들어가야 하는 젊은 세대에게, 단단히 정신무장을 시키시려는 하나님의 지혜롭고도 자비로운 처사를 여기서 볼 수 있다.

2. 모세는 야훼가 명령하시는 바를 수행한 것에 불과하다. 이것은 사람의 발상이 아니라, 하나님께서 계획하신 일로서, 반드시 있어야 할 중대한 사건이다. 예수께서도 앞으로 될 일을 그의 제자들에게 미리 알려주시며 준비태세를 갖추게 하셨던 것처럼, 하나님은 모세를 통하여 이스라엘 백성에게 미리미리 경고해 두시는 것이다. "몰라서 못 했습니다."라고 핑계할 수 없도록 하신 것이다.

3. 하나님은 요단강 동쪽에서 할 일을 다 해 놓으신 뒤에 이스라엘에게 진군을 명령하시는 것이었다. 요단 동쪽의 막강한 세력을 완전히 물리치지 않고는 앞날에 대한 것에 생각을 집중할 수 없었을 것이다. 하나님은 이미 시혼과 옥을 물리치셔서, 더 이상 동쪽에 대해서는 신경을 쓸 필요가 없도록 해결해 놓으시고, 앞을 바라보게 하신 것이다. 우리는 용의주도하신 하나님을 여기서 발견하게 된다.

호렙에서 주신 하나님의 진군 명령(신 **1:6-8**)

해설

모압 평원에서 모세 앞에 모여 선 이스라엘 백성 중에 40년 전의 사건을 목격한 사람이 없다. 이제 요단강을 건너가서 그 땅을 점령해야 하는 막중한 과업을 가지고 있는 그 백성에게 과거의 역사를 말해 주는 것이 필요하였다. 즉 그들의 움직임은 인간적인 계획에 의한 것이 아니라, 야훼 하나님의 지시와 명령에 준한 것이라는 사실을 알아야 했던 것이다.

모세는 이스라엘 백성이 호렙산까지 오게 된 역사는 생략하고, 호렙산을 출발하는 사건에서 시작한다. 아마도 그 이전 사건은 너무도 놀라운 기적적 사건이고, 긍정적인 훌륭한 사건이어서 날마다 듣고 또 들었을 것이다. 그러나 호렙산을 떠난 후 40년의 삶은 매우 부끄럽고, 부정적인 요소가 가득하기 때문에, 별로 입에 담지 않았을 수 있다. 창피한 사건들이지만, 그것을 알아야 그 전철을 밟지 않을 것이 아닌가. 모세는 호렙산을 떠나서 진군하여 모압에 이르기까지의 역사를 들추어내고 있다. 이스라엘 백성이 호렙산(시내산) 밑에서 언약법을 받고, 기타 많은 중요한 지시를 받음으로써 준비작업이 끝났다. 이제는 그곳을 떠나서 약속의 땅으로 진군해야 할 단계에 이르렀기 때문에, 그곳을 떠나라고 명령하신 것이다.

호렙을 떠난 것은 하나님의 명령에 의한 것이었다. 그러나 하나님의 진군 명령은 가나안 땅으로 들어가서, 당신이 조상들에게 약속하신 땅을 차지하고, 자손에게까지 물려주라는 것이었다. 즉 하나님의 원래의 계획을 말씀하신 것이다. 호렙을 떠나 카데쉬바네아*까지 가는데 열하루 길이고, 카데쉬바네아*는 가나안 땅 문턱이니, 그 문턱을 넘어서 광활한 땅으로 들어가기 위해서 올라가야 하는 것이었다. 아모리 사람들이 사는 산지와 그 인근 지방, 곧 아라바, 산지, 고원지대, 서해안, 레바논과 저 멀리 유브라데 강 유역까지 펼쳐진 광대한 땅이 기다리고 있는 것이었다. 막대한 희망과 가능성을 내포한 미래를 보여주시면서, 진군을 명하신 것이다. 모세는 그 사실을 백성에게 알리면서, 이제라도 그 과업을 수행하기 위해서 정신을 차리라는 뜻에서 말하고 있는 것이다.

교훈

이스라엘을 애굽의 종살이에서 구출하신 것도 야훼 하나님이시고, 그들을 하나의 국가로 조직하여 법과 제도를 주신 것도 그 하나님이시고, 이제 광대한 약속의 땅을 제시하면서 그리로 향하여 진군하라고 명령하시는 분도 그 하나님이셨다. 전능하시고 약속을 어기시지 않는 신실하신 하나님이 명령하시니, 그를 믿고 그의 명령에 복종하기만 하면, 그들이 그 땅을 차지하고 행복을 누릴 수 있는 것이었다. 하나님은 무한한 복을 예비하시고 이스라엘의 복종을 기다리고 계신다. 이스라엘이 그 하나님의 기대에 얼마나 부응하는가 하는 것이 문제이다.

이스라엘 공동체의 기본적 체제와 정신(신 1:9-18)

해설

다음으로 모세가 지적하는 것은, 이스라엘 백성이 하나님의 축복으로 말미암아 애굽에서 겪은 그 혹독하고 고된 노예 생활 속에서도 인구가 늘어나고 또 늘어났다는 것, 그 수가 너무 많아서 모세 한 사람으로써는 그들을 돌볼 수가 없었다는 것, 그래서 임무를 분담하기 위해서 각 지파로부터 슬기롭고 분별력이 있고 평판이 좋은 인재들을 뽑아 협력하여 통치하는 제도를 제안하였다는 것, 백성이 그 제안에 찬동했다는 것, 그래서 천부장(千夫長)과 백부장과 오십부장과 십부장을 세웠고 관리들을 세워서 질서 있게 다스리게 했다는 것이다. 그리고 판관들로 하여금 민사를 청취하고 판가름하게 했는데 공평하고 공정하게 다루도록 했다는 것이다. 말단까지 그런 공평한 처리가 이루어지게 했다는 것이다.

교훈

1. 일인 독재는 그 폐단이 크다. 하나님은 그의 백성이 평화롭고 안정된 생활을 하도록 세밀한 조직망을 만들어 말단에 이르기까지 소홀함이 없이 공정하게 다스리게 하신 것이다. 인간 삶의 구석구석까지 보살펴서 모두가 잘사는 세상을 만들어야 한다.

2. 판단하는 사람이 있고, 판단받는 사람이 있기 마련인데, 어디까지나 공정하게 판단하여, 차별 대우 받는 일이 없어야 한다는 것이 하나님의 뜻이다. 정의 사회를 구현해야 한다. 힘 있는 자, 돈 있는 자의 세상이 아니라, 만인이 법 앞에서 공평하고 대등한 사회가 이루어져야 한다. 그것이 모세를 통하여 하나님이 지시하신 원칙이었다.

가나안에 들어가기를 거절한 이스라엘(신 **1:19-33**)

해설

모세는 그 다음에 일어난 사건을 설명한다. 야훼께서 명령하신 대로 호렙을 떠났고, 카데쉬바네아*까지 갔는데, 그 길은 험난한 광야 길이었고, 도달한 그곳은 아모리 사람들이 사는 산악지대였다는 것이다. 그러나 앞에 펼쳐 있는 땅은 하나님이 약속하신 땅이니, 두려워하거나 당황해하지 말고, 올라가서 차지하라고 명을 내렸다는 것이다. 그때 백성들이 이구동성으로 하는 말이, 그 땅으로 선봉대를 보내어 자기들이 앞으로 갈 길과 도달해서 살게 될 도시들을 정탐하자는 것이었다. 모세는 그 제안에 찬성하고 열두 사람을 뽑아 산골 지방으로 보냈다. 에스골 골짜기를 정탐한 다음 거기서 나는 농산물을 가지고 돌아온 그들은

"야훼 하나님이 우리에게 주시려는 땅은 좋은 땅이라."고 보고했다. 사실대로 보고한 것이다.

그런데 백성은 그곳으로 올라갈 마음이 없었고, 야훼 하나님의 명령을 거역하였다. 그들의 처소에 웅크리고 앉아서 불평을 하고 있었다. 야훼가 자기들을 미워하셔서 애굽에서 자기들을 끌어내 이제 아모리 사람들에게 내주어 그들에게 멸망을 당하게 하려고 한다는 것이었다. 그 산지의 사람들은 자기들보다 강하고 키가 크며 그들의 도시는 굉장히 크고 요새화되어 있으며 그 지방 사람들은 아나킴(עֲנָקִים) 장사들의 후손7)이라고 하면서 버티는 것이었다.

여호수아와 갈렙을 제외한 다른 열 사람이 좋지 않게 보고했고, 그 말에 놀아난 백성들이 반역하는 것이었다. 그러나 모세는 타일렀다. 아나킴 장사들의 후손을 두려워하지 말라! 야훼 하나님이 앞장서 가시며 싸워주실 것이고, 과거에 애굽에서 나올 때 하신 것처럼, 낮에는 구름으로, 밤에는 불로 길을 인도하여 목적지에 도달하게 하실 것이라고 말했다. 그런데도 그들은 야훼 하나님을 신뢰하지 않았다는 것이다.

교훈

1. 모압 평원에서 모세가 이스라엘 제2세대에게 그들의 윗세대가 한 일을 소상히 알리고 특히 그들의 반역적인 행동을 말해 주는 것은, 그 전철을 밟지 않게 하기 위함이었다.

우리도 역사를 뒤돌아보며 조상들의 잘못을 들으며 반성하고 그 잘못을 되풀이하지 말아야 한다. 이것이 바로 역사를 배우는 목적이자 효과다.

---

7) 개역성경에서는 '아낙 자손'으로 옮겼다.

2. 이스라엘 조상들의 약점은 하나님의 능력과 자비의 사건들을 쉽게 잊어버리고, 전능자 하나님을 신뢰하지 않은 점이다. 과거에 그들을 애굽에서 구출하신 하나님이 살아계시는데, 그가 자기들을 앞으로도 인도하실 것을 믿어야 하지 않겠는가. 그렇게 되지 않는 것이 인간의 공통된 약점이기도 하다.

3. 우리의 앞길에도 가나안을 정복하는 일이 놓여 있다. 이스라엘 백성의 불신앙을 우리는 본받지 말아야 한다. 과거와 현재에 하나님이 하시는 일이 그렇게도 신기하고 놀라우므로 그를 신뢰하고, 그 안에서 승리하고 목적을 달성할 수 있다는 신념을 가지고 매진해야 한다.

이스라엘의 거역에 대한 벌(신 **1:34-45**)

해설

모세는 계속 역사를 풀이해 주었다. 가나안을 향하여 진군하라는 야훼의 말씀을 거역한 이스라엘 백성에게 야훼는 진노하여 맹세하셨다. 그들을 악한 세대라고 부르며 갈렙 외에는 한 사람도 가나안 복지를 보지 못할 것이라고 예고하셨다. 갈렙은 야훼에게 완전히 충성했기 때문에 예외라는 것이었다.

야훼는 모세에게도 진노하셔서 가나안 입국을 허락하시지 않았는데, 그것은 간접적으로 이스라엘 백성에게 그 원인이 있었다. 즉 모세가 하나님의 진노를 사게 된 것은 그들이 하나님을 믿지 못하고 불평하는 바람에 일어난 사건이었기 때문이었다(민 14:1-25; 신 3:23-29; 32:48-52). 모세를 뒤이어 이스라엘을 인도할 여호수아도 예외로 삼으셨다. 그리고 제2세대는 철없는 것들로서 선악을 가리지 못하는 자들이므로 그들에게는 책임을 묻지 않기로 하고 가나안에 들어가는 것을 허락하기로 하셨다. 그러나 카데쉬바네아*에서 가나안으로 직행하지는 못할 것이고, 긴 우회의 길을 걸어야 하는 벌을 내리신 것이다.

야훼의 이러한 판단이 내려졌을 때, 회중은 자기들의 죄를 고백하면서 이제라도 올라가서 싸울 용의가 있다고 하였다. 그리고는 군장을 갖추고 떨쳐 일어났다. 산지로 올라가며 싸우는 일이 쉬운 것인 줄 알았던 것이다. 야훼는 이미 마음을 정하신 때인지라, 그들을 말리며 그들과 동행하지 않겠다고 선언하셨고, 결국 원수들에게 패망할 것이 뻔하다고 단언하셨다. 모세가 야훼의 말씀을 받아 그들에게 전하였건만, 그들은 하나님의 말씀을 거역하고, 싸우러 올라갔다. 그러나 야훼의 말씀대로 산지에 사는 아모리 사람들에게 패배하고 호르마까지 달아나야만 했다. 거기서 야훼에게 울부짖었지만, 하나님은 그들의 소리에 귀를 기울이시지 않았다는 것이다(민 14:39-45).

교훈

1. 인간은 참으로 어리석다. 하나님의 말씀과 명령을 거역하는 것이 얼마나 무서운 죄라는 것을 알지 못하는 어리석은 존재가 바로 가장 현명하다고 자처하는 우리들 인간이다. 하나님의 명령을 거스르는 일은 결국 하나님의 진노를 사게 되며, 그것은 결국 하나님의 벌을 불러오는 일이 된다. 남들은 몰라도 이스라엘 백성은 야훼 하나님의 존재와 그의 능력을 알고도 남아야 하는 것인데, 그들이 하나님의 명령을 거역했다는 것은 더욱더 큰 벌을 받아 마땅하다고 할 수 있다.

2. 갈렙은 아주 충성스러워 하나님을 완전히 따랐다(〈밀레 아하레 야흐웨〉, מִלֵּא אַחֲרֵי יְהוָה). 갈렙은 하나님을 완전히 믿고 하나님의

명령에 철저히 복종하려는 마음을 가진 자였기에 그런 판정을 받은 것이다. 여호수아에게는 그런 표현을 쓰지 않지만, 그를 모세의 후계자로 삼을 만큼 그도 성실하였기 때문에 그에게도 같은 혜택을 주었을 것이다. 맡은 자에게 구할 것은 충성이다.

3. 이스라엘이 하나님을 거역한 대가로 받은 벌은, 그들의 목적을 이루지 못하는 것, 그들이 고생 고생하다가 결국 광야에서 죽어야 하는 것이었다. 하나님이 정하신 것은 결코 달라지지 않는다. 하나님은 당신께 거역하는 자들의 말을 들어주시지 않는다. 하나님을 그렇게 쉽게 생각하여, 인간의 어떤 수단을 가지고, 그의 마음을 바꿀 수 있다고 생각해서는 안 된다. 하나님은 자신의 결단으로 자비를 베푸시는 분이시지만, 죄의 대가를 철저히 받아내는 엄위하신 분이시다.

광야에서의 유랑 생활(신 1:46-2:25)

해설

모세는 이어서 이스라엘 백성이 카데쉬바네아*를 떠나 가나안을 향하여 북쪽으로 더 전진하지 못하고 홍해 방향으로 후진한 역사를 말한다. 우선 에돔 사람들이 사는 세일 산록에서 얼마 동안 서성이던 중에 더는 머물 수가 없어서 에돔 땅을 통과하여 북쪽으로 나아가려고 했다. 에돔 사람들은 잔득 긴장하고 있었고 이스라엘을 무서워하고 있었던 터이라, 그들의 심기를 건드리면 큰 싸움이 벌어져 근친 상잔의 화를 입을 것이므로 우호적인 조건으로 통과만을 허락받기로 한 것이다. 즉 먹을거리와 물을 돈 주고 사 먹고 조금도 민폐를 끼치지 않겠다는 조건으로 지나가게 해달라고 교섭한 것이다.

하나님께는 에돔 땅을 이스라엘에게 주시려는 계획이 전혀 없었던 것이다. 어쨌든 에돔 사람들은 그 제안을 거절하였기 때문에 부득불 그 영토 외곽을 돌아서, 남하할 수밖에 없었다. 그리하여 아라바를 거쳐 에츠욘게벨* 곧 홍해 변두리까지 전전하면서 수십 년 동안 배회하였다. 그러나 하나님은 이스라엘 백성이 하는 일마다 복을 내리고 그 넓은 광야에서 하는 생활을 일일이 간섭하셨다.

그리고 마침내 그 백성으로 하여금 에츠욘게벨*과 엘랏과 아라바를 뒤에 두고 북상하여 모압 광야 지대에 이르게 하셨다. 하나님의 계획은 모압 땅의 한 평도 이스라엘에게 주시지 않는 것이었다. 그 땅은 롯에게 주신 땅이기 때문이었다. 그래서 모압과는 전쟁을 하지 말라는 것이었다. 그래서 모압 동쪽 경계선 밖을 거쳐서 북상할 것을 명령하신 것이다. 제렛* 건천(乾川)을 건너면 모압 나라가 시작되는데, 하나님은 우선 제렛* 건천을 건너라고 명령하셨다. 그 명령을 따라 이스라엘 백성은 제렛* 건천을 건넜다. 거기까지 오는 데 38년이 걸렸고, 그동안에, 이스라엘 제 1세대는 하나님이 맹세하신 대로 모두 광야에서 죽었다. 하나님이 직접 그렇게 하신 것이라고 모세는 강조했다(2:15).

모압 경계선 동쪽을 끼고 북상한 이스라엘은 모압 북단을 통과하여 암몬 사람들의 땅으로 들어갈 참이다. 아르논 계곡을 건너면 거기서부터 암몬 땅이 된다. 하나님은 역시 암몬과는 싸우지 말라고 당부하신다. 그 땅은 역시 롯의 자손에게 주시기로 한 것이어서, 이스라엘 사람들이 점령할 곳이 못 된다는 것이었다.

아르논 계곡을 건너면, 거기에는 헤스본에서 다스리는 아모리인의 왕 시혼이 있는데, 그 자와 그의 땅을 이스라엘에게 주시겠다는 것이었다. 그러니 그와 싸워서 점령하라는 것이었다. 하나님은 이스라엘 백성이 가는 곳 어디서든지 그 지방 사람들에게 이스라엘을 무서워하는 마음을 주시고 두려워서 떨게 하시겠다는 것이었다.

모압 땅에는 본디 에밈이라는 거인들이 살고 있었는데, 하나님이 그 땅을 모압에게 주셨고, 에돔 곧 세일에는 호림이라는 백성[8])이 살고 있었는데, 하나님께서 에서의 자손에게 주셨고, 암몬에는 본디 르바임 백성이 살고 있었고, 암몬 사람들은 그들을 잠줌밈*이라고 불렀는데, 하나님은 그 땅을 암몬 사람들에게 주셨고, 가자* 근방에 살던 아윔족[9])은, 카프톨*에서 온 카프토림[10])이 그들을 파멸하고 그곳에 정착하였다.

교훈

1. 하나님은 나라의 경계를 정하고 그가 정하신 백성에게 정하신 땅을 주신다. 모든 인간 역사는 하나님의 장중에 있고, 그의 뜻에 따라서 역사는 이루어진다는 사실을 보여준다. 하나님의 정하신 것을 사람들이 범한다면, 이는 하나님을 거역하는 행동이 될 것이다.

2. 하나님은 약속하고 맹세하신 대로, 당신을 거스른 백성을 광야에서 다 죽게 하셨다. 그러나 이스라엘을 향한 하나님의 관심은 끊어지지 않았다. 그들이 가는 곳마다같이 하시고 축복하셔서, 결국은 가나안으로 접근하게 하셨다. 결국 선민을 사랑하시기 때문에 그들을 훈련하시고 매를 드신 것이었다.

3. 하나님은 약속하신 대로 이스라엘이 아모리 사람들을 정복할 수 있게 하셨다. 약속권 밖에 있는 백성 곧 이스라엘을 통하여 축출하도록

8) 개역성경 신명기 2장 12절에서는 '호리 사람'으로 옮겼다.

9) 개역성경 신명기 2장 23절에서는 '아위 사람'으로 옮겼다.

10) 개역성경 신명기 2장 23절에서는 '갑돌 사람'으로 옮겼다.

정해진 백성을 하나씩 축출하도록 여건을 허락하고 분위기를 조성해 주셨다. 즉 이스라엘 백성 자신의 힘으로 된 것이 아니라, 하나님의 자비와 은혜와 도움과 간섭에 의해서 그 계획이 이루어졌다는 말이다. 이스라엘은 그 사실을 알고 믿어서, 앞으로 가나안을 자신 있게 정복하라는 뜻에서, 이 역사를 모세의 입을 통하여 되풀이한 것이다.

시혼 왕을 물리치다(신 2:26-37)

해설

모세는 시혼 왕을 정복한 사건을 설명한다. 민수기 21장 21-31절에 더 자세하게 기록되어 있는데, 모세는 이제 요단강을 건너야 하는 이스라엘 백성들에게 그것을 요약해서 말해 준다.

우선은 시혼 왕에게 평화적으로 교섭했다고 한다. 그 땅을 통과해 가지고 요단강을 건너, 하나님이 주시려고 하는 약속의 땅으로 가야 한다고 하면서, 결코 민폐를 끼치지 않을 것이고, 먹을거리와 마실 물을 돈 내고 사먹겠다고 청원한 것이다. 거기서 모세는 에돔 사람들과 모압 사람들이 그의 제안을 들어주어, 그들의 땅을 무사히 통과한 것처럼 말했다(2:29).

어쨌든 헤스본에 사는 시혼 왕은 모세의 평화적 제안을 거절하였다. 그것은 야훼 하나님께서 시혼의 마음을 완고하게 만드셨기 때문이고, 결국은 그를 공격해야 하는 상황으로 몰아넣으셨다는 것이다. 그리고는 야훼께서, 시혼을 치고 그의 땅을 점령하라는 명령을 내리셨다고 한다. 시혼과 그의 백성이 통틀어 일어나 이스라엘에게 싸움을 걸어왔다. 야훼께서 그들을 이스라엘에게 주셨고, 이스라엘은 그들을 완전히 섬멸하고 그들의 모든 것을 노획하였다는 것이다. 아르논 계곡으로부터 길앗*까지 그 모든 마을과 성채들을 다 점령했다. 그러나 암몬 사람들의 땅은 잠식하지 않았다.

교훈

하나님은 에돔과 모압과 암몬을 특별 대우하셨다. 에서의 후손과 롯의 후손에 대한 특별한 배려였다. 하나님은 에서와 롯을 축복하시기로 약속하셨고, 그 약속대로 이스라엘 백성으로 하여금 그들의 땅을 점령하지 못하도록 하셨다.

그런데 헤스본에 있는 시혼 왕은 그 약속권 바깥의 사람이었고, 그들이 이스라엘의 길을 막았으므로 시혼과 그의 나라를 이스라엘에게 붙여 멸망케 하신 것이다. 하나님의 계획을 막는 것이 얼마나 무서운 결과를 가져온다는 것을 보여주는 사건이다. 하나님은 시혼 왕의 마음을 완악하게 하여 이스라엘에 맞서 싸우게 하셨고, 이스라엘에게는 넘치는 용기와 힘을 주어서, 모든 성채를 무난히 무너뜨리고 섬멸하였다는 것이니, 그것 역시 하나님의 간섭의 소치가 아닐 수 없다. 우리가 보기에 너무도 무자비한 전쟁을 허락하셨고, 남녀노소 모든 백성을 몰살하는 섬멸전으로 그 나라를 역사에서 사라지게 하셨으니, 너무하다 싶을 정도이다.

그러나 하나님의 계획을 가로막는 어떤 개인도 나라도 무서운 심판을 받게 되어 있다는 진리를 보여준다. 가나안을 향하여 진군하려는 이스라엘 백성에게 주는 훌륭한 교훈이다. 하나님이 이스라엘을 그토록 아끼신다는 사실, 이스라엘을 위해서라면 그 방해물을 여지없이 제거해 주신다는 사실을 보여줌으로써, 이스라엘에게 용기를 주고, 하나님께 대한 믿음을 자아내는 것이었다.

바산 왕 옥을 물리치다(신 3:1-22)

해설

모세는 이어서 바산 왕 옥을 물리친 사건을 말해준다. 헤스본 왕 시혼과 그의 영토를 점령하고 섬멸한 후에 그 이북의 땅 곧 바산을 점령하려는 것이었다. 바산 왕 옥과 그의 백성이 온통 나서 가지고, 에드레이에서 이스라엘과 전면 전쟁을 걸어온 것이다. 외인이 자기 나라를 무조건 점령하려고 달려드는 판국인데, 그 누군들 자기 나라를 위하여 거국적인 전투에 나서지 않겠는가 말이다. 무서운 큰 전쟁이 벌어질 참이었다.

그러나 야훼는 모세에게 용기를 주시면서, 옥의 군대를 두려워하지 말라고 하셨고, 시혼 왕과 그의 군대를 무찌른 것과 같이 옥의 군대를 섬멸하라고 명령을 내리셨다는 것이다. 하나님의 지시대로 하여 이스라엘은 씨를 말리는 섬멸전을 벌였고, 한 사람도 남기지 않고 다 죽였다는 것이다. 그 전쟁에서 60개 도시와 전 영토를 점령했다. 그리고 그 지방 사람들의 우양을 다 빼앗고, 모든 가장집물을 노획했다. 이렇게 해서 요단강 동쪽의 아모리인들의 두 왕국을 점령하였는데, 아르논 계곡으로부터 시작하여 헐몬 산에 이르는 넓은 땅이었다.

그리고 모세는 그 점령된 땅 가운데 아르논 계곡에서 길앗* 지방 남반부를 르우벤과 갇* 지파에게 주었고, 길앗* 북반부와 바산의 남은 부분을 므낫세 반 지파에게 분배했다는 것이다. 이렇게 땅을 분배한 후에 르우벤과 갇*과 므낫세 반 지파에게 일렀다. 그들이 요단 동쪽에서 땅을 차지했다고 해서 그 땅에 당장 정착할 것이 아니라, 아녀자와 가축은 그 점령지에 남겨두고, 장정들은 이스라엘 군대의 선봉이 되어 요단강을 건너가, 가나안 땅 정복 작업에 동참해야 한다는 것이었다.

그리고 모세는 여호수아에게 "하나님께서 시혼과 옥을 물리치시는 것을 너 여호수아가 목격하지 않았느냐. 요단강 서쪽에서도 하나님께서 같은 일을 하실 것이고, 하나님께서 싸우실 터이니, 두려워하지 않아도 된다."고 일렀다.

교훈

1. 사람이 사는 데는 땅이 있어야 하고, 특히 유목민에게는 목장이 있어야 하고, 식수가 있어야 한다. 하나님은 선민 이스라엘에게 길앗*의 넓고 비옥한 목장 지대를 주시려고 손수 싸우셔서, 그 지방의 시혼과 옥을 물리쳐 주셨다. 섬멸당한 시혼과 옥의 입장에서 본다면 억울한 일이고 불공평한 일이라고 보아야 할 것이지만, 역사의 주인이시며 그의 목적을 이루려고 일하시는 하나님의 입장에서 볼 때, 우리가 불평할 일이 못 된다. 하나님을 떠나서 그 사건을 볼 때, 그 사건들은 인간들이 먹고 먹히는 생존경쟁에서 이스라엘이 시혼과 옥을 이긴 사건에 불과하다. 결과론적으로 볼 때 그 역사의 배후에서 하나님이 하신 일로 계산된다는 말이다.

2. 그 큰 나라들이 이스라엘에게 참패를 당했다는 것은, 그들이 제아무리 견고한 성채와 엄청난 군비를 갖추었을지라도 종교적으로나 정신적으로나 통일되지 못하고 단련되지 못했기 때문이었을 것이다. 이스라엘이 비록 여러 면에서 열세였지만, 전능자 하나님을 의지하는 마음과 영도자를 일사불란 복종하는 정신 때문에 그 전쟁을 승리로 이끌었다고 본다. 하나님이 싸우신 것이 사실이지만, 이스라엘 백성이 확고한 믿음을 가지고 용기 있게 싸운 것이 그 승리의 원인이었을 것이다. 결국 하나님을 믿는 믿음이 이긴 것이라고 볼 수 있다.

3. "너를 위하여 싸우시는 분은 야훼 하나님이시니, 너는 두려워하지 말라!" 다른 신이 아니라 야훼가 우리 하나님이실 때 거기에 희망이 있는 것이며, 승리가 약속되는 것이다. 다른 신을 믿는 신앙이 아니라, 야훼를 믿는 신앙이 힘이 있는 것이다. 이 교훈은 가나안 정복을 코앞에 둔 이스라엘 백성에게는 물론이고, 바빌론* 포로 생활을 마치고 고국으로 돌아가 나라를 재건해야 하는 이스라엘에게와, 또는 페르시아*의 기반을 벗어나서 독립 국가를 이루어야 하는, 에스라 시대의 이스라엘 백성에게도 해당되는 것이었다. 아니 신령한 가나안을 차지해야 하는 우리 모두에게도 해당되는 교훈이다.

피스가* 산상에서 가나안을 바라보는 모세(신 **3:23-29**)

해설

이렇게 요단강 동쪽 땅을 정복하고 그 땅을 르우벤과 갇*과 므낫세 반 지파에게 분배하면서, 모세는 하나님의 약속대로 일이 착착 진행되는 것을 보고 감탄하며, 가나안 본토에 들어가서 그 아름다운 땅을 보고 싶은 마음이 굴뚝같이 일어나는 것이었다. 그래서 모세는 다시 하나님께 간청하였다. 자기도 가나안 땅에 들어가서 그 좋은 땅을 보게 해 달라고.

그러나 하나님은 이스라엘 백성이 하나님께 불평한 사건 때문에 취한 모세의 과격한 행동을 두고 진노하셔서, 모세의 간청을 들어주시지 않았다. 마치 바울의 세 번에 걸친 간구를 들어주지 않고 "내 은혜가 네게 족하다."(고후 12:9)고 말씀하신 것처럼, 모세에게도 "이것으로 네게 족하다."고 하면서, 다시는 그런 간청을 하지 말라고 하셨다. 그리고 피스가* 산에 올라가서 동서남북을 잘 바라보기만 하라는 것이었다.

요단강을 건너가지는 못한다는 것이었다. 다만 여호수아에게 책임을 맡기고, 그를 격려하고 힘을 주라고 타이르셨다는 것이다. 그래서 결국 이스라엘은 베트프올* 맞은쪽 계곡에서, 가나안으로 진군하기까지 남아 있었다는 것이다.

교훈

1. 이스라엘의 최고 영도자인 모세는 당연히 가나안까지 들어가서 그 땅을 밟을 만한 공로가 있는 사람이었다. 그리고 오매불망 만난을 겪으면서 최선의 노력을 해온 모세가 그 땅에 들어가 보고 싶은 마음이 왜 없겠는가. 누구보다도 더 맹렬한 소원을 가지고 있었을 것이다. 그래서 민수기 20장 1-13절에 묘사된 대로 모세가 정죄받고 가나안에 들어갈 수 없다는 하나님의 판정이 내려졌지만, 모세는 감히 다시 간청을 드린 것이다.

그러나 사람의 소원은 소원이고, 하나님의 결정은 결정이었다. 하나님은 아량이 없거나 자비심이 없는 분이 아니지만, 모세를 정죄하여 가나안에 못 들어가게 하시는 데는 이유가 있고, 더 큰 뜻이 있어서였을 것이다. 소를 버리고 대를 얻으시려는 것이었다. 모세 개인의 공로를 보나 그의 믿음을 보아서는 가나안에 들어갈 자격이 없는 것이 아니지만, 모세가 그리로 들어가지 않는 것이 장차 이스라엘 백성과 모든 후진들에게 유리하겠기에, 하나님은 아쉬우면서도 모세의 청을 거절하신 것이다. 하나님이 기도를 들어주시지 않는 이유는 관계자들에게 보다 더 큰 복을 주시기 위한 것이다.

2. 하나님의 일을 내가 다 해야 하는 것이 아니다. 하나님의 일을 하나님이 맡으셔서, 적당한 사람을 통하여 뜻을 이루신다. 모세는 자기가

끝까지 백성을 인도하여 목적지에 도달하고 싶었겠지만, 그 일의 주인은 하나님이시고, 여호수아를 통해서 하나님이 친히 그 백성을 목적지로 인도하시려는 것이다. 우리는 우리의 할 일을 다 하고 하나님께 남은 것을 맡겨야 한다.

모세가 복종을 명령함(신 4:1-40)

해설

가나안 땅으로 들어가기 위한 물리적인 준비가 완료된 마당에 이제 필요한 것은 마음의 준비였다. 모세는 그것을 알기에 백성을 모아놓고 설교조로 타이른다.

며칠 뒤에 그곳을 출발하게 될는지 모르지만 우선 출발하기 전까지 야훼가 주시려고 하는 땅으로 들어가 정복하기 위해, 지금 모세가 주면서 지키라고 하는 법도와 율례에 정신을 쏟고, 그것을 지킬 것이며, 거기에 더하거나 빼지를 말라는 것이었다. 특히 바알프올* 사건(민 25:16)을 회상하면서, 하나님의 율법을 충실히 지키라는 것이었다.

그리고 가나안에 들어가서, 야훼 하나님이 모세를 통하여 주신 법도와 율례를 열심히 지키라는 것인데, 그렇게 하는 것이 얼마나 지혜롭고 총명한 일이라는 것을 만방이 알 수 있게 해야 한다는 것이다. 가장 훌륭한 하나님께로부터 받은 가장 훌륭한 법을 가진 백성이 얼마나 훌륭한 복을 받는지 만방에게 보여야 한다는 것이다.

그리고 특히 호렙산에 나타나셔서 계약 곧 십계명을 주신 사건과 기타의 법들을 주신 사건을 기억하고, 후손에게 알게 하라고 한다. 역사를 존중하라는 말이다. 그중에서도 특히 하나님은 형상을 보여주시지 않았으니, 우상을 만들지 말아야 한다는 것에 역점을 두었다. 특히 그 당시 도처에 유행하던 태양 숭배, 달과 별 숭배를 금한다.

다시 모세는 자기가 가나안에 들어가지 못한다는 사실을 밝히면서, 백성들은 그리로 들어가게 되었으니, 그리고 하나님은 삼키는 불과 같은 질투의 하나님이시니, 그가 그토록 금하시는 우상을 결코 만들지 말라고 당부한다. 가나안에 들어가서 자녀를 낳고 살 때, 생활이 해이해져서, 우상을 만들고, 하나님 보시기에 악한 일을 행하게 되면, 하나님께서 가차 없이 그들을 멸망시킬 것이라고 경고한다. 그리고 그들을 사방으로 흩어버리실 것이고, 거기서 이방의 신들과 우상을 섬기면서 살게 될 것이라고 예언한다. 그런대로 그 상황에서 하나님을 찾고 그에게 돌아오는 사람들이 있을 것이다. 마침내 하나님은 자비를 베푸셔서, 이스라엘과 맺으신 언약을 잊지 않으시고, 이스라엘을 아주 멸망하는 데서 구출하실 것이라고 예고하였다.

끝으로 모세는 다시 역사에서 배우라고 제안한다. 천지창조 이래, 인류 역사 그 어디에서, 하나님과 이스라엘의 관계와 같은 것을 볼 수 있는가를 살펴보라는 것이다. 하나님이 불꽃 가운데 이스라엘에게 나타나셔서 말씀하신 사건, 이스라엘을 만국 가운데서 택하셔서, 시련을 주시고, 표징과 기사(奇事)를 보이시고, 전쟁 중에도 능력 있는 팔을 뻗어 승리케 하시고, 특히 그들을 애굽에서 구출하신 사건 등, 어디에 그런 역사가 있는가 생각해 보라는 것이다. 그것은 결국 야훼 하나님 외에 다른 신이 없다는 것을 알게 하려는 것이고, 이스라엘을 사랑하시기 때문에 하신 일들이기에, 오직 그 하나님만을 마음에 두고 그의 법도와 율례를 지키라는 것이다. 그래야 하나님이 주시는 땅에서 오래 오래 남아서 살게 된다는 것이다.

모세는 이렇게, 훌륭한 설교를 백성에게 들려준 것이다.

교훈

1. 중대한 일을 앞두고 만반의 준비를 하는 것이 당연하다. 무엇보다도 정신적으로 잘 준비하는 것이 중요하다. 하나님의 백성이 약속의 고지를 점령하려면 물리적 준비도 필요하지만, 하나님이 지시하시는 신령한 준비가 더더욱 필요하다. 하나님이 지시하시는 길, 그의 법을 바로 알고, 그것을 지키고 복종하려는 마음가짐이 무엇보다 중요하다.

2. 모세는 이스라엘 백성에게 가장 중요한 것이 하나님 외에 다른 신을 두거나 우상을 만들어서는 안 된다는 것임을 강조했다. 하나님은 무조건 모세를 통하여 그런 명령을 하신 것이 아니다. 그럴만한 역사를 일으켜 경험을 통해서 그런 신념을 품게 하신 후에 명령하셨다.

3. 성공과 실패는 간단한 원리에서 판가름된다. 이스라엘이 약속의 땅에서 길이길이 행복을 누릴 수 있는가 아니면 그 땅에서 쫓겨나 유리방황하며 멸망의 고배를 마시느냐 하는 것은 오직 하나님만 섬기고 그를 복종하며 그의 법대로 사느냐 살지 않느냐에 달려 있다는 말이다.

요단 동쪽에 도피성을 세우다(신 **4:41-43**)

해설

이미 민수기 35장 9-15절에서 야훼께서는 도피성을 세울 것을 명령하셨는데, 모세는 이제 이스라엘 백성이 요단을 건너기 전에 요단강 동쪽에다가 도피성을 세우는 일이 바른 순서였으므로 르우벤 지파의 경내에 있는 베첼*, 갇* 지파 경내에 있는 라모트*, 므낫세 지파 경내에 있는 바산을 도피성으로 정해주었다. 이 대목은 모세가 죽기 전에 요단강 동쪽에서 한 조치를 후대의 저자(들)가 첨가한 것이다.

교훈

도피성을 세워서 무고한 생명이 희생당하지 않도록 한다는 것은 마땅한 일이다. 한 생명이라도 억울하게 희생당해서는 안 된다. 이것은 시간을 끌어서는 안 되는 문제이다. 가나안을 다 정복한 다음에 동시에 하면 되지 않느냐는 이의(異議)도 있을 수 있지만, 사람의 생명을 보호하는 문제는 가장 긴급한 문제이므로 가능한 한 빠른 조치가 필요한 것이다.

모세의 두 번째 설교에 대한 소개(신 **4:44-49**)

해설

후대에 신명기를 편집하는 과정에서 편집자들이 모세의 두 번째 설교를 소개하면서 간단한 연역(演繹)을 붙였다. 모세가 가나안으로 들어가야 하는 새 세대 이스라엘 백성을 불러놓고 그동안에 하나님께로부터 받은 율법을 다시 정리하여 제시했다는 것이다. 한마디로 율법(〈토라〉, תּוֹרָה)이라고 했지만, 그 내용은 훈령(〈에돗〉, עֵדֹת)[11], 규례(〈훅킴〉, חֻקִּים), 법도(〈미쉬파팀〉, מִשְׁפָּטִים)라는 것이다. 모세가 이렇게 율법을 선포한 장소와 시간을 덧붙였다. 장소는 출애굽한 이스라엘이 모세의 영도 하에 정복한 아모리 왕 시혼의 땅 베트프올* 맞은

---

11) 개역한글판과 개역개정판에서는 각각 '증거하신 것'과 '증언'으로 옮겼다.

편 계곡이었다는 것이다. 그때는 시혼 왕의 땅뿐 아니라 바산 왕 옥의 땅도 정복하여, 요단 동쪽 기슭의 모든 땅, 곧 북에는 헐몬 산으로부터 남에는 아라바 만에 이르기까지를 다 점령한 이후였다는 것이다.

교훈

첫 번 설교(4:1-40)에서는 서론 격으로 가나안에 들어가기 전과 또 들어간 다음에 해야 할 일의 골자를 말해 주었다. 즉 야훼 하나님만 예배하고 우상을 만들지 말아야 할 것과 하나님의 말씀과 그의 법에 복종할 것을 강조했다. 이제 두 번째 설교를 소개하려는 마당에, 그 내용은 한마디로 하나님의 율법(〈토라〉, תּוֹרָה)이라고 하지만, 구체적으로 말한다면 하나님이 모세를 통하여 주신 모든 훈령과 규례와 법도가 거기에 속한다고 해설을 붙인 것이다.

그리고 이 율법은 허구(虛構)가 아니라, 확실한 역사적 뿌리를 가지고 있는 법이라는 사실을 말하여, 그 신빙성을 확립해 준다. 이미 죽은 세대는 모세와 함께 광야에서 40년을 지내는 동안 단편적으로 그 법들을 들었을 것이고, 제2세대도 어느 정도 들었을 것이지만, 이제 가나안으로 들어가야 하는 마당에 그 당사자들에게 하나님의 율법을 다시 정리해서 들려주는 것이 필수적인 것이었다.

하나님의 법을 한 번만 들으면 되는 것이 아니다. 그리고 상황에 따라서 강조할 것이 달라질 수 있다. 모세는 시의적절(時宜適切) 하게 그의 백성에게 하나님의 법을 정리하고 해설하여 들려주려는 것이다. 여기에 훌륭한 지도자 모세의 지혜와 애족심과 성의를 엿볼 수 있다. 그리고 우리는 설교자들의 임무가 무엇인가를 알아야 할 것이다. 때를 놓치지 말고 하나님의 말씀을 바르게 정리하고 해석하여 선포하는 것이 설교자의 임무일 것이다.

십계명(신 **5:1-21**)

해설

"모세가 이스라엘 전원을 불러 모으고 그들에게 말했다."라는 소개의 말은, 그 역사적인 옛 사건을 후대의 편집자가 다시 소개하는 말이다. "이스라엘아, 내가 오늘 너희에게 말하는 규례들과 법도들을 듣고, 그것을 배우고, 열심히 지키어라."고 모세가 명령하였다는 것이다. 그리고 그것은 야훼, 이스라엘의 하나님께서 호렙산에서 이스라엘과 맺으신 언약인데, 그것은 옛 조상들과 맺은 것이 아니라, 그날 거기에 살아서 모여 있는 이스라엘 백성과 맺은 언약이라고 강조한다. 즉 아브라함과 맺은 언약(창 15:1-21)과는 다르고, 또 호렙(시내) 산에서 맺은 언약(신 2:2)과도 구별되는 모압 평원에서의 언약(신 29:1)을 말하고 있다. 야훼는 호렙산에서, 불 가운데서, 이스라엘과 얼굴을 맞대고 말씀하셨다는 것이며, 백성은 그 불 때문에 무서워서 그 산으로 올라가지 못하고 모세가 중재인으로서 그의 말씀을 받아서 전한 것이라고 설명을 붙였다. 그리고는 이어서 십계명을 일러주었다.

여기서 되풀이하는 십계명은 출애굽기 20장 2-17절에 있는 십계명과 대동소이하다. 그 십계명을 두 개의 돌 판에 새겼다는 것은(신 5:22) 그것의 중요성을 강조하는 것이며, 이스라엘의 삶과 여타의 모든 법들의 원칙이 되어야 한다는 것을 암시하는 것이다.

6-7절에서 제1계명을 명한다. 야훼 하나님은 애굽의 노예 생활에서 이스라엘을 구출하신 분이심을 강조하며, 그 밖에 다른 신을 두어서는 안 된다는 것이다.

8-10절에는 둘째 계명 곧 우상을 만들지 말라는 명령이 나온다. 하나님은 보이지 않는데, 눈으로 볼 수 있는 우상을 만든다는 것은 이미 제1계명을 어기는 일이 된다. 이리하여 둘째 계명은 결국 야훼 하나님

만을 예배하고 섬기라는 계명으로 이해할 수 있다.

11절에서는 하나님의 이름을 마구, 잘못된 방향으로, 사용해서는 안 된다고 경계하셨다. 거짓된 것을 맹세하면서 하나님의 이름을 건다든가, 마술적인 용어나 기도에 하나님의 이름을 이용한다든가, 모독적으로 그 이름을 사용해서는 안 된다는 것이다.

12-15절에서는 넷째 계명을 다룬다. 거기에는 출애굽기 20장 8-11절의 내용과 조금 다른 것이 나온다. 거기에는 안식일을 "기억하라"(〈자카르〉, זָכַר)고 했는데, 여기서는 안식일을 "지키라"(〈샤마르〉, שָׁמַר)고 명령했다. 그리고 그 동기로 애굽에서의 노예생활을 상기시키고, 하나님께서 놀라운 능력으로 거기서 구출하신 사건을 되새기면서 안식일을 지키라고 한다. 그 두 가지 표현은 예배의 두 가지 요점을 보여준다. 하나는 안식일에 창조주 하나님을 기억하는 일이고, 또 하나는 피로와 노고에서 쉼을 얻는 안식이어야 한다는 것이다.

16절에서는 다섯째 계명을 준다. 가정생활에 있어서 부모를 존경하고 복종하는 것이 개인이 길이길이 복을 받는 길이며, 동시에 대대로 행복할 수 있는 길이다.

17절에서 살인을, 18절에서는 간음을, 19절에서는 도둑질을, 20절에서는 거짓 증언을, 21절에서 탐욕을 금한다.

교훈

1. 하나님은 이스라엘을 택하여 그들과 언약을 맺으셨다. 과거에 아브라함과 언약을 맺으셨고, 후손 족장들에게 그 언약을 상기시키셨다. 출애굽 후에 호렙산에서 이스라엘이 하나의 국가 형태를 갖추게 하시면서 언약을 맺으셨다. 이제 이스라엘은 가나안을 향하여 진군해야 할 새로운 국면에 처해 있다. 모세는 현재를 사는, 큰일을 실제로 해내야

하는 사명을 가지고 출발하려는 백성에게 하나님의 그 옛 언약을 다시금, 또 새로운 표현을 붙여 선포해 주었다. 그 언약이 죽은 언약이 아니고, 지금의 선민에게 살아있는 언약임을 상기시킨다. 얼마나 귀한 작업인가?

법이 죽은 법으로 남아 있어서는 안 된다. 하나님이 살아 계시고, 그 언약은 언제나 살아 있고, 오늘의 사람이 그 언약을 자기 것으로 받아서 기억하고 지키는 것이 필요하다.

2. 하나님의 계명은 기억만 해서는 안 된다. 하나님의 말씀을 기억에 담아둔다고 무슨 일이 일어나는 것이 아니다. 그것을 실천에 옮기는 것이 필요하다. 지키는 것이 필요하다. 모세는 새 세대에게 그 계명을 다시 불러주면서 그것을 지키라고 명령한 것이다. 그것은 하나님의 말씀을 사랑한다고 하면서, 달달 암송만 하고 실천은 하지 않는 우리들에게 경종을 주는 사건이다.

3. 안식일을 지키는 문제를 두고 출애굽기 20장 8-11절에서는, 하나님이 천지창조의 대업을 마치시고 쉬신 것처럼 인간도 엿새 동안 열심히 일하고는 제 칠일에 안식하며 휴식을 취하고 평안과 기쁨을 누리라고 했는데, 여기서는 안식일을 지켜야 하는 또 다른 이유를 덧붙였다. 안식일을 이스라엘 백성은 자기들이 애굽에서 종살이하다가 야훼의 크신 능력으로 해방되었다는 사실을 기억하는 날로 삼아야 한다는 것이다. 즉 안식일은 다같이 한 주간의 피곤을 풀며 쉬는 날로만 삼을 것이 아니라, 하나님의 창조의 사역과 특히 구원의 사역을 기억하고 찬미하며 감사하며 예배하는 날로 삼아야 한다는 말이다.

그리스도인들이 주의 날을 정하여 지키는 것은 그리스도의 대속적인 죽음과 부활을 주기적으로 기억하며 예배하기 위한 것이 아닌가?

안식일이든 주일이든 우리는 하나님의 구원 작업을 통해만 존재할 수 있은 것이기에, 적어도 한 주간의 하루를 할애하여, 하나님의 권능과 자비와 은총을 기억하면서 찬미하고 예배하는 것이 당연한 일이다.

하나님의 뜻을 중재하는 모세(신 **5:22-33**)

해설

모세는 하나님께서 주신 십계명을 소개한 다음에 본래 호렙산 밑에서 일어난 일을 다시 요약해 준다.

호렙산록에 이스라엘 백성이 다 모였을 때, 야훼께서 불과 구름과 암흑 가운데서 큰 음성으로 십계명만을 말씀하신 다음에, 친히 두 돌판에다 그 계명들을 써 가지고 모세에게 주며, 거기서 하나라도 빼거나 거기에 덧붙이면 안 된다고 하셨다는 것이다.

그때 호렙산은 온통 불에 휩싸여 있었다. 그리고 암흑 속에서 들려오는 야훼의 음성을 백성들이 듣고는, 각 지파의 수령들과 장로들이 모세에게 다가왔다는 것이다. 그들이 야훼 하나님 자신을 본 것이 아니고 그의 영광과 위대하심을 보았고 불 가운데서 들려오는 그의 음성을 듣기만 했는데도, 도저히 그 상황 속에 더 있을 수 없을 정도로 공포심에 사로잡혀 있었다. 그 압도적인 음성을 더 듣다가는 죽을 것 같은 느낌, 하나님이 불처럼 나타나셔서 자기들을 살라버릴 것만 같은 느낌을 받고 죽음을 면해야겠다고 생각한 것이다. 그런데 이상하게도 모세는 직접 하나님을 만나고 그의 음성을 들으면서도 끄떡도 하지 않고 살아 있는 것을 보면서, 모세에게 다가온 것이다. 자기들 대신 모세더러, 하나님께 나아가서, 그의 말씀을 듣고 그것을 전해 달라는 것이었다. 그러면 그 말을 듣고 행하겠다는 것이었다.

그렇게 해서 모세는 이스라엘 백성과 하나님 사이의 중보의 역할을 맡았다는 것을, 그 제2세대에게 밝힌 것이다. 모세의 설명은 계속되었다. 야훼께서 이스라엘 백성이 모세에게 한 말을 들으셨고, 야훼는 그 응답으로 모세에게 말씀하셨다는 것이다. “내가 이 백성이 너에게 한 말을 다 들었다. 그들의 말이 옳다. 그들이 그런 마음을 가지고 나를 두려워하고 내 계명을 언제나 지킨다면 그들이 대대로 다 잘살 것이다. 그러니 그들더러 각각 그들의 처소로 돌아가라고 하여라. 그러나 너는 내 곁에 있으라. 내가 모든 명령(〈미츠와〉, מִצְוָה)과 규례(〈훅킴〉, חֻקִּים)와 법도(〈미쉬파팀〉, מִשְׁפָּטִים)를 말해 줄 터이니, 그것들을 그들에게 가르치고, 내가 그들에게 주려는 땅에서 그것들을 행하도록 하여라.”

이렇게 자기가 중재자로서 모든 명령을 하나님께로부터 받아서 전하는 것이니, 그것을 지키고 좌로나 우로나 치우치지 않아야 한다고 타일렀다. 그러면 약속의 땅에서 오래오래 잘살게 될 것이라고 결론을 내렸다.

교훈

1. 불과 구름과 굉음(轟音)으로 나타나시는 하나님의 영광과 위대하심에 접하는 인간은 그것들이 하나님의 정체가 아닌데도 무섭고 떨려서 그 앞에 서 있을 수 없다. 우리는 하나님의 영광과 능력과 위대하심만 보고도 그를 복종하려는 마음을 가져야 한다. 비록 모세라는 사람을 중보로 삼아서 전하신 법이지만, 그것이 그렇게 위대하신 하나님의 것이기에 그에게 복종하는 마음으로 그 법을 지키고 실천해야 하는 것이다.

2. 하나님은 인간에게 행복의 길, 잘살 수 있는 길, 곧 삶의 법도를 주셨는데, 어쩔 수 없이 중재자를 통해서 주실 수밖에 없었다.

중재자 모세도 사람에 불과하지만, 이스라엘 백성 중에서 그를 특별히 뽑아 당신의 영광과 능력을 보면서도 죽지 않는 특전을 주면서 중재자의 역할을 하게 하셨다.

백성은 모세가 하나님과 자기들 사이의 중보로 선발된 특수한 사람임을 깨닫고, 그를 통하여 오는 말씀을 하나님의 것으로 알고 순종해야 할 것이다. 그러나 모세를 하나님의 종 이상으로 존경해서는 안 될 것이며, 모세 역시 하나님의 종 이상이 아니라는 겸손한 마음을 가져야 할 것이다.

그런데 많은 경우에 하나님의 종들을 멸시하는 경우가 있고, 때로는 하나님의 종을 신격화하는 경우가 있고, 또는 스스로 자신을 높여 사람들의 숭배를 받으려는 지도자들이 있다. 그런 망발을 해서는 안 될 것이다.

3. 가장 중요한 것은 하나님께서 그의 중재자를 통하여 주신 법을 성심성의껏 실천하는 일이다. 율법은 야훼 하나님의 명령이기에 좌우로 치우치는 일 없이 정확하게 지킬 때, 만사형통의 복을 받을 수 있다.

큰 계명(신 6:1-9)

해설

모세는 가나안 정복을 앞둔 이스라엘의 새 세대에게 십계명과 기타의 규례들과 법도를 다시 정리하고 해설해 주면서 현명한 교사답게 그 모든 것의 요강(要綱)을 말해 주었다. 즉 그것들은 야훼 하나님께서 모세를 통하여 이스라엘에게 가르쳐 지키도록 명령하신 것으로서 가나안 땅에서 이스라엘 백성이 대대로 언제나 야훼 하나님을 두려워하며 지키도록 하신 것이며, 그렇게 하면 그 땅에서 오래오래 살 수 있다는 것이다. 그러니까 이스라엘은 듣고 열심히 지켜야 한다고 명령한다.

그러고 나서 모세는 다시 "이스라엘아 들으라!"고 하면서 두 가지 명령을 주었다. 첫째는 "야훼가 우리 하나님이시다. 야훼 한 분만이다(〈야흐웨 엘로헤누 야흐웨 에핫〉, יְהוָה אֱלֹהֵינוּ יְהוָה אֶחָד)." 그러니까 너희는 각각 네 마음(〈레밥〉, לֵבָב)을 다하고, 정신(〈네페쉬〉, נֶפֶשׁ)을 다하고 힘(〈므옷〉, מְאֹד)을 다하여 야훼 네 하나님을 사랑하라!"이고, 다음은 "오늘 내가(모세가) 너에게 명령하는 것을 마음에 두고, 자녀에게 들려주고, 집에 있을 때나 외지에서나, 누웠을 때나 깨어 있을 때, 그것을 자녀에게 말해주고, 그것들을 네 손에 하나의 표지로 달고, 이마에도 표지로 달고, 문설주와 문에다가도 그들을 쓰라."는 것이다. 그리하여 드나들면서 보고 읽고 기억하도록 하라는 것이다.결국 모세는 구약의 모든 법을 두 개의 조항으로 요약한 셈이다.

유대인의 전통에 있어서 이 목적으로 사용되는 구절들은 출애굽기 13장 1-10절과 11-16절과 신명기 6장 4-9절과 11장 13-21절 등이다. "이스라엘아 들으라!"를 히브리어로 〈쉐마 이스라엘〉(שְׁמַע יִשְׂרָאֵל)이라고 하므로, 이 대목을 오늘까지 대대로 "쉐마"라고 하여 하나님께 대한 신앙고백으로 삼고 있다. 이 가운데서 신명기 4-6절을 마태복음 22장 34-40절과 마가복음 12장 28-34절과 누가복음 10장 25-28절에서는 으뜸되는 계명으로 간주한다. 하나님께서 이스라엘을 사랑하시고 선택하신 일에 대한 응답으로 이스라엘이 하나님을 사랑해야 한다는 것이다(신 7:7-11; 10:12-21).

교훈

1. 신앙생활에서 가장 중요한 것은 우리의 믿음의 대상을 올바로 정하는 일이다. 허수아비를 믿거나 우상을 믿으면, 허공을 치는 일이 될 것이다. 참된 하나님 야훼, 유일신 하나님을 믿는 신앙만이 헛됨이 없는 신앙이다. 구약성경과 신약성경이 가르치는 기본 신앙이 바로 야훼 하나님, 예수 그리스도의 아버지 하나님을 믿는 신앙이다.

2. 구약에 있어서 대개 야훼 하나님을 두려워하는 신앙을 말하고 있지만, 모세는 여기 "쉐마"에서 하나님을 사랑하라고 말해주었다. 마음과 정신과 힘을 다해 하나님을 사랑하라는 것이 성경 종교의 제일가는 계명이라는 사실을 예수께서도 다짐해주셨다.

3. 하나님을 사랑한다는 것은 말로만 하면 되는 것이 아니다. 하나님을 사랑하므로 그의 말씀을 순종하고 그의 말씀대로 살아야 한다. 하나님께서는 인간을 향한 당신의 뜻을 여러 가지 법으로 나타내셨고, 그것을 실천함으로써 인간에게 행복이 오도록 고안하셨으므로, 그것을 잘 지키는 것이 하나님을 사랑하는 일이며, 우리에게는 행복이 되는 길이다. 그러니까 열심히 그 법을 지키고 실천하는 것만이 신앙인의 의무다. 율법을 지킴으로써 하나님의 자녀가 되는 것이 아니라 하나님께서 이미 우리를 그의 자녀로 삼으셨으므로, 그를 사랑하는 마음으로, 결국은 우리의 행복의 길이기 때문에, 그 법대로 살아야 하는 것이다.

4. 우리가 하나님의 말씀을 얼마나 열심히 배우고 익히고 실천하려고 노력하는가? 가정에서 자녀에게 하나님의 말씀을 읽고 가르쳐 주고 있는가? 자기 자신과 자녀들과 온 가족이 하나님의 말씀과 명령에 젖어 있고, 한순간도 그 말씀에서 떨어져 있지 않게 생활할 필요가 있다.

항상 하나님의 말씀 안에 있을 때, 죄를 멀리 할 수 있고, 그 말씀으로 악마의 유혹을 물리칠 수 있다.

불복종을 경계(警戒)함(신 **6:10-25**)

해설

모세는 “쉐마”(4-6절)를 준 다음에 계속해서, 아마도 그의 노파심에서 다시 백성을 타이른다. 야훼 이스라엘의 하나님께서 그들에게 주시기로 조상 아브라함과 이삭과 야곱에게 약속하신 땅에 조만간 들어가게 될 터인데, 그 땅에는 훌륭한 성읍들이 있고, 온갖 보물로 가득한 집들이 있고, 돌을 쪼아내어 파서 만든 우물들이 있고, 포도원과 올리브 숲들이 있는데, 그것들을 다 차지하고 살 것이지만, 그 어느 하나도 이스라엘 사람들의 손으로 만든 것이 아니라, 공짜로 받아 누리게 된다는 것이다.

그렇게 될 때 해야 할 일이 있다는 것을 모세가 지적한 것이다. 우선 (1) 애굽 종살이에서 구출하신 야훼를 잊지 말라고 한다(12절). 다음으로 (2) 그를 두려워하고[12] (3) 그를 섬기고 (4) 그의 이름으로만 맹세하라고 한다(13절). 뒤이어 (5) 하나님은 질투하시는 하나님이시므로 가나안 원주민들의 신들을 따르지 말아야 한다는 것이다. 다른 신을 섬기는 날에는 하나님이 진노하여 이스라엘을 지면에서 없애버리실 것이라고 경고한다. 그뿐만 아니라 (6) 맛사에서 야훼 하나님을 시험한 것처럼(출 17:1-17) 그를 시험하지 말라고 한다. (7) 야훼 하나님이 주신 모든 법을 각근히 지키라고 한다. (8) 야훼 앞에서 옳고 선한 일을 행하라고 한다. 그리하면 만사가 형통하고, 약속의 땅에 들어가 그 땅을

12) 개역성경에서는 ‘경외하며’로 옮겼다.

점령하게 될 것이며, 약속된 대로 모든 원수를 몰아낼 수 있다는 것이다. 그리고 (9) 장차 후손들이 그 율법에 대해서 물으면, 과거에 하나님이 이스라엘을 애굽에서 구출하신 사건을 이야기해 주면서, 그 야훼께서 이 모든 법을 지키라고 명령하셨다는 것, 야훼 하나님을 두려워하라고 하셨다는 것, 그래야 오래 행복하게 살고, 생존할 수 있다는 것을 말하라고 한다.

그리고 "야훼 우리 하나님 앞에서 이 모든 명령을 잘 지키는 것이 옳은 일(〈츠다카〉, צְדָקָה)이다."라고 결론지었다.

교훈

1. 늙은이들이 귀가 닳도록 같은 말을 하는 것이 젊은이들에게는 귀찮게 들릴지 모르지만, 교육은 결국 반복을 통해서 이루어지는 것이다. 모세가 거의 같은 말을 반복해서 말하는 것은 건망증을 가진 이스라엘 사람들과 우리들에게는 유익한 일이다. 반복되는 하나님의 명령과 경고의 말씀을 귀찮게 여기지 말고 받아들이고 복종하는 것이 우리의 살 길이다.

2. 이스라엘 백성이 가나안을 차지한 것은 오로지 하나님의 은총으로 이루어진 일이다. 애굽에서 구출된 것은 물론이고 손 하나 까딱하지 않고 가나안 땅의 많은 성읍들과 집과 우물과 과수원 등을 얻어 누리게 됐으니, 그 얼마나 놀랍고 고마운 일인가!

거기서 그들이 해야 할 일은 그 일을 이루신 하나님 야훼를 잊지 않고 고마워하는 일이라는 것은 당연한 말이다. 그런데 사실 사람은 그렇지 못하고 항상 하나님의 은총을 잊고 반역하는 것이 아닌가?

3. 올바른 신앙 지식과 전통을 부모가 자식들에게 가르쳐 전해주는 것이 대대로 잘살 수 있는 길이다. 특히 까다롭고 귀찮아 보이는 많은 법조문의 유래와 의미를 자손들에게 잘 설명하여 납득시켜서, 그 전통이 단절되지 않게 하는 일이 중요하다. 하나님이 언제나 살아 계시기에 하나님의 법도 살아 있다. 그 법을 바르게 해석하여 계속해서 지키도록 하는 것이, 계속적인 행복을 원하는 인간의 도리일 것이다.

4. 옳음(〈츠다카〉, צְדָקָה)이 무엇인가? 사람이 정해 놓은 법대로 하는 것이 옳음이 아니라, 하나님의 법과 그의 뜻대로 행하는 것이 바로 참된 옳음이다. 하나님은 질서와 법의 하나님으로서 만물을 법칙 속에 두셨고, 인간이 걸어야 할 법도를 주신 것이다. 하나님이 정하신 질서와 법이 이루어지는 세계가 바로 낙원이며 하나님이 원하시는 상태일 것이다.

선택된 백성(신 **7:1-11**)

해설

모세의 설교가 계속된다. 야훼 하나님께서 이스라엘을 가나안 땅으로 이끌어 들이고, 그곳 본토인들을 다 쫓아내주실 것이라고 선언한다. 원주민인 헷 족속과 길가스* 족속과 아모리 족속과 가나안 족속과 브리스 족속과 히위 족속과 여부스 족속의 일곱 족속을 쫓아내신다는 것이다. 그 일곱 족속을 통틀어 가나안 사람('무역하는 사람들', Traders) 혹은 아모리 사람('서방인들', Westerners)이라 부르고 있었다.

그 족속들은 이스라엘보다 더 강하고 수가 더 많으므로 이스라엘 백성의 힘만으로는 감당할 수 없는 세력이지만, 하나님께서 그들을 쫓아내시겠다는 것이다. 그러나 하나님께서 그들을 이스라엘 백성의 손에 붙여서 몰아내실 작정이시기 때문에, 그 일의 성패(成敗)는 이스라엘에게 달려 있다고 보아야 한다. 그래서 하나님은 모세를 통하여 명령하시는 것이다.

그들과 싸워 파멸하고, 그들을 완전히 섬멸하여야 한다는 것이다. 그들과 계약을 맺는 일을 하지 말고, 자비를 베풀지 말아야 한다. 그들과 통혼하지 말아야 한다. 그것은 결국 하나님을 버리고 그들의 신을 섬기는 일로 발전될 것이기 때문이라는 것이다. 그러면 결국 하나님이 진노하실 것이고, 도리어 이스라엘 자신이 잠깐 동안에 하나님에 의하여 멸망을 당하게 된다는 것이다.

그래서 모세는 그들이 가나안에 들어가서 구체적으로 할 일을 제시해 주었다. 원주민들의 제단을 헐고, 그들이 세운 기둥들을 깨부수고, 거룩한 목상들을 꺾어버리고, 그들의 우상들을 불사르라는 것이다. 그리함으로써 야훼 하나님의 거룩한 백성의 체통을 지키라는 것이다. 야훼 하나님께서 이스라엘을 이 땅의 많은 백성 중에서 선택하시어, 당신의 백성을 삼으시고, 소중한 소유를 삼으셨기 때문이라는 것이다.

이스라엘이 가장 미약한 소수 민족인데도 야훼께서 그들을 마음에 두고 택하신 것은 그가 그들을 사랑하셨기 때문이며 그가 그들의 조상들에게 맹세하신 서약을 지키기 위한 것이다. 그러니까 여기서 얻는 결론은 야훼 하나님이 바로 하나님이시고, 하나님을 사랑하고 그의 계명을 지키는 자들에게는 천대에 이르기까지 언약을 충실히 지키시는 하나님이시라는 것, 반대로 자기 백성 중에서라도 그를 거부하는 자들에게는, 지체하시지 않고 보복을 하시는 분이라는 사실을 알아야 한다는 것이다. 그러니까 오늘 모세를 통해서 그들에게 전해지는 명령(〈미츠와〉, מִצְוָה)과 규례(〈훅킴〉, חֻקִּים)와 법도(〈미쉬파팀〉, מִשְׁפָּטִים)를 잘 지켜야 한다는 것이다.

교훈

1. 하나님은 역사에 대한 뚜렷한 목표를 가지고 계신다. 이스라엘 민족을 택하여 지구상의 만백성이 복을 받는 세계를 이루시려는 것이다. 하나님은 인간의 계산과는 다른 계산을 하신다. 이스라엘이 다른 민족보다 강하거나 그 수가 많거나, 특별히 그들이 잘나서가 아니라, 약한 자를 통해서 강한 자를 부끄럽게 하시며, 하나님의 하나님 되심을 나타내시기 위해서 선택의 원리를 사용하시는 것이다. 그러므로 선택된 자들이 하나님 앞에서 교만해서는 안 된다. 어디까지나 하나님의 신비로운 계획과 은총으로 말미암아 이루어지는 일이기 때문이다.

2. 하나님은 이스라엘을 도구로 삼으셔서 당신의 뜻을 이루시려는 것인데 이스라엘이 그 도구의 역할을 충성스럽게 이행하지 않는다면, 누구보다도 더 심한 벌을 받아야 할 것이다. 우선 이스라엘은 하나님의 도구로서 거룩한 백성이 되어야 하고, 만백성의 모범이 되어야 할 의무가 있다. 그래서 우선 거룩한 백성이 되기 위해서 가나안을 정복하고 본토인들을 섬멸하고 그들의 거짓 종교를 말살하라는 명령을 내리신 것이다. 그 일이 어렵고 귀찮은 일이지만, 그들의 거룩함을 이루기 위해서는 필수적이었다. 너무 가혹하다는 생각이 들 수밖에 없는 비인도적인 작업이지만, 그런 비난의 가능성을 무릅쓰고 그 명령을 내리신 것이다. 하나님의 뜻이 이루어지기 위해서는 이스라엘이 무조건 그 명령을 실시해야만 하는 것이다.

이스라엘의 불복종으로 하나님의 뜻이 이루어지지 않는다면, 그 책임은 이스라엘에게 있으므로 이스라엘은 하나님께 무서운 심판을 받아 마땅하다. 하나님의 계획을 망가뜨리는 큰 죄를 지었기 때문이다. 이스라엘이 역사에서 여러 번 하나님의 명령을 어겨 번번이 예고된 큰 벌을 받았다. 하나님은 참고 기다리며 당신의 뜻을 이루어나가신다.

3. 하나님이 운전하시는 역사 속에 사는 우리는 어디까지나 하나님을 사랑하는 마음으로 그의 계명을 지켜야 하고, 하나님은 그런 사람들과 맺으신 언약을 성실하게 지키신다는 것을 알고 믿어야 한다. 하나님의 명령을 거역하는 자를 하나님은 반드시 벌하실 것이기에, 열심히 하나님의 법도를 지키도록 힘써야 한다. 야훼 하나님만이 참 하나님이시고, 언약을 성실히 지키시는 하나님이라는 것을 아는 것이 가장 중요하다. 그리고 그의 명령을 준행하는 길만이 행복으로 가는 길이다.

4. 근묵자흑(近墨者黑)이라는 속담처럼 악한 풍속과 종교와 사상을 가까이 하면 자연히 그 악함을 닮게 되고 유혹을 받아 거기에 끌려들어가게 된다. 그래서 가나안을 정복하는 이스라엘더러 가나안의 재래 토속 종교와 악습에 물들지 않기 위해서 그들의 문물을 다 없이 하고 그 사람들마저 섬멸하라고 가혹한 명령을 내리셨다. 눈에 보이지 않는 야훼를 섬겨야 하는 이스라엘 백성이 가나안의 가시적인 우상과 선정적(煽情的)인 문물을 접할 때 백발백중 유혹받을 가능성이 있기 때문에, 그 가혹한 명령을 내리신 것이다. 어쨌든 우상 종교와 죄악적인 이방 문물에 유혹을 받지 않아야 하고, 참된 하나님을 믿고 참된 도리를 찾아서 붙드는 것이 무엇보다도 중요하다.

복종하는 자가 받을 축복(신 **7:12-26**)

해설

앞 대목에서 선민의 긍지와 복종의 의무를 말했다면, 여기서는 그 복종에 따르는 대가를 말한다. "당신들이 이 법도(מִשְׁפָּטִים)를 잘 듣고 지키고 행하면"이라고 전제한 후에, 그에 따르는 대가를 열거한다.

먼저 (1) 야훼 이스라엘의 하나님이 그들의 조상들에게 맹세하면서 세운 언약관계를 유지하실 것이고 (2) 하나님이 그들을 사랑하시고 (3) 그들에게 복을 주시고 (4) 그들을 번성하게 하시리라고 한다.

다음으로 하나님이 어떻게 복을 주실 것인지를 말한다. (1) 자손이 많아지게 하고, (2) 땅의 소산을 풍성하게 하여 곡식과 포도주와 올리브기름을 넘치게 하고, (3) 우양을 축복하여 불어나게 하실 것이다. (4) 그리하여 세상에서 가장 많은 복을 받은 백성이 되게 하신다. (5) 야훼께서 이스라엘 백성에게서 모든 병을 물리쳐주실 것이고, 이스라엘의 원수들에게는 오히려 병을 주시겠다는 것이다.

이런 복을 예고하면서 모세는 본토인들을 무자비하게 섬멸하고 그들의 신들을 섬기지 말아야 한다고 당부한다. 모세는 노파심에서 그 반대의 경우를 예상하면서 계속하여 경고한다. 이스라엘이 가나안에 들어가서 그곳의 외적 상황만 보고 위축되고 두려운 생각을 하면서 그들을 정복하는 일을 포기할까봐서, 미리 경고하며 격려한다. 먼저 (1) 그들을 두려워하지 말라 하고, 다음으로는 (2) 야훼 하나님이 과거에 하신 일을 기억하라고 한다. 바로와 애굽인들에게 하신 일, 하나님이 행하신 기사와 이적들, 강력한 팔로 이스라엘을 구출하신 모든 과거의 사건들을 기억하라는 것이다. 그리고 앞으로 야훼께서 그들이 두려워하는 가나안 백성에게도 꼭 같은 일을 하시리라 한다. (3) 야훼께서 가나안 본토인들에게 괴질을 일으켜서 씨를 말리실 것이다. (4) 위대하고 무서우신 야훼 하나님이 이스라엘과 함께 계실 것이다.

그러나 22-23절에서는 가나안 정복이 단숨에 되지는 않으리라는 것을 예언한다. 야훼께서 그들을 제거하시되 조금씩 조금씩 그리 하실 것이라고 예고한다. 여호수아기와 사사기에서 그것이 역사적 사실로 드러난다. 본토인들을 서서히 축출하시는 이유는 그 땅에 있는 야수(野獸)들을 제거하는 데 그들이 필요하기 때문이라는 것이다. 본토인들을 단번에 다 제거하면 야수들이 너무도 많아져서 살기 어렵게 된다는 것이다. 야수를 다루는 능이 본토인들에게 있었던 모양이다. 이렇게 시간이 걸리더라도 야훼가 그들을 다 제거해 주실 것이라고 예고한다.

이스라엘이 원주민을 소탕하는 가운데 유의해야 할 것은 본토인들의 우상을 몽땅 불살라야 한다는 것이다. 우상에게 입혔던 금과 은을 탐내지 말라는 것이다. 그것이 올무가 되기 쉽기 때문이다. 우상을 철저하게 미워하고 파괴해야 한다.

교훈

1. 하나님은 당신의 말씀을 복종하는 백성에게 복을 내리신다. 하나님을 사랑하는 마음으로 그의 법을 잘 지키면, 하나님도 조상전래의 언약관계를 지키실 것이다. 그 백성을 사랑하셔서 온갖 복을 내리신다는 것이다. 그것은 오늘도 마찬가지이다. 하나님을 사랑하고 그의 말씀을 순종하는 사람을 지금도 사랑하시고 복을 주신다.

2. 하나님의 백성이 그들의 원수의 외형을 보고 두려워 떨 수 있다. 그러나 그 원수가 제아무리 크고 힘이 있다고 하여도, 하나님이 대신 싸워주시기로 약속하셨기 때문에, 두려워할 필요가 없다. 때로는 원수를 멸하는 작업이 더디고 지지부진한 것으로 보이겠지만, 깔끔하게 결말을 내실 분은 하나님이시니까, 우리는 염려할 필요가 없다. 우리는 오늘에 우리의 소임을 충실하게 수행하면 된다. 믿음을 가지고 오늘을 바로 살아가는 것이 중요하다.

3. 그 과정에서 가장 중요한 것은 우상을 섬기지 않고 철저히 제거하는 일이다. 하나님의 진노를 사는 일을 하지 않음이 하나님께 복을

받는 유일한 길이기 때문이다. 우상과 관계되는 것이나 일을 철저히 제거하여 자신과 후대에게 올무가 될 만한 것이 없도록 해야 한다.

율법을 지키면서 가져야 할 마음가짐(신 **8:1-20**)

해설

모세는 입이 닳도록 율법 준수를 강조한다. 여기서 이를 다시 한 번 강조하면서 그래야 할 이유를 설명한다.

광야 40년의 긴 세월에 걸쳐서 야훼 하나님이 이스라엘을 인도하신 목적이 있다는 것이다. 이스라엘이 하나님의 계명을 지킬 것인가 안 지킬 것인가 알기 위해서 그들을 시험하여, 그들의 콧대를 꺾으시려고 훈련을 하셨다는 것이다. 그들에게 굶주림을 주심으로 그들을 낮추고 그 후에 만나를 먹이셨다. 결국은 사람은 빵으로만 사는 것이 아니라 하나님의 입에서 떨어지는 말씀으로 살 수 있다는 것을 깨닫게 하신 것이다. 40년 동안 그들의 옷이 해지지 않았고, 광야 길을 걷고 또 걸었어도 발병이 나지 않았다. 그것은 하나님이 도우신 것이고, 결국 부모가 자식을 훈련하는 것처럼 이스라엘을 사랑으로 훈련하신 것에 불과하다. 그러니까 야훼 하나님을 두려워하는 마음으로 그의 모든 계명을 지켜야 한다는 것이다.

그러면서 다시 가나안 땅이 얼마나 좋은 땅이라는 것을 설명한다. 한마디로 그곳은 좋은 곳인데, 흐르는 시내들이 있고, 샘이 있고, 계곡과 산지에 솟아오르는 지하수가 있으며, 밀, 보리, 포도나무, 무화과나무, 석류나무, 올리브 나무, 꿀이 있는 땅이다. 따라서 먹고 살기에 모자람이 없다. 게다가 철광과 동광이 있다. 그러니까 거기에 들어가서 실컷 먹고, 그 좋은 땅을 주신 야훼를 찬미하며 살라는 것이다.

그러나 장차 생길 수 있는 문제는, 그 땅에 들어가서 넉넉히 먹고 좋은 집을 짓고 살게 되고 우양이 늘고 은과 금이 쌓이고 부자가 될 때 마음이 변하기 쉽다는 것이다. 그래서 그것을 생각하면서 경고한다. 한마디로 말해서, 모세를 통하여 지금 주고 있는 야훼 하나님의 율법을 어김으로써 그를 잊어버리는 일을 삼가라는 것이다. 다시 말해서 교만해지지 말라는 것이다. 그들을 애굽에서 구출하여 광야 길을 무사히 인도하신 하나님을 잊고, "내 힘과 나 자신의 손의 능력으로 이 부를 일구었다."는 말을 하지 말라는 것이다. 오직 하나님이 힘을 주셔서 부자가 되게 하셨고, 조상들과 세우신 언약을 이루신 것이니, 다만 야훼를 기억해야 한다는 것이다.

만일 야훼를 잊고, 다른 신들을 따르고 섬기고 예배하는 경우, 그들은 틀림없이 망하고 말 것이라고 경고한다. 야훼 하나님의 말씀을 거역한다면, 하나님은 가나안 본토인들을 멸망시킨 것과 꼭 같이 이스라엘도 멸망시킨다는 것이다.

교훈

1. 하나님은 그가 사랑하시는 이스라엘 백성을 연단하시기 위해서 40년 광야 생활이라는 긴 시련을 주셨다. 그것은 사랑의 채찍이었다. 사랑하시기 때문에 매를 드신 셈이다.

2. 부모가 자식을 연단하는 것은 목적이 있다. 깨달음을 주려는 것이다. 먹을 것이 없고, 물이 없는 광야 생활을 통해서, 즉 막다른 골목에서 하나님만을 의지하는 마음을 얻게 하려는 것이었다. 하나님께 복종하고 하나님의 말씀을 따르는 것이 상책이라는 것을 깨닫게 하시려는 것이다.

사람이 의식주 문제도 자기 힘으로 해결할 수 없는 것이 사실이지만, 하나님의 말씀에 복종하고 그의 축복을 통해서만 인간의 살 길이 열린다는 사실을 깨달아야 하는 것이다(마 4:4).

3. 사람은 생활이 넉넉해질 때 마음이 교만해지고, 자기 힘으로 무엇이든지 할 수 있다는 교만한 마음을 가지게 된다. 그럴 때마다 우리는 하나님을 기억하고, 역사에서 배우며, 하나님이 허락하시지 않으면 우리는 아무것도 할 수 없고, 한 순간도 살 수 없다는 사실을 깨달아야 한다. 하나님의 말씀을 복종하지 않을 때, 하나님은 진노하시고, 우리도 멸망당할 가능성이 있다는 사실을 알아야 한다. 선민 이스라엘도 하나님을 거역하다가 망한 역사가 있지 않은가!

하나님께 반역한 이스라엘의 과거(신 **9:1-29**)

해설

요단강을 건너서 가나안으로 진격해야 하는 큰 과업을 앞둔 이스라엘 백성에게, 모세는 다시 과거의 역사를 말해 준다. 특히 그들 조상의 반역의 역사를 소상히 설명해 준다.

우선은 격려의 말로 시작한다. 이스라엘 백성은 자기들보다 더 크고 더 강한 나라들, 큰 성읍들, 하늘에 닿을 듯이 높은 성채들이 있고 장대한 아낙의 후손들이 사는 곳을 향하여 진격하려는 단계에 있다. 사람의 생각으로는 전혀 불가능한 일을 해야 하는 형편이다. 그러나 야훼 하나님께서 이스라엘 백성에 앞장서서 무엇이든지 살라버리는 큰 불처럼 원수들을 덮쳐서 그들을 진멸하실 것이고, 약속하신 대로 이스라엘은 그들을 점령하고 파멸할 수 있으리라 격려한다.

그러나 하나님께서 이스라엘로 하여금 승리하게 해 주실 때, 그것이 자기들의 의(義, 〈츠다카〉, צְדָקָה) 때문이라고 생각지 말고, 오히려 원수들이 악하기 때문이라고 말해야 한다는 것이다. 이스라엘의 마음이 의롭거나 바르기(〈요세르〉, יֹשֶׁר) 때문이 아니라, 가나안 본토인들의 악(〈리쉬아〉, רִשְׁעָה) 때문이고, 하나님께서 조상들에게 약속하신 것을 이루시기 위함이라는 것을 알아야 한다는 것이다.

사실은 그 좋은 땅을 이스라엘에게 주시는 것은, 그들의 의로움 때문이 아니라고 하면서, 그들이 얼마나 목이 곧은 완고한 백성인가를 설명한다. 애굽에서 나온 이래 지금의 그 땅에 이르기까지 야훼를 얼마나 화나게 하고 거역했는지를 기억하라고 하면서 몇 가지 실례를 말한다. 우선 모세가 호렙산에 올라가 하나님께 십계명을 받으려고 40주야를 금식하고 있을 때 야훼께서 손수 두 개의 돌 판에 계명을 새겨서 주셨고, 40일이 되었을 때 그것을 가지고 내려가라고 하시면서, 이스라엘 백성이 몹쓸 짓을 한다고 일러주셨다는 것이다. 즉 그 백성이 모세가 명령한 길을 그렇게도 빨리 버리고 우상을 부어 만들었다는 것이다. 그 때 하나님이 말씀하시기를, 그 백성이 참으로 목이 곧은 사람들이니, 그들을 멸하여 하늘 아래서 그 자취를 없이 하겠다고 하셨고, 오히려 모세에게서 하나의 강대한 나라를 만들어내겠다고 하셨다는 것이다. 이런 말을 들은 모세가 그 돌판들을 들고 산에서 내려왔고, 백성이 송아지 형상을 부어 만들어 야훼께 범죄하는 꼴을 보았고, 야훼가 명령하신 길을 그렇게도 빨리 버린 것을 보았다는 것이다.

그래서 모세는 그 돌판을 내동댕이쳐 그들이 보는 앞에서 부수어버렸다. 그러고는 다시 산으로 올라가 전과 같이 40주야를 야훼 앞에 엎드려 식음을 전폐하고 있었다. 이스라엘 백성이 죄를 지어 하나님을 진노하시게 했기 때문에, 그들 대신 자복하며 하나님의 은총을 구하기 위한 것이었다. 즉 대노하신 야훼께서 이스라엘을 멸망시키지나 않을까 두려워하면서 엎드려 기도하고 있었다는 것이다.

그런데 야훼는 종전에도 그랬던 것처럼, 그 경우에도 모세의 기도를 들어주셨다. 거기서 하나님은 아론의 행동에 대노하셔서 그를 죽이려고 하셨으나 모세가 중재에 나서서 하나님의 마음을 돌렸다. 그리고는 모세가 그 송아지를 불로 녹이고, 빻아 가지고, 가루를 만들어 계곡의 물에 던져 흘러가게 했다는 것이다.

그 후에 타브에라*와 맛사와 키브롯핫타아바*에서도 이스라엘이 하나님께 반역했는데, 특히 카데쉬바네아*에서 가나안 땅으로 올라가 점령하라고 하신 하나님을 거스르고 그의 말씀을 믿지 않고 복종하지 않았다는 것이다(민 11:1-34).

모세가 호렙산에서 40일을 엎드려 기도한 내용을 그들에게 소개했다. 이스라엘 백성은 야훼 하나님의 소유이어서 하나님이 당신의 큰 능력으로 구속하여 애굽에서 구출하신 백성이고, 조상 아브라함과 이삭과 야곱과 약속하신 백성이니, 이 백성의 완고함, 그들의 악함과 죄를 묻지 말아 달라고 기도했다는 것이다. 만일 하나님께서 그들을 벌하여 멸망시키신다면, 애굽 사람들이 비웃으며, 야훼가 힘이 없어서 약속의 땅으로 들여보내지 못했다고 할 것이고, 그 백성을 미워하셔서 광야에서 죽게 하셨다고 할 것이 아니냐고 하였다는 것이다.

교훈

1. 이스라엘이 가나안 땅을 정복할 수 있었던 것은 어디까지나 하나님의 은혜와 능력 덕택이다. 따라서 이스라엘이 뽐낼 것은 하나도 없다. 그러나 하나님은 눈에 보이시지 않고, 실제로 싸움한 것은 이스라엘 백성 자신이었기 때문에, 이스라엘은 자기들의 힘으로 또는 자기들이 잘나서 승리했다고 생각하기 쉬울 것이다. 그러나 사실은 하나님이 싸워 주셔서 이긴 것이기 때문에, 그들이 교만하거나, 자기들의 옳음

때문에 승리했다는 생각을 해서는 안 될 것이다.

사람의 눈에는 보이지 않지만, 실제로 싸움을 이기게 하신 분이 하나님이시라는 사실을 알고, 자중해야 한다. 이스라엘이 자기의 의 때문에 이긴 것이 아니고, 본토인들이 악하기 때문에 그들을 응징하신 것이라고 말해야 옳다는 것이다. 가나안 본토인들의 우상숭배와 부도덕성은 하나님의 응징을 받아 마땅한 것이었다는 말이다. 어쨌든 이스라엘의 승리의 원인은 하나님에게 있다는 것을 기억해야 한다.

2. 이스라엘은 목이 곧고 번번이 하나님을 배반한 자들이지만, 하나님은 약속을 지키시는 긍휼의 하나님으로 당신의 명예를 위해서 그 반역적 이스라엘을 멸하지 않고 오히려 그들을 위하여 대신 싸우셔서 가나안을 정복하게 하셨다. 그러므로 이스라엘은 그 점을 깨닫고 언제나 하나님께 감사하며, 그를 순종하고, 그의 법대로 살려고 힘을 써야 할 것이다. 우리의 경우도 그와 같다. 우리는 죄인이요 언제나 하나님을 반역하는 자들이다. 그래도 하나님은 우리를 택하시고 무조건 구원하시고, 그의 계획을 이루시는 것이기 때문에, 우리는 다만 감사한 것뿐이다. 다시는 반역하지 않기 위해서 노력해야 할 것이고, 하나님의 법도를 지킴으로 그의 축복을 받는 자들이 되기를 힘써야 할 것이다.

3. 이스라엘은 모세가 전해주는 반역의 역사를 귀담아 듣고 그 전철을 밟지 않아야 했다. 그런데 그들은 어리석게도 모세의 경고를 무시하고, 반역 행각을 계속했다. 지도자는 민중의 앞날을 위해 과거의 추한 역사도 들추어 경종을 울려야 한다. 모세는 그런 의미에서 할 일을 다 한 슬기로운 지도자였다. 그 후에도 하나님은 많은 예언자들을 보내어 백성에게 하였건만, 민중은 어리석었다. 이것이 인간의 어리석음이다.

두 번째 돌판(신 **10:1-11**)

해설

모세의 호렙산에서 일어난 사건을 계속 이야기한다.

엎드려 기도하고 있는 모세를 향하여 야훼가 명령하셨다. 전번 것과 같은 돌 판을 두 개를 만들어 가지고 올라오라는 것이었다. 그리고 궤를 하나 만들라는 것이었다. 그 돌판들에 전번의 것과 같은 내용의 말씀을 새겨 줄 터이니, 그것들을 그 궤 속에 넣어두라는 것이었다. 그래서 모세는 아카시아 나무로 궤를 만들어 놓은 다음, 전의 것과 꼭 같은 돌 판 두 개를 만들어 가지고 산으로 올라갔다. 그랬더니 하나님께서 손수 십계명을 거기에 새겨주셨다. 그리고 그것들을 들고 내려와서 그 궤에다 넣었다는 것이다.

어쨌든 모세는 그 산에서 40주야를 머물었고, 야훼께서는 모세의 기도를 들어주셨다는 것이다. 그리고 야훼는 이스라엘을 멸망시킬 마음이 없으셨다는 것이다. 그리고 모세에게 명령하셨다는 것이다. "일어나라. 백성들의 선봉이 되어 전진하라. 그들에게 그 땅을 주기로 그들의 조상들에게 내가 약속했으니, 그들이 거기에 들어가 그 땅을 정복해야 한다."고 하셨다는 것이다.

본문에 약간의 후대 삽입구가 들어 있다. 이스라엘이 브엘오트 브네야아칸*을 떠나 모세라까지 여행하고, 거기서 아론이 죽고 그의 아들 엘아잘*이 대를 이은 사건, 굿고다를 거쳐 욧바타*까지 온 여행, 그 때에 레위 지파로 하여금 언약궤를 운반하는 책임을 지게 하고, 야훼 앞에서 섬기며, 야훼의 이름으로 축복하는 임무를 맡게 하신 일, 따라서 레위 지파는 땅을 유업으로 받지 않았다는 내용이다.

교훈

1. 가나안 정복을 앞둔 이스라엘 백성이 모세의 이 설교 내용에서 착안해야 할 것이 있을 것이다. 이스라엘이 반역을 하고 하나님의 법을 어겼을 때, 하나님은 대노하셔서 이스라엘을 진멸할 것 같이 보였지만, 아니 그렇게 무서운 하나님이시지만, 그가 세우신 계획을 변경하시지 않고, 이스라엘을 끝까지 사랑하신다는 것을 보여주셨다. 그들과 맺은 언약의 계명 십계명을 다시 써 주시며, 그것을 대대로 법궤에 안치하고, 백성의 법도가 되게 하라는 것이었다. 불변하는 하나님의 사랑을 거기서 알아차려야 할 것이다. 어디까지나 하나님의 계명을 지키며 살아가야 한다는 것을 말해주고 있다.

2. 하나님은 모세의 기도를 들어주셨다. 이스라엘을 멸망시키려던 마음, 아론을 당장에 죽이려던 마음을 접으시고 용서하셨다. 의인의 기도를 들어주시는 하나님을 여기서 볼 수 있다. 동시에 이스라엘의 영도자 모세의 충성스러운 애족심과 책임감을 우리는 배워야 할 것이다. 40주야를 금식하며 중재의 기도를 드린 모세의 충정과 진심을 우리는 감탄하며 배워야 할 것이다.

율법의 진수(眞髓)(신 **10:12-22**)

해설

모세는 이스라엘의 과거 역사를 되풀이하여 말해주고, 특히 반역의 역사를 보여준 다음, 하나님이 이스라엘에게 요구하시는 것이 무엇인가를 요약해서 말하며, 그들의 결단을 촉구한다.

야훼 하나님이 이스라엘에게 무엇을 요구하시는가? (1) 야훼 하나님을 두려워할 것 (2) 그가 지시하는 길을 따를 것 (3) 야훼를 사랑할 것 (4) 마음과 정신을 총동원하여 야훼 하나님을 섬길 것 (5) 그의 계명들(〈미츠옷〉, מִצְוֹת)과 규례들(〈훅킴〉, חֻקִּים)을 지키라는 것이다. 그것이 그들이 잘살 수 있는 길이라는 것이다. 천지의 대 주재이신 야훼 하나님이 만백성 중에서 이스라엘을 사랑하고 선택하셨으니, 마음의 할례를 행하고 더 이상 반역적인 완고한 마음을 품지 말라고 충고한다.

그러고는 이제 야훼 하나님의 참된 모습을 다시 한 번 소개하면서, 이스라엘이 가져야 할 태도를 말해 준다. 즉 야훼 하나님은 최고의 신, 최고의 주님, 위대하고 강력하고 무서운 분이시며, 공평하고 뇌물을 받으시지 않고, 자비의 신으로 고아와 과부를 정의로 대하며 나그네에게 먹을거리와 옷을 공급하며 사랑하시는 분이라고 설명한다.

그리고는 이스라엘도 그들의 애굽 생활을 회상하면서 나그네를 사랑하라고 권한다. 야훼 하나님을 두려워하고, 그만을 예배하고, 그에게 충성하고, 그의 이름으로만 서약을 하라고 권한다.

이스라엘이 찬양할 대상은 하나님이시며, 그만이 그들의 하나님이시다. 그들은 하나님이 하신 위대하고 무시무시한 일을 목격한 것이고, 애굽으로 이주할 때 70명이었던 백성이(창 46:1-7,26-27) 이제는 하늘의 별처럼 많아진 것이 바로 하나님의 도우신 증거라고 하면서, 백성들의 자각을 독려한 것이다.

교훈

1. 모세의 설교는 설득력이 있고 열정적이었다. 이스라엘 역사에서 중요한 것을 여러 번 거듭 말해 줄 뿐 아니라 요령 있게 요약하며 청중의 마음을 사로잡고 그들의 반성과 결단을 촉구하고 있다.

요령부득의 말을 반복하면 오히려 손해가 될 수 있다. 설교자들이 배워야 할 점이다.

2. 마음의 할례가 육신의 할례보다 더 시급하며 중요하다. 이스라엘이 할례를 받은 사람들이었지만 하나님을 반역하지 않았는가. 그래서 마음의 할례를 통하여 완고함을 제거하고 하나님을 바르게 섬길 수 있어야 한다(10:16).

3. 하나님은 엄위하시지만, 자비와 사랑의 하나님이시기도 하다. 고아와 과부와 나그네, 곧 약자들의 편이 되어 그들을 돌보시는 분이시다. 따라서 우리도 하나님의 자녀로서 약자를 돌보는 미덕을 갖추어야 한다. 신명기의 특이성은 바로 이 사랑의 정신에 있다.

순종에 대한 상급(신 11:1-32)

해설

10장 마지막에 있는 대로, 모세는 이스라엘이 야훼께서 내리신 복으로 거대한 민족이 되었다는 말을 한 다음, 거기에 대한 응답으로 이스라엘이 해야 할 일을 지시한다. 먼저 이스라엘의 하나님 야훼를 사랑하라고 말하고, 다음으로는 '그(=야훼)가 지키라고 한 것'(〈미쉬마르토〉, מִשְׁמַרְתּוֹ)[13]과 법도와 규례와 명령들을 언제나 지켜야 한다.

그리고는 과거 사건들을 목격한 기성세대가 먼저 과거사를 확실히 알아야 한다고 강조한다. 야훼 하나님의 위대하심, 하나님의 능력 있는

13) 개역한글판과 개역개정판에서는 각각 '그 직임'과 '그가 주신 책무'로 옮겼다.

팔의 위력, 애굽에서 바로와 그의 영토에서 행하신 기적과 쾌거들, 바로의 군대를 수장하여 몰살시킨 사건, 광야에서 이스라엘에게 하신 일들, 르우벤의 아들 엘리압의 아들들, 다단과 아비람의 반역 사건(민 16:1-35)을 기억하라는 것이다. 기성세대가 그것들을 기억하고, 새 세대에게 경고하며 가르칠 의무가 있기 때문이다.

요는 과거 기성세대가 하나님의 명령을 거역한 것이 문제이기 때문에, 이제 가나안으로 들어가려는 마당에 명심해야 할 것은, 이제부터는 모세를 통하여 주시는 하나님의 율법을 지켜야 한다는 것이다. 하나님의 율법을 지키면 힘이 생겨서, 하나님이 약속하신 가나안 복지에 들어가 대대로 복을 누리며 오래오래 살 수 있다는 것이다.

그러면서 애굽 땅과 가나안 땅의 차이점을 말해 준다. 애굽의 고센 땅은 평지고, 나일 강이 흐르는 곳이었지만, 거기서는 씨를 심고 관개 작업을 통해서 사람들이 일일이 물을 대어서 농사를 하는 곳이었다. 그러나 가나안은 산지와 계곡으로 된 땅이어서, 하늘에서 비가 내려야만 농사를 할 수 있는 곳이며, 야훼 하나님이 돌보아주셔야만 하는 것이다. 그 하나님이 일 년 종내 계속 돌보아 주셔야 하는 곳이다. 철저히 하나님을 의지하고 살아야 하는 곳이라는 말이다. 다시 말해서 하나님을 믿고 의지하고 하나님의 마음에 드는 행동을 해야만 살아갈 수 있는 곳이라는 말이다.

그러니까 앞으로 가나안에 들어가서 이스라엘이 가져야 할 태도는, 모세를 통해서 지금 주고 있는 계명을 하나하나 잘 지키는 일이다. 야훼 하나님을 사랑해야 하고, 마음과 혼을 다하여 그를 섬기는 정신으로 그의 계명을 지켜야 한다는 것이다. 그리하면 철을 따라 필요한 비 곧 가을비(=이른 비)와 봄비(늦은 비)를 내려주셔서, 풍년이 들어 곡식과 포도주와 올리브 기름이 풍성하고 목초가 넉넉하여 우양이 잘 자랄 것이다.

그러니까 어디까지나 하나님의 법도를 잘 지키라는 것이고, 만일 그렇지 않고, 배반하여 다른 신을 섬기고 예배하는 경우, 하나님은 진노하셔서 하늘을 닫고 비를 내려주시지 않을 것이며, 결국은 가뭄으로 말미암아 그 좋은 땅에서 멸절하고 말 것이다.

하나님의 법을 잘 지키기 위해서, 마음과 혼 속에 그 법도를 새겨 넣을 뿐 아니라, 손에도 이마에도 그것들을 표지로 달고 다니라는 것이다. 그리고 자녀들에게도 가르치라는 것이다. 집에서나 밖에서, 누웠을 때나 일어나 있을 때, 늘 하나님의 법에 대해서 말하고, 문설주와 문에다가 그것을 써서 보게 하라는 것이다. 그리하면 이스라엘의 지금 세대뿐 아니라 대대로 영영 그 땅에서 번성하게 된다는 것이다.

이스라엘이 열심히 그 모든 계명을 지키는 경우, 즉 야훼 하나님을 사랑하고 그가 지시하는 길을 가고 충성을 다하면, 야훼께서 그들에게 어떤 상급을 주실 것인가? (1) 가나안의 본토인들을 다 몰아내 주셔서 이스라엘보다 더 강력하고 수가 많은 그들의 나라들을 점령한다는 것이다. (2) 그들이 밟는 땅이 다 그들의 소유가 될 것이다. 남쪽 광야 지대로부터 복쪽 레바논까지, 유브라데 강으로부터 지중해까지 그들의 땅이 될 것이다. (3) 그 지경에 있는 모든 사람들이 이스라엘을 무서워하고, 이스라엘을 대적할 자가 없을 것이다.

모세는 여기서 축복과 저주를 설정한다. 야훼 하나님의 계명을 지키면 복을 받고, 그의 계명에 복종하지 않고 다른 신들을 섬기면 저주를 받는다는 것이다. 그러니까 야훼 하나님께서 이스라엘을 가나안으로 인도해 들인 후에, 그리심 산에는 축복의 단을 쌓고, 에발 산에는 저주의 단을 쌓으라는 것이다. 한마디로 말해 가나안 땅에 들어가서 축복을 받고 행복하게 살기 위해서는 모세를 통하여 주시는 모든 규례(〈훅킴〉, חֻקִּים)와 법도(〈미쉬파팀〉, מִשְׁפָּטִים)를 잘 지켜야 한다는 것이다.

교훈

1. 우리는 하나님이 하신 일을 후대에게 바르게 증언해 주어서, 그들이 옳은 신앙을 가질 수 있게 해야 한다. 그리고 하나님의 법도를 바로 전하고 가르쳐서 행하도록 하는 책임이 있다. 그것만이 그들이 행복하게 살 수 있는 길이기 때문이다.

2. 이스라엘이 들어가서 살 땅은 산악 지대이고 험한 계곡이 많은 곳이어서, 하나님께서 비를 내려주시지 않으면 농사도 목축도 할 수 없는 곳이다. 애굽의 고센 땅 곧 물이 풍성한 곳에서 살던 이스라엘 백성이 이제 가나안에 들어가면, 전적으로 하나님이 주시는 우로지택에 의지해야 한다. 결국 하나님의 마음에 들게 행동하며 하나님의 선의를 기다리고 그가 내리실 복에 전적으로 의지해야 한다. 그러기에 더더욱 하나님을 사랑하고 그만을 섬기고 그의 법도를 따라 삶으로써 하나님이 마음을 기쁘시게 해 드려야만 하는 것이다. 우리의 삶도 그와 대동소이하다. 따지고 보면 하나님의 축복이 아니고는 살 수 없는 세상에서 우리가 살고 있다. 우리도 하나님의 뜻대로 삶으로써, 하나님의 축복 속에서 살려고 노력해야 한다.

3. 우리가 하나님께 복을 받으며 사느냐 저주 아래 사느냐 하는 것은 간단하게 판가름난다. 하나님만을 사랑하고 그의 법도를 잘 지키면 축복을 받고, 반대로 우상을 섬기고 하나님을 배반하며, 그의 말씀대로 살지 않으면 저주를 받고 멸망한다는 간단한 이론이다. 그러니까, 자녀들에게 그 이론을 가르쳐야 한다. 한마디로 말해서, 모세가 일러준 대로 열심히 하나님의 법도를 자녀에게 가르쳐야 하는 것이다. 온갖 방법을 다 동원하여 자녀들에게 하나님의 법도를 주입시키고 그 법대로 살도록 지도하고 훈육해야 할 것이다.

4. 하나님의 명령을 순종하고 그의 법대로 살 때, 태평성세를 이루게 된다. 큰 땅도 차지하고, 원수들과의 전쟁에서 승리하게 되고, 무적의 강국이 되기도 한다. 그리고 생활에 궁핍함이 없을 것이다. 하나님의 축복을 받아야 그런 상태가 올 것이고, 반대로 하나님을 배반하여 그의 저주를 받은 자는 그런 복을 받지 못할 것이 분명하다. 복 받는 길이 확실한데도 우리는 어리석게도 저주의 길을 택하는 수가 얼마든지 있다. 하나님 우리 아버지는 우리가 축복을 받아서 행복해지기를 원하고 계시는데도 말이다.

5. 가나안 땅에서 거의 중앙이라고 할 수 있는 세켐* 땅에 있는 두 개의 높은 산, 그리심 산과 에발 산을 각각 축복과 저주의 산으로 정한 것은, 매우 잘한 일이라고 본다. 우기가 기념할 만한 곳에 비석을 세우는 것이 통례인데, 이스라엘이 사느냐 죽느냐를 가늠하는 문제를 거국적으로 언제나 생각하게 하려고, 두 개의 산을 바라보게 했다는 것은 참으로 멋이 있는 발상이다. 멀리서도 볼 수 있는 그리심 산을 보면서 하나님께 복 받으려는 생각을 하게 하고, 맞은편에 있는 에발 산을 바라보면서, 저주를 피하려는 생각을 하게 한다는 것은 참으로 훌륭한 조치가 아니겠는가 말이다. 어쨌든 하나님을 순종하고 그의 법도를 따름으로써 하나님께 복 받는 이스라엘이 되는 것이 목적이다.

이방 신당들을 부수어라(신 **12:1-12**)

해설

야훼 하나님께서 이스라엘에게 주시며 점령하라고 하신 땅에서 항상 열심히 지켜야 할 규례들(〈훅킴〉, חֻקִּים)과 법도들(〈미쉬파팀〉,

מִשְׁפָּטִים)은 이것이라고 하면서 새삼스럽게 명령을 주기 시작한다.

학자들은 12장 1절-26장 19절을 하나의 새로운 통일된 단원으로 생각한다. 12장 1절-13장 18절과 16장 1-17절과 26장 1-19절에는 예배행위에 대한 법을, 19장 1절-25장 19절에서는 주로 일반 생활에 대한 법규를 다룬다. 이 큰 대목은 대개 십계명의 순서를 따르고 있으며, 그 계명들을 해석하고 그 맥락을 설명하고 있으며, 이스라엘이 하나님과 맺은 언약의 백성으로서 행복하고 번영하는 삶을 살기 위하여 가져야 할 윤리적인 원칙들을 말해주고 있다.

앞으로 가나안에 들어가면, 그곳의 원주민들이 높은 산과 언덕과 잎이 무성한 숲 속에서 섬기던 그들의 신들을 완전히 파멸해야 한다고 한다. 그들의 제단들을 부수고 그들이 모시는 기둥들과 목상(木像)들을 불사르고, 그들이 신으로 섬기는 우상들을 잘라버려서, 그들의 종교를 말살하라는 것이다.

그들이 예배하는 식으로 야훼 하나님을 섬겨서는 안 된다는 것이다. 하나님께서 택하시는 한 곳을 찾아서 거기에 모이고 그리로 번제물들과 희생제물과 십일조와 기타 예물과 서원제물과 자원(自願) 제물과 맏배 짐승을 가져다 바쳐야 한다. 그리고 거기서, 즉 야훼 하나님 앞에서 온 가족이 같이 먹으며 하나님이 주신 복을 즐기라는 것이다. 아직 요단강 동쪽에 있을 때는 그렇게 하지 못하고 제멋대로 했지만, 이제 약속의 땅에 들어가서 안정을 얻게 된 다음에는 하나님이 정해 주신 한 곳에서, 곧 하나님이 당신의 이름을 두시기로 하시는 곳에서 예배하며, 다같이 하나님 앞에서 즐기라는 것이다. 거기에는 남녀노소 빈부귀천의 차이가 없어야 한다는 것이다. 유업을 받지 못한 레위인들도, 그리고 남녀 노비들도 같이 즐길 수 있어야 한다고 하였다.

교훈

1. 우선 제1, 제2계명을 해설하면서 이상적인 삶이란 야훼 하나님만 예배하고 온 백성이 다같이 하나님의 축복을 받으면서 즐거운 삶을 사는 것이라고 말한다. 뒤집어서 말하면, 모든 우상을 제거하여 그 그림자도 다 없이하고서 야훼 하나님만을 섬기며 복된 삶을 다같이 누리게 하라는 것이다.

2. 사람이 제각기 자기 곳에서 혼자서 혹은 부족 별로 종교생활을 할 수도 있겠지만, 옛날 그 당시의 상황에서는 예배가 분산되면, 자연히 본토인들의 전통의 영향을 받고, 야훼 예배의 순수성을 잃을 염려가 있었을 것이다. 요는 예배의 순수성과 효율성의 문제다. 하나님께만 집중하여 충성해야 한다. 그리고 이스라엘 공동체가 다같이 하나님 앞에서 예배하면서, 다같이 즐거움을 가질 수 있어야 한다. 하나님과 그의 자녀인 인간이 동등하게 같이 교통하며 살면서 행복을 누리는 것이 하나님의 이상이며 뜻이라고 보아야 할 것이다.

예배와 육식(肉食)의 문제(신 **12:13-28**)

해설

예배는 아무데서나 드리지 말고 야훼께서 이스라엘 열두 지파 중 하나의 영토 내에 정해 주신 곳에서 드리라는 것이다. 거기서 번제를 드리고, 여타의 제사도 드리는 것이 원칙이라는 것이다.

그러나 여기서 예외 조항을 두셨다. 한곳에서만 제사를 드린다면, 또 거기에서만 제사 고기를 먹어야 한다면, 이는 육식이 필요한데다가 그것을 바라는 사람들에게는 너무도 가혹하고 힘든 일이 아닐 수 없다. 그래서 하나님이 정해 주신 곳이 아니더라도, 야훼 하나님이 복을 내려 살게 하신 어떤 마을에서도 노루나 사슴을 잡아 그 고기를 먹도록 허락하셨다. 정한 사람이나 부정을 탄 사람이나 다 그런 고기를 먹을 수 있다는 것이다. 단 한 가지 조건이 있는데, 그런 짐승을 잡으면, 그들의 피는 땅에 쏟아 버리고, 피는 절대로 먹지 말아야 한다는 것이다.

이렇게 예외 규정을 주신 것은 인간의 기본적인 필요를 충당하는 동시에 하나님께 대한 의무는 그대로 지키게 하려는 것이다. 즉 하나님이 정해 주신 곳으로 가져가야 할 제물과 예물은 그리로 가져가고, 거기서 다같이 먹고 즐기도록 하라는 것이다. 그리고 레위인들을 푸대접하지 말고 같이 그 기쁨에 동참하게 하라는 것이다.

이제 또 한 가지 변경된 조항을 제시한다. 하나님께서 이스라엘 백성에게 영토를 확장하는 복을 주셨을 때, 고기를 먹고 싶은 욕망이 생기고 하나님이 정해 주신 곳은 너무 멀어서 갈 수 없으면, 원하는 대로 어디서나 가축을 잡아서 자기 마을에서 먹어도 된다는 것이다.

한 가지 조건은 노루나 사슴의 경우와 같이, 정한 사람이나 부정을 탄 사람이 다 그 고기를 먹는데, 그 짐승의 피만을 먹지 말아야 한다는 것이다. 피는 곧 생명이기 때문이라는 것이다. 생명을 존중하는 것이 하나님 보시기에 옳은 일이고, 그렇게 할 때, 대대로 잘살 수 있다는 것이다. 그러나 동시에 하나님이 정해주신 곳으로 가져가야 할 예물과 제물은 법대로 다 바쳐야 한다는 것이다.

교훈

1. 선민 이스라엘이 하나님께 참된 예배를 드리기 위해서 어떤 장소가 적당할 것인가? 가나안 원주민들을 쫓아내고 그 자리에서 살아야

하는 그들이 유혹받기 쉬운 그 때 상황에서는 하나님이 중앙 성소를 하나 정해 주실 필요가 있었다. 중요한 것은 이스라엘 민족의 예배가 야훼 하나님만을 섬기는 순수한 것이 되어야 하고, 그 목적을 달성하기에 가장 효과적인 장소를 택해야 하는 것이다.

2. 하나님은 인간의 제물을 받으셔야만 배가 부르신 분이 아니다. 어디까지나 인간의 행복을 염두에 두시고 계시는 하나님이시기 때문에, 인간의 기본적인 욕구를 무시하시지 않는다. 형편에 따라서 인간의 본능적인 욕구도 채워주시는 하나님이시다. 육식을 즐기는 이스라엘에게 그들의 욕망을 무시하라고 하지 않고, 길을 열어 주는 너그러우시고 아량이 깊으신 하나님이시다. 그러나 하나님께 대한 예배를 소홀히 하지 않는 한도 내에서이다. 하나님께 드려야 할 정당한 예배를 제대로 드리는 것이 중요한다. 그 조건을 지키는 한도 내에서 인간의 편의를 최대한 허용하시는 하나님이시다.

3. 야훼 하나님을 예배하면서 사는 생활 중에, 언제나 마음에 두어야 하는 것은 생명의 존엄성이다. 생명은 하나님만이 만드시는 것이고, 생사의 관건이 오직 하나님께 있는 것이기에, 생명을 하나님 아닌 다른 존재가 좌지우지할 수 없다. 필요에 의해서 육식을 하지만, 따라서 짐승을 죽여야 하지만, 생명을 귀하게 여기는 마음만은 가져야 한다. 그래서 피에 생명이 있다고 생각하는 시대의 사람들에게 피를 먹지 말라고 명령하신 것이다. 생명 존중은 동서고금을 막론하고 인간이 지켜야 할 철칙이다.

4. 하나님의 율법은 자구적으로 불변하는 것이 아니다. 하나님은 인간의 형편과 그들의 정도를 감안하여 율법을 시대적으로 가장 알맞게

알려 주시므로, 때로는 수정이 가능하다. 우리는 언제나 율법의 정신을 찾아서 시대에 맞게 표현하며 적용해야 한다. 모세가 한 일이 바로 그런 것이다.

우상숭배에 대한 경고(신 **12:29-13:18**)

해설

이스라엘 백성이 약속의 땅에 들어가서 그 땅을 점령하고 그들을 정복한 다음에 조심할 일이 있다는 것이다. 그들의 생활을 모방하고 호기심을 가지게 될 염려가 있으니, 전적으로 그들의 문물에 대하여 관심을 가지지 않도록 하라는 것이다. 그들의 종교는 타락할 대로 타락하여 심지어 자기들의 자녀를 불살라 바치는 일까지 하지 않았느냐고 하시면서, 하나님이 말씀하신 것을 철저히 행하고, 거기에 아무것도 가감하지 말라고 하셨다는 것이다.

그런 전제 하에 구체적으로 세 가지 경우를 제시한다.

⑴ 꿈을 가지고 점을 치는 예언자라든가, 그런 등속의 사람들이 나타나 표징과 지적들을 행하면서, 다른 신들을 따르고 그것들을 섬기자고 하는 경우가 생길 때, 그런 사람들의 말에 귀를 기울이지 말라는 것이다. 그것은 야훼 하나님이 백성을 시험하는 것이고, 정말로 이스라엘이 전심(全心)으로 야훼 하나님을 사랑하는가를 알기 위한 것이니까, 그들의 말을 듣지 말고, 오직 야훼만 따르고, 그만을 두려워하고, 그의 계명만을 지키고, 그의 말씀만 복종하고, 그를 섬기고, 그에게 충성해야 한다는 것이다. 반대로 그런 거짓 예언자들과 잡소리를 하는 자들을 죽이라는 것이다. 그리하여 이스라엘 생활 주변에서 악을 숙청하라는 것이다.

(2) 예언자가 아니더라도 동족 중에서라도 야훼 아닌 어떤 다른 신들을 예배하자고 사주하는 사람들이 있으면, 그들에게 끌리거나 주목하지 말고, 조금이라도 그들을 동정하거나 옹호할 생각을 말아야 한다는 것이다. 이스라엘 백성의 손으로 그들을 반드시 죽여 없애야 한다는 것이다. 그래야만 이스라엘의 모든 사람들이 그 소문을 듣고 두려워서 그런 잘못을 저지르지 않게 된다는 것이다.

(3) 이스라엘이 점령한 마을 중에 어떤 불량자가 마을 주민들을 사주하며 이스라엘이 알지 못하는 다른 신들을 섬기자고 한다는 소문이 들리거든, 자세히 알아본 뒤에 그것이 사실일 경우에는 그 마을 사람들을 검으로 다 죽이고, 그들의 가축까지도 없이해야 한다는 것이다. 거기서 노획한 것들을 전부 광장에 가져다 놓고 완전히 불살라 하나님께 번제로 바치라는 것이다. 그리하여 다시는 그 마을이 재건되지 못하게 해야 한다. 그 노획물 중 어느 것도 가지지 말아야 한다. 이렇게 해서 야훼의 말씀을 복종해야만 하나님이 이스라엘에 대한 노를 푸실 것이고, 온정을 베풀어 번영하게 하실 것이다.

교훈

1. 기성 문화권 속에 복음이 전해져서 그곳 사람들이 복음을 받아들였을지라도, 그곳의 기존 문물이 가지는 영향력은 상존(尙存)하게 마련이다. 한국에 기독교 복음이 전래되었지만, 기성 종교와 사상들이 기독교에 가미되고, 복음의 일부인 양 판을 치고 있는 형편이 아닌가. 하나님은 그런 현상을 막기 위해서 모세를 통하여 사전에 재삼재사 경고와 주의를 주신 것이다. 철저히 우상숭배를 제거하고 순수한 야훼 종교를 유지하라는 것이다.

2. 거짓 예언자들의 활동은 거짓 영들의 장난이고, 야훼 종교에 맞서는 원수들의 교란 작전이다. 거짓 예언자들을 색출하여 그들을 삼가는 것이 중요하며, 그들에 대한 엄벌을 통하여 일벌백계의 효과를 얻어야 할 것이다. 어떤 지방이나 마을이 그런 거짓 종교와 사상에 물들었을 때, 그 도시 전체를 멸망시킬 정도로 철저히 야훼 종교의 순수성을 강조한다. 그런데도 과거 역사에 의하면 이스라엘은 하나님의 명령대로 하지 않았고, 결국은 하나님의 징계를 받아야 했으니, 악의 세력이 얼마나 크다는 것과, 인간이 얼마나 연약하다는 것을 알게 된다. 그러므로 우리는 우리의 약함을 인정하고, 더 철저히 하나님을 의지하고 그의 도우심을 구해야 할 것이다.

이방 풍속을 따르지 말라(신 **14:1-2**)

해설

여기서부터는 이스라엘 백성이 가나안에 들어가서 가져야 할 잡다한 생활 방식을 지시한다. 우선 가나안 본토인들의 장례, 즉 사람이 죽었을 때 지키는 풍습을 따르지 말라고 당부한다. 그들은 사람이 죽으면 몸을 찢고 앞머리를 미는 풍속이 있는데, 야훼 하나님의 자녀들은 이방인들과 구별된 자들이며 하나님의 소유가 된 자들이기 때문에, 즉 거룩해야 하기 때문에, 이방인들의 이상한 풍습을 따르지 않음으로써 구별되어야 한다는 것이다.

교훈

1. 이스라엘은 야훼 하나님의 자녀라는 의식을 가져야 한다. 그리고 하나님께서 만백성 중에서 선택하여 그의 백성을 삼으시고, 귀한 소유

를 삼으셨다는 사실을 기억하면서, 세상 사람들과는 구별된 존재, 즉 거룩한 존재라는 의식을 가져야 한다.

2. 그런 선민의식을 가지는 동시에, 거기에 부합하는 삶이 되도록 해야 할 것이다. 삶 자체가 거룩한 것이 되고, 남들이 보기에도 거룩해야 한다. 사람이 죽었다고 해서 자기 몸을 찢고 피를 낸다든가, 앞머리를 밀어서 괴상한 모양을 가지는 등은 백해무익한 행동이다. 우선 그런 이방인들의 풍습을 따르지 않음으로써, 즉 쓸데없는 일이나 흉측한 일이나 미신적인 일은 하지 않음으로써 이방인들과는 구별되어야 할 것이다. 즉 거룩한 백성의 체통을 지켜야 할 것이다.

정결한 음식, 부정한 음식(신 **14:3-21**)

해설

이스라엘이 하나님의 선민으로서 거룩함을 유지하기 위해서는 부정한(〈토에바〉, תּוֹעֵבָה, abhorrent thing) 동물들을 먹지 말아야 한다. 우선 네 발 가진 동물 중 먹을 수 있는 것들을 말하고, 반대로 먹지 못할 부정한 것들을 열거한다. 다음은 물고기 가운데 정한 것과 부정한 것을 열거한다. 그러고 나서 정결한 새와 부정한 새를 구별하였고, 나는 곤충도 먹지 말라고 하였다. 정결한 동물도 그것들의 주검은 먹지 말라고 하며, 그것을 자기 마을에 사는 나그네에게 주어서 먹게 하거나 외국인에게 파는 것은 상관없다는 것이다.

이는 도덕적으로 온당하지 않은 처사라고 보이는데, 어쨌든 이스라엘 백성은 산 짐승을 죽여서 먹고, 이방인들은 이미 죽은 고기를 먹어도 된다는 이론이다. (가나안 땅에서 살면서 현실적 문제로 나타날 수 있는 것인데, 자연사한 짐승의 고기를 그냥 버릴 것이 아니라, 그것을 부정한 것으로 여기지 않는 이방인들에게 주거나 팔아서, 먹을 수 있게 하는 것이 옳다고 본 것이다.) 이스라엘은 거룩하시고 살아 계신 야훼 하나님의 백성이기 때문에 산 고기와 죽은 고기를 구별하여 먹음으로써 거룩함을 유지하라는 말이다. 이스라엘 사람들이 죽음을 부정(不淨)한 것으로 여기고 있었기 때문에, 죽은 동물의 고기를 먹는 것은 부정을 타는 것으로 여긴 것이다.

그리고 염소나 양 새끼를 그 어미의 젖에다 넣어서 끓여서 먹는 일을 금했다. 그것 역시 젖은 살아 있는 것이고, 죽은 염소나 양은 죽은 것이어서, 생명과 죽음을 혼합해서는 안 된다는 이론일 것이다. 동시에 어미젖에다 그 새끼를 삶는다는 것은 잔인한 행동이라고 보았을 것이다. 즉 도덕적으로 허용될 수 없는 행동을 함으로써 거룩함을 깨뜨리는 일을 해서는 안 된다는 것이다.

교훈

1. 우리의 몸과 영혼이 하나님 앞에서 거룩하기 위해서는 부정한 물건을 먹거나 부정한 행동을 피해야 할 것이다. 이스라엘 사람들이 날마다 먹고 사는 짐승, 물고기, 조류의 고기 가운데 부정한 것을 먹음으로써 부정한 사람이 되어서는 안 된다는 것이고, 반대로 정결한 것을 먹어서 하나님 앞에 정결한 자가 되라는 것은 당연한 말이다. 악한 것은 그 모양이라도 버리라는 것이 바울 사도의 말씀이다(살전 5:22).

2. 정결한 음식을 먹고 정결한 행동을 하는 것은 하나님의 영을 모신 성전으로서의 우리의 몸이 마땅히 이행해야 할 일이다. 민족마다 그 나름의 전통이 있어서, 어떤 것은 부정한 것, 어떤 것은 정결한 것으로

여기고 있다. 히브리인들이 돼지고기를 금하고 비늘 없는 고기를 금하지만, 그런 법은 그들의 해묵은 전통에서 오는 것이다.

예수님은 하나님께서 모든 것을 좋게 만드셨기 때문에 깨끗하다고 생각하면서 먹을 수 있다는 말씀을 하셨다(막 7:19). 어쨌든 믿음이 없이 먹고 몸에 해로운 것을 먹거나 해로운 양의 음식을 먹고 손해를 자초한다든가 추태를 나타내어 인간으로서의 체통을 잃어서는 안 될 것이다. 특히 그리스도인들이 하나님의 자녀로서 마땅히 먹어야 할 것과 먹지 않아야 할 것을 가려서 바르게 처사함으로, 하나님의 영광을 가리지 않아야 할 것이다.

3. 죽음을 인간의 끝장이라고 보고 그것을 죄악시하던 구약 시대의 사람들이 그것을 더럽게 본 것은 당연하다. 죽으면 몸이 썩고 거기에서 악취가 나고 더러워서 누구나 기피할 수밖에 없기 때문이다. 그래서 주검을 만지기만 해도, 또는 보기만 해도 부정을 탄다고 생각하기에 이르렀다. 그 반대로 삶을 존중하고, 그것과 동반하는 정결을 숭상하는 일은 좋은 일이다.

그리스도인들에게 있어서는 죽음이 우리의 마지막이 아니고 영원으로 들어가는 관문에 불과하기에, 죽음을 죄악시할 필요는 없을 것이다. 그러나 죽음으로 상징된 악과 부정을 배격함으로써 삶이 더욱 아름다워지고 거룩해지도록 노력하는 것은 마땅한 일이 아닐 수 없다.

십일조에 관한 규정(신 14:22-29)

해설

해마다 그해의 농산물에서 십일조를 떼 놓아야 한다. 야훼 하나님이 정해주시는 곳에서 즉 야훼 하나님 어전에서 곡식, 포도주, 올리브 기름, 우양의 맏배의 십일조를 먹으라는 것이다. 그 목적은 야훼 하나님을 언제나 두려워하기를 배우기 위한 것이다.

그러나 하나님이 정해 주신 성소에서 너무 멀리 떨어진 곳에 사는 사람의 경우에는 그 십일조를 돈으로 환산하여 가지고 성소로 올라가 거기서 그 돈을 마음대로 쓰라는 것이다. 즉 거기서 소, 양, 포도주, 독주, 기타 원하는 것을 사서 온 가족이 함께 먹고 즐기라는 것이다. 토지의 분깃을 얻지 못한 레위인들을 소홀히 하지 말고 그들도 즐길 수 있게 하라는 것이다.

삼년마다 그 해의 농산물의 완전한 십일조를 떼어 마을에 저장해 놓고, 토지 분배를 받지 못한 족속인 레위인들과 기류하는 나그네들과 고아와 과부들이 마음껏 먹을 수 있게 하라고 한다. 그래야 야훼 하나님께서 이스라엘 사람들이 하는 일에 복을 내려 주시기 때문이다.

교훈

1. 여기서 이스라엘 백성 하나하나에게 명령을 내린다. "너희"라는 복수형이 아니라 "너"라는 단수형을 사용하여 각자의 책임을 강조하고 있다. 하나님이 주시는 축복의 땅에서 복 받으며 살 수 있는 길은 시민 하나하나가 하나님 앞에서 책임감을 가지고, 각각 법을 지켜나가는 것이다. 그 하나하나가 자기의 하나님 야훼의 임재를 의식하고 그 앞에서 그가 주신 소산을 먹으며 즐기라는 것이다.

하나님이 아니고는 그해의 소산이 있을 수 없다는 것을 생각하며 고마워해야 할 것이고, 행복하라고 주신 소산이기에 온 가족이 그 소산을 먹으며 즐거움을 가지는 것이 하나님의 기쁨이다. 자기 앞에서 그의 자녀들이 기뻐하는 광경을 보시는 하나님은 기쁜 마음으로 그들에게 더 큰 행복을 주실 것이다.

2. 현물을 돈으로 환산해 가지고라도 하나님이 정해 주신 곳에 올라가서 먹고 즐기라고 한 것은, 중앙 성전 제도를 특별히 강조한 것으로 보인다. 그것은 어디까지나 야훼 종교가 해이해지는 것을 막으려는 하나의 방편이었다고 본다.

그 정신을 우리는 본받아야 한다. 하나님만을 섬기고, 하나님 안에서만 기쁨을 누릴 수 있고, 또 그래야 한다는 진리를 우리가 알아야 할 것이다.

3. 삼년에 한 번씩은 십일조를 떼어서 나그네와 고아와 과부와 레위인들이 마음껏 먹도록 하라는 것은, 복지사회를 이루어 인간이 다같이 기본적인 삶을 즐기도록 해야 함을 의미한다.

하나님이 주신 복으로 어떤 사람들이 남보다 더 부자가 되는 것을 누가 막을 수 있으며, 또 그것을 불평할 필요가 없다. 단지 조건과 형편이 여의치 않아 가난하거나, 고아나 과부가 되는 불우한 형편의 사람도 기본적으로 생존할 권리가 있는 것이므로 그들이 같이 생존할 수 있도록 해 주는 것이 인간의 도리며 하나님이 정하신 법칙임을 깨달아야 한다.

안식년에 관한 법(신 15:1-18)

해설

7년마다 빚을 완전히 탕감하는 제도를 실시하라는 것이다. 동포 이웃이 자기에게 빚을 졌고 갚을 수 없을 때, 그 빚을 받아내지 말고, 안식년이 되면 그 빚을 탕감해 주라는 것이다. 외국인에게는 빚을 받아내어야 하지만, 동족에게는 그리하지 말라는 것이다. 동족에게서 빚을 받아내지 않더라도 모세를 통하여 야훼 하나님이 명령하시는 것을 잘 지키기만 하면, 하나님이 축복하실 것이므로, 궁핍하게 살지는 않을 것이다. 다른 나라들에게 꾸어주면서 살게 될 것이고, 구차하게 남에게서 꾸는 생활을 하지 않을 것이며, 많은 나라를 지배할지언정 지배를 받지는 않을 것이다.

하나님이 주신 가나안 땅에서 살면서 동포 가운데 가난한 사람이 있다면, 아무 때나 마음을 열고 그들이 필요로 하는 것을 꾸어 주라는 것이다. 그런데 인색한 마음을 가지고, 안식년까지의 연수를 따지면서, 가난한 이웃을 원수처럼 여기고 아무것도 꾸어주지 않을 경우, 그들이 야훼께 부르짖을 것이고, 결국 가진 자가 하나님께 벌을 받게 된다는 것이다. 그러니까 남을 도울 때 넉넉하게 인색함이 없이 하라는 것이며, 그리하면 하나님께서 모든 일에 축복하신다는 것이다. 이 땅에는 가난한 사람이 없는 날이 없을 것이기에, 가난하고 불쌍한 이웃에게 널리 손을 벌려 도움을 주라고 모세는 당부한다.

특별히 히브리인 남자나 여자가 환경이 여의치 않아 동족에게 팔려서 노예 생활을 하는 경우에 그 주인은 6년을 부린 다음 제7년에는 그들을 풀어 주되 빈손으로 내보내지 말고 우양과 곡식과 포도주 등, 하나님께 복 받아 얻은 것을 넉넉히 나누어주라고 한다. 과거 애굽에서 겪은 노예 생활을 회상하면서 그들에게 관대한 처분을 하라는 것이다. 그런데 그 노예들이 그 집을 떠나지 않고 같이 살기를 원할 때는 그것을 허락하되, 그 종의 귓불을 문에다 대고 뚫어 표를 하여 평생 그 집의 종으로 삼을 수 있다는 것이다.

교훈

1. 역사의 종국에는, 아니 그것을 향해서 가는 과정에서도 결국 구원 받은 자와 구원받지 못한 자로 이분(二分)될 것이다. 하나님께 복

받은 자들 곧 구원받은 자들은 많은 나라에게 꾸어주면서 넉넉히 살고, 남들을 지배할지언정 지배를 받지는 않고 자유를 누리게 될 것이다. 그것은 하나님의 백성 된 사람들이 하나님께 복종하는 삶을 산다는 조건이 전제된다. 하나님의 뜻은 바로 이웃을 사랑하고, 가난하고 궁핍하고 연약한 이웃을 사랑하여, 돕고 평등을 도모하면서 살 때 하나님께서 복 내려 주실 것이고, 거기서 평등 사회, 복지 사회가 온다는 것이다. 그러므로 우리는 우선 이웃을 사랑함으로써, 세상 사람들에게 빛이 되고 본이 되어야 할 것이다. 그것을 통하여 이방인들에게도 구원의 길을 소개할 수 있을 것이다.

2. 빚을 탕감해 주고, 남을 용서해 주는 일은 쉬운 일이 아니다. 그러나 예수는 기도를 가르치시면서 빚을 탕감해 준다는 것을 전제로 하고 죄를 탕감해 달라는 기도를 하게 하셨다(마 6:12). 우리는 인색하여, 욕심이 많아서, 가난한 자를 돕거나 자선을 베푸는 일을 하지 못하는 경우가 많다. 그러나 가난이 없을 수 없는 이 땅에서, 이웃에게 넓은 아량을 가지고 자선을 베푸는 것만이, 하나님께 복 받고 만사형통할 수 있는 길이라는 것을 잊지 않아야 할 것이다. 그것이 하나님이 정하신 이치이기 때문이다.

3. 사회생활 속에서는 부득불 상사가 있고 그를 섬기는 자들이 생기기 마련이다. 그러나 인간 위에 인간 없고, 인간 아래 인간 없다. 하나님은 인간을 그의 형상을 닮은 존귀한 존재로 만드셨기 때문에, 그 앞에서 대등하고 평등하다. 그러므로 사회구조상 형편에 따라서 남을 부리게도 되고, 남을 섬기기도 하지만, 결국은 평등해야 하고, 다같이 먹고 입고 쓰고 살 수 있어야 한다. 평등한 정의 사회를 이루는 것이 하나님의 이상이요, 그것이 우리의 목표여야 한다. 이웃이야 죽든지 말든지 내가 잘살면 그만이라는 것은 하나님의 뜻이 아니다. 모두가 자유인으

로서 행복하게 살 수 있도록 아량을 베풀고, 나누면서 사는 세상을 만들려고 노력해야 할 것이다. 형편이 여의치 않아, 남의 수하에서 살기를 자처하는 사람들이 있을 수 있는데, 그것은 그 사람의 자유로운 선택이므로 강제로 막을 필요는 없다.

우양(牛羊)의 맏배(신 **15:19-23**)

해설

맏배 우양의 제사 문제를 다루는 전통적 규례가 있었다. 모세는 여기서 다시 한 번 그 조항을 강조한다. 우양의 맏배 수컷들은 집에 두고 자기 일을 위하여 부리지 말고, 또 맏배 수컷 양의 털을 깎아 자기 이득을 삼는 일을 하지 말라는 것이다. 그것을 야훼 하나님께 성별하여 바치라는 것이다. 그리고는 그 고기를 하나님 어전에서 가족과 함께 먹으라는 것이다. 그러나 그 우양에게 조금이라도 흠이 있는 경우에는 그것을 제물로 드리지 말고, 자기 동네에서 잡아서, 정한 사람이나 부정할 사람 할 것 없이 다같이 그 고기를 나누어 먹으라는 것이다. 단 그 동물의 피는 땅에다 쏟아버려야 한다는 것이다.

교훈

1. 하나님께서 인간의 행복과 안녕을 위하여 소와 양 등 육식 동물을 주셨다. 이스라엘 백성은 주로 산골에서 살았기 때문에 목축을 하면서 살았고, 따라서 그들에게는 우양이 필수적인 것이었다. 그들에게 있어서 소나 양이나 염소의 맏배 새끼가 태어나면 기쁘고, 그것들을 귀하게 여길 것이 틀림없다. 그리고 그것들을 자기의 것으로 삼으려고 하는 마음이 있을 수밖에 없을 것이다. 그러나 하나님은 모세를 통하여 삶의

진정한 원리를 가르치셨다. 생명의 주인은 하나님이시고, 짐승 하나하나에게 소생(所生)을 주시는 것도 하나님의 소관이기에, 적어도 우양의 맏배를 그 주인이신 하나님께 바쳐드림으로써 생명의 귀중함과 주인의 것을 주인에게 돌려드리는 미덕을 가지라는 것이다. 그럴 때 하나님은 그런 사람에게 더 큰 복을 내려서 더 많은 것을 얻게 해 주신다는 것이다. 모든 것이 하나님께로부터 왔다는 것과 하나님의 것을 하나님께 돌릴 줄 아는 것이 필요하다는 것이다.

2. 그런데 여기서 하나님은 맏배 새끼를 다 바치라고 하시는 것이 아니라, 수컷을 바치라는 것이고, 수컷 중에서도 흠이 없는 것을 바치라고 하셨다. 암컷도 많이 맏배로 태어날 터인데, 암컷까지 바치라고 하시지는 않으셨다. 그만큼 하나님은 암컷 동물이 필요한 이스라엘 사람들의 현실 생활을 감안하여 주시는 너그러움을 보여주셨다.

3. 중요한 것은 하나님께서 맏배 동물의 제사를 요구하시면서도, 결국은 그 주인과 그 온 가족이, 해마다 하나님 어전에서 그 제사 고기를 먹으며 기쁨을 누리게 하신다는 사실이다. 하나님께 드리는 제사 행위는 하나님을 기쁘시게 하는 일인 동시에, 하나님의 자녀인 이스라엘 백성이 하나님 안에서 함께 기쁨을 누리도록 하려는 것이다.

4. 흠이 있는 맏배 동물은 그 흠 때문에 하나님께 바쳐드릴 가치는 없으므로 하나님이 정해 주신 곳까지 끌어다가 제사를 드리지 않지만, 여전히 맏배 짐승으로서, 특이한 짐승이라는 것이다. 즉 해당 마을에서 그것을 잡아서 가족 모두가, 부정을 탄 사람이나 정한 사람을 막론하고, 같이 그 고기를 먹으며 기쁨을 나눌 수 있어야 한다는 것이다. 어디까지나 하나님은 인간의 이익을 도모하시는 사랑의 하나님이심을 알 수 있다.

5. 그러면서도 이스라엘이 언제나 생각할 것은 생명을 존중해야 한다는 것이었다. 피를 말끔히 쏟아버린 고기를 먹으라는 것이다. 맏배 동물이건 다른 동물이건 간에, 그들의 생명은 하나님께로부터 온 것이고, 그 동물의 고기는 하나님이 허락하신 것이기에 인간이 먹을 수 있지만, 그 생명만은 귀한 것이라는 것을 알고, 존중하는 마음을 가지는 것이, 하나님을 믿는 사람들의 올바른 태도일 것이다.

유월절에 대한 새로운 지시(신 16:1-8)

해설

출애굽기 12장 29-39절에서 이미 유월절을 제정한 바 있다. 그리고 출애굽기 23장 14-19절과 34장 18-26절에서도 세 가지 명절 준수를 명한 바 있다. 모세는 이제 이스라엘 백성이 가나안 땅에 들어가기 직전에 마지막으로 다시 유월절 준수를 명한다.

아빕 월 벽두에 야훼 하나님께서 밤중에 이스라엘 백성을 애굽에서 구출하셨기 때문에 그것을 기념하여 야훼 하나님께 아빕 월 명절 곧 유월절(〈페사흐〉, פֶּסַח) 제사를 드리라는 것이다. 여기서 새로운 점은 야훼께서 정해주시는 장소에서 소와 양을 희생 제물로 야훼 하나님께 드리라는 것이다. 그리고 유월절 음식에는 누룩이 들어있으면 안 된다는 것이고, 이레 동안 무교병만을 사용하라는 것이다.

누룩 없는 빵이란 고난의 빵을 의미한다는 것이다. 화급히 애굽을 빠져 나오느라고, 누룩을 넣고 부풀게 할 시간이 없어서, 생 밀가루 반죽을 구워서 만든 빵을 먹어야 했다는 것이다. 딱딱하고 아무 맛도 없는 빵을 씹어야 했던 고통스러운 경험을 회상하라는 것이다.

앞으로 가나안에서 유월절을 지킬 때, 그 이레 동안은 전국 어디에서나 누룩이 발견되어서는 안 된다. 일 년 동안 계속 누룩의 씨를 남겨두었다가 그것을 떼서 반죽을 하곤 했지만, 이제 새해로 접어들면서 해묵은 누룩은 이레 동안에 말끔히 없이 하고 새 봄과 함께 새 누룩을 사용하라는 말일 것이다.

아빕 월 초하루 저녁에 잡은 양고기를 그 저녁에 다 먹어치우고, 아침까지 남겨두지 말아야 한다. 그리고 새로운 조건을 첨가한다. 각처에서 유월절 명절을 지키되 유월절 제사는 야훼 하나님이 정해 주시는 장소에서만 드려야 한다는 것이다. 옛날 이스라엘이 애굽에서 탈출하던 시간 곧 해질 무렵에 제사를 드리라는 것이다. 하나님이 정해 주신 그 곳에서 그 고기와 무교병을 먹으며 엿새를 지낸 뒤에 마지막 이레째는 엄숙히 합동 집회를 하고 나서 각각 자기 집으로 돌아가라는 것이다.

교훈

1. 하나님은 이스라엘에게 명절을 정해 주셨다. 특히 유월절 제도를 주심으로써 하나님의 은혜를 깨닫고 그에 대한 신앙을 계속 견지하게 하시려는 것이다.

하나님께 우양을 잡아서 감사의 제사를 드리는 동시에 낡은 해를 보내고 새해를 맞으면서 이레 동안 하나님 앞에서 백성이 같이 무교병을 씹으며 역사를 되새기고, 새로운 계획과 결단을 하고, 함께 즐기기도 하며 새 힘을 가지고 새해를 출발하는 기회로 삼는 것이다.

우리도 해마다 새해맞이를 하고 송구영신의 예배를 드리면서 새로운 각오를 가지게 하는 것이 아닌가? 우리는 성탄절과 신년 축하를 계기로 해서 새로운 각성과 각오를 가져야 할 것이다.

2. 이레 동안 전국적으로 누룩이 발견되지 않게 하라는 것은 매우 뜻 깊은 조치다. 유월절을 계기로 모든 삶을 참신하게 하자는 사람들이

낡은 누룩을 말끔히 없이 하고 새로운 누룩을 만들어 사용하기 시작한다는 것은 의미 있는 일이다.

새 포도주는 새 부대에 담아야 한다는 예수님의 말씀처럼, 새 마음과 새 정신을 가지고 새해를 출발하는 것이 옳을 것이다.

3. 각각 자기 처소에서 유월절 명절을 지키는 것과 유월절 제사를 야훼 하나님께서 정하신 장소에서 드리는 것은 구별해야 한다. 명절을 기쁘게 맞고 즐거워하는 것은 어디서나 할 수 있는 일이지만, 야훼 하나님께 희생 제물을 드리며 그의 구원의 은혜를 감사하며 예배하는 일은 각별한 행사로 여겨야 할 것이다. 하나님이 정해주신 곳에서 정해진 예식을 통해서 전 국민이 마음을 합하여 예배하는 일은 국민 전체의 단결과 전통적 신앙 보수에 필수적이라고 보아야 할 것이다. 특히 이방 종교와 우상숭배가 팽배하던 가나안 땅에서 그 유혹을 이겨내기 위해서는 더더욱 필요한 조치였다고 본다.

명절은 우리가 즐길 수 있는 축제인 동시에 하나님과의 깊은 관계를 다짐하고 증진시키는 기회여야 할 것이다.

칠칠절에 대한 새로운 지시(신 **16:9-12**)

해설

이레씩 일곱을 계산하라고 지시한다. 유월절에서 시작하여 일곱 주간을 계산하여 50일 째 되는 날을 명절로 지키라는 것이다. 50을 그리스어로 〈펜테코스테〉(πεντηκοστή, pentecost)라고 하기 때문에 후에 그것을 펜테코스트(오순절, 五旬節)라고 부르게 되었다.

겨우내 자란 밀과 보리가 유월절에는 익어가기 때문에 낫을 대어 거두기 시작한다. 일곱 주간이면 밀 걷이가 다 끝난다. 이렇게 하곡 수확이 끝나면 야훼 앞에 그 추수한 것의 양에 따라서 그런 복을 내리신 야훼 하나님께 자원(自願) 제물을 바치면서 축제를 벌이라는 것이다. 그 축제에는 남녀노소, 남종, 여종, 레위인, 나그네, 고아, 과부 등 모두가 야훼께서 정하신 곳에 모여 즐기라고 한다. 축제를 지키는 동안 과거의 애굽에서 겪었던 노예 생활을 회상하며, 하나님의 법을 잘 지킴으로써 그 복을 계속 받으려는 결단을 하라는 것이다. 레위기 23장 15-21절에 더 상세한 법이 나온다. 여기서는 신명기적 정신이 더 부각된 것이다. 즉 소외된 자들을 배려하라는 것이다.

교훈

1. 하나님께서 인간에게 생명을 주셨고 또 계속 주시기 때문에 인간이 생존한다. 인간이 생존하기 위해 먹을거리를 주시는 것도 하나님이시다. 그래서 야훼 하나님은 이스라엘 백성이 그들에게 주식의 하나인 밀농사를 마친 후에, 그 산물을 하나님께 감사의 예물로 바치면서, 백성이 다같이 즐기는 명절을 지키라 하신다.

유목민의 경우 우양(牛羊)이 주는 것, 즉 고기와 젖과 치즈 등이 먹을거리의 중요한 부분이다. 그래서 유월절은, 원래 우양을 잡아서 하나님께 예물로 바치는 행사와 출애굽 사건 기념이 겹쳐진 것이라고 보아야 할 것이다.

우리에게 철을 따라 먹을 것을 주시는 하나님께 감사하는 행사를 공식적으로 모두가 함께 치름으로써 하나님의 은혜에 대한 고마움을 나타내야 할 것이다.

2. 축제는 나 하나의 기쁨을 위한 것이 아니라, 하나님의 자녀가 다같이 즐기는 날이 되어야 한다. 하나님의 이상이 이 땅에서 완전히 이루어지지는 못하지만, 그것을 향하여 가까이 가는 훈련을 해야 하는 것

이다. 즉 그 마지막 날이 오기까지 수하를 막론하고 인간이 다같이 하나님 안에서 행복을 누리도록 도모해야 한다는 말이다.

3. 축제의 생활을 어디서나 할 수 있겠지만, 가나안 땅을 점령하고 살아야 하는 이스라엘 백성에게는 토속 종교나 풍습에 유혹받지 않고 순수성을 유지하기 위해서 하나님이 정하신 곳에 모여 재충전 받고 원형을 다시 보고 반성하며 돌아가서 거룩함을 지키는 것이 필요했을 것이다. 그러므로 하나님이 정하신 곳에 함께 모여 축제를 같이 지내라는 특별한 조치가 있어야 했을 것이다. 야훼종교의 순수성을 보존하는 것이 절대로 필요하다.

초막절 준수에 대한 새로운 지시(신 **16:13-17**)

해설

레위기 23장 33-43절에서 이 명절에 관한 법을 상세히 다룬다. 초막(〈숙콧〉, סֻכֹּת) 축제를 7일 간 지키라는 것이다. 이 절기는 가을에 올리브와 포도와 기타 농산물 추수를 마친 다음에 가지는 명절이다. 야훼 하나님이 정해주시는 곳에서 온 가족과 남여 종들과 레위인들과 나그네와 고아와 과부가 다같이 7일 동안 즐기는 명절이다. 그러면 야훼 하나님께서 만사형통의 복을 내리실 것이다.

이상에서 세 개의 큰 명절을 소개한 다음 결론을 낸다. 이스라엘의 모든 남성은 그 세 명절에 반드시 하나님이 정하신 곳(예루살렘)에 나타나서 명절을 지키고, 하나님 앞에 나올 때 빈손으로 오지 말고 하나님께서 내리신 복에 비례해서 예물을 가지고 나와야 한다는 것이다.

교훈

1. 이스라엘 백성의 먹을거리 가운데서 또 중요한 것은 올리브 기름과 포도주다. 그것을 거두어들이는 가을에 다시 온 백성이 모여서 하나님께 감사하며 같이 즐기라는 것이다. 그 명절에는 이스라엘이 애굽에서 구출되어 광야로 나온 후 정착하지 못한 상태에서, 초막을 짓고 살았기 때문에, 그것을 기념하기 위해서 초막을 만들어 거기서 자면서, 옛날을 회상하라고 한다. 그런 중에도 야훼 하나님이 만나와 메추라기를 주시고 반석에서 물을 내어 마시게 한 사건을 상기하면서 오늘의 정착 생활에 대해 감사하라는 것이다.

현대의 부유한 생활을 하는 어린이들에게 캠프 생활을 하게 하여, 부모의 고마움과 부의 가치를 깨닫게 하는 것처럼 이런 축제를 통해서 그리고 과거의 역사를 통해 배움을 가지게 하라는 것이다.

2. 여기서도 축제는, 하나님의 은혜를 깨닫고 하나님이 아니고서는 오늘이 있을 수 없음을 깨닫는 기회가 되어야 할 것이고, 겸손한 자세로 남과 더불어 특히 소외된 자들과 더불어 기쁨을 나누어야 한다는 것을 알게 하는 기회여야 한다는 것이다.

3. 하나님이 내리시는 복을 받아서 살아가는 인간이기에 많든 적든 개인이 받은 복에 비례하는 예물을 하나님께 바치는 것이 마땅하다. 고마움을 많이 느끼는 사람은 더 많은 것을 바치게 될 것이다. 그런 사람에게 하나님은 더 많은 복을 내리실 것이다. 하나님께 바친다는 것은 하나님 자신이 그 예물을 소비하는 것이 아니라, 동료 인간 곧 이웃에게로 그것이 분배되는 것이다. 그러므로 이웃이 다같이 살 수 있기 위해서는, 그리고 하나님의 뜻이 이 땅에서 이루어지기 위해서는, 우리가 하나님께 제대로 예물을 바쳐야 할 것이다.

재판관과 관리 임명(신 **16:18-20**)

해설

야훼 하나님이 주겠다고 하신 약속의 땅 가나안에서 살며 그 땅을 완전히 정복하기 위해서는 오직 의(〈체덱〉, צֶדֶק)만을 추구하라는 것이다. 정의로운 사회를 이루기 위해서 모든 마을에 판관들(〈쇼프팀〉, שֹׁפְטִים)과 관리들(〈쇼트림〉, שֹׁטְרִים)을 지명하여 백성들이 가지고 온 사건들을 공정하게(〈미쉬팟 체덱〉, מִשְׁפַּט־צֶדֶק) 판가름해 주도록 하라는 것이다. 반대로 공정을 잃는다든가 차별대우를 한다든가 뇌물을 받는 일이 있어서는 안 된다는 것이다.

교훈

1. 인간이 세상에서 사는 동안 공동체 생활을 해야 하는 것이고, 그 회원 모두가 최대한의 평안과 행복을 누리면서 사는 길이 있어야 할 것이다. 그러기 위해서는 조직이 있어야 하고, 모든 문제를 조정하는 기관이 있어야 할 것이다. 그래서 우선 관리와 판관을 지명하여 그들로 하여금 민사, 형사의 모든 사건을 판가름하도록 할 수밖에 없는 것이다. 인간이 사는 사회에는 제도와 조직이 필요하다. 무정부 상태는 인간에게 불안을 가져오고, 능률적 사회생활을 불가능하게 한다. 그래서 하나님은 제도와 법을 주신 것이다.

2. 어떤 종류의 체제이든지간에 공동체의 생활이 평안하고 행복하기 위해서는 하나님의 법대로 만사를 공평하게 판가름하는 것이 가장 필요하다. 재판관이나 관리들이 하나님이 정해 주신 법대로 정의롭게 옳게, 차별하는 일 없이 모든 사건을 처리하면 되는 것이다. 그런데 판

관과 관리들이 눈이 멀어 뇌물을 받는다든가, 사리사욕을 위해서 공정을 잃는 일이 있기 때문에 사회는 혼란해지고, 평안과 행복이 사라지는 것이다.

금지된 예배 형식(신 **16:21-17:7**)

해설

종교적 배신행위의 문제는 13장 1-18절에서 이미 다루었는데, 여기에 또 다시 거론하는 이유가 무엇일까?

야훼 하나님을 위해서 쌓은 제단 곁에다 거룩한 기둥이라고 해서 세운다든가 돌기둥을 세우는 일을 하지 말라는 것이다. 그것은 야훼께서 미워하시는 것들이기 때문이다. 그리고 흠이 있는 소나 양을 야훼께 제물로 드리지 말라는 것이다. 그리고 태양과 달과 별을 숭배하는 따위 못된 짓을 하는 사람이 마을에 생기고 그런 악행을 두고 누가 보고하면, 이는 어떻게 할 것인가 하는 문제이다. 우선 그 소문의 진위를 철저히 조사하라는 것이다. 그것이 사실일 경우에는 남녀를 불문하고 진범인은 사형에 해당한다는 것이다. 그러나 두 사람 내지 세 사람의 증인이 있어야만 처형할 수 있다는 것이다. 사사로운 감정이나 이해관계 때문에 어떤 사람을 모함하는 경우도 있을 것이기 때문이다. 광장에 모인 시민들 앞에서 돌로 쳐죽이는 사형을 집행하라는 것이다. 증인들이 그 범인의 처형에 손을 들어 찬동하고, 군중이 손을 들어준 후에 사형이 집행될 수 있다는 것이다. 즉 공동체가 그 죽음에 함께 책임을 진다는 말이다. 어쨌든 이렇게 해서 이스라엘 백성 가운데 하나님을 배반하는 악이 숙청되어야 한다는 말이다.

교훈

1. 야훼 종교가 해이해지지 않아야 하므로 이 문제는 성가실 정도로 자주 거론하는 것이 옳다. 하나님의 백성이 자신의 거룩함을 유지하는 것이 무엇보다도 하나님께 영광이요 선민이 같이 복을 받는 길이므로 순결한 야훼 종교를 유지하기 위해 철저한 노력과 주의를 기울임이 마땅하다.

2. 야훼 종교의 순결을 유지하기 위해서 극형 제도를 적용한 것은 그 시대에 있어서 불가피한 일일 것이다. 그러나 억울한 죽음이 있어서는 안 될 것이다. 철저한 심리와 조사를 통해서 진위가 가려져야 할 것이다. 그리고 확실한 증언을 근거로 해서 판결이 나와야만 한다. 인간의 생명을 존중하는 것이 하나님의 뜻이기 때문이다.

제사장들과 판관들에 의한 합법적 판결(신 **17:8-13**)

해설

위에서는 원칙적이고도 명백한 문제들을 처리하는 이야기를 했지만, 여기서는 보다 복잡하고 난해한 문제에 관한 재판을 언급한다. 지방마다 재판관들과 관리들이 있어서 재판 사건들을 판가름하도록 되어 있지만(16:18-20), 지방의 재판관들과 관리들의 선에서 해결할 수 없는 어려운 문제에 생겼을 때는 하나님이 정하시는 곳으로 그 사건을 가지고 올라가라는 것이다. 상부에 있는 해당 레위 제사장들과 판관들과 의논하여 그들의 판가름을 따르라는 것이다. 그 상부의 결정을 그대로 실시하여야 한다는 것이다.

하나님이 정하시는 곳의 제사장들과 재판관들은 야훼 하나님을 섬기는 자들이기에, 그들의 말에 불복하는 자들은 마땅히 죽어야 한다. 이렇게 철저히 법을 실시함으로써 이스라엘에게서 악을 제거하라는 것이다. 모든 백성은 판관의 말을 듣고 두려워하여야 한다는 것이다.

교훈

1. 인간사에는 간단한 것만 있는 것이 아니다. 더 깊은 경험과 지혜를 가지고야 해결할 수 있는 복잡하고 미묘한 일들이 많이 있다. 그럴 때 그것을 마구 판가름하여 공정을 잃는다든가 억울한 재판을 한다면 하나님의 뜻이 아닐 것이다. 따라서 상소(上訴) 제도를 두어 더 심사숙고하여 바른 판결을 내리도록 해야 한다. 어디까지나 정의를 이루자는 뜻이다. 하나님은 의로우신 분이시므로 인간사가 정의롭게 되어가기를 원하신다.

2. 법의 권위를 인정하는 사회가 되어야 한다. 사법이 정의롭게 이루어져야 하는 동시에, 사법권을 신뢰하고 복종할 때 그 사회는 평안할 것이다. 그래서 하나님의 권한을 받아 판결하는 재판관의 판결을 무시하고 지키지 않는 경우, 그 사람을 사형에 처하는 것이 마땅하다. 만일 판관의 공정한 판단을 부인하고 승복하지 않고 제 마음대로 하는 사회가 된다면, 그 사회는 아수라장이 되고 말 것이다. 물론 사람의 판단이 절대적으로 옳다고 할 수 없는 경우도 있을 것이다. 그러나 적어도 야훼에게서 권위를 받은 사람들이 기도하면서 그의 지혜를 구하며 판단을 내린 경우에 그 이상의 판단을 바랄 수는 없지 않겠는가?

왕의 권위의 제한성(신 **17:14-20**)

해설

지금까지는 이스라엘이 하나님을 왕으로 모시고 왔다. 그러나 앞으로 야훼 하나님께서 주시는 가나안 땅에 들어가 정착하게 되는 단계가 되면 그 새로운 상황에서 민심이 변하여 왕정을 요구하게 될 것을 모세는 미리 내다보는 것이다. 지금까지의 신정(神政) 체제를 물리치고 군주체제를 원하는 단계를 전제로 하고 말하는 것이다.

실제로 사사 시대 말, 사무엘 시대에 이스라엘이 왕정을 요구하고 나섰다(삼상 8:4-18; 삼상 12장). 그러나 "내 주위에 있는 모든 나라들과 같이"라는 조건은 인간적인 계산에서 온 것이고, 하나님에 대한 신앙이 해이해졌기 때문에 생긴 발상이다.

그런 상황에 어쩔 수 없이 왕을 세울 수밖에 없지만, 몇 가지 착안해야 할 조건이 있다는 것이다. ⑴ 야훼 하나님이 선택한 자를 왕으로 세워야 한다. ⑵ 이스라엘 동족 중에서 왕을 골라야 한다. 외국인을 왕으로 모셔서는 안 된다. ⑶ 왕이 된 사람은 군비확장에 급급해서는 안 된다. 군마를 많이 가지려고 애쓰고, 그 때문에 애굽으로 사신을 파견하는 따위의 일을 하지 않아야 한다. 솔로몬 왕의 경우를 내다보거나 뒤돌아본 지적이다(왕상 10: 26-29). ⑷ 왕이 축첩(蓄妾)을 해서는 안 된다. 이것 역시 솔로몬의 경우를 안중에 둔 지시이다(왕상 11:1-8). ⑸ 왕이 부를 축적해서는 안 된다. 이것도 솔로몬을 염두에 둔 지적이다. ⑹ 왕은 레위 제사장들 앞에서 왕을 위하여 기록한 이 율법의 사본을 두고 평생 그 말씀을 읽고, 따라서 야훼 하나님을 두려워하기를 배우고 그 법도를 열심히 지키고 그 법도에서 벗어나지 않아야 한다. ⑺ 왕이 자신을 이스라엘 공동체 구성원들보다 높이지 않아야 한다. 그래야 그 왕조가 대대로 이어지며 길이길이 통치하게 된다는 것이다.

교훈

1. 하나님을 참으로 왕으로 모시고 있는 사람이라면 굳이 인간 왕을 모시지 않아도 된다. 모세 시대가 그러했다. 그러나 이스라엘 백성은 보이지 않는 하나님보다는 보이는 왕을 선호하고, 남이 하는 일을 자기들도 해보려는 호기심이 그들에게 있었다. 하나님은 마지못해 인간의 요구를 들어주신다. 그 차선책을 허락하시면서도, 조건을 붙여 주시며 잘될 길을 제시하시는 아량을 베푸셨다. 그리고 하나님은 원격조정을 하신다. 너그러우신 하나님을 거기서 발견하게 된다.

2. 인간 사회가 평화와 질서를 유지하기 위해서 택할 수 있는 정치 체제 가운데 하나가 군주 체제이다. 어떤 체제를 가지든지, 중요한 것은 야훼 하나님을 진정한 통치자로 알아 두려워하고 그를 왕으로 모셔야 하는 것이다. 결국 왕은 하나님에게서 권위를 받아서 다스리는 것이기에 하나님의 명령에 복종해야 하고, 하나님의 백성을 맡아서 통치는 것이기에 백성을 섬기는 자일 뿐이므로 백성보다 자기가 높다고 생각하여 백성을 탄압하거나 혹사하는 일이 없어야 할 것이다.

군주 체제의 왕도 하나님이 제시하신 법을 따르기만 한다면 평화로운 왕국을 이룰 수 있을 것이다. 문제는 언제나 왕이 스스로 자기를 인간 이상으로 높이는 데 있다. 자신을 하나님의 종으로 알고, 하나님의 목장에서 하나님의 양을 맡은 목자로 알고, 하나님의 법대로 다스리는 왕이 되어야 할 것이다.

제사장과 레위인의 특전(신 **18:1-8**)

해설

위에서는 정치적 통치자 곧 왕에 관한 규정을 말하고, 이제는 종교적인 임직자들 곧 제사장과 레위인에 대한 규정을 다룬다.

레위인과 제사장들은 본래 하나님을 섬기는 일에 전념하도록 택정된 사람들이어서 다른 사람들처럼 농사나 목축을 일삼을 수 없기 때문에 토지 분배를 받지 못한 사람들이다. 그런 특이성 때문에 자연히 그들의 생계는 다른 지파 사람들이 하나님께 바치는 제물과 예물을 가지고 충당해야 하는 것이었다. 그래서 "야훼가 그들의 분깃이다."라고 말할 수 있다. 이미 민수기 3장 1-39절과 18장 1-7절에서 레위인과 제사장에 대한 규례를 자세히 다루었고, 따라서 이스라엘 백성이 그 규정들을 알고 있었을 것이지만, 이제 가나안으로 들어가기 직전에 모세가 다시 그 요점을 말해주는 것이다. 백성들이 소와 양을 하나님께 제물로 바치면, 제사장에게 그 제물의 앞다리와 턱과 위를 제사장의 몫으로 주어야 한다. 곡식의 맏물과 포도주, 올리브 기름, 양모의 맏물을 제사장에게 준다. 레위인들은 야훼 하나님이 열두 지파 중에서 뽑아내어 야훼를 섬기도록 하신 사람들이기 때문이라고 다시 강조한다. 전에 준 법에는 아론의 집안과 여타의 레위인들을 구별하였지만, 여기서는 그들을 레위인이라는 한 범주에 넣어서 취급하는 대범함을 나타내고 있다.

다음에는 레위인이 다른 지방으로 이사하는 경우를 두고 지시를 내린다. 레위인이 시골에 있다가 예루살렘으로 가든가 다른 지방으로 가는 경우에도, 그는 거기서 하나님을 섬길 수 있고, 그 봉사에서 오는 혜택을 받을 수 있다는 것이다. 그 레위인이 이사하면서 조상의 유물을 팔아서 수입이 생길 수 있겠지만, 그래도 그가 하나님을 섬기는 대가를 받는 것은 마땅하다는 것이다.

교훈

1. 왕도 제사장도 꼭 같은 인간이기에 본질적으로 다른 사람보다 더 높다든가 더 귀하다고 생각해서는 안 된다. 다만 그들이 기능과 직책이

다른 사람들과 다를 뿐이다. 특히 레위인은 하나님 앞에서 섬기는 직책을 가진 자들로서, 일반 사람처럼 농사나 목축을 위해서 땅을 분배받지 못하였기 때문에, 그들도 삶을 보장받아야 하는 것이어서, 그 자원을 예배자의 예물이나 제물에서 얻는다는 점에서 다르다. 그러니까 소위 성직자가 본질적인 우월성을 지녀서가 아니라 그 기능 때문에 대우 받는 양식이 다를 뿐이다.

우리는 만인 사제의 정신을 가져야 한다. 그리고 소위 성직자가 사회에서 소외되고 무시당해서도 안 되지만, 남보다 더 월등한 대우를 받을 권리가 있다는 망상을 가져서도 안 될 것이다. 하나님의 이상은 하나님이 인간에게서 마땅한 예배를 받는 동시에, 그의 자녀가 다같이 평등하게 행복하게 사는 것이다.

2. 시대가 바뀌고 환경이 바뀌면서 모든 제도의 세칙이 변하겠지만, 그 원칙은 살아 있어야 한다. 분깃을 받지 못한 레위인은, 그리고 하나님을 섬기는 일을 도맡아 하는 사람들은, 그 특이성 때문에, 다른 시민이 그들을 먹여 살려야 하는 것이 공평하지 않겠는가 말이다. 하나님을 섬기는 공동체가 타의 모범이 되고, 하나님의 뜻이 이루어지는 사회가 되기 위해서, 하나님이 정해주신 원칙을 따라서 그 법을 지키면 될 것이다.

이교적 종교 행위를 금함(신 **18:9-14**)

해설

야훼 하나님께서 이스라엘에게 가나안 땅을 허락하시면서 그 본토인들을 말끔히 몰아내라고 하시는 이유는, 그 본토인들의 역겨운 종교 행위들 때문이었다. 하나님은 당신 자신만을 충성스럽게 섬기는 상태를 원하신다. 그런데 만일 하나님을 모르고 이방 신을 섬기는 여러 가지 종교 행위를 자행하는 본토인들을 버려둔다면, 이스라엘이 그것을 닮을 것이고 거기에 유혹을 당할 것이기에, 그 사람들을 우선 섬멸하도록 명하신 것이다.

그러나 이스라엘이 그들을 몰아내는 일이 결코 쉽지 않을 것이고, 그렇게 하는 과정에 이미 그 종교의 영향을 받을 것이기에, 또는 그들이 남겨둔 종교와 풍속의 잔재로 말미암아서도 야훼 종교가 부정적인 영향을 받을 것이기에, 모세는 여기서 이스라엘이 배격해야 할 대상을 구체적으로 지적해 준다. 본토인들의 종교 행위가 매력적이어서 배우기 쉽고 유혹적이기에, 결코 그것을 배우려고 하지 말라는 것이다. 특히 어린 아들이나 딸을 불살라 바치는 제사를 금한다.

그리고 점을 치는 사람, 복술가, 요술쟁이, 주문을 외우는 사람, 귀신을 불러 묻는 사람, 박수, 혼백에게 묻는 사람이 이스라엘 사람들 가운데 있어서는 안 된다는 것이다.

교훈

1. 사람은 동서고금을 막론하고 가능한 모든 방법을 통해서 화를 면하고, 복을 받으려고 한다. 야훼 종교의 특색은 야훼 하나님 한 분만을 충성스럽게 섬기고 예배해야 한다는 점이다. 야훼 하나님을 알지 못하는 인간은 자기중심적이고, 자기의 유익만을 도모하면서, 자기에게 좋다는 것이면 무엇이든지 한다. 자기 자식을 불사르는 잔인하고도 천인공노할 행동을 하기도 한다. 대개는 혼미한 가운데, 오리무중, 암중모색이라고 할 까, 자기에게 유리하다는 것을 얻으려고 더듬고 헤맨다. 인간은 어리석어서, 남이 좋다면 무조건 그것을 배우고 따르려고 한다. 여기서 우리는 진정한 하나님 야훼만을 똑똑한 정신으로 믿고 따라야

한다. 그리스도 예수를 통하여 더욱 밝혀진 그 사랑의 하나님만을 믿고 섬겨야 한다.

2. 한국도 예외가 아니다. 가나안 본토인과 다름없이 우리 민족도 고래로 참 하나님을 알지 못하고 살아오면서, 많은 사신 우상과 미신에 사로잡혀 있다. 다행히 기독교가 전래되어 참 하나님이 소개되었지만, 소위 그리스도인이라는 사람들도 아직 재래적인 토속 종교의 풍습과 사상에 젖어서, 혼합주의에 빠져 있는 사람들이 많이 있다. 우리는 반성해 보아야 한다. 나 자신과 가정과 우리 주변에 남아 있는 이교적인 정신이나 풍속은 없는지 말이다. 하나님께 복 받기 위해서는 그런 모든 이교적인 요소를 나 자신과 우리 주변에서 제거해야 할 것이다.

모세와 같은 새로운 예언자(신 **18:15-22**)

해설

하나님께서 이스라엘 백성을 택하여 우선은 모세를 통하여 출애굽의 역사와 광야 40년 생활을 인도하게 하셨지만, 앞으로 가나안 땅으로 들어간 다음의 생활을 전망하면서 모세를 통하여 세 가지 지도자를 세우신다. 첫째가 제사장이고, 둘째가 왕이고, 이제 또 하나가 예언자다. 이스라엘 백성의 특색은 그들이 야훼 하나님을 믿고 그의 말씀을 따라서 살아야 하는 민족이라는 점인데, 그들이 직접 하나님을 뵙기를 매우 두려워하기 때문에 중보자를 필요로 하는 것이었다.

그리고 호렙산 밑에 있을 때 그들이 하나님께서 모세처럼 중보 역할을 할 예언자를 주시기로 약속하셨던 적이 있다(출 19:21-25). 그래서 모세는 이 마지막 단계에 그 사건을 상기시키면서, 야훼 하나님이 앞으로 예언자를 이스라엘 백성 가운데서 일으키실 것이니, 그의 말을 경청하라고 지시하는 것이다.

이스라엘의 예언자는 동족 가운데서 나와야 하며, 하나님의 말씀을 대언하는 자가 될 것이며, 하나님이 명령하시는 말씀을 무엇이든지 말해주어야 한다. 따라서 예언자는 하나님의 이름으로 말하는 자이고, 예언자의 말이 곧 하나님의 말씀이다. 그러므로 그 말을 받아들이지 않는 자는 그만한 책임을 져야 한다는 것이다.

그러나 거짓 예언자가 나타날 가능성이 있다는 것이다. 즉 다른 신의 이름으로 예언을 하는 자, 또는 하나님이 명령한 것이 아닌데도 그런 것처럼 말하는 자가 생길 것을 예상했다. 그런 거짓 예언자는 죽어야 한다는 것이다. 그러면 백성이 가짜 예언자를 어떻게 가려낼 수 있을까? 예언자가 하는 말이 하나님의 말씀을 말하는 것인지 아닌지를 어떻게 분간할 수 있을까가 문제이다.

한 가지 시금석이 있다는 것이다. 예언자가 야훼의 이름으로 말했지만 그가 말할 대로 이루어지지 않거나 그 말한 것이 사실이 아닐 때, 그것은 하나님이 말씀하신 것이 아니라는 것이다. 그것은 예언자로 사칭(詐稱)하고 말한 것이니 그 예언을 두려워하지 말라는 것이다. 모세와 같은 예언자라는 것은 모세가 한 역할을 해야 하는 자라는 말일 것이다. 즉 하나님과 인간 사이에서 중보의 역할을 바로 하는 자를 말한다.

교훈

1. 인간은 하나님의 계시를 통해서만 하나님의 의중을 알 수 있다. 인격을 가진 인간의 생각도 그것을 말로나 행동으로나 글로 표출하기 전에는 남들이 알 수 없는 것처럼 하나님의 뜻도 우리들 인간이 직접 알 도리가 없다. 하나님은 당신의 형상대로 만드신 인간에게 필요한 말씀을 하기 원하신다. 그러나 그 절대자를 인간이 직접 뵙거나 만나서

그의 말씀을 들을 수 있는 것이 아니기에, 그 방도로서 예언자를 택하여 부분적이나마 그에게 말씀을 주시고, 그를 통하여 인간에게 전달하게 하는 방도를 사용하신다.

히브리서 1장 1-2절에서 보는 바와 같이 하나님은 예언자들을 통하여 여러 부분과 모양으로 말씀하셨다. 하나님은 우리에게 말씀하시기를 원하시는 분이시다. 그리고 우리는 예언자를 필요로 한다.

2. 예언자는 모세와 같아야 한다. 사심 없이 하나님과 백성의 중재자로서 충성스럽게 하나님의 말씀을 받아서 그대로 전달해야 한다. 하나님은 필요한 때 사람을 택하여 그에게 당신의 영을 부어주시고, 말씀을 담아주시며 말하게 하신다. 그러므로 예언자들은 하나님의 대변자라는 의식을 가지고 용감하고도 정직하게 하나님의 말씀을 전해야 한다. 자기의 말이 아니라 하나님의 말씀을 순수하게 전달해야 한다.

3. 귀신과 거짓 신을 섬기는 예언자들이 많이 있다. 무당과 복술가와 점쟁이들이 다 그런 자들이다. 참 하나님의 예언자와 가짜 예언자를 가려내야 한다. 하나님의 영을 받지 않고도 예언자로 자처하는 것이 문제다. 밥벌이 하려고 예언자로 사칭하고 예언자 노릇하는 사람들이 너무 많아 문제다. 어느 것이 하나님의 말씀인지 알 수 없으리만큼 어지러워서, 사람들이 혼미한 가운데 갈피를 잡지 못하고 있는 실정이다.

4. 참된 예언의 말씀을 바로 경청하는 것이 중요하다. 하나님께서 우리에게 필요한 말씀을 예언자를 통하여 주시므로 그 말씀을 그대로 받아야 하고 그 말씀에 복종해야 한다. 그렇지 않으면 화를 자초하게 될 것이고, 하나님께 불복하는 죄를 짓는 일이 될 것이다. 그리고 거짓 예언자들은 하나님의 벌을 무서워해야 한다. 그들은 죽어 마땅하다는 것이다(18:20).

도피성에 관한 법(신 19:1-13)

해설

민수기 35장 6절과 11절에서 이미 도피성을 두라고 하나님이 명령하신 바 있다. 그것은 광야를 지나올 때 주신 예고였고, 여기서는 신명기 4장 41-43절의 기록대로 요단강 동쪽을 점령한 후에 이미 거기에 도피성 셋을 지명한 후에 앞으로 가나안에 들어가서 도피성 셋을 더 주라는 지시를 모세가 다시 내린다. 이스라엘이 점령한 땅의 거리를 잘 계산해서 그 어디서나 불의의 사고로 사람을 죽인 사람이 정식으로 무죄가 판명되기까지 피신할 수 있는 곳을 세 군데 만들라는 것이다.

예컨대 서로 적개심을 가지지 않은 두 사람이 산중에서 나무를 찍다가 한 사람의 도끼날이 빠지면서 다른 사람을 찍어 그 사람이 죽는 경우에 사건의 전말을 조사하여 정당한 판가름을 하기도 전에 피해자의 혈족이 홧김에 달려와 가해자를 죽일지도 모르므로 그 동안 피해서 생명을 보존할 수 있도록 장소를 마련하라는 것이다.

앞으로 이스라엘이 하나님의 명령을 잘 따라서 복을 받아 더 넓은 땅을 차지하게 되면, 도피성을 셋 더 만들라는 것이다. 그리하여 인간의 생명이 억울하게 희생당하는 일이 없도록 해야 한다는 것이다. 그러나 적개심을 가진 사람이 숨어 있다가 고의로 그의 원수를 죽이고 도피성으로 들어온다면, 피해자의 동네 장로들이 사람을 보내어 가해자를 피해자의 혈족에게 넘겨 법대로 가차 없이 처단(사형)하도록 하라는 것이다. 이스라엘 가운데서 무고한 피를 흘리는 일이 결코 없어야 하고, 그래야 만사형통한다는 것이다.

교훈

1. 사람은 실수할 수 있다. 실수로 사람을 죽이는 일도 있을 수 있다.

사람의 생명이 그렇게도 귀하기에, 그런 생명을 죽인 사람은 사형을 당해야 마땅하다. 그러나 실수로 사람을 죽인 경우는 다르다는 것이다. 휘두르는 도끼 자루에서 도끼날이 빠지고 원심력에 의하여 그것이 날아가다가 어떤 사람에게 맞아 그 사람이 죽었다면, 자연법칙이 사람을 죽인 셈이 된다. 그러니까 고의로 사람을 죽이는 것과 불의의 사고로 사람을 죽인 것은 구별되어야 한다. 문제는 사람이 이웃을 죽이려는 의사가 있는가 없는가 하는 것이 문제다. 곧 마음의 문제가 중요하다. 그러므로 남을 미워하는 마음 자체가 죄가 되는 것이다(마 5:21-26).

2. 도피성을 마련하여 무고한 죄인이 살해되는 일을 막은 것처럼, 우리는 백방으로 인간 생명을 존중하고, 공연히 생명이 죽는 일이 없도록 노력해야 할 것이다. 생명을 존중하는 사람과 그런 사회를 하나님은 사랑하시고 축복하실 것이고, 만사형통의 복을 누리게 하시겠다는 것이 하나님의 약속이다.

3. 철저히 절차를 밟고 공정한 법에 따라 재판하여 진위를 가려야 한다. 혈족의 의무심이나 체면 등에 입각한 감정으로 사건을 판단하지 말고, 시간을 두고 감정을 누르고, 냉정하게 법에 따라서 사건을 수습할 줄 아는 성숙한 인간이 되어야 할 것이다. 그리하여 사람의 뜻이 아니라, 하나님의 의가 실시되는 사회를 만들어야 한다.

경계표를 옮기지 말 것(신 **19:14**)

해설

하나님께서 이스라엘 열한 지파에게 각각 땅을 분배해 주셨고, 레위인들에게는 그 나름의 거처와 분깃을 주셨다. 사람들에게 욕심이 있어서 남의 땅을 자기 것으로 만들 심산으로 경계 말뚝을 몰래 옮겨 자기 땅을 넓히려는 경우가 있을 것을 모세는 예측하고 그런 일을 금한 것이다. 땅 분배는 하나님이 정해주신 것이기 때문에 사람이 마음대로 해서는 안 된다는 것이다.

교훈

농경사회를 이루고 살아야 하는 이스라엘인들에게 이것은 마땅한 경고였다. 땅을 붙여먹고 거기서 목축을 하도록 하나님이 나누어주신 땅을 사람들이 임의로 변경하겠다고 그 경계선을 옮긴다면, 이는 하나님의 명령을 어기는 일이 되며, 동시에 사회 질서가 완전히 문란해질 것이다.

그러나 농경사회가 사라지고 난 이 시점에서는 달리 생각할 수 있다. 경계표를 변경하지 말라는 것은, 각자가 하나님께로부터 받은 권리를 행사하고 의무를 제대로 시행하라는 말이다. 남에게 빼앗기지도 말고 남의 것을 침범하지도 말고 살아야 한다는 말이다.

증인에 관한 법(신 19:15-21)

해설

십계명의 아홉째 조항에서 거짓 증언을 하지 말라고 했고, 증언이 성립되려면 적어도 두 사람의 동일한 증언이 있어야 한다는 것을 이미 여러 번 말했다. 여기서는 거짓 증인이 나타나서 악의를 가지고 남에 대하여 거짓 증언을 하는 경우에 초점을 두었다.

거짓 증인이 나타난 경우에는 당사자 쌍방이 같이 야훼 앞에, 곧 제사장들과 재판관들로 구성된 법정에 나타나야 한다. 판사들이 세밀하게 심리를 해야 한다. 그리하여 그 증언이 거짓으로 드러나는 경우, 거짓 증인이 피고에게 하고자 한 것을 그대로 그 위증자에게 씌우도록 하라는 것이다. 그렇게 해서 이스라엘 사회에서는 그런 위증의 악이 말끔히 없어지도록 하라는 것이다. 즉 조금도 에누리하지 말고, 그 악한 증인이 계획한 것이 자기에게 돌아오도록 하라는 것이다. 하만이 모르드개에게 하려고 한 계획이 자기 자신에게 떨어진 일과 같이 말이다(에 7:10). 출애굽기 21장 23-25절과 레위기 24장 18-20절에도 이 복수의 법이 나왔지만, 여기서는 위증자에게 주는 벌에다 그것을 적용하였다.

교훈

1. 결국 거짓말을 하지 말라는 것이다. 거짓말이 철저히 도태되는 사회가 되어야 한다. 거짓말하는 사람은 결코 새 하늘과 새 땅에 들어갈 수 없다는 것이 계시록 저자를 통해서 성령이 하시는 말씀이다(계 21:8, 27; 22:15).

2. 거짓말을 퇴치하기 위해서 그런 사람을 엄벌에 처하라고 하셨다. 그런 사람을 동정하지 말고 가차 없이 벌을 하라는 것이다. 거짓말이 얼마나 무섭다는 것을 백성이 다 알고, 그것을 멀리할 수 있는 깨끗한 사회가 되는 것이 바로 거룩함을 이루는 일이며, 하나님이 기뻐하시는 일이다. 그런데 거짓에 마비되어 거짓을 거짓으로 느끼지 못하는 지경에 빠져 있는 경우가 문제이다. 거짓 없이는 살 수 없는 사회에서 오래 살다보면, 그것이 다반사가 되고 양심에 가책을 받지 않는 지경에 이른다. 그것이 우리들의 경우가 아닌가 생각해 보아야 할 것이다. 거짓 없는 사회가 이 세상에서도 가장 살기 좋은 땅이요 지역이다.

전쟁에 관한 법(신 20:1-20)

해설

이스라엘이 한 민족과 한 국가로 살아갈 때 주변의 민족이나 나라들과 전쟁을 할 수밖에 없다. 모세는 그런 필연적인 중대 사태를 내다보며 기본적인 원칙을 제시한다. 이스라엘은 그 당시 전혀 군비(軍備)가 되어 있지 않은 상태이고, 가나안에 들어가더라도 말과 병거(兵車) 등으로 무장하는 일은 까마득한 일일 것이다. 그래서 이스라엘에게 있어서 그런 군비를 갖춘 나라와 전쟁을 한다는 것이 두려울 수밖에 없는 것이다.

그러나 모세는 타이른다. 이스라엘을 애굽이라는 거대한 군국(軍國)에서 구출하신 야훼 하나님이 같이 계시므로 이스라엘 백성은 원수들을 두려워하지 말라는 것이다. 그리고는 전쟁에 임하는 이스라엘 사람들이 구체적으로 할 일을 제시한다.

⑴ 우선 제사장이 나서서 출정하는 군인들 전체에게 훈시를 하라고 한다. 야훼 하나님께서 이스라엘과 같이 하여 원수들과 싸워 승리하게 하실 터이니 겁내거나 당황해하거나 떨지 말라고 말하라는 것이다.

⑵ 다음으로 장교들(〈쇼트림〉, שֹׁטְרִים)[14]이 직속 부대원들에게 다음과 같이 말하라고 한다.

① 집을 새로 짓고 준공식도 하지 못한 사람은 돌아갈 것. 힘들여 집을 지은 자는 죽고 다른 사람이 준공식을 가지게 된다면, 그 사람이 어떻게 제대로 싸움을 하겠는가?

② 포도원을 만들어 이제 수확이 시작될 단계인데, 그 소산을 먹어보지도 못하고 징집된 자들은 돌아갈 것. 그 사람이 전쟁에 나가 죽고 다른 사람이 그 소산을 즐긴다고 생각하면 그가 어떻게 제대로 싸움을

---

14) 개역한글판과 개역개정판에서는 각각 '유사들'과 '책임자들'로 옮겼다.

하겠는가?

③ 약혼만 하고 결혼을 하지 못한 사람이 징집되었다면, 그 사람은 돌아갈 것. 그 사람이 전쟁에 죽고 다른 사람이 그 약혼녀와 결혼을 한다면, 그가 어떻게 싸움을 제대로 하겠는가?

④ 전쟁이 무섭거나 겁이 나는 사람은 돌아갈 것. 그런 사람은 동료 군인들의 사기를 저하시킬 뿐일 터이니까. 장교들의 이런 지시가 있은 후에, 지휘관들(〈사림〉, שָׂרִים)[15]에게 그들을 맡기라는 것이다.

이제 실전에 들어가서는 먼저 가나안 주변에 있는 나라들 즉 가나안 7족 민이 아닌 사람들의 마을을 공략할 경우를 다룬다. 어떤 도시를 공략할 때 먼저 화친을 청하며 항복을 권하라고 한다. 만일 원수 마을이 화친 제안을 받아들이고 항복하면, 그 마을 사람들을 죽이지 않고 강제 부역을 하게 한다. 그러나 화친 제안을 거부하고 항거하면, 그 성을 포위하고 공략할 수 있다. 야훼 하나님이 그 성을 이스라엘에게 주신다는 것이다. 그 성의 남자들을 다 죽이고, 여자들과 어린이들과 가축 등 그 성안에 있는 모든 것을 포획(捕獲)한다. 그리고 그 노획물은 야훼 하나님이 주신 것이니, 그것을 즐겨도 된다.

가나안 7족을 공격할 때는 섬멸전을 하여 그들을 완전히 없애야 한다. 그들이 살아남아서 그들의 그릇된 종교와 풍습을 이스라엘에게 가르치는 일이 없도록 하라는 것이다.

실전(實戰)에 있어서 한 가지 유념할 것이 있다. 어떤 도시를 포위하고 장기전을 할 때, 공격을 위하여 필요한 만큼은 주변의 나무를 찍어 사용해야 하지만, 나무들을 무차별 찍어내는 일을 하지 말아야 한다는 것이다. 나무가 사람이 아니기에 그것들을 원수로 삼을 필요가 없다는 것이다. 그 성이 함락되기까지 전투에 필요한 나무를 찍되, 과일을 내지 않는 나무를 찍어서 쓰라는 것이다.

---

15) 개역한글판에서는 '장관들'로 옮겼다.

교훈

1. 모든 생명은, 특히 사람의 생명은 하나님이 내시고 생명은 최고로 귀한 것이기에, 존중해야 한다. 그런데 전쟁에는 불가불 사람의 생명을 죽이는 일이 따르게 마련이다. 살인을 금하신 하나님이시지만, 전쟁은 필요악(必要惡)이어서, 허용하신 것이다. 하나님의 뜻과 계획을 이루기 위한 전쟁이 없을 수 없다. 악을 응징하는 전쟁이 있을 수밖에 없다. 인간의 욕심을 채우기 위한 침략과 약탈 전쟁은 없어야 할 것이지만, 정의 전쟁은 있을 수밖에 없다. 그러므로 내가 어느 편에 서는가 하는 것이 중요하다. 정의 편에 서야 하고 하나님 편에 서야 한다.

2. 하나님이 허락하신 전쟁에서는 하나님이 이기신다. 그러므로 의로운 전쟁을 위하여 싸우는 용사들은 하나님과 의를 위하여 용감해야 하고, 원수를 무서워하거나 떨어서는 안 된다. 하나님은 전능자이시고, 의로운 자의 편이 되셔서 승리를 주시는 분이시기 때문이다.

3. 의로운 전쟁은 사람을 죽이자는 데 목적이 있는 것이 아니다. 가능한 한 평화적으로 교섭을 통해서 인명을 죽이지 않고 해결할 방도를 찾아야 한다. 군인들이 정의의 하나님을 믿는 신앙을 가지는 것이 매우 중요하며, 정신무장을 하여 사기충천한 가운데 싸움으로 승리를 거두어야 한다. 인간적인, 개인적인 여건 때문에 마음 약한 자들이 전투에 참가하면 방해거리가 될 수 있다. 누구는 싸우고 누구는 싸우지 않고 하는 불공평은 없어야 하지만, 겁쟁이들은 전쟁에서 있으나마나한 존재들이다.

4. 하나님이 허락하신다면 섬멸전도 강행해야 하지만, 가능한 한 인도적인 방법으로 살상을 줄이는 것이 하나님의 일반적인 뜻이다. 전쟁

으로 인해서 자연이 훼파되어서는 안 된다. 인간이 악하면 악했지 자연이 무엇 때문에 해를 입어야 하는가 말이다. 하나님이 주신 아름다운 자연과 생명을 가급적 애호하는 정신으로, 전화(戰禍)를 가능한 한 줄이는 것이 현명한 일이고 옳은 일이다.

범인 불명의 살인 사건(신 **21:1-9**)

해설

19장 1-21절에서 이미 불의의 사고로 사람을 죽이는 사건과 고의로 죽이는 사건을 구별하라 지시했는데, 그 범인을 알지 못하는 경우가 있으므로 그런 경우를 두고 여기에 법을 주신 것이다. 이스라엘 백성이 거주하는 땅에서 피살된 사람의 시체가 발견되고, 범인이 누군지 알 수 없는 경우, 장로들과 재판장들이 나와서 그 시체와 그 인근 도시들과의 거리를 재고, 가장 가까운 거리에 있는 도시의 장로들이 사건 처리를 맡도록 해야 한다. 그 동네 장로들이, 멍에를 메어보지 않고 아직 일을 해 보지 않은 어린 암소 한 마리를, 물이 흐르는 개울로 끌어다가 그 개울에서 목을 꺾는다. 그리고는 제사장들의 주재로 그 사건의 종결을 짓도록 하라는 것이다.

그 동네 장로들이 개울 가운데서 목이 꺾여 죽은 송아지 위에서 손을 씻고, 선언한다. “이 사람의 피를 흘린 것은 우리의 손이 아닙니다. 우리가 그의 죽음을 목격한 사람들이 아닙니다. 오! 야훼여, 당신께서 속량하신 당신의 백성 이스라엘에게 무죄한 사람을 죽인 살인죄를 지우지 말아주십시오.” 그렇게 하면 살인의 책임을 면한다는 것이다. 이렇게 이스라엘 백성은 야훼 보시기에 옳은 일을 행해야 하는 것이고, 무고한 사람의 피를 흘리는 죄를 말끔히 없애야 한다는 것이다.

교훈

1. 이스라엘 백성 개인이 살인죄를 짓지 말아야 한다는 것이 법이지만, 공동체를 이루고 사는 사람들로서, 범인 불명의 살인 사건이 그들의 동네에서 생겼을 때, 그 지방 사람이 공동적으로 살인죄를 졌다는 의식을 가져야 한다는 것이다. 제사장의 주재 하에 귀한 암송아지를 죽여서 피 값을 바치고, 백성을 대표하는 장로들이 개울물로 손을 씻어서 개울물과 함께 흘러가게 하는 상징적 의식을 통해서, 백성의 죄과를 씻어버리라는 것이다. 그 의식을 통해서 하나님의 사죄를 받는 은총을 구하라는 것이다. 하나님이 주시는 사죄를 통해서 무죄한 자들이 되는 것이 필요하다.

개인과 민족과 국가가 이렇게 죄 없는 세상을 이루고, 하나님의 사죄로 거룩함을 이루는 것이 필요하다.

2. 이스라엘 전체가 이러한 무죄와 성결을 유지하는 일은 결코 쉬운 일이 아니다. 이것은 국민 각자의 세밀한 주의와 성의 있는 법 준수와 관계자들의 수고를 통해서만 이루어진다. 국민 전체가 합심하여 국가적, 민족적 성결을 도모하는 노력이 있어야만 그 성결을 얻을 수 있다. 될 대로 되라고 방치한다든가, 그것은 내 일이 아니라고 생각한다면 결코 그 성결을 이루지 못하고, 더러운 흙탕 속에서 사는 더러운 민족과 국가가 될 것이다. 야훼 보시기에 옳은 일을 하고 옳은 삶을 살아야 한다는 의식을 모두 다 가지고 죄와 악을 몰아내는 작업에 적극적이어야 한다. 구원받은 공동체 교회가 그 모범이 되어야 할 것이다.

여성 포로(捕虜)(신 21:10-14)

해설

전쟁에서 승리하면 자연히 전리품과 노획물이 생기고 전쟁 포로가 있게 마련이다. 섬멸전이 아닐 때 말이다. 전쟁 포로 중에 여자들이 있고, 승리자는 여자 포로들 중에 마음이 드는 사람이 있을 때 그와 결혼을 할 수 있다는 것이다.

그럴 생각이 있으면 우선 그 여자를 집으로 데려다가 삭발을 하게 하고, 손톱을 깎고, 포로로 있을 때 입고 있던 옷을 버리게 한 다음, 만 한 달 동안 집에 있으면서, 전쟁에 죽은 그녀의 부모를 애도하는 시간을 보낼 수 있게 해야 한다. 그러고 나서 그녀와 결혼하라는 것이다. 그러나 그녀가 마음에 안 들 때, 풀어주되 돈을 받고 노예처럼 팔아서는 안 된다. 이미 그녀는 이스라엘 사람의 아내가 되었고 그녀를 범했기 때문에, 그 대가로 노예의 신분을 벗도록 해야 한다.

교훈

1. 전쟁에 있어서 승자가 점령한 땅에서 노획물을 얻는 것은 당연한 일이었다. 그리고 점령당한 지대의 사람들이 승자의 노예가 되는 것이 예사였다. 이스라엘의 경우도 예외가 아니었을 것이다. 군인이 전쟁에서 사로잡은 여자 포로를 노예로 부리고 노리개로 삼을 수도 있었을 것이다.

그러나 여기서 모세를 통하여 주시는 법에 의하면, 이스라엘 남자가 여자 포로 중에서 마음에 드는 사람을 골라서 정실(正室)을 삼을 수 있다는 것이다. 그녀가 비록 원수의 나라 여자로 태어났지만, 하나님 앞에서는 꼭 같은 인간이 아닌가. 그래서 인도적(人道的)으로 그 여자를 인간대우를 해 주는 것은 옳은 일이라고 보아야 할 것이다.

그러나 그녀가 적국의 여자로서 생각과 행동이 이방 종교의 전통에 젖어 있었기 때문에, 인정상 그의 집안과 얽혀 있기 때문에, 그런 얼기설기한 문제들을 우선 해결하고 정리하여 이스라엘 사람의 아내가 될 준비를 하는 것이 필요하다.

그리한 연후에 정식으로 결혼하라는 것이다. 머리를 밀고 손톱을 깎고 과거에 입었던 옷을 다 버리고 새 옷을 입는 행동을 통해서, 또 죽은 부모를 애도하는 절차를 밟음으로써 변신하는 것이 필요하다는 말이다. 사람이 완전히 변신을 한다는 것이 결코 쉬운 일이 아니지만, 적어도 그만한 절차는 밟아서 매듭을 지은 후에 새 삶을 살아야 한다는 말이다.

2. 이스라엘 사람들에게 남존여비의 사상과 풍습이 있어서, 이혼을 다반사로 여기고 있었던 것이다. 그래서 이방 여자와 결혼을 한 남자가 그 여자가 싫어졌을 때 이혼할 수 있는데, 유대인 여자의 경우, 이혼 증서를 써 주어서 자유를 가지게 하는 것처럼(신 24:1, 3), 그 이방 여인을 방면(放免)하여 자유인으로 내보내라는 것이다. 즉 그 여자를 노예로 여겨서 남에게 돈을 받고 팔아넘기는 일을 말아야 한다는 것이다.

그 이방인 여자를 자유인이 되게 한다는 것은, 그 시대의 인습으로 본다면 큰 혜택을 주는 일이라고 볼 수 있다. 본래는 이방인 여자와는 결혼을 하지 말라는 것이었는데, 그 법이 점차로 풀어졌다. 인도적 정신이 점점 발전하여 여성이 남성과 꼭 같은 권익을 누리게 되어야 할 것이다. 그리고 선민과 비선민의 차별도 없어지는 지경에 이르러야 할 것이다. 하나님의 진심을 알고, 본래의 원칙으로 돌아가야 한다.

장자의 권리(신 21:15-17)

해설

옛 이스라엘 사람들은 일부다처의 인습을 허용하고 있었다. 남존여비 시대에 있던 못된 풍습이었다. 그런 시대의 비정상적 결혼 관계에서 일어나는 사건 중의 하나를 여기서 다룬다. 한 남자에게 아내가 둘 있으면 자연히 한 아내를 다른 아내보다 더 사랑하게 될 것이다. 그런데 사랑하는 아내와 좋아하지 않는 아내가 다 아들을 낳았을 경우에 그가 유언으로 아들들에게 재산을 나눌 때, 좋아하지 않는 아내가 먼저 아들을 낳았는데도 그 아들을 장자로 여기지 않고, 사랑하는 아내가 후에 낳은 아들을 장자로 삼아서, 유산을 분배하는 일이 있어서는 안 된다는 것이다. 좋아하지 않는 아내가 낳은 아들이지만 그가 장자이기 때문에 그에게 전 재산의 3분의 2, 곧 다른 아들의 두 배를 주어야 한다는 것이다.

교훈

인간은 하나님을 반역하고 그의 법을 어기며 사는 존재로서 이기심이 가득한 존재이다. 남자가 힘이 있다고 여자를 업신여기며 여자를 마구 다루며 노리개로 삼으려고 한다. 그래서 아내를 하나로 만족하지 않고 축첩을 한다. 사람은 감정적인 동물로서 좋아하는 사람을 사랑하고 편애를 한다. 좋아하는 아내가 난 아들을 더 사랑해서 그에게 더 많은 재산을 넘겨주려고 한다. 그것은 아마도 그 사랑하는 아내의 간사한 권유에 유인됨으로써 되는 수도 있을 것이다. 이러한 일들이 시정되어 하나님의 뜻에 합당한 방향으로 처리되어야 할 것이다. 당장에 고질적인 악한 전통이 없어질 수는 없겠지만, 반드시 지켜야 할 것은 지켜나가야 할 것이다. 먼저 난 자가 장자이지, 뒤에 난 자가 장자가 될 수는 없다는 말이다. 시간의 차례를 어떻게 뒤집을 수 있는가 말이다. 그 질서를 무너뜨리려는 것은 결국 하나님의 의를 가로막는 패륜일 것이다.

거역하는 자녀(신 **21:18-21**)

해설

부모를 공경하라는 것이 십계명의 다섯째 조항이며 인륜의 첫 계명이다. 야훼 하나님을 모시는 백성이 세상에서 지켜야 할 인륜의 기본이 바로 부모를 공경해야 한다는 것이다. 그런데 어떤 가정의 부모가 자식을 훈계할 때, 자식이 완고하고 반역하는 마음으로 그 말을 듣지 않는다면, 그것은 천륜을 거스르는 일이어서, 세상에 존재할 가치가 없다는 것이다. 그래서 그 자식을 장로들 앞에 끌어내어 그 사실을 만인 앞에 밝히고, 모두가 돌을 들어 그를 쳐서 죽이라는 것이다. 부모가 못되게 구는 자식을 홧김에 죽음으로 몰고 갈 수도 있을 것이다. 그래서 장로들의 판가름을 받아야 하는 것이다. 정당한 절차를 밟은 후에 그것이 사실로 판명되는 경우에 처단해야 한다. 그리하여 이스라엘 가운데서 그런 악을 숙청하여 없애고, 만인이 두려워하며 다시는 그런 일을 하지 않도록 해야 한다는 것이다.

교훈

1. 어느 부모가 자식을 사랑하지 않겠는가? 그러나 천륜을 인륜보다 앞세워야 한다. 부모를 공경하라는 것은 하나님의 명령이며, 그가 정하신 법도이다. 사람이 자기 부모를 거역하는 것은 바로 하나님을 거역하는 일이 된다.

부모 공경은 축복이 약속되어 있는 계명으로서, 자신의 부모를 공경하지 않는 것은 하나님이 주실 복을 차버리는 어리석은 행동이며, 그런 패역한 행동은 결국 사회 전체를 오염시켜 하나님께 복 받지 못하게 하는 엄청난 결과를 가져올 것이다. 그러므로 그런 패륜아를 만인의 손으로 처치하라는 것이다. 그만큼 효도가 중하고 귀하다는 말이다.

2. 하나님의 백성이 하나님의 법을 지키고 특히 부모 공경의 법을 바로 지킴으로써 하나님께 복 받는 모범이 되어야 할 것이다. 그래야 이스라엘의 후손은 물론 이방인들도 그것을 보고 하나님께 가까이 나올 것이다.

택함 받은 사람들이 개인으로나 공동체로서나 악을 용납하지 않고, 숙청함으로써, 거룩함을 유지해야 한다. 죄 없는 사회를 하나님은 사랑하고 축복하실 것이다.

여러 가지 법(신 **21:22-22:12**)

21장 **22-23**절

해설

사회 질서를 근본적으로 문란케 하는 중죄를 범할 때, 일벌백계의 효과를 거두기 위해서 사형이라는 극형을 줄 뿐 아니라 그 시체를 나무에 달아서 시민들이 다 보고 경고를 받게 하라고 한다. 그러나 밝은 낮 동안만 그 시체를 나무에 달아 놓고 밤까지 그냥 두어서는 안 된다. 그 시체를 내려서 매장을 해야 한다.

나무에 달릴 정도의 죄를 짓는 사람은 하나님의 저주를 받아 마땅한 자이다. 저주받은 시체를 그대로 나무에 달아두는 것은 거룩한 땅을 더럽히는 일이 될 것이다. 주검을 보는 그 자체가 부정을 타는 일이므로 경고를 위해서 낮에는 그 주검을 나무에 달아두었지만, 반면에 시민으로 하여금 주검을 보게 하여 부정을 타게 해서는 안 되는 것이기에 해가 지면 시체를 매장하는 것이 마땅하다는 것이다.

교훈

1. 작은 죄도 죄이므로 삼가야 하지만, 사형에 처할 중죄는 정말 무서운 죄로 천하를 주고도 못 바꿀 생명을 잃어야 하는 죄이므로 그런 죄를 짓는 일이 없도록 백방으로 노력해야 한다. 그래서 사형당한 사람의 시체를 나무에 달아 모두가 보고 전감을 삼게 하는 것이었다.

결국 우리는 사람을 죽인다든가 부모를 거역한다든가 하는 기본적인 중죄를 멀리하고, 반대로 이웃을 사랑하고 부모를 공경하여 대대로 복을 받는 자가 되어야 할 것이다.

2. 비록 어떤 사람이 중죄를 짓고 사형을 당했을지라도, 인간은 존엄한 존재이다. 그 주검은 사람을 부정하게 하고, 죽음은 극히 싫어해야 하고 나쁜 것이기에, 그 주검은 매장되어서 인간의 시선에서 사라지게 해야 한다. 즉 죽음은 생명의 반대요 악의 상징이기에, 그것을 멀리하는 것이 당연하다. 그리하여 결국 생명을 사랑하고 선을 사랑하는 사람들의 사회가 되게 해야 한다.

22장 1-3절

해설

이스라엘 백성이 땅을 분배받아 대대손손 그 땅을 유업으로 보존하며 귀하게 여기는 것이 마땅하지만, 그 땅 안에 존재한다고 해서 무엇이나 다 그 사람의 것은 아니다. 자기 땅에 이웃의 소나 양이 길을 잃고 들어왔을 때, 그 우양이 당장은 자기의 땅에 있지만, 자기의 것이 아니다. 주인에게 돌려주어야 한다. 그 짐승의 주인이 가까이 살지 않거나, 주인이 누구인지를 모르는 경우에는 그 짐승을 집에다 놓고, 주인이 찾아가도록 해야 한다. 이웃의 나귀, 옷 등을 발견한 경우, 주인을 찾아 돌려주어야 한다.

교훈

우리는 소유에 대한 올바른 개념을 가지지 못하고 산다. 자기 이름으로 등기소에 등기된 토지나 가옥을 자기 것으로 착각한다. 그것들은 본디 다 하나님의 것이고, 우리는 그것들을 임시로 맡아 쓸 따름이므로 청지기에 불과하다. 그리고 자식과 부동산과 동산도 나 혼자서 쓰라고 주신 것이 아니라 하나님의 나라와 그의 자녀들을 위해서 유용하게 쓰라고 맡겨주신 것이다. 그런데 우리는 대개 자기 주머니에 있는 것은 다 자기의 것으로 착각하고, 제 고집대로, 자기를 위해서만 쓰려고 한다. 우리는 우리의 소유가 누구를 위한 것인지, 누구에게 가야 할 것인지, 어떻게 사용되어야 할 것인지를 바로 가려서 사용해야 할 것이다. 가이사의 것은 가이사에게, 하나님의 것은 하나님께, 이웃의 것은 이웃에게 제대로 돌아갈 수 있어야 한다.

22장 4절

해설

이웃의 나귀나 소가 짐을 지고 가다가 넘어져서 일어나지 못하는 것을 보거든 못 본 척하지 말 것이 아니라 도와서 일으켜주어야 한다.

교훈

소나 나귀나 말이나 다 사람을 위해서 봉사하는 귀한 협조자들이다. 하나님께서 인간의 행복을 위하여 도구로 주신 가치 있는 짐승들이다. 그것들이 인간을 섬기다가 힘이 모자라 쓰러졌을 때, 그들을 방치한다면, 무정한 인간, 인간 이하의 인간이 아닐 수 없다. 우리의 사랑이 인간에게만 아니라 짐승에게도 미쳐야 한다.

22장 5절

해설

남자의 옷을 여자가 입거나 여자의 옷을 남자가 입지 않아야 한다. 그것은 야훼 하나님이 역겨워하시는 일이라는 것이다. 그것은 야훼 자신의 문제가 아니라, 인간에게 손해가 되고, 사회질서를 문란하게 하는 일이 되기 때문일 것이다. 그런 행동은 성적 도착(倒錯)이라든가 동성애에 빠지는 혼란을 일으킬 수 있고, 남성과 여성의 버젓한 경계를 무너뜨림으로 질서를 파괴할 것이기 때문이다.

교훈

하나님의 창조의 질서는 모든 종류의 존재가 그 나름의 기능을 발휘하고 가치를 지니게 하는 것이다. 남성은 남성답고, 여성은 여성다워야 한다. 그리고 그들의 기능을 제대로 발휘해야 한다. 옛 사람들의 생각에 이성의 옷을 입는다는 것은 쑥스럽고, 비정상적인 행동으로 보였을 것이다. 따라서 하나님의 창조 질서를 어기는 일이라고 볼 수밖에 없었을 것이다. 우리는 창조주 하나님의 창조의 질서를 존중하고, 저마다 고유한 기능과 자격을 잃지 않아야 할 것이다. 그것을 하나님은 기뻐하실 것이다.

22장 6-7절

해설

새 둥지를 발견했을 때, 거기에 어미와 새끼 또는 알이 같이 있으면, 그 둘을 다 취하지 말고, 새끼나 알만 가지고 어미는 버려두어야 한다. 그렇게 하는 것이 인도적이며, 형통하고 장수하는 길이 된다. 새 어미까지 잡아먹어 버리면 새의 씨가 마르고, 더 이상 그 새는 번식을 하지 못할 것이기 때문에 그 여파는 인간에게 돌아올 것이 아닌가?

교훈

"꿩 먹고 알 먹고"라는 말이 있는데, 인간은 자기의 이익을 위해서 어미새와 새끼나 알까지 몽땅 먹어버리는 비정한 존재들이 될 수 있다. 정상적인 인간이 되려면 인정이 있어야 하고, 사리를 분간할 줄 알아야 한다. 어미까지 먹어치우면, 손해가 자기에게 돌아온다. 당장의 이익을 위해서 뒷일을 헤아리지 않으면, 손해를 자초하는 어리석음을 저지른다는 사실을 깨닫는 현명함이 있어야 한다.

22장 8절

해설

비가 귀한 가나안 땅에서는 옥상을 평평하게 만들어, 비가 올 때 비를 받아서 쓰게 마련이다. 그런 집을 지을 때 반드시 옥상의 난간을 만들어 사람이 옥상에서 떨어지지 않도록 해야 한다. 사람의 목숨을 귀하게 여기고, 생명을 잃는 일이 없도록 주의해야 한다는 것이다.

교훈

무슨 일을 하든지 인간 생명의 귀중성을 생각하고, 인간에게 손해가 되는 일을 피하고 막아야 할 것이다. 현대에 와서 대기오염, 수질오염, 토지오염 등 때문에 인간은 자멸의 길을 가고 있다. 사람의 생명을 앗아가고, 생명을 위협하는 건설 사업이나 활동을 삼가야 할 것이다.

22장 9절

해설

포도나무를 심고 그 나무들 사이에 간작(間作)을 하지 말아야 한다. 그러면 포도나무가 제대로 열매를 내지 못할 것이고, 간작한 것도 소출을 제대로 내지 못할 것이다. 당연한 농사의 원리이다. 그러나 어리석게도 인간은, 두 가지를 심으면 그만큼 수확이 배가 될 것으로 계산하고 있다.

교훈

땅이 귀하고 좁은 나라와 지방에서는 과일 나무나 어떤 곡물을 심어 놓고는, 그 사이 사이에 다른 곡물의 씨를 심거나 뿌리는 것을 볼 수 있다. 그러나 그것은 그 두 가지 곡식이 둘 다 열매를 제대로 맺지 못하게 하는 처사이다. 우리는 삶의 현장에서 그와 비슷한 일들을 많이 하고 있다. 두 가지 일을 함께 함으로 두 가지 일의 능률이 모두 저하되는 일이 많다. 오히려 결과적으로는 손해가 되는 경우가 있다. 하나님은 우리의 유익을 위하여 충고하신다. 일을 효과적으로 하라고 말이다.

22장 10절

해설

한 멍에에다가 소와 나귀를 함께 메워서 일을 하게 해서는 안 된다는 것이다. 그것은 실제로 일의 효능이 떨어지기 때문이고, 두 동물에게 다 고통을 주는 일이 될 것이기 때문이다.

교훈

세상에서 살면서 한 멍에를 서로 다른 종류의 사람이 같이 메고 가는 경우가 있다. 바울은 신자와 불신자가 결혼하는 일을 삼가라고 했다. 인간의 일생은 목표가 있는데, 그 목표를 향해 가면서, 두 사람이 각각 생각이 다르거나, 두 사람의 취향이나 철학이 서로 다르면, 그들의 삶은 매우 고달플 것이다. 능률을 올리지 못할 뿐 아니라, 때로는 파경에 이를 수도 있을 것이다.

하나님은 사람이 결혼이나 기타 인간사를 영위할 때 순조롭고 평화스럽고 생산적이기를 바라신다. 우리는 슬기를 발휘해서 한 멍에를 효과적으로 메고 갈 수 있는 길을 모색해야 할 것이다.

22장 11절

해설

양모사(羊毛絲)와 삼베 실을 석어서 짠 옷을 입지 말아야 한다는 것이다. 지금은 그런 교직(交織) 옷을 많이 입지만, 옛날 사람들에게는 그것이 금기(taboo)였던 모양이다. 순모(純毛)가 더 좋고, 100% 비단이 더 좋게 여겨졌다. 순수함을 선호한 것이라고 본다.

교훈

시대를 따라서 우리가 입는 옷감에 대한 선호 경향이 달라지고 있다. 과거에는 순모(純毛), 순견(純絹), 순면(純綿)만을 귀하게 여기는 경향이 있었던 것 같다. 여기서 모세가 말하는 것은 잡종을 멀리하라는 것으로 보인다. 하나님만을 섬기는 정신을 염두에 두고 한 말일 것이다. 하나님 앞에서 우리는 순수한 믿음을 가져야 한다. 결백하고 거룩한 삶을 살아야 한다는 말일 것이다. 이것도 좋고 저것도 좋고, 줏대가 없는 태도를 가져서는 안 된다는 말일 것이다.

22장 12절

해설

몸을 감싸는 외투 천의 네 모퉁이에 술을 달라는 것이다. 민수기 15장 38-39절에서는 청색 실로 그 술을 만들라고 했고, 후대 유대인들은 백색 모사로 만들었다. 어쨌든 민수기에 의하면 그 술을 볼 때마다 하나님의 계명을 기억하고, 그것들을 행하려는 마음을 일으키기 위한 것이라고 했다.

교훈

이스라엘 사람들이 늘 걸치고 다니는 겉옷은 큰 보자기 모양이어서, 야간에는 홑이불의 역할도 하는 것이다. 어쨌든 그것은 늘 사람이 지니고 다니는 것으로서, 그 네 모퉁이에 술을 달아서 속옷과는 구별되도록 한다. 결국 이스라엘 사람들이 언제나 착용하는 겉옷을 특별하게 만들어, 그것을 볼 때마다 야훼 하나님의 계명을 생각하고, 그것을 실행할 생각을 하도록 한다는 것은 얼마나 현명한 처사인지 알 수 없다. 겉옷

네 모퉁이의 술이 눈에 띌 때마다. 하나님의 법을 생각할 수 있게 만들어, 하나님께 순종하는 백성을 삼으려는 것이다. 우리에게는 그럴 만한 것이 무엇이 있을까?

성 관계에 관한 법(신 22:13-30)

해설

야훼 하나님이 선민 이스라엘에게 요구하시는 거룩함은 그들의 성생활에서도 이루어져야 한다. 그래서 여기에 그 표준을 정해주시는 것이다. 이스라엘 백성의 가정이 하나님의 법을 따라서 순결함으로써, 그렇지 못한 이방사람들과는 구별되어야 한다.

그래서 다음 일곱 가지로 나누어 그들의 성생활을 규제했다.

12-19절: 한 남자가 한 여자와 결혼한 후에, 그 여자가 싫어진 경우이다. 그 여자의 처녀성이 의심스럽다고 비난하면서 공격하고 나설 때 어떻게 할 것인가?

그런 경우에 그 여자의 부모가 그 딸의 처녀성을 증명할 수 있는 증거를 재판정에서 장로들에게 제시하라는 것이다. 신부의 처녀성의 증거는 우선 신혼의 첫 성교 때 나타난 신부의 피의 흔적을 의미한다고 한다. 그러나 그것은 누구에게나 있는 현상이 아니기 때문에 일률적으로 다룰 수 없다. 둘째는 신부가 결혼 직전에 월경을 치렀다는 증거물을 가리킨다고 한다. 그것은 곧 그녀가 임신 상태가 아니라는 증거이기 때문이다.

신부의 아버지가 장로들에게 딸의 처녀성에 대한 증거를 제시하면, 사람들이 그 도시의 장로들 앞에 천을 깔고 장로들이 그 신랑을 거기서 벌을 준다. 그리고 벌금으로 은 100세겔을 그 여자의 아버지에게 물게 한다. 이스라엘의 처녀를 비방했다는 죄 값이다. 그 여자는 그대로 그 남자의 아내로 남고, 평생 그 남자는 그 여자와 이혼할 수 없다.

20-21절: 그러나 그 신랑의 고발 내용이 사실인 경우, 즉 신부의 처녀성에 대한 증거가 없는 경우, 다시 말해서 그녀가 아비 집에 있는 동안 정절을 지키지 않고 음행을 하는 추잡한 행동을 했기 때문에, 사람들이 그 여자를 그녀의 집 앞에 끌어내어 돌로 쳐죽여야 한다. 그렇게 해서 그런 악을 이스라엘 사회에서 없애야 한다.

22절: 어떤 남자가 이웃 사람의 아내와 간음을 하다가 발각되었을 때, 그 두 사람이 다 죽어야 한다. 그런 악행은 이스라엘 중에서 말끔히 없이해야 한다.

23-24절: 어떤 남자가 다른 사람과 약혼한 여자를 동네에서 만나 겁탈했고 그때 주변에 있는 사람들에게 소리를 질러 도움을 청하지 않은 경우에는 그 두 사람은 합의하에 간통한 일이기에, 그 둘은 다 돌에 맞아 죽어야 한다. 그런 악행은 이스라엘 가운데서 숙청되어야 한다.

25-27절: 그러나 만일 어떤 남자가 인적이 없는 들판에서 한 젊은 여자(약혼한 여자)를 겁탈한 경우에는 그 남자만이 돌에 맞아 죽어야 한다. 여자는 그 벌에 해당하지 않는다. 그 여자는 인적이 없는 곳에서 겁탈을 당했기 때문에 소리를 질러 도움을 청할 형편이 아니었기에 죄를 묻지 않는다는 것이다.

28-29절: 한 남자가 약혼하지 않은 여자를 겁탈하다가 발각된 경우, 그 남자는 은 50세겔을 그 여자의 아비에게 지불해야 하고 그 여자와 결혼해야 한다. 그 사람이 그 여자를 범했기 때문에 평생 그 여자와 이혼을 할 수 없다.

30절: 한 남자가 자기 아비가 죽으며 남긴 아내(아버지의 후실〔後室〕을 의미할 것이다)와 결혼해서는 안 된다. 아비의 권리를 침범하는 일이 되기 때문이다.

교훈

1. 하나님이 정해주신 경계표를 옮기지 말라는 것이 법이다. 인간은 아무렇게나 제멋대로 하면서 살아서는 안 된다. 하나님께서 확실하게 정해주신 경계가 있다. 그것이 율법으로 표시되었다. 하나님은 생명이시기 때문에 그가 만드신 인간도 생명을 가져야 하고 그것을 누리게 하시려는 것이다. 따라서 죽음과 경계선을 두고 죽음은 멀리 하고 생명을 택하게 하신다.

참된 생명을 누리기 위해서는 거룩함이라는 것이 전제되어 있다. 남자와 여자를 창조하신 것은 가정을 통하여 올바른 인간을 번식시켜, 그들과 더불어 하나님의 나라를 다스리시려는 것이다. 그 목적을 위하여 인간의 복음자리인 가정이 신성해야 하고, 정상적이어야 하는 것이다. 그래서 성의 문제를 엄하게 다루고 있는 것이다. 가정과 성생활이 올바르게 유지되어야 그것을 통하여 번식되는 인간이 올바르게 자랄 것이기 때문이다.

2. 이 대목에 세 번이나 "이스라엘에서 이런 악의 뿌리를 뽑아야 한다."는 말이 연거푸 나온다(21, 22, 24절). 다른 악도 악이므로 있어서는 안되지만, 성적인 악은 더더욱 제거해야 함을 강조한 것이다. 성적 문란과 악행은 인간의 내면과 종족의 운명을 좌우하는 것이기 때문에, 그러면서도 인간 본성 깊이에서 울어나는 욕정의 소치이기 때문에, 단단한 주의와 경계를 통해서 그 악을 막아야 한다. 개인과 가정과 나라나 민족이 이러한 성적인 문란과 패륜 때문에 망한 예들을 많이 보게 된다. 정상적 가정과 비정상적 가정의 경계를 확실히 해서, 하나님의 백성으로서의 긍지와 특성을 살려야 할 것이다.

이스라엘 회중에 들 자격이 없는 사람들(신 23:1-8)

해설

하나님의 계획은 이스라엘을 선민으로 택하여 그들을 번식시키고 번영하게 하여 여타의 인간에게 복의 근원이 되게 하시려는 것이다. 따라서 이스라엘 남자들이 정상적인 성생활을 하고 생육하고 번성하는데 지장이 없어야 할 것이다. 하나님과 맺은 언약이 그대로 이루어지기 위해서는 그것이 필수적인 것이다.

⑴ 그래서 선천적으로나 후천적으로 고자인 사람은 이스라엘 회중에 낄 자격이 없다.

⑵ 동시에 비정상적인 관계에서, 즉 정식 결혼관계가 아닌 관계에서 태어난 사람, 또는 법에 위배되는 관계에서 태어난 남자도 야훼의 회중에 들 자격이 없다.

⑶ 암몬 족과 모압 족의 사람은 역시 야훼의 회중에 들 수 없다. 그들은 얼기설기 이스라엘 사람들의 혈족이기는 하지만, 비정상적인 성관계에서 태어난 민족인데다가(창 19:30-38) 이스라엘이 광야를 행진할 때 비협조적이었고(민 25:1-3) 특히 발람을 고용하여 이스라엘을 저주하게 하려고 한 사건(민 22:1-24:25) 때문이라는 것이다.

그러나 에돔 사람들은 이스라엘의 혈족이므로 이스라엘 사람들이 그들을 미워해서는 안 된다는 것이다. 그리고 애굽인들은 그들의 땅에서 이스라엘이 외인으로서 오래 동안 살면서 신세를 진 백성이기 때문에 그들을 미워하지 말라는 것이다. 에돔인이나 애굽인들은 그들의 4대손부터는 이스라엘 회중에 들 수 있다는 것이다.

교훈

1. 선민 이스라엘이 하나님의 약속대로 제대로 생육하고 번성하기

위해서는 생식 능력이 없는 고자들은 그들의 축에 들 수가 없는 것이 당연하다. 그만큼 하나님의 백성으로서의 긍지와 책임의식을 가져야 하는 것이었다. 하나님께서 내게 주신 기능과 임무가 무엇인지를 바로 알아서 그 뜻을 이루려는 노력이 필요하다는 말이다.

2. 선민의 순수성을 유지하는 것이 필요하다. 인간이 비속(卑俗)한 가정에서나 비정상적인 결혼 관계 속에서 자람으로써 인격과 정신이 삐뚤어질 수 있다. 그러므로 근본적으로 그런 비정상적인 관계가 이루어지지 않게 해야 할 뿐만 아니라 그런 관계에서 태어난 사람에게는 정식으로 회원 자격을 부여하지 않음으로써 사회가 더 정화될 수 있을 것이다. 어쨌든 요지는 하나님을 믿는 개인이나 가정이나 공동체가 순수성과 거룩함을 유지하자는 말이다.

3. 비정상적인 가정 출신자의 행동이 비정상적일 수 있다는 것은 암몬인과 모압인들이 행한 행동에서도 드러났다. 특히 모압인들이 혈족이나 다름없는 이스라엘을 저주하려고 안간힘을 쓴 사건을 보아서 알 수 있다. 이런 전과(前科)자들을 거룩한 선민 회중에 넣지 말아야 한다는 것이다. 그러나 오늘 우리는 성령의 능력과 그의 은총으로 중생의 체험을 할 수 있고, 누구든지 하나님의 자녀들로 이루어진 공동체의 구성원이 될 수 있는 것이니, 격세지감을 가지는 동시에 하나님께 감사할 수밖에 없다.

4. 우리는 우리의 혈족과 이웃은 두 말할 나위 없고 원수까지라도 미워하지 말고 사랑으로 대해야 한다. 그 사상이 이미 신명기 기자들을 통하여 나타났다. 그리스도께서 원수도 사랑하라는 명백한 말씀을 하셨지만, 그것은 하나님의 뜻이며 명령이다. 하나님의 이상은 모두가 하

나님 안에서 형제자매로서 서로 한 권속을 이루고 평강을 누리는 일이다. 따지고 보면 우리가 다 혈족이요 하나님께로부터 유래된 한 가족인 것이 사실이다.

위생적, 인도적 규례(신 **23:9-25**)

해설

이스라엘은 이제 가나안 땅으로 들어가 원주민들을 토벌하는 전쟁을 해야 한다. 즉 전시체제로 돌입하게 된다. 이스라엘은 야훼 하나님을 모신 백성으로서 그 과업을 수행해야 하는 것이기 때문에 하나님이 기뻐하시는 거룩한 상태를 유지해야 한다. 약소민족이 훨씬 강한 본토의 원주민들을 이겨내려면, 그들의 수호자이신 하나님의 뜻에 맞는 행동과 생활, 곧 거룩함을 지녀서 하나님께 어여삐 보여야만 한다.

그래서 모세는 이스라엘 백성의 일상생활에 있어서 거룩함을 유지하기 위한 몇 가지 규율을 제시한다. 한마디로 말해서 "악한 일"(〈다바르 라으〉, דָּבָר רָע) 곧 못마땅한 일이 없도록 하라는 것이다.

⑴ 남자가 몽설(夢泄)하여 더러워졌을 때는 진영 바깥으로 나가야 하고, 저녁에 목욕을 하고서야 해가 진 뒤에 비로소 진영으로 들어올 수 있다.

⑵ 배설물은 진영 바깥 지정한 곳에서 처리하여야 한다. 즉 용변을 본 다음에는 삽으로 땅을 파고 배설물을 그 구멍에 넣고 흙으로 덮어야 한다. 즉 진영이 더럽지 않도록 하여야 한다. 야훼께서 보시기에 거룩한 상태를 유지하라는 말이다.

⑶ (본토인들의)종이 도망하여 이스라엘 사람들에게로 왔을 때, 그

종들을 본래의 주인들에게 돌려보내지 말고 그들이 원하는 곳에서 살게 하고 그들을 탄압하지도 말아야 한다. 출애굽기 22장 21절에는 기류하는 외국인들을 탄압하지 말라는 법이 있는데, 이것은 그 법의 연장이라고 할 수 있다(신 24:17 참조).

(4) 이스라엘 사람들의 딸들과 아들들을 성전의 공창(公娼)이 되게 해서는 안 된다. 가나안 땅에는 그런 악습이 만연하였기 때문에, 이스라엘 사람들이 그 악습에 물들지 말라는 것이다. 호세아의 아내 고멜도 그런 경우였던 것 같다(호 1:2-3). 야훼께 드리기로 약속한 것을 드릴 수 없는 곤경에 처한다고 하더라도 성전 공창질을 해서 그 값으로 충당하려고 해서는 안 된다.

(5) 이스라엘 백성이 동족에게 돈이나 곡식 등을 꾸어주고, 그 이자를 받는 일은 없어야 한다. 외국인에게는 이자를 받고 동족에게는 그러지 말라는 것이다(출 22:25-27; 잠 22:7). 이렇게 동족에게 선을 베풀어야 야훼 하나님이 축복하신다는 것이다.

(6) 야훼 하나님께 서약한 것은 미루지 말고 그대로 실행하여야 한다. 자신의 입으로 야훼께 약속한 것을 그대로 실시해야 하고, 그렇지 않으면 거짓말을 한 것이 되어 죄가 된다는 말이다. 그러니까 맹세하는 일을 삼가야 한다.

(7) (가난한 자가) 이웃의 포도원에 들어가서 배불리 포도를 따먹고 갈 수는 있지만, 그것을 따서 그릇에 담아가지고 가서는 안 된다. (가난한 자가) 이웃의 밀밭에 들어가서 밀 이삭을 따서 비벼서 먹을 수는 있지만, 낫으로 베어가서는 안 된다.

교훈

1. 하나님의 백성은 한마디로 말해서 악한 세상에서 악과 싸우는 전투적 삶을 사는 것이다. 하나님의 백성은 하나님의 본질인 선과 참과

의와 정결함과 거룩함을 닮아야 하고, 그 경지에 도달하려는 노력을 하면서 살아야 한다. 그것이 선민의 특색이어야 하고, 이방인에도 복의 근원이 되어야 하는 이스라엘의 모습이어야 한다.

2. 몽설은 성장한 남성의 자연적인 생리현상 가운데 하나다. 그러나 남자의 정충은 생명체이고, 생명체가 정상적인 관계에서 생명을 생산하는 데 사용되어야 함이 마땅한데, 그것이 몽설을 통하여 허비되는 일은 비록 고의적인 일이 아니라 할지라도 애석한 일이고 하나님의 창조의 의지와는 반대되는 일이어서 더럽고 악한 일에 속한다. 결국 생명이 존중되어야 한다는 말이고, 주검을 만지거나 본 것과 대등한 부정(不淨)으로 여기라는 것이다. 생명 존중에서 발원한 법이라고 본다.

3. 위생적으로 우리의 주위를 정결하게 하고 볼품 있게 만들어 삶의 아름다움을 유지하는 것이 하나님의 뜻이다. 할 수 있는 대로 효과적이고 철저한 위생시설을 하고 위생을 지킴으로써 개인과 사회를 건강하게, 그리고 아름답게 하는 것이 바람직한 일이며 하나님이 원하시는 일이다.

4. 인간이 인간의 노예가 되는 일은 가능한 한 없어야 할 것이다. 가능하다면 노예 생활 하는 인간을 해방시켜 자유를 얻게 하는 것이 인간의 도리며 하나님이 원하시는 바이다. 하나님의 자녀가 다같이 자유인으로서 행복을 누리는 것이 창조주의 뜻이다.

5. 그릇된 종교는 그릇된 행동을 용납한다. 신을 예배한다는 미명하에, 인간의 욕정의 만족을 도모하는 일이 부지기수이다. 성전 안에 남창과 여창을 두어 예배자들이 성적인 만족을 얻게 하면서 그것이 신의 축복이라고 하는 해괴한 일이 있었다. 경제적 어려움 때문에 자기

자녀를 공창이 되게 하여 그 화대(花代)를 가지고 하나님께 예물을 바치거나 서약한 것을 이루려고 하지만, 불의의 돈을 하나님이 원하시지 않는다. 선한 방법으로 하나님을 섬겨야 하고, 아름답고 향기로운 선물을 하나님께 바쳐야 한다. 하나님은 예물을 원하시는 것이 아니라 인간 자체가 거룩하고 선하고 참되고 의롭고 아름답기를 원하신다.

6. 사람이 세상에 살다보면 남에게 빚을 지고 살아야 하고 꾸는 생활도 있을 수 있다. 그런 어려운 형편에 있는 이웃에게 이자를 받고 돈이나 낟알을 꾸어주는 야박한 일은 하지 말아야 한다. 하나님의 뜻은 그의 백성이 다같이 행복하게 잘 사는 것이다. 구조악이나 불가항력에 의하여 가난해진 사람들에게 이자를 받고 돈이나 물건을 꾸어준다면, 그들의 가난은 계속될 것이고, 사회 양극화는 더 심해지고 계속될 것이다. 요는 하나님의 백성, 특히 가난한 사람들을 도와서 평등하고 같이 잘사는 사회를 이루려고 의도적으로 선심을 써야 한다는 것이다.

7. 일구이언하지 말아야 한다. 예는 예라고 해야 하고 아니면 아니오라고 해야 한다. 입으로 하겠다고 해 놓고는 하지 않는 거짓을 행해서는 안 된다. 자기 말에 책임을 지는 성실한 인간이 되어야 한다. 그런 사람들의 사회가 살기 좋은 사회이다.

8. 부자들은 포도원과 농토를 가지고 포도를 수확하여 포도주를 만들어 즐기고 농토의 소산을 즐기지만 가난하여 끼니를 이어갈 수 없는 사람들은 어쩔 것인가? 그런 불평등한 사회에서 최소한 가난한 사람이 연명해 나가려면, 가난한 자들에게 이웃의 포도원에서 포도를 따먹을 수 있게 하고 이웃의 밀밭에서 생 밀 이삭이라도 비벼서 먹고 배를 채울 수 있게 해야 한다.

그러나 가난한 사람들이 염치도 없이 욕심을 부려 그릇을 가지고 와서 포도를 따 가지고 간다든가 밀을 포기채로 낫으로 베어가는 일은 없어야 한다. 불로소득의 악을 범해서는 안 된다. 가진 자들이 인도적인 배려를 통하여 가난한 동족을 살리는 것이 마땅하다. 그러나 부자의 것은 도둑질해도 된다는 생각은 하지 않아야 될 것이다.

결혼과 이혼의 법(신 **24:1-4**)

해설

남존여비 시대와 사회에서 남자들이 결혼을 했다가 그 여자가 싫어졌다고 그를 버리고 다른 여자와 결혼을 하는 경우에도 버림받은 여자는 법적으로 여전히 그 남자의 아내로 남아 있어야 하는 부조리한 일이 있었다. 그런데 이제 신명기에서는 그런 악습을 어느 정도 개선한다. 즉 아내가 싫어져서 버리고 싶으면, 이혼증서를 그녀에게 써 주어서 내보내어 자유롭게 재혼할 수 있게 하라는 것이다. 어느 정도 여권을 인정한 셈이다.

그녀가 다른 남자와 결혼을 하였는데 그 둘째 남자도 그녀를 버리려고 할 때, 역시 그녀에게 이혼증서를 써 주어서 내보내라는 것이다. 그리고 혹은 둘째 남편이 죽음으로써 그 여자가 과부가 되었을 경우에 첫 남편이 마음이 변하여 그 첫 아내를 다시 아내로 받아들일 수 있는가 하는 것이 문제이다. 그것은 금지되어 있다. 그 여자는 더러워졌기 때문에 그런 여자와 결혼하는 것을 야훼가 역겨워하신다는 것이다. 하나님이 역겨워하시는 일을 한다는 것은 하나님 보시기에 악을 저지르는 일이 된다는 것이다.

교훈

1. 하나님의 창조의 질서는 남자와 여자가 동등한 것이다. 그런데 인간 타락 이후 대부분의 지방에서는 남존여비의 상태로 전락하여, 여자가 그의 참 권익을 행사하지 못하였다. 이스라엘도 그런 악습을 가지고 있었다. 그래서 남자는 결혼한 아내가 자기의 기호에 맞지 않을 때, 버리고 다른 여자를 아내로 맞는 것이었다. 이제 그런 부조리를 개선하기 위해서, 이혼증서를 써 주어, 이혼당한 여자가 자유를 얻어, 다른 남자와 결혼을 하여 새 삶을 즐기도록 한 것이다. 하나님의 창조의 질서로 가까이 가게 한 것이다. 하나님 안에서 만인이 동등하며, 누구나 자유를 누리며 행복해야 한다.

2. 옛 이스라엘 사람들은 이혼 당한 여자들이 남의 아내가 되어서 살다가 다시 본 남편에게 돌아오는 것은 더러운 일이라고 생각했다. 어찌하여 남자는 더럽지 않고 여자만 더럽다는 말인가? 여기서 문제는 결혼을 장난삼아 경솔히 한다는 것이다. 결혼은 신성한 것이기에 신중을 기해야 할 것이고, 가정이 신성해지기 위해서, 일부일처의 제도를 고수하여, 가정을 성결하게 해야 하고, 그런 가정이 사회의 근간이 되게 해야 한다는 말이다. 하나님은 어디까지나 인간의 안녕과 행복을 위해서 신중하고 성결한 결혼을 원하신다.

여러 가지 법(신 **24:5-25:4**)

해설

가나안에 들어간 후의 선민 이스라엘의 안녕과 복지(福祉)를 위하여 필요한 몇 가지 법을 추가한다.

24장 5절

해설

방금 결혼한 남자는 전쟁에 내보내지 말고, 전쟁에 준한 어떤 부역도 그에게 강요하지 말라는 것이다. 일 년 간 집에서 결혼생활을 즐기도록 하라는 것이다. 20장 5-7절에 이미 거기에 관한 법이 나왔다.

교훈

결혼은 하나님께서 인간에게 주신 가장 큰 행복 중의 하나이다. 인간이 그 행복을 만끽하는 것이 자연스럽고 하나님이 원하시는 바이다. 염세 사상이나 고행주의는 하나님이 기뻐하시는 것이 아니다. 하나님이 좋게 여기셔서 주신 선물을 기쁘게 받아 누리는 것이 옳다. 물론 인간이 세상에서 누리는 행복을 최고의 가치로 보아서는 안 될 것이지만, 하나님이 주신 행복을 받아 누리는 것은 마땅하다.

24장 6절

해설

고대인들의 필수품 가운데 하나가 낟알을 가는 맷돌이다. 가난한 사람이 빚을 얻을 때 채권자가 담보물을 요구하는 법인데, 가난한 채무자가 담보물로 삼을 것이 없더라도 채권자는 채무자의 집 맷돌 전부나 맷돌 윗짝을 담보로 삼아서는 안 된다. 그것은 결국 굶어죽으라는 것과 같은 것이기 때문이다.

교훈

세상을 살다보면 어쩔 수 없이 가난에 빠질 수 있다. 가난한 자가 살기 위해서는 있는 자에게 돈이나 식량을 꾸어야 하는 경우가 생긴다. 담보물로 내놓을 물건이 하나도 없는 정도로 가난할 수 있다. 집집마다 곡식을 갈고 빻는 맷돌은 있게 마련인데, 있다는 것이 그것뿐이더라도,

채권자는 그 집의 맷돌은 담보로 가져가서는 안 된다는 것이다. 그러니까 가난한 자를 믿고 꾸어주거나, 돌려받을 생각을 하지 말고 거저 주어야 할 것이다. 물질이 아무리 귀하더라도 인간의 생명이 더 귀하기에 이웃의 생명을 존중하고 그가 생존하도록 돕는 것이 인간의 도리다.

24장 7절

해설

이스라엘 백성이 동족을 납치하거나 동족을 노예로 삼거나 인신매매를 하면, 그런 사람은 죽어 마땅하다. 그것은 악한 일이어서, 그런 악행은 이스라엘 사회에서 말끔히 없애야 한다.

교훈

하나님의 형상으로 지음 받은 인간의 생명은 지극히 존귀한데 동족을 납치한다든가 노예로 삼는다든가 동족을 팔아넘기는 일 등은 인간을 인간으로 취급하지 않는 행동이며 인간을 물건 취급하거나 그 가치를 폄하하는 행동이고 인권을 유린하는 일이어서, 결코 용납할 수 없다. 생명과 인권을 존중하지 않는 것은 용서할 수 없는 악이어서, 그런 일은 하나님의 백성 사이에서 완전히 사라져야 한다.

24장 8-9절

해설

나병과 같은 전염성 피부병이 이스라엘 사회에 나타나지 않도록 극도로 주의해야 하고 그런 기미가 있을 때, 제사장들의 지시를 따라서 처리하라는 것이다. 과거에 모세의 누이 미리암이 모세를 반역한 죄로 나병이 걸려 7일 동안 진영에서 쫓겨나 있었던 역사를 상기하면서, 그런 병이 나타나지 않도록 조심하라는 것이다(민 12:14-15).

교훈

하나님의 선민이 민족적으로 또는 국가적으로 건강하고 행복한 삶을 가지는 것이 하나님의 소원이다. 그러기 위해서는 나병과 같은 전염병이 나타나지 않도록 조심해야 할 것이다. 위생의 법을 철저히 지켜서, 모두가 건강하게 그리고 평안하게 살 수 있어야 한다.

24장 10-13절

해설

가난해져서 가진 자에게서 빚을 얻어야 하는 경우에 채권자가 담보물을 요구하게 되는데, 그런 경우 채권자가 그 채무자의 집에 직접 들어가서 약속된 담보물을 들고 나오는 일은 없어야 한다. 채권자가 밖에서 기다리고 채무자가 담보물을 가지고 나오게 해야 한다. 가난한 자가 자기 겉옷을 담보물로 내놓았을 때, 그것을 덮고 자지 말고 해 지기 전에 그 겉옷을 주인에게 돌려주어야 한다. 그리하여 그 가난한 자가 그의 겉옷을 덮고 잘 수 있도록 해야 한다. 그러면 그 채무자가 채권자를 축복할 것이고, 야훼 하나님 앞에 설 때 채권자의 공적으로 계산될 것이다.

교훈

1. 가난한 사람도 사람이다. 남들이 보는 앞에서 채권자에게 행패를 당하는 꼴을 당하는 것은 또 하나님의 고통일 수밖에 없다. 역시 가난한 자의 인권을 존중하고 체면을 세워주는 것이 옳다. 가난하다고 해서 그를 사람 이하로 취급한다든가 망신을 준다든가 능멸을 하는 것은 부당하다. 가난한 사람 속에도 하나님의 형상이 있고, 그도 하나님의 자녀이니까 말이다.

2. 가진 것이라고는 겉옷 하나뿐이고 추운 밤에 그 겉옷을 두르고

잠을 자야 하는데 그 하나밖에 없는 것을 빼앗는다면, 그 사람은 얼어서 죽든가 병에 걸리든가 할 것이다. 결국 가난한 사람을 죽이는 일이 된다. 인간의 목숨이 겉옷 한 장보다도 못하다는 말인가? 무엇보다도 생명이 더 귀하다. 인간을 사랑하는 마음을 가져야 한다. 오히려 가난한 자를 돕고 가난에서 빠져나오도록 도움을 주는 것이 좋을 것이다.

24장 14-15절

해설

가난한 자가 품을 팔아 연명하는데 품삯을 그날에 받지 않으면, 그들과 그들의 가족은 굶어죽는다. 따라서 해 지기 전에 품삯을 지불해야 한다. 이스라엘 사람이든 기류하는 나그네든 그들의 품삯은 그날로 지불해야 한다. 그렇지 않으면 그들의 울부짖음이 야훼께 도달할 것이고, 야훼께서 고용주를 벌하실 것이다.

교훈

악독 지주나 고용주들이 가난한 자의 아픔은 아랑곳하지 않고 부지중에나 인색한 마음으로 가난한 품꾼의 삯을 당일에 주지 않는 예가 많이 있었던 것이다. 사람은 살 권리가 있다. 가난한 것은 자신의 탓보다는 사회의 구조악에서 오고 때로는 천재지변 같은 불가항력적으로 오기도 한다. 가난한 이웃을 도와서 살게 해 줄 책임이 서로에게 있다. 이웃을 크게 돕지는 못할망정, 당연히 주어야 할 삯을 주지 않는 것은 큰 악이며, 하나님께서도 묵과하지 않으실 죄가 되는 것이다. 더불어 잘사는 세상, 이웃을 사랑하고 원수까지도 사랑하는 세상이 되어야 한다.

24장 16절

해설

자식이 죽을죄를 지었다고 해서 그의 부모를 대신 죽인다든가, 부모가 죽을죄를 지었다고 해서 그의 자식을 대신 죽여서는 안 된다. 각각 당사자가 그 책임을 져야 한다.

교훈

고대 동방 지방의 전통에서는 부족이나 가문에 속한 한 사람의 잘못에 대해 그 부족이나 가문 전체가 책임을 져야 했다. 그 반대로 복(福)도 대대로 물려받았다(수 7:24-26; 민 16:27,31-32; 출 34:6-7). 그러나 개인이 자기의 책임을 져야 하는 것이 마땅하고 공평한 일이기에, 모세는 옛 전통을 고쳐준 것이다. 이스라엘 민족의 거룩함을 유지하기 위해서 한때 전체가 벌을 받는 제도가 있었고 현대 사회의 한 부분에서도 그 법을 적용하고 있지만, 개인의 잘못을 남에게 책임지게 하는 것, 특히 생명을 바꾸는 일은 있을 수 없다는 것이다.

자기 죄를 자기가 책임지는 공평한 사회, 책임사회가 이루어져야 한다. 남을 위해서 생명을 바치는 미덕은 장려할 수 있지만, 남의 생명을 자신을 위하여 내놓으라고 강요하는 것은 하나님의 뜻이 아니며 법을 어기는 일이다.

24장 17-18절

해설

사회에는 언제나 소외 계층이 있게 마련이다. 고아와 과부와 나그네 등 어쩔 수 없이 일반 사회 주변에 맴돌며 사는 사람들이 있다. 그런 사람들을 인간 이하로 취급하여 정당한 대우를 하지 않는 경우가 많다. 여기서 모세는, 이스라엘이 과거 애굽에서 당하던 서글픈 생활을 회상해서라도 그런 사람들을 공정하게 대해 주어야 한다고 말한다. 예컨대 가난한 과부가 살림을 위해서 가진 자에게서 돈이나 양식을 꾸려고 할 때, 입고 있는 겉옷을 담보로 잡는 일은 없어야 한다는 것이다.

교훈

하나님이 인간을 하나님의 형상으로 만들어 꼭 같은 자녀로 삼으셨으므로, 사람 위에 사람 없고 사람 아래 사람 없다. 형편에 따라 가난해져 사회 외곽으로 밀려나 난 사람도 꼭 같은 인간이기에 인간 이하로 취급해서는 안 되고 사람으로 대접해야 한다. 우리는 흔히 가난한 자들을 깔보고 부당하게 곧 공평치 않게 대하기 쉽다. 부자는 상좌에 앉히고 가난한 자는 구석 낮은 곳에 앉게 하는 식의 일을 하지 말아야 한다. 오히려 그들을 도와서 희망을 가지고 살 길을 열어주어야 한다. 어느 누구도 나면서부터 부자는 없다. 하나님이 축복하시고 부자가 되게 하셨기 때문에 부자인 것이다. 그러므로 부자라고 해서 자랑하지 말고, 가난한 이웃을 도와서 더불어 행복하게 살 궁리를 해야 한다.

24장 19-22절

해설

농경사회에서 땅이 없는 가난한 사람과 고아와 과부와 떠돌이 나그네는 추수 때가 되어도 먹을 것이 없다. 하곡을 추수할 때나 가을에 올리브를 수확할 때, 가난한 자들도 먹을 것을 마련해야만 생존할 것이다. 결국 부자들이 남겨둔 곡신 단이나 털다 남은 올리브나 포도를 거두어서라도 연명해야 한다. 그런데 가난한 자를 동정할 줄 모르는 인색한 사람들은 곡식을 몽땅 털어서 자기 곳간에 넣는다. 결국 자기만 살겠다는 야박한 행동이다.

교훈

사람이 가난하게 사는 것은 자기의 책임이기도 하지만 대개의 경우 구조악 때문이거나 불가항력적인 원인이 있어서이다. 결국 가난은 개인의 책임이 아니라 사회의 책임이다. 가난한 자들이 살 길을 부유한 자들이 열어주어야 한다. 하나님이 만드신 인간은 다 하나님 아버지를 모시는 인간의 한 가족이기에 가난한 동료 인간의 살 길을 마련해 주는 것이 당연지사다. 가진 자들이 욕심을 부리거나 비정하게 남 생각을 하지 않는 것은 아버지 하나님의 마음을 아프시게 하는 행동이며 하나님께복 받을 수 없는 못된 행동이다.

25장 1-3절

해설

형사(刑事) 문제가 생기면 재판장의 재판을 받아 잘잘못을 가리게 되는데, 잘못한 자가 태형(笞刑)을 받아야 하는 경우에 엄격히 형량을 가려서 정당한 양의 태형을 맞게 해야 한다. 아무리 많아도 40대를 넘어서는 안 된다. 곤장을 40대 이상 맞으면 그 사람의 생명이 위험하고, 과도한 잔인성을 나타내는 일이 된다. 그러면 동족에게 심리적으로도 좋지 않은 영향을 주게 된다.

교훈

모든 일은 재판을 통해서 공정하게 판가름해야 한다. 잘못을 저지른 사람은 정당한 양의 벌을 받아야 한다. 사람들이 보는 앞에서 곤장을 맞도록 하여 시민에게 경고가 되게 하라는 것이다. 형벌을 주는 것은 그 개인에게만 아니라 사회에게 경고를 주어 그런 일이 없게 하려는 목적이 있다.

그런데 곤장으로 때리는 벌의 최대치는 40대로, 더는 지나치다. 목숨을 위협하는 일은 하지 않아야 한다. 사람을 살리기 위한 법이 되어야 하지, 죽이는 것을 능사로 하는 법이어서는 안 된다. 사람을 개 돼지 패듯 패서 죽인다는 것은 인간의 존엄성을 무시하는 행동이다.

25장 4절

해설

타작마당에서 곡식을 털기 위하여 곡식을 밟으며 돌아가는 황소의 입에 망을 씌우는 일은 하지 않아야 한다. 수고하는 짐승이 맛있는 곡식을 주워 먹으면서 일을 하게 하라는 말이다(고전 9:9).

동시에 이는 은유적으로 해석할 수도 있다. 황소는 강력한 성적 잠재력의 상징이어서, 인간의 성적 번식욕을 암시한다고 보는 견해이다. 인위적으로 그 번식에 대한 욕망을 막거나 부정해서는 안 된다는 것이다.

그리하여 이 구절을 다음에 따라 나오는 대목(죽은 형제에 대한 의무)과 연결시켜서 해석하기도 한다.

교훈

1. 이는 매우 인도적인 조치가 아닌가? 동물에게까지도 인정을 쏟는 조치이다. 인간이 할 일을 소가 대신하는데, 소가 잘 익은 곡식 단들을 밟으면서 돌아갈 때 얼마나 먹고 싶은 마음이 들겠는가? 그런데 그 입을 망으로 씌워 놓는다면, 그 소는 정말 기가 막힐 것이다.

일을 하면 하는 만큼 대가를 받아야 마땅하다. 사회생활이 그렇게 되도록 만들어야 한다. 소에 인정을 베푸는 심정을 길러서, 인간 사회가 정의로운 사회가 되도록 해야 한다. 일한 만큼 보수를 받는 정의사회가 되어야 사회 구성원들의 마음이 편하고, 행복을 느끼게 될 것이고, 그 사회가 평안할 것이다.

2. 사람을 비롯하여 모든 생물에는 번식 본능이 있다. 그것은 하나님의 창조 질서 가운데 하나다. 하나님께서 남성을 여성과 다르게 만드셨고, 남성의 성적 본능을 자연스럽고도 질서 있게 사용하여 하나님의 계획을 이루어나가게 하셨다. 그것을 억지로 인위적으로 막는 것은 도리가 아닐 것이다. 종교적인 이유로 어떤 철학적 사상 때문에 금욕을 하며 창조의 질서를 막는 것은 하나님이 원하시는 것이 아닐 것이다.

죽은 형제의 대를 잇는 의무(신 **25:5-10**)

해설

옛날 이스라엘 사람들은 대가족제도를 유지하여 부모와 형제들이 다같이 한 집에서 살았다. 형제들이 결혼하고도 같이 모여서 살았다. 결혼한 형제 가운데 하나가 아들을 낳기 전에 죽었을 때는 그 과부가 그 가문을 떠나 다른 남자와 결혼할 수 없었다. 죽은 남편의 형제가 그와 결혼해서 죽은 형제가 할 의무를 대신 행해야 한다. 그렇게 태어난 첫 아들을 죽은 형제의 아들로 삼아 형의 대를 이어 줄 의무가 있다.

그러나 만일 형제가 그 과부와 결혼하기를 원하지 않는 경우에는 그 과부가 성문(城門) 청문소(聽聞所)에 앉아 있는 장로들에게 올라가서 "남편의 형제가 자기 형제의 이름을 이스라엘 가운데서 잇기를 바라지 않으며, 남편 형제의 의무도 내게 하지 않고 있습니다."라고 호소할 수 있다. 그러면 장로들이 당사자를 불러 신문하고 사실을 알아보아야 한다.

그 남자가 그 여자와 결혼하기를 원치 않는다고 고집하면, 그 과부는 장로들 앞에 나타나서 그 남자의 발에서 신을 벗기고, 그 남자의 얼굴에 침을 뱉고, "제 형제의 가문 세우기를 원하지 않는 사람은 이렇다." 라고 선언해야 한다. 결국 이스라엘 가운데서 그의 이름이 "신 벗긴 자의 집안"이라고 불릴 것이다.

교훈

1. 가문의 대 잇기를 중요시하던 시대에 있을 수 있는 하나의 편법이 바로 죽은 형제의 아내를 취하여 죽은 형제의 가문을 이어주는 것이었다. 종족의 생명을 이어간다는 것은 바람직하고, 민족 생존과 번영을

도모하는 미덕이었다고 본다.

그러나 그 전통을 이해할 아량이 있는 여자라 하더라도 자기와 결혼한 남자가 죽은 시동생이나 죽은 시숙의 아내와 동침하여 자식을 낳는다는 것을 생각할 때, 마음이 상하고 아플 것은 당연하다. 이리하여 이 제도는 가정불화를 일으킬 소지를 안고 있다.

그리고 이 법은 일부다처의 악법을 승인하는 일이 되고, 여러 가지의 폐단을 가지고 있다고 보아야 할 것이다.

2. 남자가 어떤 이유로든지 형이나 동생이 남긴 과부와 결혼하는 것을 싫어할 때, 그 뜻을 존중하는 것 역시 잘하는 일이다. 해묵은 전통을 묵살하기까지 하면서 또 만인 앞에서 창피를 당하면서까지 그 결혼에 동의하지 않아도 되는 것은 인간의 개성과 자유를 존중하기 때문이다. 죽은 형제의 아내를 취하는 법은 음란을 조장하는 일부다처로 가는 폐단도 있지만, 동시에 인간의 자유를 묵살하는 일도 되기 때문에, 강요할 수 없는 법이다. 그 당시의 법을 거스르기 때문에 언짢은 비난과 욕을 먹을지언정, 싫은 결혼은 하지 않겠다는 용기와 자유는 가상(嘉尙)하다고 보아야 한다. 이렇게 남성의 권한도 보장되어야 한다. 신명기 법에서는 언제나 인간의 자유와 인도적 정신이 강조되고 있는 것이 특색이다.

그밖의 여러 법(신 **25:11-19**)

11-12절

해설

남자 두 사람이 싸움질을 하는데 한쪽 남자의 아내가 개입하여 자기 남편을 그 적수의 손에서 빼내는 방법으로 상대의 생식기를 잡고 늘어지는 경우에는 가차 없이 그 여자의 손을 잘라버리라는 것이다.

교훈

남자의 생식기는 그 남성의 상징이다. 생식기가 망가지면 남성으로서의 구실과 자격을 잃게 된다. 결국 그 사람을 죽이는 행동과도 같다. 남성에게 있어서 생식기는 그의 생명 다음가는 중요한 요소이다. 사람이 손이 없으면 산송장이다.

여자는 남자와 같은 생식기가 없기 때문에 대신 그의 손을 자르라고 한 것이다. "이에는 이, 눈에는 눈"이라는 공평을 기하기 위한 법이다. 인간은 각각 개성과 생존권이 존중되어야 한다. 그 경계를 침범하는 것은 하나님의 창조질서를 범하는 죄가 되고, 그런 짓을 한 사람은 거기에 해당하는 벌을 받아 마땅하다.

13-16절

해설

정직한 도량형(度量衡)을 사용하라는 것이다. 가짜 저울추나 잣대를 만들어서 사람을 속이는 일이 없어야 한다.

한 사회에서 살아가려면 교역(交易)을 하기 마련인데, 그 표준이 정직하지 않으면, 질서가 문란해지고, 사회의 안정이 깨질 것이다. 정직한 도량형을 사용하는 정직한 사회가 되면 하나님께 복 받아 길이길이 약속의 땅에서 잘살게 된다는 것이다.

교훈

예나 오늘이나 인간은 이익을 도모하는데, 정직하게 재고 다루고 되어서 주고받음으로써 서로 이익을 도모해야 한다. 한쪽만 이익을 도모해서는 안 된다.

속임수를 써서 자기만 부당한 이익을 취한다면, 결국 공의가 무너지고, 의(義)의 하나님께서 그것을 방치하시지 않을 것이다. 무소부지의 하나님은 인간이 숨어서 하는 모든 상행위와 그 불공정함을 낱낱이 알고 계시므로 그 악에 대한 책임을 반드시 물으실 것이다. 하나님이 주시는 복이 아니고는 아무도 행복하게 살 수 없다. 하나님께 복 받을 만하게 정직하게 행동해야 한다.

17-19절

해설

이스라엘 백성에게 아말렉 족속은 잊을 수 없는 원수이다(출 17:8-16). 아말렉은 자기들과 아무 이해관계도 없고 무방비 상태에 있는 연약하고도 지친 이스라엘 백성의 행로를 가로막고 전쟁을 걸어와 그들에게 큰 고통과 두려움을 안겨준 백성이다.

이스라엘은 여호수아를 통해서 아말렉을 물리쳤지만, 아말렉이 이스라엘 백성의 뇌리에서는 지워지지 않았던 것으로 보인다. 그들은 하나님을 두려워하지 않는 무지막지한 백성이다. 그러므로 가나안에 들어가서 살 때, 그들의 악을 잊지 말 것이며 하늘 아래에서 영영 그들의 자취가 없도록 하라는 것이다.

교훈

세상에는 인정사정없이 자기 이익만 도모하고 남을 괴롭게 하는 개인도 있고 나라와 민족도 있다. 악행을 일삼는 그런 개인과 민족의 생존의 가치가 어디 있겠는가?

여기서 우리는 우리 자신을 반성해야 한다. 나는 그리고 우리의 집단은 과연 자신만 알고 백해무익한 존재가 아닌가? 남들이 다 없어지기를 고대하는 존재가 되어서는 안 될 것이 아닌가? 아말렉과 같은 존재, 남을 해롭게만 하는 존재, 저주의 대상이 되는 존재가 되지 않으려고 노력해야 할 것이다. 반대로 남에게 덕을 끼치고 이익을 주는 개인과 공동체가 되려고 해야 할 것이다. 하다못해 중립적 위치라도 취하는 존재가 되어야 할 것이다. 과거에 악을 일삼던 개인과 공동체가 지금까지 그대로 남아있는 예가 있는가? 하나님의 심판을 받아 모두 그 자취가 사라졌다. 하나님은 역사의 주인으로서 개인과 나라와 민족을 공평하게 심판하신다.

첫 열매와 십일조(신 26:1-15)

해설

지금까지는 야훼 하나님께서 약속하신 가나안 땅에 들어가서 지켜야 할 여러 가지 법을 다시 정리해 주었고, 이제는 끝으로 그 정착을 감사하고 기념하는 의미에서 하나님이 정해 주시는 성소로 예물을 가지고 올라와야 한다는 것을 지시한다.

약속의 땅에 정착하여 농사를 지어 추수한 첫 곡식 일부분을 광주리에 담아서 야훼 하나님이 정해 주시는 성소에 가져다 놓아야 한다. 그 예물을 제사장에게 가져다주면서 "야훼께서 우리 조상들에게 주시겠다고 맹세하신 대로 내가 이 땅에 들어오게 되었음을 제사장께서 섬기시는 야훼 하나님께 오늘 아뢰니다." 하고 말하여야 한다.

제사장은 그 광주리를 받아가지고 야훼 하나님의 제단 앞에 놓는다. 그때 예물 봉헌자는 그 동안 이스라엘 백성이 겪어온 역사를 낱낱이 아뢰어야 한다. 본디 조상이 유랑하는 아람인이었는데, 애굽으로 내려가 거기서 나그네로 살았고, 본래 그 수가 적었지만 거기서 큰 나라, 강하고 무수한 백성이 되었으며, 애굽인들이 그들을 탄압하고 그들에게 고통을 주고 중노동을 시켰다는 것, 그래서 그들이 하나님께 울부짖었고,

하나님은 그 부르짖음을 듣고 강력한 손을 뻗어 놀라운 능력과 기적들을 통해서 애굽에서 구출하셨다는 것, 마침내 젖과 꿀이 흐르는 가나안으로 인도하여 그들이 그 땅을 소유하게 하셨다는 것, 그래서 이 땅의 소산의 맏물을 가져왔다고 아뢰라는 것이다. 그 예물을 야훼 하나님 앞에 놓고 그 앞에 엎드려 절하라는 것이다.

그리고는 레위인들과 나그네들과 함께, 야훼가 주신 그 풍성한 것을 가지고 축제를 벌이라고 한다. 다시 말해서 가나안 정착 기념 감사 잔치를 다같이 성대하게 베풀라는 것이다. 토지가 없는 레위인들과 그들 가운데 기류하는 외국인들도 다 그 축제에 동참하도록 하라는 것이다.

또 한 가지는, 가나안에 정착한 후에 매 삼년마다 각 도시에서 소산의 10분의 1을 레위인과 나그네와 고아와 과부들에게 주어 마음껏 먹게 한 다음, 야훼 앞에서 다음과 같이 아뢰라는 것이다.

"우리는 야훼께서 우리에게 명하신 대로, 우리 집에서 거룩한 부분을 떼어서 레위인과 나그네와 고아와 과부에게 다 나누어 주었습니다. 당신의 계명들을 하나도 어기지 않았고 잊지 않았습니다. 우리는 애곡하는 날에 십일조를 떼먹지 않았고, 부정한 몸으로 그것을 떼 놓는 일을 하지 않았으며, 죽은 사람들에게 그것을 제물로 바친 적도 없습니다. 우리는 야훼 우리 하나님께 순종하여 십일조에 관하여 명령하신 것을 그대로 다 지켰습니다. 당신의 거룩하신 처소 하늘에서 굽어보시고, 당신의 백성 이스라엘과 우리에게 주신 땅에 복을 내리소서. 우리 조상들에게 맹세하신 대로, 젖과 꿀이 흐르는 이 땅에 복을 내리소서."

교훈

1. 하나님의 놀라운 능력과 사랑으로 애굽의 종살이에서 구출되어 약속의 땅 가나안에 정착하게 된 이스라엘이 가나안에서 행해야 하는

여러 가지 법과 규례를 지금까지 일러 주셨다. 이제 마지막으로 그 모든 법을 가진 이스라엘이 유념해야 할 것 한두 가지를 첨부한다.

우선 과거의 사건들을 올바르게 인식하고 하나님께 감사하며 예배해야 한다는 것이다. 새 땅에서 난 새 곡식을 예물로 드리며, 하나님이 정해 주시는 성소에 온 백성이 같이 모여 단합하며, 땅의 소산을 맛보지 못한 레위인과 외국인들도 같이 참석하게 하여, 함께 축제를 지키며 즐거워하라는 것이다. 결국 하나님의 목적은 당신의 백성이 다같이 한 가족을 이루고, 하나님 앞에 모여서 행복하게 축제 인생을 맛보게 하는 것이다. 그런데 인간은 뿔뿔이 흩어져서, 서로 담을 쌓고 살고 있다. 하나님을 인정하지 않고, 그의 고마움을 알지 못하고 산다. 그를 예배하는 삶이 아니라 자기 이익에만 급급한 삶을 살면서, 이웃을 아랑곳하지 않는다. 하나님은 이스라엘로 하여금 이런 모든 잘못된 삶에서 벗어나, 만인이 하나님께 예배하며, 그 앞에서 한 가족으로 행복을 누리게 되기를 원하신다.

2. 하나님이 정해 주시는 성소에 전국에서 사람들이 모여 야훼 하나님께 예배하며 감사하는 일을 통해서 온 민족이 단합을 하는 것이 중요하므로 한 곳에 모여서 같이 축제를 가지라고 지시하신 하나님이, 이제는 지방에서 3 년마다 소산의 십일조를 철저히 바쳐, 가난하고 땅이 없고 의지할 것 없는 고아와 과부와 외국인들이 배부르게 먹을 수 있게 하라는 지시를 내린 것이다.

위의 법과 같은 맥락의 법이지만, 이것은 중앙에서가 아니라 지방에서 해야 할 일이다. 멀리 하나님이 정해주신 성소까지 올라가는 것은 한정된 사람들만이 할 수 있는 일이다. 그래서 지방에까지 이런 구제와 자선이 이루어져서, 골고루 행복을 누리게 하라는 것이다. 하늘에서 굽어보시는 하나님이 보시기에도 하자가 없을 정도로 정직하게 진심으로 가난한 자들, 가지지 못한 자들을 돌보고, 행복을 나누어 가져야 한다는 것이다. 법은 법 자체를 위한 것이 아니라 하나님의 백성이 하나님 안에서 다같이 행복해지기 위한 장치가 아니겠는가? 하나님은 그것을 원하신다.

결론적 권면(신 26:16-19)

해설

지금까지 요단강 동쪽에서 이스라엘 백성에게 일러준 여러 가지 규율과 법규들을 총괄하고 요약하여 결론을 내린다.

"바로 오늘"(〈하욤 핫제〉, הַיּוֹם הַזֶּה, this very day)은 그 법들을 듣고 받는 마지막 날이지만, 오늘을 기점으로 해서 이제는 약속의 땅에서 그것들을 실천하여야 하는 분기점이기도 하다.

지금까지의 일을 요약한다면 다음과 같다. (1) 다름 아닌 야훼 하나님께서 이스라엘에게 법을 주시면서 준수하라고 하셨다. 그러니까 마음을 다하고 혼을 다하여 열심히 그 법을 지켜야 한다. (2) "오늘" 이스라엘이 야훼의 약속을 받았다. 야훼가 이스라엘의 하나님이 되신다는 것이다. 따라서 이스라엘은 하나님이 지시하시는 길을 가야 하고, 그의 법도와 명령과 율례를 지키고, 복종하겠다는 것을 약속한다. (3) "오늘" 야훼는 이스라엘의 이 약속을 받아들이셨고, 따라서 이스라엘은 하나님의 귀중한 백성이 된다. 동시에 이스라엘은 하나님의 계명들을 지켜야 한다. 하나님은 이스라엘을 만민 중에서 가장 높이 올리시어 찬미와 칭찬과 영예를 가지게 하신다. 반면에 이스라엘은 약속대로 야훼 하나님께 거룩한 백성이 되어야 한다.

교훈

1. 진리의 하나님께서 당신이 택하신 백성에게 법을 주신 것은, 그것이 정로이고 거기에 행복이 있기 때문이다. 그러므로 하나님의 백성은 무조건 성의를 다해서 그 법을 지켜야 한다. 다른 신이나 인간이 주는 법에는 복선이 있고, 하자가 있고, 독이 들어 있을 수 있다. 그러나 야훼 하나님의 법은 절대적으로 선한 것이기에 철저히 그것을 지키는 것만이 상책이다.

2. 선민이 누릴 수 있는 최고의 영광은 야훼가 그들의 하나님이 되신다는 사실 자체이다. 그러므로 그 감격 속에서 그의 명령과 법을 준수하며 복종해야 한다.

3. 야훼 하나님은 그의 선민을 애지중지하시고 그들이 최고의 영광과 영예와 찬미를 받게 하시겠다고 약속하셨다. 야훼를 섬기고 복종하는 선민에게 최고의 영광을 주시기로 약속하셨으므로, 선민은 선민답게 거룩함을 유지하라는 것이다.

4. "오늘"이라는 시점을 분기점으로 해서 과거에는 법을 받고 듣고도 행하지 못했지만, 이제는 그 법을 주신 야훼께 복종하여, 그것들을 성심성의껏 지키게 해야 한다. 우리가 지금까지의 부족과 불충실과 배반을 떨치고 "오늘"을 분수령으로 하여 복종과 실천을 통하여 하나님의 축복을 받는 지경에 이르러야 한다.

에발 산에 세울 비석과 제단(신 **27:1-10**)

해설

모세는 자기가 맡아서 명하는 명령, 특히 요단강 도하를 앞두고 "오늘" 말하는 모든 명령을 이스라엘이 지켜야 한다고 거듭거듭 다그쳤고, 장로들도 그렇게 하기로 다짐했다. 그러나 그 모든 명령은 그 현장에서 모세의 말을 듣는 사람에게만 해당되는 것이 아니고 이스라엘이 대대로 기억하고 지켜야 할 말씀이기에, 가나안 땅에 들어간 후에는 큰 돌에다 회칠을 하여 세우고는 거기에 이 율법의 말씀을 써놓으라고 한다. 그 돌들을 에발 산에다 세우라는 것이다. 동시에 거기에다 다듬지 않은 자연석들을 가지고 제단을 쌓고, 야훼 하나님께 화목제(〈쉘라밈〉, שְׁלָמִים)로서 번제를 드리라는 것이다. 그리고 야훼 앞에서 같이 먹으며 즐거운 시간을 보내라는 것이다. 세워놓은 돌비들에 법을 명백하게 써 놓아야 한다는 것이다. 그 세대만 아니라 후손 세대의 사람들도 보도록 하라는 것이었다.

앞에서는 모세가 장로들과 합세하여 명령을 하였지만, 다음은 제사장들과 합세하여 의미심장한 선언과 명령을 내린다. "이스라엘아, 조용히 들어라! 바로 오늘 너희는 야훼 네 하나님의 백성이 되었다. 그러므로 너는 야훼 네 하나님의 말씀을 듣고, 오늘 내가 네게 명하는 명령들과 규례들을 실행하여라!" 이것은 제사장의 입장에서 중재하는 엄숙한 선언이요 명령이다.

교훈

1. 과거는 어쨌든지 오늘이 중요하다. 하나님은 오늘이라는 시간에 우리에게 명령하시며, 이제부터 잘하라고 하신다. 나도 잘해야 하고, 나의 후손도 이어서 잘해야 한다. 그러기 위해서는 한마디로 말해서, 하나님의 사람을 통하여 전해지는 오늘의 말씀을 남김없이 내가 지켜

야 한다. 그리고 다음 세대에게도 그 전통을 잘 물려주어야 한다. 에발산에 세운 비석들과 거기에 하나님의 명령들을 똑똑히 적어놓아 후대사람들도 보도록 한 것처럼, 우리가 기념비적 역할을 하고, 후대에게 하나님의 법도를 그대로 전할 수 있어야 한다.

2. 하나님의 위대하신 구원의 업적에 대하여, 인간은 거기에 상응하는 감사와 예배가 있어야 한다. 천연석으로 제단을 쌓으라고 하였는데, 하나님은 순수한 예배를 원하신다. 인공적인 기술과 학술과 미학을 동원하여, 사람들의 눈과 귀에 아름다워 보이는 예배당과 예배를 꾀할 수 있지만, 거기에 하나님이 역겨워하시는 요소들이 들어 있다면, 하나님은 그 예배를 받지 않으실 것이다. 예배에는 순수함이 있어야 하고, 번제와 같은 진정한 헌신이 있어야 하고, 하나님과의 화목이 이루어져야 하고, 하나님 앞에서 기쁨을 느끼는 예배여야 한다.

3. 우리는 하나님 앞에서, 마음을 가다듬고, 조용히 하나님의 말씀에 귀를 기울여야 한다. 그리고 우리가 하나님의 자녀가 되었다는 의식을 철저히 가져야 한다. 그 영광, 긍지, 기쁨을 느껴야 한다. 동시에 하나님의 명령을 무조건 복종하는 삶을 오늘부터 살아야 한다. 그것이 야훼 하나님을 믿는 우리의 종교적인 신념이며 결단이어야 한다.

열두 가지 저주(신 **27:11-26**)

모세는 이스라엘이 가나안 땅에 들어가서 행해야 할 법을 다시 정리해 주며 그들에게 그것들을 실천하라고 간곡히 재삼재사 당부하였지만, 그들이 사람들이 보지 않는 곳에서 은밀히 그 법들을 어긴다면 어쩔 수 없지 않는가? 그래서 모세는 그들의 양심에 호소한다. 남이 보지 않는 데서 은밀히 행할 수 있는 대표적인 악행을 열거하며, 그런 일을 하지 않으면 복을 받고, 그런 짓을 하면 저주를 받는다고 하면서, 우선 저주 받을 만한 행동을 열거한다. 그리고 백성들은 매 조항에 대하여 "아멘!"으로 응답하며 결단하게 하였다.

이제 이스라엘은 한 민족으로서 복을 받느냐 저주를 받느냐 하는 중대한 기로(岐路)에 있다. 그래서 모세는 거국적이면서도 상징적인 행사를 지시한다. 그리심 산과 에발 산을 각각 축복과 저주를 상징하는 산으로 정하고, 축복의 산 위에는 시므온과 레위와 유다와 잇사갈과 요셉과 벤야민*의 여섯 지파를 세운다. 그리고 저주의 산 위에는 르우벤과 갇*과 아셸*과 즈불룬*과 단과 납탈리*의 여섯 지파를 세운다. 그리고는 제사장이 큰소리로 열두 가지의 저주를 선포하면, 그 열두 지파가 다 "아멘!" 하고 응답을 하도록 하였다.

이것은 그리심 산 위에 선 여섯 지파만 복 받고, 에발 산 위에 선 여섯 지파만 저주 받는다는 말이 아니다. 이스라엘 백성은 누구나 복과 저주 사이에 있고, 저주 받을 행동을 하면 저주 받고, 복 받을 행동을 하면 복 받는다는 사실을 극적으로 보여주려는 것이다. 레위 사람들을 통해서, 다음과 같은 열두 가지 저주를 선포하게 하고, 백성의 "옳소!" 하는 승인받게 한다.

첫째 저주(**15**절)

해설

우상을 만들어 그것에게 절을 하거나 섬기지 말라고 했지만, 인간은 예나 지금이나 눈에 보이는 작은 신상이나 부적 따위를 몰래 몸에 지니거나 집에 감추어두려고 한다. 그렇게 숨어서 우상을 섬겨도 하나님의 저주를 받는다고 일침을 놓는다. 거기에 대해서 백성은 "아무렴, 옳은 말씀입니다. 그런 일을 하지 않겠습니다." 라고 확답하라는 것이다.

교훈

외면적으로는 하나님 외에 다른 신을 섬기지 않는 것처럼 보이지만, 내적으로 얼마든지 우상을 섬길 수 있다. 하나님은 우리의 숨은 행동과 마음가짐을 꿰뚫어 아시는 분으로서 숨어서 짓는 우상숭배의 죄에도 저주를 내리신다. 우리는 그러지 않겠다고 아멘으로 다짐을 하고서도 계속 그런 범죄를 하고 있는 자들이 아닌가.

둘째 저주(**16**절)

해설

부모를 공경하지 않는 자는 저주를 받을 것이다. 겉으로는 부모를 공경하는 듯하여 제5계명의 명문(名文)에는 걸리지 않지만 속으로는 부모를 공경하는 마음이 없다든가 억지로 마지못해서 공경하는 척한다든가 하는 사람이 얼마든지 있다. 그런 사람은 저주를 받는다.

교훈

우리는 과연 부모를 진심으로 공경하고 있는가? 하나님의 저주를 받지 않을 정도로 양심적으로 우리 부모를 공경하고 있는가?

셋째 저주(**17**절)

해설

이웃과 자신의 땅 사이에 있는 경계표를 몰래 옮기는 일을 하면 저주를 받는다(19: 14 참고).

교훈

우리는 흔히 하나님이 정해주신 각자의 기본 권한을 무시하거나 빼앗는다. 그것은 저주 받을 행동이다. 대낮에 사람들이 보는 앞에서는 하지 않지만 몰래 사람의 눈을 피하여 남의 땅의 경계표를 옮겨서 자기

것을 만드는 행동, 저작권이나 특허권 따위를 허위로 만들어 이익을 얻으려는 행동 등은 다 도둑질이며 저주 받을 행동들이다.

넷째 저주(**18**절)

해설

시각장애자가 앞을 못 본다고 해서 제대로 인도하지 않는 사람은 저주를 받아 마땅하다.

교훈

우리는 약자의 약점을 들추며 그를 놀려대어 그의 마음을 아프게 하거나 손해를 끼치는 일을 할 때가 있다. 시각장애자들을 놀려대기도 하고, 장난삼아 옳지 않은 길로 인도하는 경우도 있다. 그것은 사람을 사람 이하로 취급하는 행동이며, 고의로 이웃을 해롭게 하는 범죄 행위여서, 저주를 받아 마땅하다. 약자를 도와서 인간적인 동등한 대우를 받는 정의 사회를 이루어야 할 것이다.

다섯째 저주(**19**절)

해설

우리는 우리 환경에 익숙하지 않은 외국인이나 의지할 곳 없는 고아와 과부들을 업신여기고 천대하고 불공정하게 대우하는 경우가 있다. 그런 사람은 저주를 받아 마땅하다. 24장 17절에서 이미 언급한 내용이다.

교훈

만인은 법 앞에 공평해야 한다. 세상 환경 때문에, 또는 후천적으로 나그네가 되고, 고아나 과부가 되기도 하지만, 하나님 앞에서는 그들이 다 동등한 하나님의 자녀이며, 꼭 같은 가치의 인간이다. 외모로 사람을 차별하지 말고, 그들 내면의 인간으로서의 동등한 가치를 생각하며, 동등하게 대우하며, 법대로 공정하게 만사를 처리해야 한다.

여섯째 저주(**20**절)

해설

자기 어머니와 동침하는 불륜을 저지르는 자는 저주를 받아 마땅하다. 히브리어 본문에는 아버지의 치마를 들추는 자로 되어 있다. 23절까지 이어지는 저주들은 방이 하나밖에 없는 집에서 다같이 침식을 하면서 살던 고대의 풍습 속에서 더러 일어나는 해괴한 사건 때문에 생긴 저주들일 것이다. 22장 30절에서 이미 다룬 법이다.

교훈

하나님께서 정해주신 경계(境界)를 침범하는 것은 저주의 대상이 된다. 우리가 하나님이 될 수 없고, 자식이 아비가 될 수 없다. 부모와 자식이 하나님 앞에서 같은 인간인 것은 사실이지만, 그 둘 사이에는 엄연히 넘지 못할 선을 두셨고, 그 질서가 유지되어야만 하는 것이다. 인간이 하나님을 공경해야 하는 원리를, 부모 공경의 원리를 전형(典型)으로 삼아 배우게 하시는 것이기에, 그 천륜을 인간이 깨어서는 안 된다. 그 천륜을 범하는 것은 저주 받아 마땅한 일이다.

일곱째 저주(**21**절)

해설

짐승과 교미를 한다는 것은 저주의 대상이다. 고대 종교에 있어서 짐승과의 교미가 허용되었다고 보는데, 그런 것은 하나님이 주신 법이 아니고, 타기해야 할 악습이다. 특히 선민 이스라엘이 그런 이방적인 악습을 모방해서는 안 된다. 저주의 대상으로 삼고 경계해야 한다.

교훈

사람은 사람의 품위와 체통을 지켜야 한다. 인간이 동물과 교미를 한다는 것은 자신을 인간 이하로, 즉 동물의 자리로 격하시키는 행동이다. 하나님이 주신 경계선을 빼앗거나 옮기지 않아야 할 뿐더러, 자기의 경계선을 남에게 내주어서도 안 된다. 오늘날 많은 사람들이 자신을 격하시켜서 짐승처럼 살고 있지 않는가. 그런 자들은 하나님의 저주를 받아 마땅하다.

여덟째 저주(**22**절)

해설

창세기 20장 12절에 있는 대로 아브라함의 아내 사라는 아브라함의 아버지 데라의 첩의 딸이다. 그런데 그 둘이 결혼을 했다. 결국 이복 여동생과의 결혼이 허락된 셈이다. 사무엘하 13장 13절에도 암몬이 이복 누이 다말에게 성폭력을 행사한 이야기가 나온다. 그러나 레위기 18장 9절과 20장 17절에는 그런 행위를 금하고 있다. 따지고 보면 인간의 시조들은 한 부모의 아들들과 딸들의 결혼으로 번식이 이루어졌을 것이 아닌가. 일부다처 시대에, 아니 다른 시대에도, 이복 여동생과의 결혼이 이루어지고 있었던 모양인데 그것은 인간의 도리가 아니므로 그것을 금하였고, 그런 사람에게 저주가 있을 것이라고 말한 것이다.

교훈

이복 여동생이라고 해도 서열상 형제요 자매이어서, 그런 근친결혼은 사회질서를 문란하게 하는 행동이다. 인간의 긴 경험과 전통 속에서 그런 근친결혼은 해가 되고, 좋지 않는 것으로 판명되었기 때문에, 그것을 금하는 것이다. 이런 상식적 법도 인간 사회의 안녕과 행복을 위해서는 지켜져야 한다. 하나님은 어디까지나 인간의 안녕과 질서와 행복을 원하시는 분이시며, 다수에게 손해를 주는 법이라면 그것을 금하시며 벌하시기도 한다.

아홉째 저주(**23**절)

해설

레위기 18장 17절과 20장 14절에 이미 이런 성관계를 금하는 법이 언급되었다. 한 여자의 딸과 결혼한 남자가 그 여자의 어미와 성관계를 가지는 사람은 화형감이라는 말이다.

교훈

장인 장모도 아버지 어머니다. 동물의 세계에는 세대 간의 간격을 두지 않고 있지만, 인간에게는 부모와 자식이 상하(上下)의 계급과 그 경계선이 있고, 그것을 존중함으로써 사회 질서가 유지되는 것이다. 하나님을 예배하고 그에게 복종하도록 되어 있는 인간에게 있어서는 가족의 상하 구별이 뚜렷하여, 위 사람을 존경하고 모실 수 있어야 한다. 인륜이 깨어지면 결국 천륜도 깨어질 것이다.

열째 저주(**24**절)

해설

비밀리에 이웃을 살해했을 때, 이를테면 청부(請負)살인을 했거나, 증거를 인멸하고, 법정에 나설 증인이 하나도 없을 정도로 교묘하게 사람을 죽이는 일이 있을 수 있는데, 그런 일을 하지 말라는 것이며, 결국 그런 사람은 저주의 대상이라는 것이다.

교훈

살인에 관한 법이 있기 때문에, 그 법에 따라서 살인죄를 다루지만, 악한 마음을 품고 쥐도 새도 모르게 사람을 살해하는 경우가 얼마든지 있지 않는가. 하나님을 믿고 섬긴다는 사람들은 법이 무서워서가 아니라, 하나님을 두려워하고, 양심에 호소하여, 진심으로 동료의 생명을 존중하고, 적어도 이웃에게 손해를 끼치지 않으려는 생각을 가지고 살아야 할 것이다. 사람의 눈은 피할 수 있어도, 불꽃같은 눈을 가지신 하나님께 어찌 비밀이 있겠는가. 어찌 그런 악을 하나님이 벌하시지 않겠는가. 비밀리에 법을 피하여 악을 저지르는 일이 없어야 진정으로 그 사회가 안정되고 행복할 것이다.

열한째 저주(**25**절)

해설

살인죄를 짓고 발각되어 형사 고발을 당했지만, 경찰이나 법관이 그 죄인에게서 뇌물을 받고 그 죄를 사면하거나 형량을 감한다든가 하는 일이 생겨서는 안 된다는 것이다.

교훈

예나 오늘이나 할 것 없이, 뇌물이 횡행하고 있다. 살인죄를 짓고도, 즉 죽을죄를 짓고도, 뇌물을 주고 풀려나는 일이 있다면, 그 사회는 심히 혼란하고 살기 어려운 상태가 될 것이다. 뇌물 수수는 비밀리에 이루어진다. 이렇게 비밀리에 행해지는 악이 제거되기 전에는 참된 정의는 이루어지지 않을 것이다. 하나님은 인간의 숨은 악도 벌하시고 저주하시는 분이라는 사실을 확실히 알고 그런 악도 저지르지 않아야만, 참으로 거룩한 사회가 될 것이다.

열두째 저주(**26**절)

해설

열둘이라는 거룩한 수, 완전을 의미하는 수를 채우기 위해서 이 열두 번째 저주를 첨가한 것이 아닌가 생각하는 사람들도 있다. 어쨌든 하나님이 주신 율법을 열심히 지키지 않는 사람이 저주 받는다는 것은 역시 진리이다. 누구를 막론하고, 사람이 보든지 말든지 열심히 하나님의 율법의 말씀을 잘 지키면 복을 받고, 그 반대는 저주를 받는다는 것이다.

교훈

우리는 사람들이 보는 앞에서, 그리고 때로는 사람이 보라는 듯이, 법을 지킨다. 그러나 누가 보든지 말든지 하나님의 말씀이기에 존중하며, 그것이 진리이기에, 또 우리의 이익을 위해서 하나님이 주신 것이기에 그 말씀을 순종하고 잘 지키려고 노력해야 한다. 문자 그대로 충심(衷心)으로 하나님의 말씀을 사랑하고 그 말씀대로 행해야 한다. 형식적으로, 또는 남의 눈이 무서워서, 혹은 남에게 과시하려는 그릇된 생각으로 법을 행하고, 이면에서는 딴짓을 한다면 그 사회는 여전히 어두운 구석이 남아 있게 마련이다. 숨어서 하는 악을 누가 막을 수 있겠는가. 전능자 하나님, 무소부재의 하나님, 무소부지의 하나님을 믿는다면, 어디서나 언제나 하나님의 법을 잘 지켜야 할 것이다. 그렇지 않을 때 하나님의 저주가 있으리라는 것을 확실히 예상해야 한다.

복종에 대한 축복(신 28:1-14)

해설

인간의 행복을 위하여, 특히 선민의 행복을 위하여 하나님은 법과 질서를 주셨다. 그 질서와 법을 따르고 순종하고 그 질서를 지키면 행복하게 마련이다. 법이 없거나 법을 주시지 않아서가 문제가 아니라 이미 주신 법을 순종하지 않는 것, 곧 하나님을 복종하지 않는 것이 문제다. 그래서 모세는 여기서 다시 백성에게 야훼 하나님의 명령을 따르고 복종하여 그의 축복을 받을 것인가, 아니면 불복함으로 저주를 받을 것인가를 결단하게 하려고 길게(1-68절) 말한다.

우선 1-14절에서는 야훼께 복종하고 그의 법을 지킴으로 얻는 복을 말한다. 이스라엘이 요단강을 건너기 직전에, 즉 "지금"이라는 시간에 하나님이 주시는 명령을 잘 지킴으로써 그에게 복종하면 하나님이 이스라엘을 만국 중에서 뛰어난 자리에 세우실 것이고, 다음과 같은 복이 그들에게 임하고, 복이 앞질러 올 것이라고 말한다.

⑴ 성 안에 있어도 복을 받고, 들에 있어도 복을 받는다.

⑵ 자녀를 많이 얻는 복, 땅의 소산을 풍성히 받는 복, 목장에서는 우양이 많아지는 복을 받는다.

⑶ 집안 살림에 있어서, (특히 여자들의 살림에서) 광주리마다 풍성하고, 빵을 만드는 반죽 그릇이 언제나 충만한 복을 받는다.

⑷ 사람이 들고 나면서 하는 모든 일에 복이 있겠다.

⑸ 원수들과 싸움을 하게 될 때, 약소한 이스라엘이 자신의 힘으로는 원수를 당해낼 수 없지만, 야훼가 도우셔서 원수를 물리쳐주시고, 그들을 패주케 하시는 축복을 받을 것이다.

⑹ 약속하신 대로 야훼의 거룩한 백성으로 삼으시고, 주위 사람들이 두려워하는 백성이 되는 복을 받는다.

⑺ 야훼께서 하늘 창고를 여시고 제때에 비를 내리셔서 농사가 잘 되게 하시고, 만사형통하는 복을 주실 것이다.

⑻ 남에게 꾸어줄지언정 꾸는 생활을 하지 않는 복을 받는다.

⑼ 이스라엘을 머리가 되게 하시고, 꼬리가 되게 하시지 않을 것이다.

그런 복을 받을 수 있는 기본 조건은, 오늘 모세를 통하여 명하시는 하나님의 말씀에서 벗어나지 않고, 다른 신들을 섬기지 않고, 야훼만을 섬겨야 한다는 것이다. 그러니까 복 받을 길을 택하라는 말이다.

교훈

1. 사람은 누구나 복 받기 원한다. 복 받는 길은 멀리 있지 않다. 하나님의 진리는 가까이 있다. 내 마음 안에 있다. 그것을 지키라는 하나님의 말씀을 순종하고 하나님만 섬기고 그의 법을 열심히 지키면 된다. 어리석은 인간은 너무도 확실한 길을 마다하고 저주의 길을 간다. 하나님은 귀찮을 정도로 자주 모든 방법으로 그 길을 우리에게 들려주신다.

2. 하나님이 복을 내리시지 않으면, 인간의 노력은 아무것도 아니다. 아무리 나 자신이 약하고 무력하여도 하나님께 순종하고 그의 법을 지키면, 모든 원수와 악조건과 환난 중에서도 승리하고 풍성하고 복된 삶을 살 수 있다. 이스라엘이 자력으로는 승리할 수 없다. 척박한 땅이 젖과 꿀이 흐르는 땅이 되고 풍성한 수확을 내는 복을 받을 수 있는 것은 전능자 하나님이 복을 주실 때만 가능하다. 그러니까 무조건 야훼 하나님께 복종하고 그의 명령을 따르는 것이 상책이다.

불복종에 대한 저주(신 **28:15-46**)

해설

여기서는 위에서 말한 축복의 정반대의 경우, 즉 저주를 받아야 하는 경우들을 열거하면서 결단을 촉구한다. 하나님이 이 시각에 주시는 법을 이스라엘이 열심히 지키지 않음으로 그에게 불복할 때 받을 저주를 열거한다.

⑴ 그런 사람들은 성 안에 있어도 들에 있어도 저주를 받는다.

⑵ 그런 사람은 (아녀자들의) 집안 살림에서 저주를 받아 바구니가 비고 반죽 그릇이 비는 상태가 될 것이다.

(3) 그런 사람은 자식을 낳지 못하고, 땅의 소출이 없을 것이고, 그의 우양도 새끼를 낳지 못할 것이다.

(4) 그런 사람은 밖에 있으나 집에 있으나, 하는 일마다 저주를 받아, 되는 일이 없을 것이다.

(5) 그런 사람은 야훼를 버린 탓에 무엇을 하든지 야훼께서 환난과 공포와 포기하는 마음을 주어 속히 패망하게 될 것이다.

(6) 그런 사람에게 야훼께서 온역과 온갖 천재지변을 주어 그 약속의 땅에서 망하고 사라지게 하실 것이다.

(7) 그런 사람은 원수와의 싸움에서 완전히 패배하게 하실 것이다. 지구상 모든 나라의 공포의 대상이 될 것이다. 좋은 나라, 혜택을 주는 나라가 아니라 혐오의 대상이 된다는 말이다. 결국 산지사방에서 죽어 새들과 들짐승들의 밥이 될 것이다.

(8) 하나님께서 온갖 질병과 광기(狂氣)와 혼란을 주시고, 모든 재난을 당하게 하실 것이다. 백주에 강도를 만나게 하시고, 겁탈, 약탈을 당하게 하시며, 다른 나라로 끌려가고, 다른 나라의 지배를 받게도 하실 것이다. 그리고 거기서 사람들의 조롱거리, 혐오의 대상, 웃음거리가 될 것이다.

(9) 낟알을 심어도 메뚜기가 먹어치우고, 포도를 심어도, 벌레가 먹어버려서, 포도도 못 따고, 포도주도 마시지 못한다. 올리브 나무가 온 땅에 널려 있어도, 올리브가 다 떨어져서, 그 기름을 얻지 못할 것이다.

(10) 아들들과 딸들이 있어도 남의 나라의 포로로 다 끌려가고, 자녀 구실을 하지 못할 것이다.

(11) 나무와 곡식을 메뚜기들이 다 먹어버릴 것이다.

(12) 같이 살던 외국인들이 득세하여 점점 높아지고 이스라엘 사람들은 점점 낮은 자리로 내려가서, 외국인들이 머리가 되고 이스라엘인들은 꼬리가 될 것이다. 전에는 그들에게 꾸어 주었는데, 이제는 그들에

게 꾸어 써야 하는 형편이 될 것이다.

이 모든 저주가 이스라엘 사람들을 쫓아와 덮칠 것이며, 마침내 그들은 망하게 될 것이다. 그 까닭은 야훼 하나님이 명하신 계명들과 율례들을 지킴으로써 그에게 복종해야 하는 것인데, 그러하지 않았기 때문이다. 그 저주들이 당대만 아니라 후손들에게도 미칠 것이며, 영원한 표징과 경고가 될 것이다.

교훈

1. 야훼 하나님은 당신의 선민인 이스라엘도, 아니 그들이 선민이기 때문에, 즉 만민의 본보기가 되고 복의 근원이 되게 하시려고 뽑은 백성이기 때문에, 그들이 복종하지 않을 때 더더욱 진노하시며 큰 벌을 내리시는 것이다.

2. 이스라엘 백성이 그 무서운 재난을 면하고 또 피하려고 안간힘을 쓸 것이다. 그러나 하나님의 저주가 그들을 쫓아가고, 그들을 따라잡고 그 저주를 그들에게 퍼부을 것이다. 죄인이 하나님의 눈을 속일 수가 없는 법이다. 하나님께 불복한 사람은 반드시 저주를 받게 되어 있다. 죄의 값은 사망이다. 애굽에서 구출된 사람들도 하나님을 반역하다가 광야에서 다 죽었다. 가나안에 들어가서도 그들이 야훼께 복종하여 그의 법을 지키지 않을 경우에는 그들이 멸망할 것이다. 주전 721년에 북쪽 나라 이스라엘이 앗시리아*에게 망하고, 598년과 586년에 바빌론* 군대에게 남쪽의 유다 왕국이 망한 사건 등으로 이스라엘의 역사가 이를 명백하게 입증하고 있다.

야훼 하나님께 불복한 결과(신 28:47-68)

해설

47절에서 과거동사를 사용하며 "너는 어느 하나 모자람 없이 풍성한데도 야훼 네 하나님을 즐겁게 기쁜 마음으로 섬기지 않았다."라고 단정한다. 그래서 너는 이러이러한 비참한 결과를 자초할 것이라고 말하기 시작한다. 여기에 언급되는 것들이 주전 8세기에 이스라엘이 경험한 패망의 상황을 세밀하게 말해주는 것 같아서, 그 사건들의 경험을 토대로 말하는 것으로 보인다.

하나님을 기쁜 마음으로 섬기지 않을 때, 당하게 될 징벌이 세밀히 묘사되었다.

야훼께서 이스라엘에게 원수들을 보내어 굶주림과 목마름과 헐벗음과 궁핍 속에서 원수를 섬기도록 하실 것이다. 하나님께서 이스라엘에게 쇠 멍에를 메울 것이며, 마침내 멸망하게 만들 것이다. 야훼께서 먼 지방 곧 땅 끝에서 언어가 다른 한 나라(앗시리아*)를 불러들이실 것인데, 마치 독수리가 먹이를 채가듯 할 것이다. 그 원수들은 얼굴이 험상궂고 인정사정도 없는 자들이다. 원수들이 곡식과 과일과 우양을 몽땅 약탈하여 이스라엘을 굶어죽게 할 것이다. 원수들이 쳐들어와 이스라엘이 난공불락이라고 의지하던 성읍들과 요새들을 전부 포위하여 함락시킬 것이고, 그런 궁지에서 마침내는 이스라엘이 먹을 것이 없어서 자기 새끼를 잡아먹는 지경에 이를 것이다. 가장 세련되고 점잖다고 뽐내던 남자도 숙녀도 먹을 것이 없어서 먹을 것을 가지고 아귀다툼을 하며 가장 친한 남편이나 아내에게, 자기의 자식에게조차 가진 것을 나누어먹으려고 하지 않는 지경에 이를 것이며, 심지어 해산 후에 그 신생아와 따라서 나오는 태(胎)를 몰래 숨겨두고 혼자서 먹는 지경이 된다는 것이다.

58절 이하에서는 “야훼 네 하나님의 이 영광스럽고 엄위하신 이름을 두려워하지 않고, 이 책에 기록된 이 율법의 말씀들을 전부 열심히 준수하지 않으면”이라는 전제 하에 거기에 따르는 결과를 또 설명한다. 야훼께서 이스라엘의 당대와 그 후손에게까지 심하고 지속적인 고통과 비참하고 영구적인 재난으로 덮칠 것이다. 이스라엘이 애굽에 있을 때 야훼가 애굽 사람들에게 내리셨던 그 무시무시한 질병들을 이스라엘에게 주어서 떠나가지 않게 하시겠다는 것이다. 그리하여 결국은 이스라엘이 멸망하게 된다는 것이다. 이스라엘이 원래 하늘의 별처럼 그 수가 많았지만 소수만 남고 다 죽을 것이다. 과거에는 야훼가 이스라엘의 번영과 번성을 기뻐하셨지만 이제는 그들이 복종하지 않기 때문에 그들이 패망하고 약속의 땅에서 제거되는 것을 기뻐하실 것이다. 하나님께서 그들을 땅 끝으로 여러 나라로 흩으실 것이고, 그들은 거기서 다른 신들을 섬길 것이다. 이스라엘이 이국땅에 불안정한 가운데 살고 발붙일 곳 없이 유리방황할 것이다. 야훼께서 그들에게 떨리는 마음과 희미한 시력과 쇠진한 정신을 줄 것이다. 삶이 두렵고, 희망이 없고, 절망에 빠지고 말 것이다. 다시는 보고 싶지 않다고 하던 애굽으로 되돌아가는 형편이 될 것이다. 원수의 땅에서 그들의 종으로 팔렸으면 하는데, 종으로 사 주는 사람조차 없을 것이다. 하나님께 불복하는 자의 비참의 극치를 묘사하고 있다.

교훈

1. 여기에서는 야훼 하나님이 계속 주어로 나타난다. 그에게 복종하지 않는 자들에게 재난이 일어나는 것은 우연의 소치나 그냥 인간관계에서 일어나는 것이 아니고, 야훼가 그렇게 하신다는 것이다. 역사의 심판자는 틀림없이 야훼 하나님이시라는 사실을 똑똑히 알 수 있다.

2. 인간이 궁지에 몰릴 때 상상 이상의 악행을 할 여지가 있다는 것을 알 수 있다. 자기가 낳은 자식을 잡아서 먹는다는 것이다. 그것도 신생아를 그 어미가 먹는다는 것이다. 인간이 얼마나 잔인하고 악한가를 말해주는 것이다. 그런 악한 근성을 가진 인간을 구원하시려는 것이 하나님의 사랑이며, 마침내 독생자를 보내시기까지 하신 것이다. 사람은 자기 자식을 잡아먹기까지 하는데 하나님은 자기의 독생자를 악한 죄인, 그에게 반역한 인간에게 주시어 대신 죽게까지 하셨으니, 너무나 대조가 되는 사건이 아닌가!

3. 이스라엘 백성은 이러한 경고를 받고도 하나님께 불복하고 그의 법도를 어기며 살다가 결국 하나님의 채찍을 맞았다. 그런 경험을 가진 이스라엘이지만 그들은 그 후에도 여러 번 반복하여 하나님의 징계를 받았다. 인간이 그렇게도 연약하고 근본적으로 악하다는 것을 우리는 알아야 한다. 그러기에 우리는 겸손히 하나님께, 성령께 나아가 그의 감화와 인도를 구해야 하는 것이다.

모압에서 언약을 갱신하다(신 **29:1-29**)

해설

하나님은 원래 이스라엘의 조상 아브라함과 언약을 맺으셨다(창 15:1-20). 그리고 호렙산에서 모세를 통하여 이스라엘과 구체적으로 언약을 맺으셨는데, 이제 가나안을 목전에 두고 모압에서 그 언약을 다시 정리 보충한 것이 바로 여기에 나오는 언약이다.

모세는 모압에서 이스라엘 백성을 모아놓고 말했다. 과거에 애굽에서 야훼가 애굽의 바로와 그의 백성에게 하신 일들, 곧 그 큰 시험들과 기사와 이적들을 보기는 보았지만, 그때까지 야훼께서 이스라엘에게 깨달을 수 있는 마음과 알아볼 수 있는 눈과 들을 귀를 주시지 않으셨다는 것이다.

그런데 광야에서 40년을 지나는 동안 이스라엘 사람들의 옷과 신발이 해지지 않았고, 빵이나 포도주나 독주를 마시지 않았지만 (만나와 메추라기를 먹고) 살아남게 하심으로써 결국 야훼가 이스라엘의 하나님이라는 것을 알 수 있었다.

그리고 도중에 헤스본 왕 시혼과 바산 왕 옥을 만나 싸워서 그들을 무찌르고 그들의 땅을 점령하여 르우벤과 갇*과 므낫세 반 지파에게 그 땅을 나누어주는 쾌거가 있었다. 이렇게 이 언약의 말씀을 열심히 지키기만 하면 만사형통의 복을 받게 마련이다.

과거는 그랬는데 이제 가나안을 목전에 둔 이스라엘의 각오는 어떠해야 하겠는가 하는 것이다. 그들은 지금 야훼 하나님 앞에 서 있는 것이다. 남녀노소 누구를 막론하고 야훼 앞에서 이제 엄숙하게 언약을 다시 맺는 것이다. 조상들에게 약속하신 대로, 이스라엘은 야훼 하나님의 백성이 되고, 하나님은 그들의 하나님이 되시겠다는 것이다. 그리고 이 언약은 그 자리에 있는 사람들만 아니라, 그 자리에 있지 않는 후손들과도 맺는 언약이라는 것이다. 애굽에서도 보고, 그 동안 지나오면서도 사람들이 더러운 온갖 우상을 섬기는 것을 보았는데, 이스라엘 사람들 중에서도 하나님을 배반하고 다른 신들을 섬기는 자들이 생길 것이다.

그러나 하나님은 그런 사람들을 용서하지 않고 하늘 아래에서 그들의 이름을 지워버리실 것이다. 이 책에 이미 기록한 것과 같은 저주를 그들에게 퍼부으실 것이다. 다음 세대까지, 또 동조한 외국인들까지 그런 화를 만나게 될 것이다. 어떻게 이런 일이 있을 수 있단 말인가 하며 이상하게 여길 정도로 큰 화를 입을 것이고, 그 물음에 대하여 "그들은, 야훼께서 애굽 땅에서 그들의 조상들을 인도하고 계실 때 야훼 곧 조상들의 하나님과 세운 언약을 버리고 그들이 알지도 못하고 야훼께서 허락하시지도 아니한 신들을 따라가서 섬기고 절하였다. 그래서 야훼께서 이 땅을 보고 진노하여 이 책에 기록된 모든 저주를 내리신 것이다. 야훼가 크게 분노하시고 진노하고 격분하셔서, 오늘과 같이 그들을 이 땅에서 송두리째 뽑아다가 다른 나라로 보내 버리신 것이다."고 대답할 것이다.

하나님의 마음을 아무도 다 아는 자가 없고 그가 계시하시는 만큼만 알 수 있는데, 하나님의 율법을 다 잘 지키는 사람은 잘 되고, 그렇지 않은 사람은 저주를 받는다는 것은 명백한 하나님의 뜻이며 진리다.

교훈

1. 하나님은 이 시간에도 과거에 여러 번 여러 단계에서 세우신 언약들을 제시하시면서, 우리와 언약을 맺으시기를 원하신다. 구약 시대의 언약, 또 그리스도를 통해서 세우신 언약이 책에 기록되어 증거물로 남아 있다. 계약 당사자인 우리 편에서 할 일은 야훼 하나님의 말씀에 순복하고 그의 말씀대로 사는 일이다. 그것은 우리들 자신에게 혜택이 돌아오는 일이며, 아버지 하나님께서 우리를 극진히 사랑하시기 때문에 취하신 조치이다.

2. 잘살고 못 사는 것은 간단한 원리에 달려 있다. 하나님은 사람에게 눈과 귀와 사고력을 주셔서 보고 듣고 깨닫게 하셨다. 지난날 역사 속에서 하나님이 하신 심판을 보고 전감을 삼도록 죄인을 벌하고 저주하신 사건들을 보여주고, 때로는 들려주고, 책에 적어 읽게도 하신다. 이는 그런 전철을 밟지 말게 하시려는 것이다. 보면서도 보지 못하고, 듣고도 깨닫지 못하기 때문에, 반복해서 말씀해 주시는 자상하신 아버지 하나님의 선처를 우리는 깨달아야 한다.

마음의 할례를 받고 돌아온다면 살리라(신 30:1-10)

해설

위에서 모세는 이스라엘이 하나님과 세운 언약을 어기고 그를 복종하지 않음으로 망하고 원수의 나라로 사로잡혀갈 가능성을 말했다. 이제는 그 이후의 단계를 말한다.

야훼께서 모세를 통하여 복 받는 길과 저주 받는 길을 다 보여주었지만, 이스라엘이 저주 받는 길을 택하기 때문에 야훼는 그들을 여러 나라로 멀리 흩어지게 하셨다. 그러나 거기서 그들이 마음을 돌려서 야훼 하나님께로 돌아오고 모두가 진심으로 하나님을 복종한다면, 하나님은 그들이 잃은 행복을 되찾아 주고 그들을 동정하여, 쫓겨나서 살던 곳으로부터 불러내 주시겠다는 것이다. 조상들이 살던 고장으로 돌아가서 다시 그 땅을 소유하고 살게 하며 전보다 더 번영하며 번성하게 해 주시겠다는 것이다.

어떻게 그런 일이 일어날 것인가? 야훼 하나님께서 이스라엘의 마음에 할례(민 10:16; 렘 4:4; 렘 31:31-34; 겔 11:19; 겔 36:26-27)를 행하심으로써, 진심으로 야훼를 사랑하게 함으로써 그들을 살게 하신다는 것이다. 반대로 원수들을 저주하시겠다는 것이다.

이스라엘이 회복되어 야훼께 복종하고, 모세를 통하여 지금 명령하는 것들을 지키면 만사형통의 복을 받을 것이다. 자녀와 우양과 땅의 소산이 많아지게 하고, 그들의 번영을 야훼가 다시 기뻐하실 것이다. 한 가지 조건은 마음과 혼을 다하여 야훼께 돌아와 율법 책에 기록된 그의 명령과 율례를 지키고 그를 복종하는 것이다. 이스라엘이 다른 여러 나라에서 돌아올 때는 하나님의 율법이 책으로 기록되어 있을 것임을 전제하는 것이다.

교훈

1. 이스라엘은 어리석게도 저주의 길을 택하였고, 따라서 하나님의 약속대로 산지사방 먼 나라로 포로가 되어 흩어진다. 그러나 하나님은 그들에게 마음의 할례를 베풀어 그들이 회개할 마음을 품게 하고 회복되는 복을 받게 하신다.

인간이 자력으로 마음을 바꾸는 일은 불가능하다. 성령의 능력으로 중생하는 기적을 통해서 회개할 수 있고 하나님께로 돌아올 수 있다. 결국은 하나님의 은혜가 필요한 것이다.

2. 돌아온 탕자를 얼싸안고 반기는 아버지처럼 하나님은, 우리가 돌아올 때 기꺼이 우리를 받아주시며 우리에게 이전보다 갑절의 번영을 허락하신다. 그때 우리가 할 일이 무엇인가? 우리 마음을 변하게 하신 하나님의 은혜와 능력을 감사하면서 전심전력(全心全力)하여 야훼의 법도를 지키고 그를 복종하며 사는 것이 아니겠는가?

하나님의 말씀은 멀리 있지 않고 우리 손에 쥐어져 있다. 성경책에 기록된 말씀이 바로 그 말씀이다.

생명을 택하라는 권면(신 30:11-20)

해설

모세는 훌륭한 설교자답게 마지막 부분에서 청중에게 강력한 권면을 한다. 이제 이스라엘이 결단을 해야 할 마당에 그들의 마지막 핑계를 봉쇄한다. 모세가 하는 말이 너무 어려워서 이해도 안 되고 행하기도 어렵다고 말하는 사람이 있을 수 있고, 너무 멀리 있어서 붙잡을 수가 없다고 말할 사람도 있을 것이다.

그래서 모세는 다그친다. 자기가 하는 말은 결코 어렵지 않고, 멀리 하늘에 올라가서 가져오거나 바다 건너편에 가서 가져와야 하는 것이 아니다. 그것은 매우 가까운 곳에 있고, 심지어 이미 이스라엘 사람들이 입으로 외우고 있는 것들이며 머리에 기억하고 있는 것이다. 그것을 그대로 듣고 행하면 되는 것이다. 모세는 이스라엘 사람들의 귀가 닳도록 하나님의 법도를 들려주었고, 심지어 암송할 정도가 되었으니, 그 말씀이 너무도 그들에게 가까이 있는 셈이다. 다만 듣기만 하고, 알기도 하면서, 행하지는 않는 것이 탈이다. 바울은 로마서 10장 8절에서 이 부분을 인용하면서 믿음의 도리가 멀리 있는 것이 아니라고 말했다.

이미 생명의 길과 멸망의 길을 그들에게 제시했기 때문에, 이제는 그들의 결단과 결행만이 남아 있다. 이 시간에 들려주는 하나님의 명령을 복종하여 살아남을 뿐만 아니라 번영하며 하나님께 복을 받느냐, 아니면 마음을 돌려 하나님의 말씀을 듣지 않고 삐뚤게 나가 다른 신들에게 절하고 섬김으로써 약속의 땅에서 오래 살지 못하고 망하고 마느냐 하는 것이다.

모세는 숨어서 이 말을 한 것이 아니라 하늘과 땅을 증인으로 삼아 생명의 길과 죽음의 길, 곧 복의 길과 저주의 길을 제시하며 이스라엘의 지금 세대와 그들의 후손에게 생명을 택하라고 권한다. 야훼 하나님을 사랑하고 그를 복종하고 그만을 굳게 붙들어 야훼께서 조상들에게 약속하신 땅에서 길이 살라고 호소하는 것이다.

교훈

1. 하나님과 인간은 존재의 차원이 다르다. 하나님은 고차원의 존재이시고 초월자이시고, 우리 인간은 겨우 3차원 내지 4차원의 존재에 불과하다. 그러나 하나님은 인간에게 다가오셔서 말씀하시고, 자신과

그의 뜻을 계시하여 알려주신다. 하나님이 인간 차원에 내려오시기도 하시고, 인간의 말을 사용하셔서 알아들을 수 있도록 말씀하신다.

히브리인들에게 히브리어로 말씀하셨고, 헬라 시대에는 그리스어를 아는 사람의 입을 통하여 말씀하셨고 글로도 표현하셨다. 특히 고상한 고전 그리스어가 있는데도 하나님은 통속적(通俗的)인 헬라어 곧 코이네(κοινή) 헬라어를 가지고 성경을 쓰게 하셨다.

하나님은 당신의 말씀을 인간이 알아듣도록 말씀하셨고 말씀하고 계신다. 그러니까 그 말씀이 어려워서 알아들을 수 없다든가, 그것이 너무 어려워서 행할 수 없다고 말할 수가 없다. 그것은 인간의 핑계에 지나지 않는다. 하나님의 말씀은 정신을 차리고 들으면 얼마든지 알 수 있는 것이다.

동시에 우리는 하나님의 말씀을 알아듣기 쉽게 풀어서 전해야 한다. 어려워서 알아들을 수 없게 말한다든가, 또는 알아들을 수 없는 어려운 말로 성경을 번역한다면, 그것은 하나님의 뜻에 위배되는 행동이다. 누구나 알아들을 수 있도록 쉽게 복음을 전해야 한다. 그렇지 않을 때 사람들은 어렵고 알 수 없어서 믿을 수 없다고 핑계할 수 있을 것이다.

2. 하나님이 우리에게 살 길 곧 행복의 길을 제시하시며, 그 길을 택하라고 명령하시는 음성을 우리는 귀담아 들어야 한다. 듣는다는 것은 복종을 의미하고, 그가 말씀하신 대로 사는 것을 의미한다. 과거에 이스라엘이 모세를 통하여 명하신 하나님의 말씀을 그들의 귀로 듣고 이해도 했다. 그러나 그들이 그것을 실천으로 옮기지는 않았던 것이다. 그들의 손 가까이에 율법이 있고 이미 기억 속에 있는데도, 그 법이 명하는 대로 하지 않았던 것이다. 그래서 결국은 저주를 받았고, 징계를 받았던 것이다.

오늘 우리의 경우도 꼭 같다. 우리가 성경을 손에 들고 있고, 달달 암송한다 해도, 그 말씀대로 살지 않고, 실천하지 않는 것이 그리스도

교회의 가장 큰 문제이다. 과거의 기독교도 하나님의 매를 맞고 저주를 받은 경우가 얼마든지 있다.

여호수아가 모세의 후계자가 되다(신 31:1-8)

해설

모세는 이스라엘 백성 전체를 향한 설교를 끝냈다. 그리고는 그의 죽음에 대해서와 그 뒤에 올 일에 대해서 말했다. 자기는 나이가 120세가 됐고, 더 이상 출입할 수 없으며 곧 지도자로서 행세할 수 없으며, 야훼께서 말씀하신 대로 자기는 요단강을 건너지 못한다고 잘라 말했다(3:23-29). 그 대신 야훼 하나님께서 친히 앞장서서 요단을 건너실 것이고, 그가 앞장서서 가나안 원주민들을 부수실 것이며, 따라서 이스라엘 백성이 그들을 점령하게 될 것이다. 야훼께서 약속하신 대로 여호수아도 강을 건널 것이다. 야훼께서 본토인들을 치실 때 마치 요단 동쪽에서 시혼과 옥에게 한 것처럼 하실 것이다. 야훼께서 함께 가시고, 결코 이스라엘을 놓치시거나 버리시지 않을 터이니, 강하고 담대하여 그들을 두려워하지 말라는 것이다.

그런 말을 한 다음 모세는 여호수아를 불러 이스라엘 백성 전체가 보는 앞에서,그에게 말했다. 여호수아는, 야훼께서 이스라엘 백성에게 주시기로 이미 조상들에게 약속하신 땅으로 그 백성과 함께 들어가는 사람이니, 강하고 담대해야 한다. 그리고 이 백성으로 하여금 그 땅을 점령하도록 할 것이다. 야훼께서 여호수아의 앞장을 서실 것이고, 그와 함께 계실 것이며, 그를 놓치거나 버리는 일이 없을 것이니, 두려워하지 말고 당황해하지도 말라고 당부했다.

교훈

1. 80년이라는 세월을 애국하고 애족하는 일에 몸을 바친 모세로서 어찌 오매불망 그리던 가나안 땅을 밟아보고 싶지 않았겠는가? 34장 7절에 의하면 아직 기력이 왕성한 상태였고, 요단강을 건너서도 얼마든지 일을 할 수 있는 기력이 남아 있는 상태였지만, 하나님의 계획과 명령에 승복하고, 깨끗하게 후계자를 세우고, 자기의 임무를 마무리하는 모습이 참으로 아름답다. 많은 늙은이들이 노욕을 부리며, 하나님의 뜻을 거스르는 일을 하는데, 모세는 참으로 하나님의 명령과 계획에 복종하는 충성된 종으로서, 훌륭한 모범을 보여주었다.

2. 오랫동안 모세에게 시중들며 견습하며 따라다니던 여호수아가 모세의 후임자가 되었다. 한 민족의 지도자가 된다는 것이 결코 쉬운 일이 아니다. 장시간 견습하고 훈련을 받은 사람이 대를 이음이 마땅하고, 안전한 조치다. 훌륭한 자격자를 후계자로 고르는 지혜도 필요하고, 후계자는 선임자의 장점을 십분 배우고 닮는 것이 필요할 것이다.

3. 여호수아에게 필요한 것은 선임자에게서 보고 듣고 같이 체험한 경험을 살리는 일이기도 하지만, 근본적으로는 야훼 하나님에 대한 믿음, 곧 선임자 모세의 하나님을 계승하여 자기의 하나님으로 모시고 그에게 복종하는 일이 더 중요하다. 여호수아가 강하고 담대할 수 있는 소지는 야훼 하나님이 모세와 같이 계셨던 것처럼 여호수아에게도 같이 계신다는 신념에 있다. 모세는 그것을 알기에 후임자에게 올바른 신앙을 물려준다. 옳은 전통, 참된 신앙 전통을 대대로 물려주는 미덕을 우리는 배워야 할 것이다.

4. 민족 지도자에게 있어야 할 능력과 신념은 형편에 따라서 각각

다를 수 있다. 여호수아의 경우에는 강함과 담대함이었다. 여호수아는 가나안 본토인들을 토벌하고 점령해야 하는 임무를 맡은 자이기 때문에, 강함과 담대함이 요구되는 것이었다. 그런데 그 강함과 담대함은 여호수아의 생래적인 바탕에서 나올 수 있는 것이 아니다. 전능자 야훼가 그와 같이 계시기 때문에, 하나님의 무한한 능력을 근거로 강할 수 있고 담대할 수 있고 두려하지 않을 수 있는 것이다.

칠 년마다 초막절에 율법을 복습할 것(신 **31:9-13**)

해설

모세는 율법을 말로 선포했을 뿐만 아니라 글로 기록하여 야훼의 언약궤를 운반하는 제사장들과 이스라엘의 모든 장로들에게 주었다. 그리고 그들에게, 7년마다 곧 빚을 탕감해 주는 해의 초막절에 하나님이 정하시는 곳에 이스라엘 백성이 모두 모일 때 그들에게 율법을 읽어 들려주라고 명령했다. 그 모임에는 남자, 여자, 아이들, 기류하는 외국인들까지 다 모여야 하고, 그들로 하여금 율법을 듣고 하나님을 두려워할 것을 배우고, 율법의 말씀을 열심히 지키도록 하라는 것이다. 그렇게 함으로써, 일찍이 율법을 알지 못하던 자녀들도 듣고 야훼를 두려워할 수 있도록 하라는 것이다.

교훈

하나님은 당신의 율법이 철저히 인간에게 전해지고 지켜지기를 원하신다. 우선 모세라는 충직하고도 유능한 일꾼을 불러 훈련시키고 준비시켜 그에게 그 법을 주셨고, 그를 통하여 그것이 글로 적혀지게 하셨고, 그것이 언약궤 속에 고이 간직되어 절대적인 가치를 가진 것으로 대대로 여겨지게 하셨고, 언약궤를 책임지고 있는 제사장들과 동시에 백성의 장로들에게 그 법을 맡기셨고, 7년마다 곧 빚을 탕감 받는 해 초막절에 온 백성이 예루살렘에 모여 다같이 기뻐하면서 축제를 지키는 기회에 그 법을 읽어 줌으로써, 전에 듣지 못했던 어린이들과 외국인들까지 다 그 법을 듣고 하나님을 두려워하고 그 법을 실천할 수 있도록 하셨다.

이처럼 하나님은 세밀한 계획과 조치를 통해서 그 법이 실시되도록 마련하셨다. 물론 가정에서 날마다 율법을 읽고, 가르치도록 되어 있다(신 6:7). 여기서는 그런 가정교육 외에 거국적인 공적 행사를 말하고 있는 것 같다. 그런데도 인간은 하나님의 뜻에 아랑곳하지 않고 율법을 소중히 여기지 않으며, 맡은 자들이 그것을 백성에게 읽어주거나 가르치는 일도 소홀히 하고 있으며, 따라서 백성들이 하나님을 두려워하거나 그 법대로 살고 있지 않는 것이다. 그러다가 이스라엘이 망했고, 교회도 그 전철을 밟고 있는 감이 있다. 그 책임은 주로 교회 지도자들에게 있는 것이 아닐까?

모세와 여호수아에게 주신 하나님의 지령(신 **31:14-29**)

해설

이미 31장 7-8절에서 모세는 이스라엘 백성이 다 보는 앞에서 여호수아를 불러 그를 가나안 정복을 위한 영도자로 임명한 바가 있다. 이제는 야훼께서 그 일을 재가하시기 위해서, 다음 단계를 지시하셨다. 즉 야훼께서 모세와 여호수아를 회막(성소)으로 부르셔서 거기서 공식으로 인계식을 가지게 하신 것이다.

모세와 여호수아가 회막에 들어가자 하나님께서 회막 입구에 구름 기둥의 모양으로 나타나셨다. 그러자 우선 모세에게 말씀하셨다. 모세는 곧 죽을 것이라고 전제하시고, 그 후에 이스라엘 백성이 어떻게 될 것을 소상히 설명하셨다. 영도자 모세가 없어졌을 때, 이스라엘은 가나안 본토인들이 섬기는 신들을 섬기는 음행을 시작할 것이고, 따라서 야훼를 버리고 그와 맺은 언약을 파기할 것이다. 그러면 당연히 야훼가 진노하여 그들을 버리고 그들에게서 얼굴을 돌리실 것이다. 그러면 자연히 그들은 쉽게 원수들의 먹이가 될 것이고, 그들에게 무서운 역경이 닥칠 것이다. 그때 그들이 말하기를, 하나님이 그들 가운데 계시지 않아서, 그런 어려움이 온 것이 아니냐고 할 것이다.

그러니까 그런 일이 생기지 않도록 모세가 지금 할 일이 있다는 것이다. 노래를 지어서, 그것을 백성에게 가르치고, 지금부터 부르게 하라는 것이다. 그 노래가 이스라엘에 대한 야훼의 태도를 증언하도록 하라는 것이다. 이스라엘이 이제 요단을 건너 젖과 꿀이 흐르는 약속의 땅에 들어가서 정착하고 배부르게 되면, 그들이 다른 신들에게 돌아서고 그것들을 섬기며, 야훼를 무시하고 언약을 깰 것이고, 따라서 그들에게 무서운 환난이 임할 터인데, 그때 그 노래가 이스라엘 다음 세대들의 입에 달려 있어서 하나의 증언의 역할을 하게 될 것이다.

하나님은 이스라엘이 요단강을 건너기 전, 곧 모세가 살아 있는 단계에서도, 그런 배교의 경향이 있는 것을 알기에, 이런 조치가 필요하다고 모세에게 일러주신 것이다. 그래서 모세가 당장 노래를 만들어 백성에게 그것을 가르쳤다.

야훼께서는 모세에게 지시하신 다음에 여호수아를 임명하시며 그에게 "강하고 담대하여라. 너는 내가 약속한 땅으로 이스라엘을 데리고 들어가야 한다. 내가 너와 함께 있을 것이다."라고 말씀하셨다.

모세는 요단강 동쪽에서 이스라엘에게 율법을 재해석하여 구두로 말한 것을 기록으로 남겼다. 그리고 언약궤 운반 책임을 맡고 있는 레위 사람들에게 명령했다. 그 책을 언약궤 옆에 두어, 자기(모세)가 그 법을 하나님께로부터 받았다는 증거물로 삼으라는 것이었다.

모세는 이스라엘이 반역적이고 목이 곧은 사람들이라는 것을 잘 알고 있고, 자기가 살아 있는 동안에도 그랬으니 자기가 죽은 다음에는 더 하지 않겠는가 하면서 각 지파의 장로들과 관리들을 불러오라고 했다. 하늘과 땅을 증인으로 불러 세우고 그들에게 기록된 율법을 들려주겠다는 것이다. 자기가 죽으면 이스라엘이 필시 하나님이 명하신 것을 버리고 떠나 부패한 생활을 할 것이고, 따라서 그들의 행동이 야훼를 노엽게 하고, 환난이 닥칠 것이 분명하다는 것이다.

교훈

1. 인간은 일을 계획하고 그것을 사람들 앞에서 공식적으로 발표하고 결행을 다짐한다. 그러나 하나님을 믿는 사람들은 그 결심을 하나님 앞에서 서약하며 다짐한다. 자신의 생각과 능력으로는 그의 계획을 이룰 수 있을지 확실하지 않다. 전능자 하나님 앞에서 서약하고 다짐했을 때, 하나님께 도움 받기도 하고, 더 큰 용기와 담력을 가지고 그 계획을 성취할 수 있다. 모세는 여호수아를 택하여 중대사를 맡기는 마당에, 공적으로 이미 이스라엘 온 백성들 앞에서 그 계획을 발표한 바 있지만, 하나님의 성소에서 종교적인 예식을 통하여 그 계획을 재가받고, 결행을 다짐하였다. 하나님의 간섭이 아니고서는 아무리 좋은 계획이라고 해도, 실패할 것이기 때문이다.

2. 하나님은 이스라엘 백성의 반역적인 역사를 잘 알고 계시고, 앞으로도 그들의 반역과 불순종의 가능성을 100% 예상하고 계시기 때문에, 그것을 방지하기 위한 또 하나의 묘안을 모세에게 일러주셨다. 노래를 만들어 백성에게 가르치고 그것을 부르게 하라는 것이다. 국민

가요 혹은 민요가 되게 하여 언제나 부르게 하고, 대대로 부르게 하라는 것이다. 백방으로 하나님의 법과 뜻을 마음에 새기고 살아서, 하나님의 진노를 사지 않고, 복 받는 생활을 하게 하시려는 것이다.

어떻게 하든지 그들이 하나님에게서 떠나가지 않게 하시려고 안간힘을 쓰시는 하나님의 사랑을 여기서 볼 수 있다. 모든 수단을 다 해서 이스라엘의 행복을 도모하시는 하나님을 두고도 이스라엘은 계속 그를 배반하고 또 그의 징계를 받고 있으니, 인간은 참으로 어리석기 짝이 없다.

3. 모세는 민족의 지도자로서 하나님의 뜻을 그대로 받아 당대에 입으로 열심히 전하는 동시에 후대에게도 그대로 그것이 전해져서, 그들이 복 받는 백성이 되게 하려고, 그것을 문서로 남길 뿐 아니라, 그 책을 성전 언약궤 옆에 언제나 놓아두게 하였다.

선조들은 후손들에게 하나님의 말씀을 충실히 전하려고 애써야 한다. 말로, 글로, 또 가능한 모든 방도로 하나님의 말씀을 대대로 들려주고 가르치고 실천하게 해야 한다. 후손들이 그 말씀을 듣지 못함으로 범죄한다면, 조상들이 책임져야 한다. 전 국민이 함께 노력해야 한다. 최고 지도자에서 시작하여 각 부서와 계급에 있는 책임자들이 이 일에 합심 협력해야 하고, 백성은 거기에 호응해야 한다.

모세의 노래(신 **31:30-32:47**)

해설

하나님께서 마지막 조치로 모세더러 노래를 지어 이스라엘에게 가르치라고 명령하셨기 때문에(31:19), 모세는 그 뜻을 따라서 노래를 지어서 온 회중에게 들려주었다.

그 내용은 크게 두 부분으로 나눌 수 있다.

앞부분인 32장 1-25절에서 모세는 하나님의 입장에서 이스라엘을 두고 소송을 제기한다. 즉 그들의 과거를 따진다. 그들이 처음부터 한 일을 들추어낸다. 하나님을 버리고 새롭고 이상한 신들과 우상을 섬김으로써 큰 불충을 범했고, 따라서 하나님의 진노를 샀으며, 마침내 하나님의 징벌이 내려졌다는 역사적 사실을 읊었다.

뒷부분인 32장 26-43절은 앞부분을 보충하는 내용으로, 이스라엘이 징계를 받아 만국으로 흩어지게 되겠지만, 그것으로 끝나고 말 것이 아니고 희망이 있다는 것을 말한다. 이스라엘이 번번이 배신하는 경향이 있는 것이 사실이지만, 하나님이 역사의 주인으로 능력을 가지신 분이시요 이스라엘을 지키시는 분이시므로, 그 나라의 미래에는 희망이 있다는 것이다.

모세는 이스라엘 백성의 사건을 심판자이신 하나님 앞에 제소하면서 먼저(1절) 하늘과 땅을 그 증인으로 내세운다. 그리고 자기의 말과 가르침이 메마른 땅에 내리는 비와 이슬처럼 효과가 있기를 기원하며 확신한다. 모세가 이제 말하려는 것은 결국 야훼의 이름을 선포하고 그에게 영광을 돌리기 위한 것이기 때문에, 그런 확신을 가질 수 있다는 것이다.

모세는 하나님을 "반석"(〈추르〉, צוּר)이라고 부르며, 그가 일하실 때는 완전하고 정의롭고 성실하고 올바르신데, 반대로 이스라엘은 못돼먹고 패역하고 삐뚤어지고 어리석고 얼빠진 백성으로서, 그들의 아버지며 창조자이신 야훼 하나님을 거짓으로 대하지 않았느냐고 핀잔을 준다.

그리고는 태고 적부터의 역사를 회상시킨다. 하나님께서 만국의 경계선을 그어 나누실 때 이스라엘(야곱)을 당신의 백성으로 삼으셨다. 하나님은 불모지에서도 이스라엘을 눈동자처럼 애지중지 보살피셨고,

독수리가 그의 새끼를 돌보듯이 그들을 보호하셨으며, 온갖 방법으로 그들을 축복하여 배부르고 살찌고 풍성하게 하셨다. 그런데 이스라엘은 그들을 만드신 구원의 반석 하나님을 잊어버리고 이방신들을 섬기고 여러 가지로 역겨운 행동을 하여 하나님을 노엽게 했다. 야훼는 그 꼴을 보시고 격분하셨고, 따라서 그들에게 외세의 침공, 약탈, 기근, 온역 등 여러 가지 재난을 가지고 징계하셨다는 것이다(19-25절).

대노하신 하나님은 이스라엘을 흩어버리시고 인류역사에서 도말하실 생각도 하셨지만 그럴 수는 없었다는 것이다(32:26-27). 이스라엘의 원수들이 자만하여 자기들이 그렇게 했다고 할 것이니 말이다. 이스라엘이 좀 더 지혜가 있고, 깨달음이 있었으면 좋았을 것을! 이라며 한탄하신다.

과거에 이스라엘의 반석으로 이스라엘의 원수와 일당백으로 싸워 이겨 원수를 갚아주셨던 야훼 하나님이시므로, 앞으로도 이스라엘의 원수를 그 하나님이 갚아주실 것이다. 따라서 이스라엘은 야훼, "내가 바로 그"(〈아니 후〉, אֲנִי הוּא)임을 알아야 한다. 하나님께서 맹세코 싸우실 것이며, 이스라엘의 원수가 곧 하나님의 원수이기에 그 원수를 손수 무찌르시겠다는 것이다. 이 얼마나 희망적인 말씀인가! 그러니 이스라엘은 하늘들과 함께 하나님을 찬미하고 그를 예배하라는 것이다(43절).

모세는 이 노래를 만든 후에 여호수아를 대동하고 백성 앞에 나타나 그 노래를 읊었다. 그리고는 당부했다. 그 노래를 증언으로 삼고, 지금까지 자기가 전한 모든 율법의 말씀을 마음에 새기고, 후손에게도 명하여, 열심히 지키도록 하라는 것이다. 그것은 죽고 사는 문제가 걸린 것이며, 가나안 땅에서 오래 살 수 있는 길이기 때문이라는 것이다.

교훈

1. 노래와 시는 많은 의미를 함축하는 것이고, 기억하기에 편리한 방편이다. 쉽게 과거를 잊고 하나님을 반역하는 이스라엘 백성을 가르치고 반성하게 하고 깨달음을 주고 희망을 주시려고, 마침내는 모세를 시켜 노래를 만들게까지 하셨다. 하나님의 이 성의를 보아서도 이스라엘은 경성해야 할 것이다. 하나님은 마침내 우리 인간을 위하여 독생자를 주시기까지 하시면서 우리를 구원하신 것이 아닌가! 그런데도 그 뜻을 깨닫지 못하는 것이 인간의 어리석음이다.

2. 모세의 노래가 말하는 것은 우선 이스라엘은 어리석었고, 하나님의 심판을 받기에 마땅한 반역적인 민족이었다는 것이다. 그래서 공의의 하나님은 그들을 벌하셨고, 그들을 말살하고 싶은 지경에까지 이르렀다는 것이다. 그러나 하나님은 자비의 하나님이요 은혜로우신 분으로 당신의 계획을 관철하시는 능력자로서 이스라엘을 멸망시키지 않고 끝까지 참고 그들의 회개를 기다리며 마침내 승리하게 하시겠다는 것이다. 그리하여 이스라엘에게 희망을 주시는 하나님이시다. 구원은 결국 반석이신 하나님께 달려 있다. 희망은 오직 하나님께로부터 오는 것이다. 죄 없는 자가 어디 있으며, 누가 의로워서 자기의 옳음을 가지고 구원을 얻어내겠는가. 하나님의 은총만이 우리의 희망이다.

3. 이스라엘은 자신의 죄와 어리석음을 깨닫고, 하나님이 원수와 싸워 이겨 승리를 이스라엘에게도 안겨 주실 것을 믿고, 만민과 함께 하늘과 함께 하나님을 찬양하며 그에게 예배해야 한다. 역사의 마지막에는 이런 일이 일어날 것이다. 모든 존재가 창조주 하나님께 예배할 날이 올 것이다. 그날을 바라보면서 희망을 잃지 않고 하나님의 법을 따라 살아야 할 것이다.

모세의 죽음을 예고하다(신 **32:48-52**)

해설

모세의 죽음은 이미 민수기 27장 12-14절에서 예고했다. 이제 모세의 마지막 설교가 끝나고, 그 예고가 실시될 시각이 가까이 온 것이다. 민수기에서 야훼가 하신 말씀이 그대로 여기에 반복된다.

모세더러 여리고 성 맞은편, 모압 땅에 있는 아비람 산 곧 느보 산으로 올라가라는 것이다. 그리고 약속의 땅 가나안을 보라는 것이다. 그리고는 그의 형 아론이 호르산에서 죽은 것 같이 모세는 그 산에서 죽으리라 하신다. 모세와 아론이 죽은 이유는 친* 광야에 있는 므리바 곧 카데쉬바네아*에서 반석으로부터 물을 내어 백성들의 목마름을 해결해야 하는 사건에서, 그 둘이 하나님의 거룩함을 견지하는 일에 실패했기 때문이다. 결국 하나님께 대한 믿음을 깨뜨렸기 때문이다. 그래서 모세는 멀리서 그 땅을 바라보기만 하고 들어가지는 못할 것이라고 말씀하셨다.

교훈

1. 하나님은 거룩하신 분이다. 그는 모든 면에서 피조물과는 구분되며 절대성을 가지고 계시는 분이시다. 절대자며 거룩하신 하나님의 말씀에는 절대 권위가 있다.

므리바 사건에서 하나님은 모세더러 바위를 한 번 치라고 명령을 내리셨는데, 모세는 홧김에 두 번을 내리쳤다. 결국 모세의 어떤 힘으로 물이 나오는 것 같은 인상을 나타낸 셈이다. 모세의 그 행동에는 하나님의 말씀에 대한 신뢰가 결여되어 있었던 것으로 나타났다.

지도자 모세의 이 잘못은 오고 오는 시대의 인간에게 매우 그릇된 선례를 남기는 것이었다. 하나님은 당신의 충복인 모세에게 뼈아픈 징계를 내리심으로써 일벌백계의 효과를 거두시려 한다.

하나님의 거룩하심을 깨뜨리는 죄가 너무나 크다는 사실을 우리가 알아야 한다. 그에 대한 신뢰를 끝까지 가지는 것이 얼마나 중요한지 알아야 한다.

2. 사회 지도자의 책임이 얼마나 무거운지 알아야 한다. 지도자의 일거수일투족에 많은 사람의 운명이 달려 있기 때문이다.

모세는 이스라엘 역사에 있어서 가장 큰 영웅이며, 그들의 구원사에 있어서 최고의 공로자가 아닌가? 하나님은 그를 오른손처럼 사용하셔서 당신의 목적을 이루어나가셨다. 하나님께도 모세는 둘도 없는 충복인 것이 사실이다. 그러나 이스라엘을 사랑하시는 하나님은 모세를 희생양으로 삼으시기까지 하신 것이다. 인간은 누구나 그만한 죄를 짓는 것인데 모세가 그런 중벌을 받은 것은, 그가 지도자였기 때문이다. 지도자가 된다는 것이 얼마나 어려운지, 그 책임이 얼마나 무거운지 우리는 깨달아야 할 것이다.

3. 모세는 오매불망 그리던 가나안 땅을 밟아보지 못하고 멀리서 바라보기만 하고 죽으면서 어떤 생각을 했을까? "내 뜻대로 마시고 야훼 하나님의 뜻을 이루소서!"라고 했을 것이다.

내 마음대로 되지 않고, 내 뜻이 이루어지지 않아도, 하나님의 뜻을 이루려는 생각을 하면서 살아야 한다. 예수께서 가르치신 기도, "아버지의 뜻이 이루어지소서!"가 우리의 기도여야 할 것이다.

모세의 마지막 축원(신 **33:1-29**)

하나님 권능 찬미(**2-5**절)

해설

창세기 49장 1-28절에는 이스라엘 열두 지파의 아비인 야곱이 죽기 전에 그의 아들들에게 준 축원이 적혀 있다. 이제 하나님의 사람(신 33:1) 모세는 이스라엘 백성 전체의 영적인 아비로서 각 지파에게 축원한다.

열두 지파에 대한 그의 축원 앞(2-5절)과 뒤(26-29절)에 야훼 하나님의 권능을 찬미하는 말이 첨부되어 있다. 하나님은 시내산(호렙산)에서 나타나신 야훼, 세일 산에서 해가 돋듯이 이스라엘에게 나타나시고, 바란 산에서 빛을 비추신 분이시다. 그는 무수한 거룩한 무리에게 옹위되어 있는 분이셨고, 만민 중에서 당신이 가장 총애하시는 거룩한 백성(이스라엘)을 지휘하시는 분이시다. 이스라엘은 그의 발꿈치를 따라 행진하였고, 그의 지휘를 받았다. 모세를 통하여 율법을 주셨고, 그것이 이스라엘의 소유가 되게 하셨다. 이스라엘의 지도자들이 모이고 모든 지파들이 연합체가 되었을 때, 하나님께서 야곱(여수룬)의 왕으로 통치하셨다.

이스라엘은 그런 하나님을 모시는 백성이라는 것을 전제로 하고, 이제 각 지파를 위하여 축원을 한다.

교훈

복의 근원은 하나님이시다. 따라서 하나님의 마음에 드는 자가 됨이 중요하다. 하나님께서 계획을 세워 이스라엘에게 복 주기로 작정하셨기 때문에, 우여곡절 가운데서도 이스라엘은 하나님을 따르며, 하나님은 그들을 돕고 지휘하고 다스리며 왕으로 임하실 터이니, 야곱 자손이 복 받을 것이 분명하다. 결국 하나님은 은총을 베푸시는 분이시며, 그가 내리시는 복은 그의 은총에서 비롯된다.

이스라엘 자손을 위한 축원(6-25절)

해설

⑴ 르우벤은 야곱의 맏아들인데(창29:32; 49:3), 그 지파에 속한 인원은 그리 많지 않다. 모세는 그것을 알기에 그 지파가 살아남기를 기원했다.

⑵ 유다는 가나안 남부 지방의 땅을 차지하는 지파인데, 야훼께서 그들을 주목하시고 힘을 주셔서 이스라엘을 통솔하고 대적들과 싸우는 일에 도움을 주시라고 기원한다.

⑶ 레위는 부모와 자녀 친척 등의 일 곧 사사로운 일에 구애받지 않고 하나님의 말씀과 언약을 준수하고 하나님의 법도를 이스라엘에게 가르치며 하나님의 제단에 향을 피우고 번제를 드리는 중책을 가진 자들이니, 그들에게 판단의 능(둠밈과 우림, 출 28:30; 레 8:8)을 주시고, 그들에게 물질적인 축복도 내리시고, 그들이 하는 일을 수락하시기를 기원한다.

⑷ 벤야민*은 야훼께서 총애하시는 지파이기에, 안정된 생활을 하게 해 주시고, 지극히 높으신 하나님께서 언제나 그들을 감싸시고 어깨로 업어주시기를 기원한다.

⑸ 요셉과 그의 두 아들인 에브라임과 므낫세를 한꺼번에 축복한다. 요셉은 그의 형제들 중에서 나타난 왕자로서 맏배로 태어난 황소와 같아 당당하고, 그 뿔은 들소의 뿔 같아서 사람들을 찌르고 받아서 땅 끝까지 밀어내는 힘을 가지고 있다. 그에게 야훼께서 땅과 하늘과 바다의 모든 좋은 것으로 복 내려 주시고, 그의 총애와 각별하신 특전으로 그를 축복하시기를 기원한다.

(6) 즈불룬*과 잇사갈을 한꺼번에 다룬다. 그들은 가나안 땅 북부 해변 지대에 자리 잡은 지파들이다. 그들은 밖에서나 집에서 기쁜 생활을 하며, 해양 무역을 통해서 또는 사막의 숨은 보화들을 찾아서 부유하게 살 것이며, 올바른 제사를 드리면서 살게 되기를 기원한다.

(7) 갇* 지파는 요단 동쪽 땅을 차지한 자들로서 용맹스러워서 이스라엘 백성 중에서도 앞장이 되어 싸운 사람들이고, 따라서 사자(獅子)라는 이름을 가진 자들이다. 그들은 야훼의 공의와 법을 실천한 자들이어서, 야훼께서 그들을 번영케 해주시기를 기원한다.

(8) 단은 바산의 숲에서 뛰쳐나오는 사자 새끼와 같은 지파이다. 처음에는 가나안 땅 남서쪽에서 살다가 뒤에는 맨 북쪽으로 이주한 지파이다. 메소포타미아와 애굽을 잇는 무역 통로에 자리를 잡고 약탈을 일삼는 본토인들과 섞여 살았기 때문에 사자 새끼라는 별명을 가졌던 것 같다. 그들에 준 축복은 없다.

(9) 납탈리* 지파는 야훼의 총애와 축복을 듬뿍 받은 지파다. 그들로 하여금 서쪽와 남쪽의 땅을 차지하게 하기를 기원한다.

(10) 아셸*은 가장 축복을 많이 받은 지파다. 비옥한 땅을 차지하여, 거기서 올리브 기름이 많이 나고, 쇠와 구리가 많이 생산되며, 장수하며 강한 힘을 가지게 될 것이다.

(시므온 지파는 자취를 감추었고, 요셉이 그의 두 아들의 이름으로 나타남으로써, 결국은 열두 지파를 유지하고 있다.)

교훈

하나님은 이스라엘 백성에게 복을 내리시되 그들이 가진 성격과 기질과 행동에 따라 하신다. 용맹한 자에게 거기에 해당하는 복을 내리신다. 요셉과 같이 슬기롭고 참을성 있고 성실한 자에게는 복을 두 몫(두 아들 에브라임과 므낫세에게 각각 한 몫씩) 주신다. 레위인들은 사사로운 일을 제쳐놓고 하나님을 섬기는 백성이기에 거기에 해당하는 복을 받는다. 시므온 지파는 아예 그 자취가 사라지고, 유다 족속에게 흡수되고 만다.

하나님이 주신 개성을 살리는 것이 마땅하다. 그렇지 못하고 유야무야할 때 그 자취는 역사에서 사라지게 마련이다.

하나님 찬미(**26-29**절)

해설

모세는 이렇게 열두 지파에 대한 축원을 끝내고, 다시 하나님을 찬미하는 노래를 덧붙인다(26-29절).

하나님은 위풍당당 병거를 타고 하늘을 오가며 야곱(여수룬)을 돕는 분이시며, 어떤 신(神)들도 원수들도 정복하시고 몰아내시는 분이시다. 따라서 이스라엘은 하늘에서 내리는 이슬을 받아 풍성한 수확을 얻어 안락한 삶을 살게 될 것이다. 하나님이 방패가 되시고, 승리의 검이 되셔서 구원하시니, 원수들이 이스라엘 앞에 굽실거릴 것이며 그들을 짓밟게 될 것이다. 그러니 이스라엘은 행복하기 짝이 없을 것이다.

교훈

복 받기를 원하는 것은 인간의 공통성이다. 그러나 복의 근원은 하나님이시기에 하나님께 대한 신앙과 그를 앙망하는 것만이 그 축복이 이루어질 수 있는 길이다. 그러기에 모세는 그 하나님 같으신 분이 없다는 것을 강조하며, 그의 위엄과 능력과 섭리를 주목하게 한다. 하나님을 의지하기만 하면 거기에 승리가 있고, 안정이 있다는 것을 다시 상기시키면서, 그런 하나님을 모시는 이스라엘이야 말로 둘도 없이 행복한 백성이라고 언명한다.

모세의 죽음과 매장(신 **34:1-12**)

해설

모세는 이스라엘 백성에 대한 축원을 마치고 담담한 심정으로 야훼의 명령대로 느보 산 곧 피스가* 산정으로 올라갔다.

거기서 야훼는 모세에게 가나안 온 땅을 보게 하셨다. 북쪽으로 단까지의 길앗* 지방, 중부의 납탈리*와 에브라임과 므낫세, 남쪽의 유다와 네겝과 여리고 계곡과 소알 평원까지 바라보게 하셨다. 그리고 그것들이 바로 조상들에게 약속한 땅인데, 모세는 보기만 하고 그리로 건너가지는 못한다고 최종적으로 언명하셨다.

야훼의 종 모세는 일언반구 항의하지 않고, 주님의 명령대로 거기서 숨을 거두었다. 그리고 모압 땅 어떤 계곡에 매장되었다. 그러나 그가 매장된 지점은 비밀로 되어 있다.

그때 모세는 120세였는데, 아직 그의 시력과 체력이 약해진 상태는 아니었다. 결국 얼마든지 더 살 수 있는 체력을 가지고 있는 모세를 하나님께서 일부러 죽게 하신 것이다. 이스라엘 백성은 모세의 죽음을 30일 간 애도하였다.

모세는 죽기 전에 여호수아의 머리에 손을 얹고 권위를 물려주었기 때문에, 여호수아는 지혜와 능력으로 가득하였다. 따라서 이스라엘은 모세에게 했듯이 여호수아에게 복종하였다.

모세는 야훼와 면대하여 대화한 사람이었고, 애굽 왕과 그의 만조백관과 온 애굽 땅에서 엄청난 기사와 이적을 행하였고, 이스라엘이 그것을 똑똑히 목격했다. 그런 점에서 모세는 이스라엘 역사에서 다시 볼 수 없는 특유한 존재이다.

교훈

1. 모세는 하나님의 충복이며, 하나님 보시기에도 특유의 존재이었지만, 그리고 아직 그의 체력이 쇠한 것도 아니고 정정한 때 하나님은 그를 느보 산에서 죽게 하셨고, 그의 무덤조차 없게 하셨다. 모세에게 있어서는 매우 섭섭하고 아쉬운 일이 아닐 수 없었다. 그러나 만일 모세가 요단을 건너서 가나안 땅을 밟다가 어느 지점에서 죽었다면, 많은 사람들은 하나님보다는 모세를 더 섬기고 모세 종교가 생기고, 그가 죽은 곳에 신당이 생겼을 것이다. 질투하시는 하나님은 그런 위험을 피하기 위해서 아쉽지만 모세로 하여금 피스가* 산정에서 약속의 땅을 보기만 하고 죽도록 하신 것이다. 하나님만을 섬기고 예배하라는 것이 성경의 제일가는 계명이다.

2. 모세의 안수를 통하여 그의 권위가 여호수아에게 옮아왔고, 여호수아는 지혜의 영으로 가득하여, 하나님이 맡기신 일을 해낼 수 있는 권위와 능력을 가졌다. 그리고 이스라엘은 모세에게 복종하듯이 그에게 복종했다. 여호수아가 경험으로 보나, 지략으로 보나 모세를 능가할 수 없는 사람이었겠지만, 하나님의 종들은 인간에 불과하고, 그들의 능을 저울질한다는 것은 도토리 키 재기에 불과하다. 그들이 성공을 할 수 있는 것은 그 배후에 계시는 하나님의 영의 능력 때문이다. 그러므로 우리는 사람의 외모나 가문이나 어떤 외적 조건 때문이 아니라, 하나님의 영을 가진 사람이기 때문에, 하나님의 종을 섬기고 그에게 복종하는 것이다.

3. 언제라도 하나님이 원하시기만 하면, 시간과 장소 여하를 막론하고 그의 사람이 능력을 나타낼 수 있다. 모세가 그랬고, 엘리야가 그랬고, 예수 이후의 많은 사도들과 성자들이 기적을 행하여 하나님의 능력을 나타냈다.

기적을 위한 기적이 아니라 하나님의 뜻을 이루기 위해서 필요할 때, 하나님은 누구를 통해서도 기적을 나타내신다. 모세를 통하여 나타내신 기적들은 그 시대에 필요한 것들이었다. 이스라엘을 구원하고 하나님의 영광을 나타내시기 위해서 기적이 필요했던 것이다.

구약에서 듣는 하나님의 말씀 **3**

민수기 · 신명기

2008. 10. 30. 초판 1쇄 발행

저　자 박 창 환

발행인 이 두 경

발행처 비블리카 아카데미아

등록 1997년 8월 8일, 제10-1477호

주소 서울시 광진구 광장동 114번지

크레스코 빌딩 102호

전화 (02) 456-3123

팩스 (02) 456-3174

홈페이지 www.biblica.net

전자우편 biblica@biblica.net

값은 표지에 기재되어 있음

ISBN : 978-89-88015-12-4 94230 세트

ISBN : 978-89-88015-16-2 94230